U0141960

民歌〔茉莉花〕研究

張 繼 光 著

文史哲學集成
文史哲出版社印行

國家圖書館出版品預行編目資料

民歌〔茉莉花〕研究 / 張繼光著. -- 初版. -- 臺北
市：文史哲,民 89
　面；　公分. -- (文史哲學集成；419)
參考書目：面
ISBN 957-549-270-6 (平裝)

1.民謠歌曲 - 中國 - 作品研究

913.52　　　　　　　　　　　　　89002590

文史哲學集成 ⑲

民歌〔茉莉花〕研究

著　　者：張　　　繼　　　光
出版者：文　史　哲　出　版　社
登記證字號：行政院新聞局版臺業字五三三七號
發行人：彭　　　正　　　雄
發行所：文　史　哲　出　版　社
印刷者：文　史　哲　出　版　社
臺北市羅斯福路一段七十二巷四號
郵政劃撥帳號：一六一八〇一七五
電話 886-2-23511028 · 傳眞 886-2-23965656

實價新臺幣五二〇元

中華民國八十九年三月初版

目　錄

第一章　緒論

第一節　前言

一、研究動機與價值

〔茉莉花〕是一首人人耳熟能詳的民歌，不但是音樂會上常被演唱的曲目，也是擁有世界聲望的一首具有高度代表性的中國民歌①。前年(1998)九月，北京紫禁城上演了由大陸名導演張藝謀執導的浦契尼(Giacomo Puccini)歌劇《杜蘭朵》，在中外音樂界都造成極大轟動。此劇故事情節不但以中國為背景，而且其中杜蘭朵公主的音樂主題所採用的旋律就是〔茉莉花〕，這使得此首民歌又成了眾所矚目的焦點。雖然如此，一般人對這首民歌的瞭解卻極為有限；翻查文獻記載，有關此首民歌源流、發展、衍變等方面的研究也極為闕乏，因此對此民歌作深入探究確實有其必要。

由學者對民歌小曲的研究方式來看，歷來研究者除就整體民歌作概括式探述外，多以某時代或某地域為範圍作橫斷面的研究，此種研究方式雖能針對一時一地的民歌情況作探討，卻無法深入顯現民歌自源起以迄流傳繁衍不拘於一時一地的實際發展派衍過程。故本研究以實例〔茉莉花〕的發展全程作縱

―――――――――――――――――――――――

① 參第八章第二節。

貫式的探究，期能深入探索一首民歌的源流發展全貌，並由此得知其傳衍規律及影響。此類研究能補概括式及橫斷面研究之不足。

要進行此種不拘一時一地的研究，除了須儘量考索歷來相關文獻外，此民歌目前流傳於各地的曲譜也是提供比較的重要文獻。早年由於此類文獻極為缺乏，要進行研究頗為困難。但近年來大陸所編各省民歌、曲藝、戲曲、器樂曲、舞蹈等集成已陸續出版，為此類研究的進行提供了極大便利。

筆者博士論文《明清小曲研究》是由整體的角度去探討明清小曲。此種研究方式能統整的概觀出明清小曲的大致發展模式。但在研究中也發現實際上小曲的發展繁複多端，尤其是曲調間的枝枝節節及其相互間的牽扯關聯，必需逐一深入比較探究，才能深入窺其堂奧。也唯有透過對各種具代表意義小曲的逐一基礎性深究，才能歸納出一個有實證為後盾的原則來。因此近年來陸續對〔九連環〕、〔剪靛花〕、〔太湖船〕、〔銀紐絲〕、〔劈破玉〕、〔跌落金錢〕、〔紫竹調〕、〔玉娥郎〕、〔粉紅蓮〕、〔十八摸〕等曲牌作專文探論，甚至對〔茉莉花〕也提出〈民歌〔茉莉花〕源流初探〉一文對其曲調來源試作考探②。不過由此也發現，要對某一民歌歌名、曲調、歌詞的淵源、流衍、發展、影響……等方面作全方位的深入探索，僅靠兩萬字左右的單篇

---

② 　見《明清小曲研究》及〈清代小曲〔九連環〕曲牌考述〉、〈明清小曲〔剪靛花〕考述〉、〈明清小曲〔銀紐絲〕曲牌考述〉、〈明清小曲〔劈破玉〕曲牌探述〉、〈小曲〔跌落金錢〕曲牌探述〉、〈〔玉娥郎〕與〔粉紅蓮〕曲牌初探〉、〈民歌〔紫竹調〕探源〉、〈民歌〔十八摸〕曲調源流初探〉、〈民歌〔茉莉花〕源流初探〉等文。

論文是絕對不夠的，尤其是擁有龐大家族體系的民歌曲牌更是如此，本書的撰作理念就在此種心態下形成。

由於歷來以一首民歌來寫一篇論文者所在多有，但以之來撰成一本書的卻極為少見，所以此可算是一種研究取材方式的嘗試。希望透過此書，能為民歌俗曲的研究開拓出一條新的道路；為民間文學、民間音樂的發揚貢獻一份心力；而研究成果也能提供相關學者、音樂創作者、音樂教材編輯者參考。

二、研究範圍的界定

就一般人的理解，一首民歌常是某一特定歌詞與曲調的組合。但若要探考其淵源、流衍，就不能被此種特定組合所局限。尤其是曲調方面，除了此曲常見曲調外，也要兼及於與其相近或變體但歌名有別的曲調，以求考索出此一曲調的來源與派衍軌跡。

此外，由於〔茉莉花〕在產生及發展過程中，與曲藝、戲曲有極密切關聯，其對後代曲藝、戲曲也產生極大影響。所以本書在論述時除了民歌中的〔茉莉花〕外，也包括曲藝及戲曲中所採入的此一曲調與歌詞。

不過由於〔茉莉花〕家族體系極為龐雜，本書在考論時雖論及〔茉莉花〕與其相關家族成員間關聯，但深入考索的主體還是以流傳最廣的「主流腔系」曲調為中心③；在歌詞方面也

③　民歌在傳衍時不但一支曲調可衍生出多種歌名，而且同一歌名也常會有多種互有血緣關聯或完全無關的曲調。在這些同歌名曲調中，通常有一種是流傳最廣，為該歌名流傳主流的曲調，為便於論述本書估稱其為「主流腔系」曲調。〔茉莉花〕的主流腔系曲調，詳參第二章。

以「典型歌詞」為主要探論對象④，以維持本書的中心論題。

三、研究基礎與方法

本研究的進行，主要建立在以下兩點基礎上：

1、民歌曲調雖因流傳久遠，必然產生變化，但其整曲旋律輪廓或樂句結構常有其不變性。此由乾隆時流傳的〔茉莉花〕與今日各地流傳的〔茉莉花〕曲調相較，就可得到證明。

2、同一曲調的民歌，其歌名或調名是會變的，所以常衍生出許多不同的歌名及變調來。透過這些歌名及變調相關文獻的記載，不但可以上推其早期情況，也可以瞭解其傳衍與影響。

在研究方法方面，由於此種單一民歌流衍變化的研究，其時空極為長久廣泛，無法以田野調查方式進行，故本研究以曲譜及相關文獻資料為主。主要以分析、比較、歸納、統計等方法進行研究，透過曲譜的分析、比較，並結合歌詞及相關文獻記載作交叉論證，以儘量求得較近真確的結果。其中因文獻資料不足未能續作深考的部分，亦根據相關資料情況提出可能的蠡測，以提供未來研究的參考。

四、以前研究成果

在此以前，除了相關民歌、曲牌的研究以外，直接對〔茉莉花〕進行探論的研究很少，只有少數幾篇專文，其餘多散見於相關論著中片段或辭書中詞條。因此，過去對〔茉莉花〕的研究成果，歸納之大致可分以下兩種類型：

---

④　所謂「典型歌詞」，參第五章。

1、單篇專文

直接探討〔茉莉花〕的單篇專文，主要有：民國 69 年（1980）錢仁康的〈〔媽媽娘你好糊塗〕和〔茉莉花〕在國外〉。此文是最早對〔茉莉花〕較深入研究的專文。不過該文主要在探述自約翰‧巴勞（John Barrow）的 "Travels in China"《中國旅行記》在倫敦出版後〔茉莉花〕在西方的流傳情況，至於此民歌的淵源及在國內的流衍等則未述及⑤。

民國 72 年（1983）易人的〈芳香四溢的〔茉莉花〕〉。此文除了大略比較了幾首不同地域〔茉莉花〕的風格特色，並述及道光間貯香主人所編《小慧集》、乾隆間《綴白裘‧花鼓》及約翰‧巴勞的《中國旅行記》收錄有此首民歌外，也認為此民歌最早的名稱叫做〔雙疊翠〕或〔雙疊詞〕，以後稱為〔鮮花調〕或〔茉莉花〕，不過並未作任何考證⑥。

民國 82 年（1993）王爾敦的〈〔茉莉花〕等民歌西傳歐洲二百年考〉，為專對《中國旅行記》成書背景所作的考論，並不及於此民歌在國內流傳情況的研究⑦。

民國 86 年（1997）速泰春、姜雷的〈〔茉莉花〕，從南京唱響全世界〉。此文發表於報刊《周末》，並非學術性論文，但對今日江蘇六合縣流傳〔茉莉花〕歌詞的改編者及改編過程作了探述⑧。

---

⑤　〈〔媽媽娘你好糊塗〕和〔茉莉花〕在國外〉，頁197～206。

⑥　〈芳香四溢的〔茉莉花〕〉，頁65～73。

⑦　〈〔茉莉花〕等民歌西傳歐洲二百年考〉，頁185～200。

⑧　〈〔茉莉花〕，從南京唱響全世界〉一文。

民國 88 年(1999)筆者的〈民歌〔茉莉花〕源流初探〉。此文主要專對〔茉莉花〕的曲調來源作考論，也可算是催生本書的種子。本書即以此為基礎，除對曲調來源續作深入探索外，並擴及曲調類型、派衍、歌詞、歷代流傳文獻及今日各地〔茉莉花〕流傳情況等，作全面性的研究⑨。

2、相關論著片段或辭書所載

在許多與民歌有關的論著、資料集成或音樂辭書中的詞條裡，常會有片段提及對〔茉莉花〕的相關論述。較重要者如：

李家瑞的〈打花鼓〉一文裡，根據蕪湖崇本堂刻本《鮮花調》又名《疊斷橋》，而提出〔疊斷橋〕是〔鮮花調〕「恐怕還是比較早一點的調名」的推論⑩。

江明惇的《漢族民歌概論》裡，舉例探討了江蘇、河北、山東〔茉莉花〕的風格特色⑪。

宋詞、武俊達編文，陳大琦等記譜的《揚劇曲調介紹》裡，除說明揚劇中〔鮮花調〕有〔老鮮花〕、〔新鮮花〕、〔半鮮花〕之分並簡述其風格差異外，也提出〔玉美針〕為老藝人王萬青據〔鮮花調〕改創的說法⑫。

東方音樂學會所編由連波執筆的《中國民族音樂大系・曲藝音樂卷》裡，除比較了四川清音、江蘇民歌、北京單弦

---

⑨　〈民歌〔茉莉花〕源流初探〉，頁47～69。

⑩　《李家瑞先生通俗文學論文集》，頁138～139。

⑪　《漢族民歌概論》，頁235～238。

⑫　《揚劇曲調介紹》，頁73、99。

中〔茉莉花〕之差異外，並大略探討了語音字調與旋律音調的
關係⑬。

劉春曙、王耀華所撰《福建民間音樂簡論》裡，簡述了福
建〔茉莉花〕的地區特色⑭。

秦詠誠、魏立主編的《中國民族音樂大觀》裡，略述了〔茉
莉花〕歌詞及曲調的風格特色，並比較了江蘇與東北〔茉莉花〕
的差異⑮。

陶業兵的《中西音樂交流史稿》裡，大略記述並引錄了約
翰・巴勞《中國旅行記》及阿理嗣(Aalst, Jules A. van)《中
國音樂》"Chinese music"中所錄〔茉莉花〕⑯。

王友三主編的《吳文化史叢》中，以為〔茉莉花〕本來是
唱元雜劇《西廂記》故事，後來在傳唱中脫離了西廂故事，反
複演唱以「好一朵茉莉花」為起興的一段，調名命名為〔茉莉
花〕。並由此認為民歌〔茉莉花〕「是從戲曲、散曲演變成俗曲、
流行歌曲的一種典型」⑰。

《中國曲藝音樂集成・河南卷》於所錄河南「大調曲子」
《西廂記・跳粉墻》唱段〔雙疊翠〕曲牌後註語裡，除說明〔雙
疊翠〕又稱〔鮮花調〕、〔茉莉花〕外，也提及明嘉靖、隆慶間
濱州劉效祖《詞臠》及清道光元年貯香主人輯之《小慧集》中

---

⑬　《中國民族音樂大系・曲藝音樂卷》，頁64～68。

⑭　《福建民間音樂簡論》，頁390。

⑮　《中國民族音樂大觀》，頁132、142。

⑯　陶業兵，《中西音樂交流史稿》，頁128～130、256～257。

⑰　《吳文化史叢》頁673。按：此書所論有待商榷，詳參本書第五章
　　第三節。

有此曲牌⑱。

　　《中國曲藝音樂集成・江蘇卷・揚州市分卷》裡，述及揚州清曲中的〔鮮花調〕(即〔新鮮花〕)是在〔老鮮花〕的基礎上發展變化而來，且〔鮮花調〕源于明俗曲〔雙疊翠〕⑲。

　　人民音樂出版社出版的《中國音樂詞典》「茉莉花」條載云：

> 民歌。流行全國各地的民間小調。歌曲通過讚美茉莉花，生動含蓄地表達青年男女的愛情。各地歌詞基本相同，曲調有相同的，有近似的，也有不同的。以江蘇省〔茉莉花〕流行最廣，其曲調委婉流暢，結構嚴謹，五聲徵調式。⑳

　　以上這類相關文獻中的論述都很短，除少數有簡略考證外，其餘多為作者引述或推測之詞。

五、本書撰寫凡例

　　1、〔茉莉花〕雖有多種別名，本書為求行文方便與一貫，除於探討各該別名時外，其他地方逕以〔茉莉花〕或〔鮮花調〕做為此民歌代稱。

　　2、書中所謂「同一曲調」是指旋律輪廓、結構相同者，不一定指每一處旋律及節奏都要完全相同。

　　3、由於本論文主要以曲譜比對為考論依據，透過簡譜在譜面上能較清楚顯現比對結果；且本書譜例除一部分為早期工

---

⑱　《中國曲藝音樂集成・河南卷》，頁127。

⑲　《中國曲藝音樂集成・江蘇卷・揚州市分卷》，頁43。

⑳　《中國音樂詞典》，頁272。

尺譜外，其餘大多來自近人蒐錄的曲集，這些文獻絕大部分都以簡譜記譜。所以本書除於第一章第一節六「譜例特別說明」中以五線譜及簡譜等作對照說明，及少部分工尺譜為直接錄或同時併譯簡譜外，其餘皆以簡譜載錄以利比較。

4、有少許譜例其原出處因中國音階「雙主音」現象而與一般記譜共識有別者，為利瞭解與比較，改依一般共識記譜。所謂「雙主音」現象，見下文「譜例特別說明」。

5、書中譜例儘量依原出處譜式錄，不過各譜例之樂器前奏、長尾奏、與唱腔併列之樂器伴奏譜，及部分與曲調分析無關之記號則予省略。

6、書中譜例原出處有多段歌詞者，除有論述需要者外，為省篇幅原則上只錄第一段。

7、本書曲譜樂句分析時，統一以英文字母大寫A、B、C…等做為主流腔系〔茉莉花〕曲調的樂句代碼；以大寫羅馬數字Ⅰ、Ⅱ、Ⅲ…等做為疊系〔茉莉花〕及〔疊斷橋〕曲調的樂句代碼，此一體例全書一貫，以利互作比較。至於引用到的其他民歌，則另以小寫英文字母、小寫羅馬數字或其他字型變化做為樂句代碼以為區別。

8、註釋中載明所引文獻出處時，只錄書名（篇名）及頁次，其詳細出版資料見書後之「主要參考書目」。若有兩種以上書名相同或近同時，為恐混淆則分別加註作者或出版者或藏書號以作區別。此外，有些早期抄、刻本因原書未標頁碼，其註則僅載書名；或於論述間直述書名，不再出註。

六、譜例特別說明

　　許多中國歌曲的音階由於具有「雙主音」的特性，以致同一首歌曲由前人所記曲譜文獻來看，常會產生看似不同的兩種調式來。

　　中國音階的「雙主音」現象，在《史記・律書》及《管子・地員》分別所推算出五聲音階的兩種不同音序排列裡就已見其端倪：

【譜例 1-1-1】出自《史記・律書》，以宮音為第一音的音列

宮　　商　　角　　徵　　羽

【譜例 1-1-2】出自《管子・地員》，以徵音為第一音的音列

徵　　羽　　宮　　商　　角

此兩種排列所產生的宮調式與徵調式音階，形成中國音樂調式的兩個主體，兩者密不可分。即使在以下七聲音階裡：

【譜例 1-1-3】

宮　商　角　變徵　徵　羽　變宮　宮

由於變徵、變宮兩變音特殊位置的烘托，也頗易造成宮、徵兩調式「二位一體」的現象。在西洋音樂裡，宮與徵是主、屬關係，兩者極為親密，卻仍屬不同的兩調，但在中國音階裡，主、

屬調常併存在同一音階中，宮音與徵音皆有主音性質，在音階的構造上，既是宮調，也是徵調。因為具有此種特性，所以同一曲在以首調唱譜時，既可唱成宮調式，也常可被唱成徵調式。有關此種現象的詳細論述，可參宋及正《中國音階之調性與和聲》一書㉑。為便於論述，以下逕稱唱成宮調式者為「雙主音宮調譜式」，唱成徵調式者為「雙主音徵調譜式」。

　　在今日留存的曲譜文獻中，七聲音階雖然也有此種宮、徵兩調式「二位一體」的雙主音傾向，不過由於尚有變徵、變宮可資辨識，記譜時兩者相融混的現象較不常見；但以五聲音階為主幹的樂曲，由於缺兩變音，此種現象就極易發生。

　　在〔茉莉花〕及其相關曲調〔疊斷橋〕的曲譜文獻裡，即存在著此種同一曲調卻有兩種不同記譜譜式的現象。如以下列〔茉莉花〕的前四小節為例：

【譜例 1-1-4】

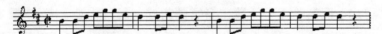

此譜例出自乾隆時傳到西方，收錄於約翰·巴勞（John Barrow）《中國旅行記》"Travels in China"一書中的〔茉莉花〕㉒。調號記為兩個升記號（＃＃），應為「1＝D，d宮」的宮調式樂曲；不過我們卻也可將此曲只記一個升記號（＃），改為「1＝G，d徵」的徵調式來唱。兩者為同一旋律，但卻可唱譜及記譜成：

㉑　　以上參《中國音階之調性與和聲》，頁58～63。

㉒　　"Travels in China"，頁316。

【譜例 1-1-5】

此兩譜式只是宮調的改變，在實際旋律音高上並無不同。前者（＃＃）即為「雙主音宮調譜式」記譜，後者（＃）則為「雙主音徵調譜式」。以下分四點說明此兩種譜式間的關係：

1、兩者是同一旋律，只是在唱譜或記譜時產生不同。

2、由首調簡譜記譜的譜面上看，兩者音階間關係如下：

雙主音宮調譜式	1	2	4	5	6	$\dot{1}$	$\dot{2}$	$\dot{4}$
雙主音徵調譜式	$\underset{\cdot}{5}$	$\underset{\cdot}{6}$	1	2	3	5	6	$\dot{1}$

即同一音高，「雙主音宮調譜式」記為「1」者，「雙主音徵調譜式」記為「$\underset{\cdot}{5}$」；「雙主音宮調譜式」記為「2」者，「雙主音徵調譜式」記為「$\underset{\cdot}{6}$」……餘類推。也即同一音高以此兩種譜式記譜時，在譜面上看起來「雙主音宮調譜式」比「雙主音徵調譜式」高了四度（如：1／$\underset{\cdot}{5}$），但在實際音高上兩者則是相同。

3、雖然旋律音高相同，不過在宮調上以「雙主音宮調譜式」記譜，比以「雙主音徵調譜式」低了四個調。如【譜例 1-1-5】中，記為（＃＃）時，為 1＝D；記為（＃）時，為 1＝G。

4、由另一個角度來看，此兩譜式在簡譜譜面上為同一譜字者，其實際音高「雙主音宮調譜式」比「雙主音徵調譜式」低四度。例如同樣記為「$\dot{1}$」，在【譜例 1-1-5】裡「雙主音宮調譜式」（＃＃）的實際音高為 　　　；「雙主音徵調譜式」（＃）

的實際音高則為 ，前者比後者低了四度。

　　在今存〔茉莉花〕曲譜裡，和《中國旅行記》一樣記為「雙主音宮調譜式」的很少，絕大多數都記為「雙主音徵調譜式」，此種情況應與〔茉莉花〕在現代以「雙主音徵調譜式」記譜已成為大家共識有關。為便於比較，以下本書所舉〔茉莉花〕曲譜，即皆以「雙主音徵調譜式」記譜。

　　在與〔茉莉花〕關係極密切的〔疊斷橋〕及名為〔茉莉花〕但曲調雷同〔疊斷橋〕的「疊系〔茉莉花〕」曲譜裡，也有此種同一曲調卻產生兩種譜式記譜的現象㉓。因其兩種譜式的記譜都很普遍，並未形成一致的統一共識，所以本書在舉譜例時仍依出處原譜記譜，不過會加說明，以利於分析比較。

㉓　「疊系〔茉莉花〕」，見第二章第二節。

第二節　小曲在明清的發展

　　由流傳性質來看，〔茉莉花〕是一首小調類民歌。其流傳所經年代極為久遠，由明迄清一直到民國，橫跨近五個世紀。尤其是明末至民國二、三十年以前，更是主要盛傳時期，猶如一朵長青盛開的花朵，越陳越香，越能散放出芳香。此朵奇葩之產生與茁長，與明清小曲的興起盛行有極大關聯。尤其是小曲與當時蓬勃發展的曲藝、戲曲間共生共榮的互動關係，更提供了它直接蘊育發展的最佳環境，這應是促成此一民歌興起壯大，以致長盛不衰的主要背景原因。

一、小曲流傳概況

　　小曲又稱時調小曲或小調等，是市井民間所流傳音樂性極強的文學，此類民間文學起源很早，影響也極深遠。只是歷來在以文人文學為主的中國文學史潮流裡，它多未受到應有的重視，故除漢相和歌、南朝吳聲歌、西曲等同類文學曾因受文人重視而在文學史上放出過光芒外，其餘多隱晦不顯①。

　　到了明代，在前代蘊釀、北曲衰微、娼優盛行、宴樂興盛、民風淫靡、戲曲繁興、學風激盪等諸多因素交織蘊育下，小曲乃結合散曲流衍快速興起②，它也獲得許多文人青睞，再次散

①　有關小曲的淵源，參《明清小曲研究》，頁88～103。

②　有關小曲在明代興起諸原因，詳見《明清小曲研究》，頁106～119。

發出耀人的光輝。

　　在今日留存明人所撰筆記文獻裡，就有許多有關時調小曲的流行記載。如沈德符《萬曆野獲編》對小曲在明代萬曆以前大致的流傳情況，作了以下描述：

　　　　元人小令，行於燕趙。後浸淫日盛，自宣、正至成、弘
　　　　後，中原又行〔鎖南枝〕、〔傍粧臺〕、〔山坡羊〕之屬。……
　　　　自茲以後，又有〔耍孩兒〕、〔駐雲飛〕、〔醉太平〕諸曲，
　　　　然不如三曲之盛。嘉、隆間，乃與〔鬧五更〕、〔寄生草〕、
　　　　〔羅江怨〕、〔哭皇天〕、〔乾荷葉〕、〔粉紅蓮〕、〔桐城歌〕、
　　　　〔銀紐絲〕之屬，自兩淮以至江南，漸與詞曲相遠，不
　　　　過寫淫媟情態，略見抑揚而已。比年以來，又有〔打棗
　　　　竿〕、〔掛枝兒〕二曲，其腔調約略相似。則不問南北，
　　　　不問男女，不問老幼良賤，人人習之，亦人人喜聽之，
　　　　以至刊布成帙，舉世傳誦，沁入心腑，其譜不知從何來？
　　　　真可駭歎！③

顧起元的《客座贅語》也云：

　　　　里衖童孺婦媼之所喜聞者，舊惟有〔傍妝臺〕、〔駐雲
　　　　飛〕、〔耍孩兒〕、〔皂羅袍〕、〔醉太平〕、〔西江月〕諸小
　　　　令。其後益以〔河西六娘子〕、〔鬧五更〕、〔羅江怨〕、〔山
　　　　坡羊〕。〔山坡羊〕有〔沉水調〕、有〔數落〕，已為淫靡
　　　　矣。後又有〔桐城歌〕、〔掛枝兒〕、〔乾荷葉〕、〔打棗竿〕
　　　　等，雖音節皆倣前譜，而其語益為淫靡，其音亦如之。
　　　　④

---

③　《萬曆野獲編》，卷25，頁647。
④　《客座贅語》，卷9，頁25。

由《客座贅語》的記載可知小曲是「里衖童孺婦媼之所喜聞」
的文學；《萬曆野獲編》則更說明了此種與元人小令有極深淵源
的小曲，經過民間長期的蘊育，在明宣、正至成、弘以後急速
興起，到萬曆間已是「不問南北，不問男女，不問老幼良賤，
人人習之，亦人人喜聽之」，儼然已成為一種新興並風行全國的
音樂文學。

　　由於此種文學出自民間，其詞情真語摯絲毫不加雕琢，讓
當時已走向雕琢僵化的文人曲壇，重新嗅到一股清新活力氣
息，所以也受到許多有識文人的青睞。如李開先、王驥德、袁
宏道、凌濛初等，都對之大加讚賞；而康海、馮惟敏、陳大聲、
金鑾、朱載堉、劉效祖、趙南星、馮夢龍……等人更起而仿作，
產生了許多仿作的作品⑤。明人陳宏緒《寒夜錄》甚至云：

　　　　友人卓珂月曰：「我明詩讓唐，詞讓宋，曲又讓元，庶
　　　　幾〔吳歌〕、〔掛枝兒〕、〔羅江怨〕、〔打棗竿〕、〔銀絞絲〕
　　　　之類，為我明一絕耳。」此言大有見識，明人獨創之藝，
　　　　為前人所無者，祇此小曲耳。⑥

由此一將之視為明代文學「一絕」，且為「明人獨創之藝，為前
人所無者，祇此小曲耳」的推崇，可看出小曲在當時許多文人
心目中的地位。

　　文人仿作小曲的熱潮，在萬曆以後雖有逐漸衰退的趨向，
但此類文學卻反而更民間化，逐漸脫離元人小令窠臼，發展出

---

⑤　見李開先《詞謔》、《市井豔詞序》；王驥德《曲律》；袁宏道《袁
　　中郎文鈔‧敘小修詩》；凌濛初《南音三籟‧譚曲雜劄》等。另
　　參《中國散曲史》，頁228～238。

⑥　《寒夜錄》，頁3761。

與文人散曲截然不同的獨特體系來。

　　小曲在明代的流行除文獻的有關記載外，在當時流傳如《盛世新聲》、《詞林摘豔》、《雍熙樂府》等散曲選集，及《風月錦囊》、《玉谷新簧》、《摘錦奇音》、《詞林一枝》、《八能奏錦》、《大明春》、《徽池雅調》、《樂府玉樹英》、《樂府萬象新》、《大明天下春》等戲曲選集裡，也留下了大量可資印證的小曲歌詞。而文人馮夢龍所輯錄的《掛枝兒》，更是當時極富盛名的小曲專集。

　　入清以後，時代起了嬗變，雖然文人仿作小曲的熱潮在明代萬曆以後已有衰退現象，但此時小曲的傳衍卻未因此停滯，反而變得更民間化也更具擴展性。如清初劉廷璣《在園曲志》云：

> 「小曲」者，別于崑弋大曲也。在南則始于〔掛枝兒〕，……一變為〔劈破玉〕，再變為〔陳垂調〕，再變為〔黃鸝調〕。始而字少句短，今則累數百字矣。在北則始于〈邊關調〉，蓋因明時遠戍西邊之人所唱，其辭雄邁，其調悲壯，本涼州、伊州之意……，今則盡兒女之私，靡靡之音矣。再變為〈呀呀優〉，〈呀呀優〉者，〈夜夜遊〉也，或亦聲之餘韻「呀呀喲」，如〈倒扳槳〉、〈靛花開〉、〈跌落金錢〉，不一其類。⑦

劉氏以為小曲南「始于〔掛枝兒〕」，北「始于〔邊關調〕」之語雖未能詳考小曲源流，但由其記載可知小曲到了清初，不但在內容上衍展擴充，在曲調方面也不斷在變化傳衍。此種擴充與傳衍，使小曲更受人歡迎。在乾隆間李斗的《揚州畫舫錄》裡

---

⑦　《在園曲志》，頁291。

就有以下記載：

> 小唱以琵琶、絃子、月琴、檀板合動而歌。最先有〔銀紐絲〕、〔四大景〕、〔倒扳槳〕、〔剪靛花〕、〔吉祥草〕、〔倒花藍〕諸調，以〔劈破玉〕為最佳。有于蘇州虎邱唱是調者，蘇人奇之，聽者數百人；明日來聽者益多，唱者改唱大曲，群一噱而散。又有黎殿臣者，善為新聲，至今效之，謂之〔黎調〕，亦名〔跌落金錢〕。二十年前尚哀泣之聲，謂之〔到春來〕，又謂之〔木蘭花〕。後以下河土腔唱〔剪靛花〕，謂之〔網調〕。近來群尚〔滿江紅〕、〔湘江浪〕，皆本調也。其〔京舵子〕、〔起字調〕、〔馬頭調〕、〔南京調〕之類，傳自四方，間亦效之，而魯斤燕削，遷地不能為良矣。于小曲中加引子、尾聲，如：「王大娘」、「鄉里親家母」諸曲。又有以傳奇中《牡丹亭》、《占花魁》之類譜為小曲者，皆土音之善者也。⑧

此後至清末民初，小曲在全國各地的流傳一直保持興盛不衰。一般酒宴或秦樓、妓館等更成為其最活躍場合。如嘉慶間簡中生《吳門畫舫續錄》云：

> 未開讌時先唱昆崑曲一、二齣……客有善歌者，或亦善繼其聲，不失其為雅會。今則略唱崑曲，隨繼以〔馬頭調〕、〔倒板槳〕諸小曲，且以此為格外殷勤，醉客斷不能少，聽者亦每樂而忘返，雖繁絃急管，靡靡動人，而風斯下矣。⑨

---

⑧　《揚州畫舫錄》，卷11，頁257。

⑨　《吳門畫舫續錄》，卷下，頁3。

嘉慶年間范鍇《漢口叢談》云：

> 昔時妓館競尚小曲，如〔滿江紅〕、〔剪剪花〕、〔寄生草〕
> 之類。近日多習燕、齊〔馬頭調〕，兼工弦索。⑩

道光年間二石生《十洲春語》云：

> 院中競尚小曲，其所著者有：〔軟甖〕、〔淮黃〕、〔離京〕、
> 〔淒涼〕、〔四平〕、〔四喜〕、〔杭調〕、〔滿江紅〕、〔劈破
> 玉〕、〔湘江浪〕、〔剪靛花〕、〔五更月〕、〔繡荷包〕、〔九
> 連環〕、〔武鮮花〕、〔倒扳槳〕、〔鬧五更〕、〔四季想思〕、
> 〔金、銀交絲〕、〔七十二心〕諸調，和以絲竹，如裊風
> 花軟，狎雨鶯柔，頗覺曼迴蕩志。⑪

　　由於小曲內容多係男女情詞，極易被視為淫詞豔曲。於是
官府也就時有禁令。如同治七年(1868)江蘇巡撫丁日昌就有查
禁之舉；光緒十五年(1889)刊余治《得一錄》裡也收有查禁的
「各種小本淫褻灘頭唱片名目單」⑫。不過這些禁令不是形同
具文，就是只能收到局部地區短暫的效果，非但無法禁絕此一
民之所好，反而為其盛行留下了印證。

　　民國二、三十年以後，受到外來音樂及流行歌曲等影響，
小曲盛況雖已不再，但其根早已深植於各類民間舞蹈、曲藝、
戲曲裡，成為中華文化的滋養要素之一。

二、小曲與曲藝、戲曲關係

　　自宋元以來，各種說唱曲藝、戲曲蓬勃興起。這些演出形

---

⑩　《漢口叢談》，見：《柳子戲簡史》，頁2引。

⑪　《十洲春語》，頁5533。

⑫　《元明清三代禁毀小說戲曲史料》，頁124～126、258。

式大多來自民間也流傳於民間，與同樣流傳於民間的民歌小曲間的關聯自然極為密切。

　　如宋、元時曾流行的「說唱貨郎兒」曲藝，其曲調就是當時「往來城鄉販賣日用雜物和婦女用品及玩具的挑擔小商販，沿途敲著鑼鼓或搖著蛇皮鼓，唱著物品名稱，有叫聲、吟哦的腔調」，後來「所唱的調子定型化了，成為〔貨郎兒〕或〔貨郎太平歌〕、〔貨郎轉調歌〕的樂曲」⑬。此種曲調也就是《夢粱錄》所謂：

　　　　今街市與宅院，往往效京師叫聲，以市井諸色歌叫賣物
　　　　之聲，採合宮商而成其詞也。⑭

這些樂曲就如同後代流行的〔賣梨膏糖〕、〔賣什錦菜〕、〔賣瓦甕〕等小曲，都是由市井民間小販的叫賣聲演變發展而來。其在當時不但演為「說唱貨郎兒」曲藝，曲調也被楊顯之《臨江驛瀟湘夜雨》、蕭德祥《楊氏女殺狗勸夫》、朱有燉《福祿壽仙官慶會》等雜劇採用，甚至其演出曲藝更成為《風雨像生貨郎旦》雜劇的情節主軸，可見小曲在當時與曲藝、戲曲就已有極其密切的關聯⑮。

　　又如吳自牧《夢粱錄》卷20云：

　　　　街市有樂人，三、五為隊，擎一、二女童舞旋，唱小詞，
　　　　專沿街趕趁。⑯

---

⑬　見《戲曲小說叢考》，頁642。

⑭　《夢粱錄》，卷20，頁310。

⑮　參《戲曲小說叢考》，頁642、643。

⑯　《夢粱錄》，卷20，頁309。

周密《武林舊事》卷2「元夕」條亦云：

> 都城自舊歲冬孟駕回，則已有乘肩小女鼓吹舞綰者數十
> 隊，以供貴邸豪家幕次之翫。⑰

此乘肩小女所表演的應即後代的「節節高」曲藝，其所唱的小
詞也類於明清的小曲。清初劉廷璣《在園曲志》即云：

> 又有「節節高」一種。「節節高」本曲牌名，取接接高
> 之意，自宋時有之，《武林舊事》所載元宵節乘肩小女
> 是也。今則小童立大人肩上，唱各種小曲，做連像，所
> 馱之人以下應上，當旋即旋，當轉即轉，時其緩急而節
> 湊之。想亦當時鷓鴣柘枝之類也。⑱

可知此一曲藝自宋迄清都很流行，演出方式與演唱內容的改變
也不大，所唱主要都是民間流傳的小曲。

　　除說唱貨郎兒、節節高外，另外如蓮花落、打花鼓、連相、
檔子班、打盞兒……等，都是以演唱小曲為主並盛行於明清的
曲藝⑲。其中蓮花落、打花鼓與本書所探討的民歌〔茉莉花〕
更有非常密切的關聯⑳。這些曲藝多藉著小曲的民間魅力廣其
招睞；同時小曲也以該曲藝為媒介，更快更廣的流傳至各地。

　　在小曲與戲曲的關聯方面，除由元、明間雜劇《風雨像生
貨郎旦》裡演唱的〔貨郎兒〕可見一般外，在其他明清地方戲
裡，此情況也極常見。戲曲中採入小曲的情況大致可分兩類，

---

⑰　《武林舊事》，卷2，頁369。

⑱　《在園曲志》，頁291。

⑲　檔子班，參〈檔子班源流考述〉一文。打盞兒，見《百戲竹枝詞》，
　　頁160。

⑳　〔茉莉花〕與蓮花落、打花鼓關聯，詳參第三章第四節及第六章。

第一類為只取其曲牌曲調，依劇情另填歌詞；第二類則直採或僅稍加修飾的保留了小曲原來演出的歌詞及曲調，甚至將曲藝中演出小曲的整個演出形態也搬入戲曲裡。以乾隆間刊刻的《綴白裘》為例，其中就有許多此類戲曲。

如《綴白裘》六編所收梆子腔《探親相罵》一劇，除頭尾的〔引〕及〔尾聲〕外，其餘是由〔銀絞絲〕曲牌以重頭式聯綴而成。〔銀絞絲〕即〔銀紐絲〕，是盛傳於明清的小曲曲牌[21]，此劇中〔銀絞絲〕所唱歌詞全在表現該劇情節，應是屬於只採曲調另填歌詞的第一類情況。

又如十一編梆子腔《看燈鬧燈》中收有多支〔寄生草〕小曲。其中有一支貼旦扮媒婆上場時所唱的〔寄生草〕，其歌詞為：

> 冤家嫌我的腳兒大，不怨爹來不怨媽。單只為我從小兒就不肯裹腳，我的媽未曾動手我就將他的罵。到如今一雙腳兒到有兩雙大，去年九寸今年兩跨。恨只恨丈夫的鞋子穿不著。恨只恨丈夫的鞋子穿不著。[22]

乾隆六十年(1795)刊行的俗曲集《霓裳續譜》卷八所收一首〔揚州歌〕，其歌詞就與之近同：

> 丈夫嫌我的腳兒大，我也不怨我的媽媽。從小兒未曾裹腳我就先害怕。到如今一雙(隻)到比兩隻大，去年一尺今年兩扎。遭瘟的丈夫的鞋兒我也穿不下。臊死人丈夫鞋兒穿不下。[23]

在有嘉慶九年(1804)序的另一俗曲集《白雪遺音》卷二裡，有

---

[21] 參〈明清小曲〔銀紐絲〕曲牌考述〉一文。

[22] 《綴白裘》，11編，頁4599。

[23] 《霓裳續譜》，卷8，頁403。

一首〔馬頭調〕歌詞也大致近同：

> 冤家休嫌我的腳兒大，我也不怨我的媽媽，從小兒未曾
> 裹腳我先害怕。到如今一隻到比兩隻大，去年穿一尺今
> 年兩扎。遭瘟的丈夫鞋兒穿不下。臊殺人丈夫鞋兒穿不
> 下。㉔

雖然三者所用曲牌不同，不過彼此歌詞卻相近同，可見此應為
「改調」所產生的同詞不同調小曲㉕。也即在民間流傳的小曲
裡，應該就有以〔寄生草〕曲調演唱的此一歌詞。所以《綴白
裘》所收小戲《看燈鬧燈》中的此首〔寄生草〕，其曲調與歌詞
應皆來自民間流行的小曲。在《綴白裘》所收戲曲裡，類似此
種於情節中直接將民間小曲搬上舞台的齣目很多，如六編《花
鼓》中花鼓夫婦演唱的〔鳳陽歌〕與〔花鼓曲〕；《搬場拐妻》
中趕腳的所唱的小曲；《過關》中過關乞婆所唱的〔四大景〕與
〔西調〕小曲；十編《占花魁・種情》中妓女所唱〔剪綻（靛）
花〕；十一編《上街連相》中姑嫂所唱的〔玉娥郎〕；《檔馬》中
焦光普所唱的小曲；《打麵缸》中周臘梅所唱小曲、〔西調寄生
草〕及〔西調〕；《二關》中蘇立馬所唱小曲兒〔夜夜遊〕……
等都是此類㉖。其中《花鼓》與《過關》都是將演出小曲的曲
藝形態也植入戲曲裡，成為其情節的一部分。

㉔　《白雪遺音》，卷2，頁630。

㉕　所謂「改調」，即將原以某一曲牌演唱的歌詞，改以其他曲牌的
　　曲調演唱，為明清散曲、民歌中常見傳衍手法。參《明清小曲研
　　究》，頁269。

㉖　見《綴白裘》，頁2439～2445、2545、2550、2772～2777、4433
　　～4434、4501～4502、4511～4513、4789、4826～4833、4854。

　　總而言之，小曲與曲藝、戲曲間確實存在著極為密切的關聯。不但曲藝及戲曲常以各種方式採入小曲，甚至有許多曲藝及地方戲曲就是以小曲為基礎發展演變而來㉗。由於小曲的介入，使曲藝及戲曲演出更民間化，也更受人歡迎。相反的，曲藝或戲曲中的情節故事會影響及民歌內容，許多以敘事為主的小曲歌詞即常與當時流傳的曲藝或戲曲有所關聯；而被採入曲藝或戲曲中的小曲，更藉著這些表演形態無遠弗屆的廣傳至各地。此種相依相賴、共生共榮的良好關係，應是促使明清小曲、曲藝及戲曲繁興的一種主要動力。

㉗　參〈中國地方戲曲形成與發展的徑路〉，《詩歌與戲曲》，頁115
　　～151。

第二章 〔茉莉花〕曲調類型

今日流傳各地以〔茉莉花〕或其主要別名〔鮮花調〕①為名的民歌曲調表面上看來種類繁多，如僅東北一地，秦詠誠、魏立主編的《中國民族音樂大觀》即云：

〔茉莉花〕在東北各地流傳，其中不同曲調有十多種。②

若依此比例統計，則全國恐怕會有上百種之多。但我們如廣泛比較不同時代、地域的〔茉莉花〕（包括〔鮮花調〕，下同）曲譜，就可發現歷來各地所謂不同曲調的〔茉莉花〕，雖然在細部曲調上，彼此確實存在著差異，但若由整體曲調結構輪廓來看，其旋律結構大體卻是相同的。

各地以〔茉莉花〕為名的民歌，依其旋律結構可大別為兩類：一類為平常最常見，也是流傳主流的〔茉莉花〕曲調；一類則為近同於另一被稱為〔疊斷橋〕的曲調。一般所以會以為〔茉莉花〕有多種，主要是各地的〔茉莉花〕曲調在流傳中受到各種因素影響，以致旋律或節奏、速度、樂句落音等產生一些變化而已，透過比對我們仍清晰可辨其曲調輪廓。為便於分析探論，以下遞稱前者為「主流腔系」曲調，後者為「〔疊斷橋〕腔系」曲調。

---

① 〔鮮花調〕為〔茉莉花〕別名，見第三章第一節。

② 《中國民族音樂大觀》，頁142。

　　此外，還有不屬此兩大類型，但為數極少，亦名為〔茉莉花〕的曲調，這些曲調有少數可能來自前兩型之大變，其餘多是取名巧合而來。因本書的研究在曲調上以「主流腔系」為主，所以本章分三節，先詳細分析「主流腔系」曲調；再概析「〔疊斷橋〕腔系」，最後對不屬於此兩類的其他同名歌曲，則另列「其他」一類加以略述。

第一節　主流腔系曲調

一、曲調結構

　　「主流腔系」是流傳最多、最廣的〔茉莉花〕曲調。與其他明、清民歌小曲相較，〔茉莉花〕的主流腔系曲調算是極平穩的，其在各地流傳的旋律結構彼此間大致都相同，不過在同一大架構下，我們由部分小差異，仍可再細分為更小的類型。為利於本書下文的探究，由部分樂句曲調的變化，又可再將「主流腔系」〔茉莉花〕分為甲、乙兩種類型。

（一）、甲型

　　此為〔茉莉花〕最典型的曲調類型，不只乾隆間由英人惠納（J. C. Huttner）及巴勞（John Barrow）等人傳到西方的〔茉莉花〕如此，今存流傳於各地的〔茉莉花〕也多為此一類型。

【譜例 2-1-1】約翰・巴勞 "Travels in China"（《中國旅行記》）中的〔茉莉花〕③

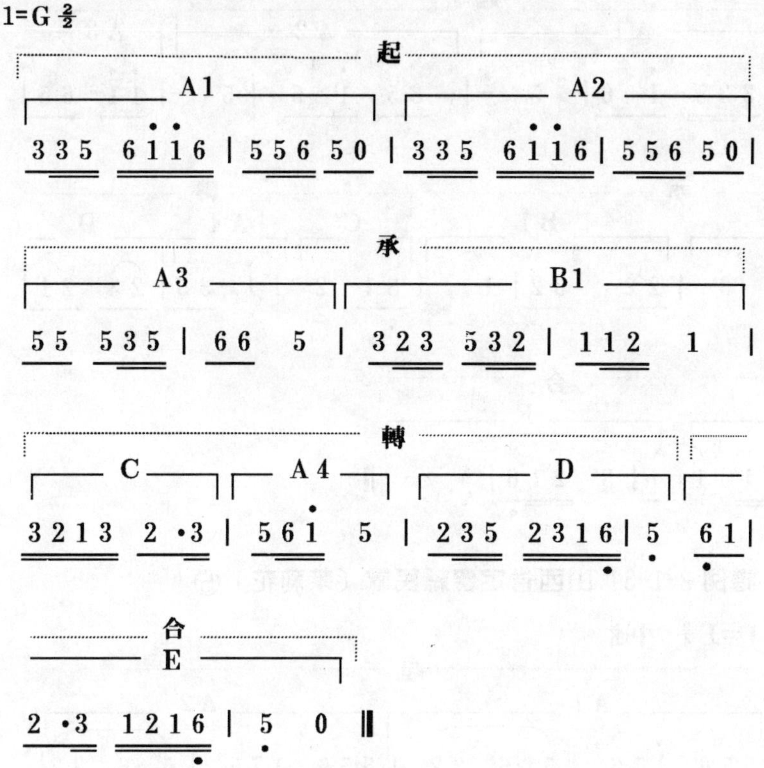

1=G $\frac{2}{4}$

起

A1
$$3\ 3\ 5\quad 6\ 1\ 1\ 6\ |\ 5\ 5\ 6\quad 5\ 0\ |$$

A2
$$3\ 3\ 5\quad 6\ 1\ 1\ 6\ |\ 5\ 5\ 6\quad 5\ 0\ |$$

承

A3
$$5\ 5\quad 5\ 3\ 5\ |\ 6\ 6\quad 5\ |$$

B1
$$3\ 2\ 3\quad 5\ 3\ 2\ |\ 1\ 1\ 2\quad 1\ |$$

轉

C
$$3\ 2\ 1\ 3\quad 2\ \cdot 3\ |$$

A4
$$5\ 6\ \overset{\cdot}{1}\quad 5\ |$$

D
$$2\ 3\ 5\quad 2\ 3\ 1\ 6\ |\ \underset{\cdot}{5}\quad \underset{\cdot}{6}\ 1\ |$$

合

E
$$2\ \cdot 3\quad 1\ 2\ 1\ 6\ |\ 5\quad 0\ \|$$

③　"Travels in China"，頁316。按：原記為「1＝D，d宮」的「雙主音宮調譜式」，為便與後代絕大多數以「雙主音徵調譜式」記譜的〔茉莉花〕曲譜比較，逕翻為「1＝G，d徵」的「雙主音徵調譜式」曲譜。又原譜所附為羅馬拼音和英譯兩種歌詞，且與曲譜分離，故本例僅轉譯其曲譜。

【譜例 2-1-2】湖北襄陽小曲中的〔鮮花調〕④

$1 = E \frac{2}{4}$

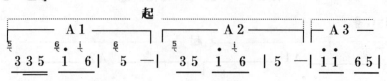

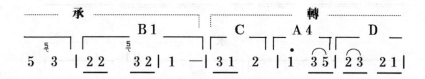

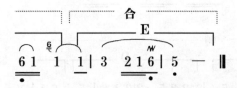

【譜例 2-1-3】山西省定襄縣民歌〔茉莉花〕⑤

$1 = F \frac{2}{4}$　中速

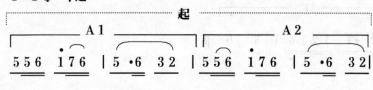

---

④　《中國曲藝音樂集成·湖北卷》，頁434。

⑤　《中國民間歌曲集成·山西卷》，頁885。

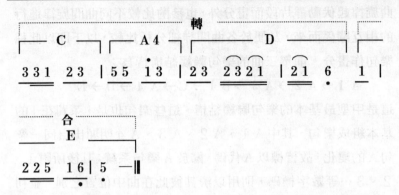

以上三曲雖因採自不同時代，不同地域，以致旋律風格互有差異，不過整曲旋律的架構組合則完全相同，都是起、承、轉、合四句體。首句是全曲的「起」始，其旋律是由兩個相同的分句重複相疊而成，歌詞也是如此。此兩分句以「5」為骨幹音，旋律先上行再下行，中段呈弧狀突起，形成兩個規律的波狀脈動，並結束於「5」音。次句是「承」接第一句而來，所以其前半段為第一句分句的變化，後半段則旋律下行，落於「1」音。第三句旋律主幹先轉入調式屬音「2」，形成一段迴旋緩衝，再簡短提起後，旋律下行落於「1」音、「5」音或「6」音，產生不穩定的「轉」折效果。末句為「合」，旋律經小起伏後，逐漸下行結束於低八度的調式主音「5」，展現漸趨沉寂的終止。

　　若進一步作更詳細的分析，則可再分為A1、A2、A3、A4、B、C、D、E等樂句⑥，此種樂句的產生，除為依該

---

⑥　本書以下此類「樂句」，乃筆者為便於詳細研究分析，比較今存各種〔茉莉花〕曲譜後所畫分的單位。其定義大約含括一般所謂的「樂句」或「樂逗」。下文對各種曲調的樂句分析同此。

曲旋律起伏動靜片段而畫分外,也參酌比較不同曲間旋律進行
的相互關係而來,為便於各曲間詳細分析比較,以下即以此種
樂句作畫分。前舉三曲的樂句聯綴結構皆為:

$$A\,1 \rightarrow A\,2 \rightarrow A\,3 \rightarrow B\,1 \rightarrow C \rightarrow A\,4 \rightarrow D \rightarrow E$$

這是甲型最基本的樂句聯綴結構。這些樂句也是〔茉莉花〕的
基本組成樂句,其中A1、A2、A3、A4明顯出自同一樂
句A的變化,故皆標以A代碼,歸於A樂句系統;其後所附1、
2、3…等數字標碼,則用以辨其彼此在曲中位置之別,並利
於論述時提出說明。以上是甲型最標準的旋法及樂句結構,為
便論述擬稱其為「主流腔系甲型」。

(二)、乙型

　　此類型的〔茉莉花〕其旋律及樂句聯綴大部分都同於甲
型,唯一的差異是第二樂句不是A2,而是由落於「1」類似
樂句B1的樂句B2所取代。如:

【譜例 2-1-4】四川清音中的〔鮮花調〕⑦

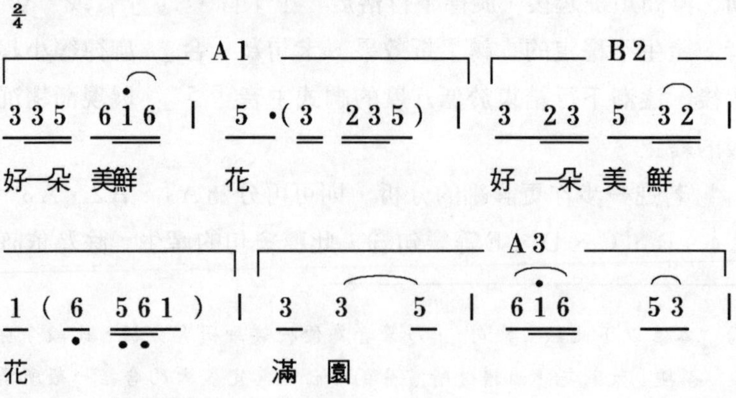

⑦　《曲藝音樂概論》,頁267引。

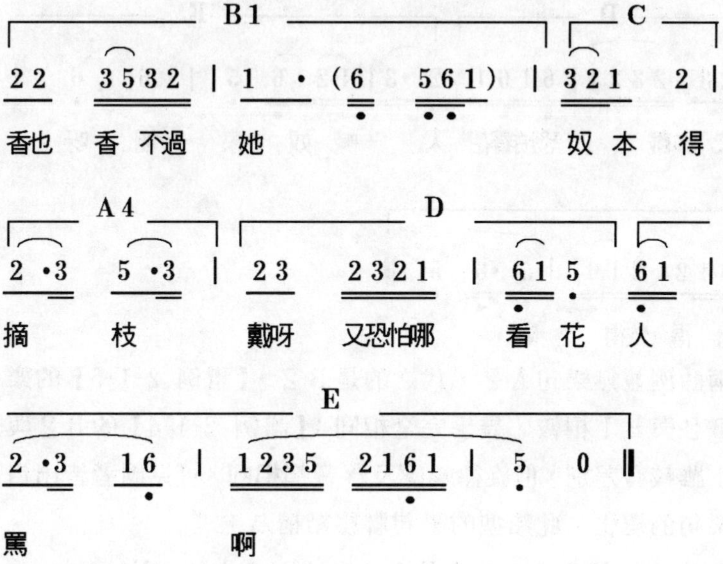

B1 ┐　　　　　　　　　　　┌ C ┐

2 2　　3 5 3 2 ｜ 1 · (6　5 6 1) ｜ 3 2 1　2 ｜

香也　香不過　她　　　　　　　　奴本　得

┌ A 4 ┐　　　　　　　┌ D ┐

2 ·3　5 ·3 ｜ 2 3　2 3 2 1 ｜ 6 1 5　6 1 ｜

摘　枝　戴呀　又恐怕哪　看花　人

┌　　　　　　　E　　　　　　　┐

2 ·3　1 6 ｜ 1 2 3 5　2 1 6 1 ｜ 5　0 ‖

罵　　　　啊

【譜例 2-1-5】雲南民歌〔鮮花調〕⑧

1＝D 2/4

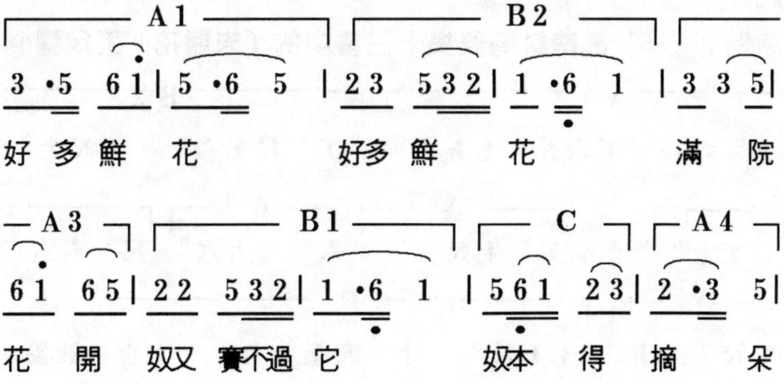

┌　　A 1　　┐　　　┌　　　B 2　　　┐

3 ·5　6 1 ｜ 5 ·6　5 ｜ 2 3　5 3 2 ｜ 1 ·6　1 ｜ 3 3 5 ｜

好多鮮 花　　　好多 鮮 花　　滿 院

┌ A 3 ┐　┌　　B 1　　┐　　┌ C ┐ ┌ A 4 ┐

6 1　6 5 ｜ 2 2　5 3 2 ｜ 1 ·6　1 ｜ 5 6 1　2 3 ｜ 2 ·3　5 ｜

花　開　奴又賽不過它　　奴本　得摘　朵

⑧　《中華民族歌謠選集》，頁 693。

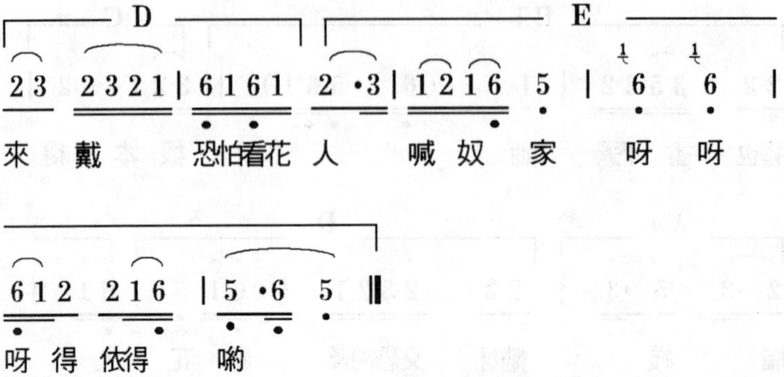

```
┌─────── D ───────┐      ┌──────────── E ──────────┐
 2 3   2 3 2 1 | 6 1 6 1   2 ·3 | 1 2 1 6   5 |   6   6 |
                                   ·
 來 戴   恐怕看花 人       喊奴 家     呀   呀
```

```
 6 1 2   2 1 6 | 5 ·6 5 ‖
              ·       ·
 呀 得 依 得     喲
```

此兩曲例並無樂句Ａ２，代之的是Ｂ２，【譜例 2-1-5】的樂句Ｂ２與Ｂ１相較，幾乎完全相同；【譜例 2-1-4】的Ｂ２與Ｂ１雖較有差別，但旋律輪廓及落音都相同，可見兩者皆出自Ｂ樂句的變化。此類型的樂句聯綴結構為：

　　　Ａ１→Ｂ２→Ａ３→Ｂ１→Ｃ→Ａ４→Ｄ→Ｅ

本類型我們可以擬稱其為「主流腔系乙型」。在道光年間臺南樂局雅樂十三音工尺譜裡有一首〔末麗花〕（應即〔茉莉花〕諧訛）：

【譜例 2-1-6】臺南樂局雅樂十三音中的〔末麗花〕工尺譜⑨

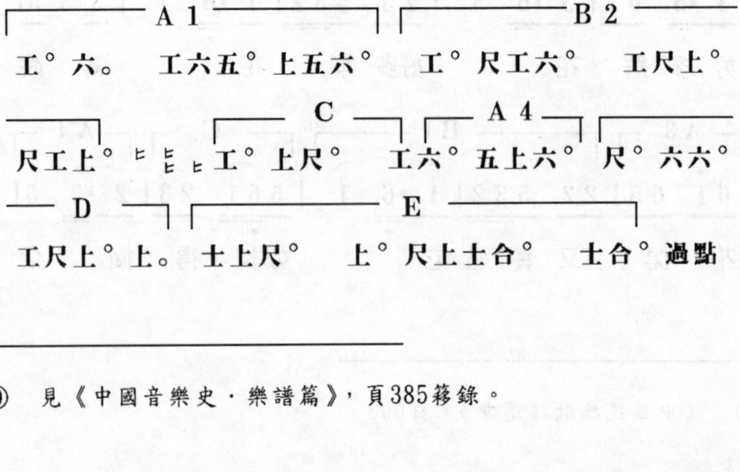

```
┌──────────── A 1 ────────────┐   ┌──────── B 2 ────────┐
 工° 六。  工六五°  上五六°      工°  尺工六°    工尺上°

       ┌──────── C ────────┐ ┌── A 4 ──┐
 尺工上°  匕 匕匕 工° 上尺°    工六°  五上六°   尺°  六六°
┌─── D ───┐         ┌──────── E ────────┐
 工尺上° 上。  士上尺°   上° 尺上士合°    士合° 過點
```

<hr>

⑨　見《中國音樂史・樂譜篇》，頁385蒐錄。

```
┌─────── 尾奏 ───────┐
```
合° 上士° 合工尺合° 士合°

譜例中「ᵇᵇᵇ」處，據薛宗明《中國音樂史·樂譜篇》云：

> 以示該處以「花拍」方式變化前音加趨速度演奏，稱
> 為「落弄」。⑩

可見「ᵇᵇᵇ」處在旋律上應是「變化前音」的反複。如此則
整首曲調的樂句聯綴結構應為：

A→B→A→B→C→A→D→E

也即為〔茉莉花〕「主流腔系乙型」。由此可知，此一類型至遲
在道光年間即已存在。

　　不論為〔茉莉花〕的「主流腔系甲型」或「主流腔系乙
型」，有時也會再產生以下兩種變化：

1、高尾

　　這是一種高八度的「變尾」⑪。即將末句以同樣旋律輪
廓提高八度，最後終止於中音域的徵音「5」。這種型式極為
常見。如：

**【譜例 2-1-7】民國 10 年上海出版《小調工尺譜》中〔鮮花
　　　　調〕⑫**

```
┌────── A 1 ──────┐    ┌────── A 2 ──────┐
      ‥                      ‥
5    3 5  6 2 1 6 | 5 ─ ─ ─|   5   3 5  6 2 1 6 | 5 ─ ─ ─|
好   一朵  鮮     花         好   一朵  鮮     花
```

---

⑩　見《中國音樂史·樂譜篇》，頁385。

⑪　見《民族音樂論文集》，頁173。

⑫　《小調工尺譜》，頁10。原為工尺譜，為便比較翻為簡譜。

```
┌──── A 3 ────┐      ┌──── B 1 ────┐
            ..
3 － 5 － | 6 2 1 6  5 －| 5 2 3 5 | 1 － － －|
有    朝    一 日        落 在 我    家

┌──── C ────┐ ┌── A 4 ──┐ ┌──── D ────┐
                   ·                          ·                  ·
3 2  1 3  2 ·3| 5 6  1 6  5 －| 5 2 3 5 6 | 1 － 6  2 |
我 情  愿  不  出 門    對 著 鮮 花 兒 落

┌──── E ────┐
·       ·
1  2  1  6 | 5 － － －‖
```

【譜例 2-1-8】吉林省四平市、白城市民歌〔茉莉花〕⑬

1 = ♭B 2/4

```
┌──────── A 1 ────────────┐
     ·                    ⌒
6 ·1  65 | 3 ·5 6  |  1 6  5  | 5 3  2 3 |
好 啦 一 朵 茉 莉 花     開 （呀）

┌───────── A 2 ─────────┐
⌒                        ·        ⌒
5   0  | 6 ·6  6 5 | 3 5  6 2 | 1 6  5  |
好（啦）一 朵 茉 莉 花 兒  開 （呀）
```

---

⑬　《中國民間歌曲集成・吉林卷》，頁77。

```
                                          ┌── A 3 ──┐
 5 3  2 3 | 5    0  | 5 3   5  | 5       3 5 |
 花    開         (那個)

                                          ┌── B ──┐
 6 1  6 5 | 3    3  | 2 #1  2  | 3 ·5  3 2 |
 滿    園  (哪)  樣   樣   比 不 上

               ┌── C ──┐
 3 5  1  2 | 1  →  | 1 6  5 3 | 2  —  | 5 · 3 |
 它   (呀)       奴家 有  心    掐  朵

 ┌── A 4 ──┐        ┌── D ──┐
 6  6 | 1 ·6  5 3 | 2 3  2 1 | 6 5  6 | 0  2 1 |
 花 兒  戴   (呀)   又怕 人家 看花 的    罵

 ┌─────── E ───────┐
 2 · 3 | 1 2   7 6 | 5 3  6 1 | 6 5  3 5 6 | 5  — ‖
（呀）
```

在配合歌詞演唱時，此種末句常被用於拖腔，產生嬝嬝餘音的效果。

2、後段反複

即於尾句 E 之後，再由樂句 C 開始反複一次才結束全

曲，形成後半段樂句「C→A4→D→E」的反複。如：

【譜例 2-1-9】道光 17 年刊本《小慧集》中的〔鮮花調〕⑭

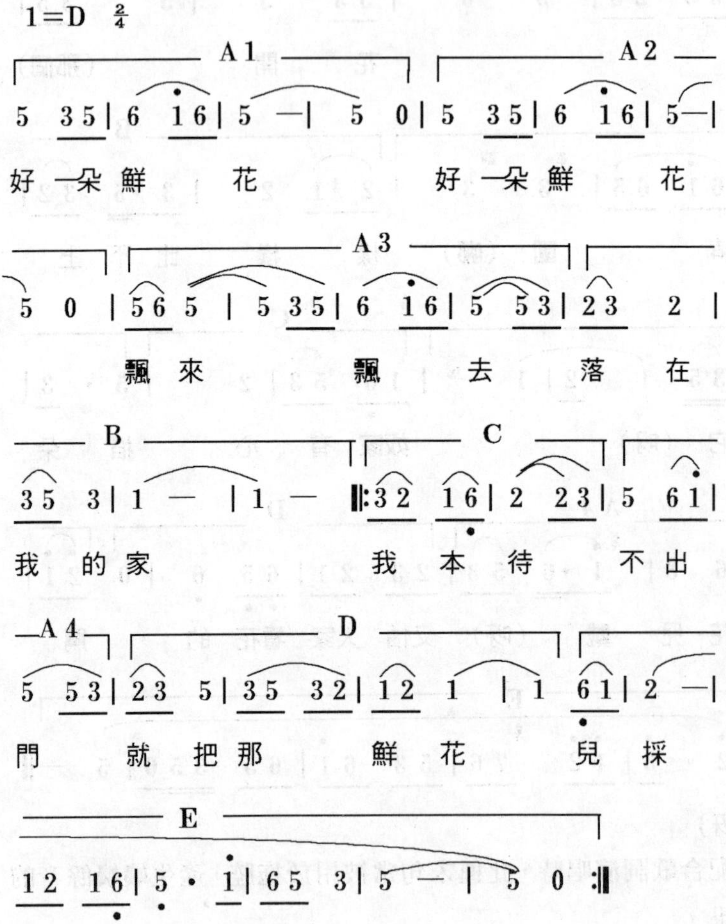

1＝D　2/4

```
        ┌─────── A 1 ───────┐          ┌──── A 2 ──┐
   5   35 | 6   16 | 5   ─  | 5  0 | 5  35 | 6  16 | 5 ─ |
   好   一朵 鮮    花              好  一朵 鮮    花
```

```
   ┌──────────────────── A 3 ────────────────────┐
   5  0 | 56 5 | 5 35 | 6  16 | 5  53 | 23  2 |
       飄  來    飄   去   落   在
```

```
   ┌─── B ───┐          ┌──────── C ────────┐
   35  3 | 1  ─ | 1  ─ ‖: 32  16 | 2  23 | 5  61 |
   我  的 家           我  本   待   不  出
```

```
   ┌── A 4 ──┐          ┌────── D ──────┐
   5  53 | 23  5 | 35  32 | 12  1 | 1  61 | 2 ─ |
   門   就 把那    鮮   花   兒  採
```

```
        ┌──────────── E ────────────┐
   12  16 | 5 · 1  65  3 | 5  ─ | 5  0 :‖
```

<hr />

⑭　《小慧集》，卷 12，第 38 簫卿主人小調譜第 6 首。本譜例據《中
　　國古代歌曲》，頁 105 劉東升譯譜轉翻為簡譜。

【譜例 2-1-10】清末無名氏抄本《清代雜曲集》中〔鮮花調〕

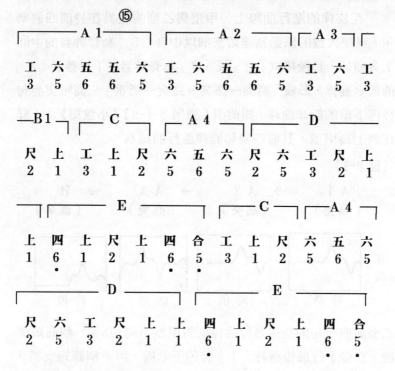

以上兩例的樂句聯綴皆為：

A 1 → A 2 → A 3 → B 1 → ‖: C → A 4 → D → E :‖

此種後段的反複，是簡短單曲型式民歌的一種延展手法，使意猶未盡的餘音得以持續，也使歌詞能獲得較充分的抒發，且由

---

⑮ 《清代雜曲集》頁23。按：《清代雜曲集》中收有兩首〔鮮花調〕曲譜，皆以工尺記譜。其一註有板眼，另一則無板眼。此例為無板眼的一首。為存其真，先直錄原譜，並於其下譯其簡譜音高，以利比較。

於後段的反複，強化了旋律的反複性，造成耳熟能詳的效果，使曲調更易受人歡迎。

在旋律的進行曲線上，甲型與乙型的差異在於前四個樂句。甲型大致的脈動為連續三個以中音「5」為骨幹音的中間上突曲線，其後接以「2」或「3」為骨幹音，下行落於「1」的低垂旋律，形成「高突→高突→高突→低垂」三高短突疊句後再下垂的旋律曲線。如前引【譜例 2-1-9】《小慧集》中〔鮮花調〕為甲型，其前四樂句旋律進行曲線為：

【圖 2-1】

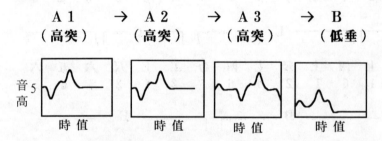

乙型前四樂句的旋律進行曲線則與甲型不同，為先一個高短突後，立接下行最後落於「1」音的下垂線，再一個高短突後，又再接下行垂線，形成「高突→低垂→高突→低垂」兩大波浪狀的疊句。如前引【譜例 2-1-5】雲南民歌〔鮮花調〕為乙型，前四樂句旋律進行曲線為：

【圖 2-2】

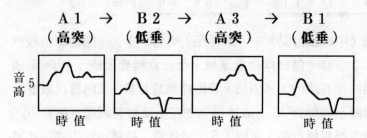

A1 → B2 → A3 → B1
（高突）　（低垂）　（高突）　（低垂）

音高 5

時值　　時值　　時值　　時值

二、樂句分析

　　不論甲型或乙型，概括而言主流腔系是由A、B、C、D、E五個樂句構成。A又可再分為A1、A2、A3、A4樂句，B也可再分為B1、B2樂句。這些樂句雖在不同地域、時代、曲種中會產生一些變化，但大體上其旋律輪廓變化並不大，現依次各別分析於下：

1、樂句A1

　　此樂句應為〔茉莉花〕主腔，是全曲靈魂之所在。不論其起音為「3」、「5」或「6」等音，都以「5」為旋律骨幹音，中間並有突起高於「5」的旋律曲線。其突起頂點大多以「1̇」或「2̇」為指標，在此之前先降至較低音，然後再蓄勢上行，以此加大了突起弧度；下行時則多順流而下回到「5」音，因落音「5」時值多較長，所以常會再經一次鄰音迴繞的加花短腔後才回「5」音結束。如：

【譜例 2-1-11】

3　35　6̇1̇16̇　|　5　56　50　|⑯

此為《中國旅行記》中〔茉莉花〕樂句Ａ１。一開始即是較低的「3」音，然後以級進連續上行一直爬登頂峰「i̇」，形成一道四十五度的上昇斜坡，於頂峰稍駐足後，又同樣以級進方式緩降至骨幹音「5」，最後再以加花手法短暫繞經上鄰音「6」以產生迴盪轉折後，才回「5」音作結。這種進行方式，使整個樂句旋律流暢悠美、委婉動人。其旋律曲線圖為：

【圖 2-3】

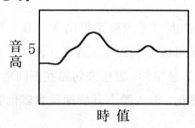

又如：

【譜例 2-1-12】

$\frac{2}{4}$6　655|3͡5　6͡2|$\frac{2}{4}$1͡6　5　·6|$\frac{2}{4}$5　—|⑰

此為河北昌黎縣流傳的〔茉莉花〕樂句Ａ１。雖由「6」音起始較高，但隨即經「5」音降到「3」音才開始反勢上行，上行時也是以級進經「5」音到「6」音後，突然跳過「i̇」音逕達頂峰「2̇」音，呈現尖端突起之勢。下行時則與前例相同，是以級進下降回「5」音，再經加花的鄰音「6」後才結束於

───────────

⑯　"Travels in China"，頁316。
⑰　《中國民間歌曲集成·河北卷》，頁422。

「5」音。其旋律曲線圖為：

【圖 2-4】

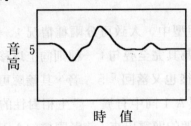

音高 5

時　值

又如：

【譜例 2-1-13】

3 2 3 5　6 5 1 6　5 3　5 ・ ｜⑱

此為湖北小曲〔鮮花調〕的樂句Ａ1。由「3」音起，隨即降
到「2」音，然後以級進反向上行，經「5」音到「6」音，
但在躍登頂峰前卻先降回「5」音然後才上跳至「i」音，使
上行之勢中帶入一點轉折；下行時以級進降回「5」音後，順
勢回繞下鄰音「3」後，才結束於徵音「5」。其旋律曲線圖
為：

【圖 2-5】

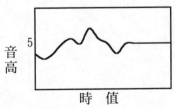

音高 5

時　值

⑱　《中國曲藝音樂集成・湖北卷》，頁58。

2、樂句 A 2

　　此樂句只出現在甲型中，大致可分兩種情況：一種是旋律同於樂句A１，而成為其完全疊句；一種則向上以移位或部分變化的手法進行，最後也又落回「５」音，其輪廓可看出應變自樂句A１，所以與A１同中有異，產生相對性的疊句效果，也使主腔旋律更明朗的顯露出來。前者同樂句A１不再贅述，後者如：

【譜例 2-1-14】

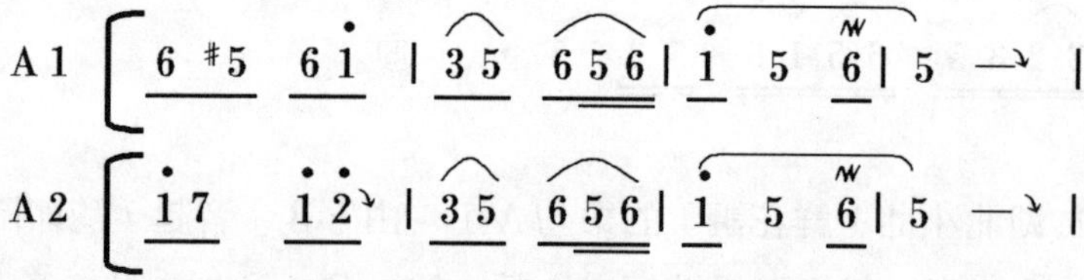

此為河北省南皮縣〔茉莉花〕的樂句A１與A２。在樂句A２中，其第一小節大致比樂句A１的第一小節高一個音，形成上方模進的旋律曲線，隨後即回到與A１完全相同的旋律上，成為前段模進後段反複的變頭式疊句。其樂句A２的旋律曲線（實線）與樂句A１（虛線）相較為：

---

⑲　《中國民間歌曲集成・河北卷》，頁231。

【圖 2-6】

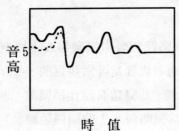

音高5

時　值

又如：

【譜例 2-1-15】

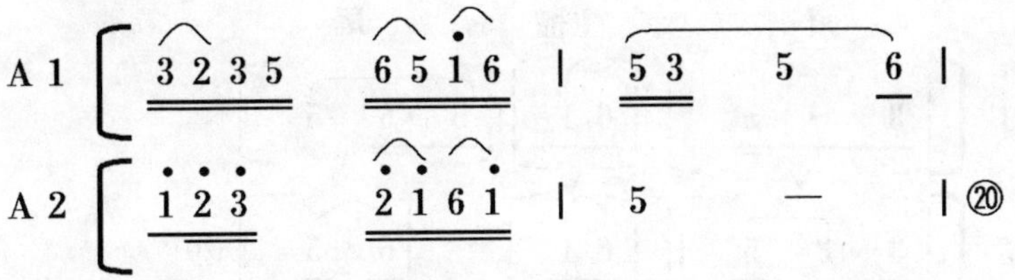

此曲為江蘇六合縣流行的〔茉莉花〕，樂句Ａ２與樂句Ａ１相較變化較大，不過大致旋律上移的輪廓，仍可看出來。其樂句Ａ２（實線）與Ａ１（虛線）的旋律曲線相較為：

【圖 2-7】

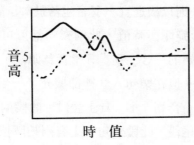

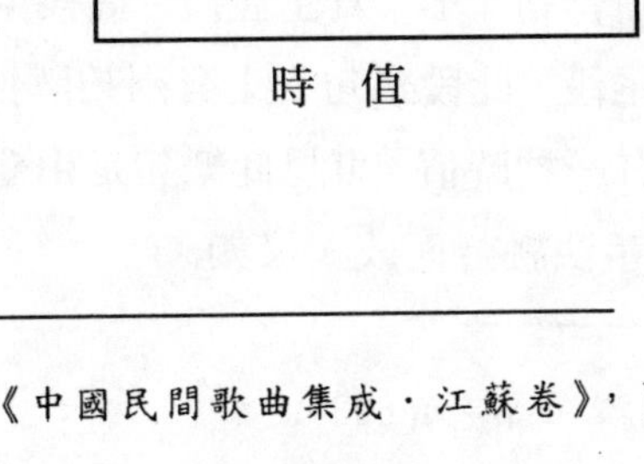

音高5

時　值

---

⑳　《中國民間歌曲集成・江蘇卷》，頁726。

3、樂句 A 3

　　與 A 2 相較，由外型來看此樂句與樂句 A 1 雖有較大差別，但詳加分析可以發現兩者血緣是非常親近的，可以說樂句 A 3 其實是樂句 A 1 的變體。此變體有僅作稍變的，也有變化較大的。不管變化如何，其與樂句 A 1 的關係是顯然可見的。如：

【譜例 2-1-16】

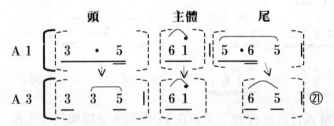

　　此為雲南民歌〔茉莉花〕的樂句 A 1 與 A 3。在音序上兩者幾乎相同，都是由「3」音起始，經「5」音、「6」音直上頂峰「i」音，下行時樂句 A 1 是小跳下到「5」音再繞經「6」音後回「5」音結束，A 3 則以級進直下羽音也落於「5」音。由譜例也可看出，若配合旋律與時值，此兩樂句都可再分為頭、主體、尾三段。由起始的「3」到「5」音為頭段，此段在樂句 A 1 中有一拍時值，但在樂句 A 3 裡卻擴充了一倍，有兩拍的時值；其後的「6」音到「i」為主體段，此段兩樂句完全相同；剩下的一段為尾段，此段樂句 A 1 有兩拍時值，樂句 A 3 卻縮省了一倍，只有一拍時值。可見此樂句是由樂句 A 1 經擴充、反複、減省等手法融合而成。又如：

㉑　《中華民族歌謠選集》，第七集，頁693。

【譜例 2-1-17】

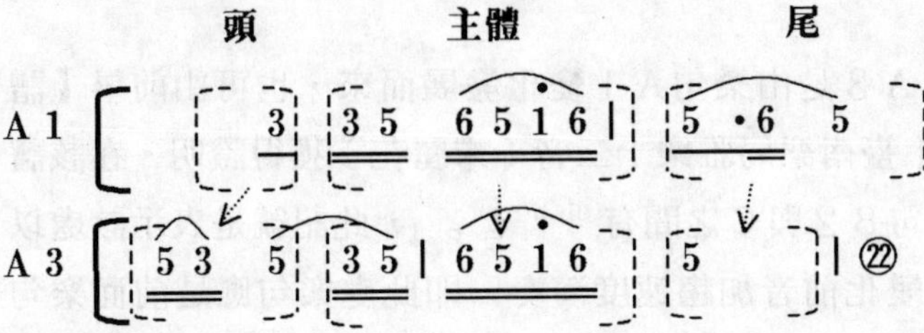

此為江西南昌清音「東湖十景」中〔鮮花調〕。其樂句Ａ１與
Ａ３亦可分頭、主體、尾三段。在頭段中樂句Ａ３是由Ａ１擴
充發展而來；在主體段中兩者則完全相同；在尾段中顯然樂句
Ａ３是樂句Ａ１的減省。又如：

【譜例 2-1-18】

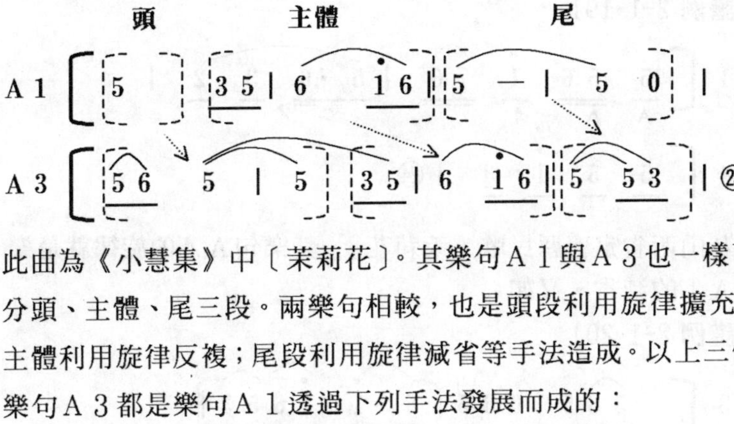

此曲為《小慧集》中〔茉莉花〕。其樂句Ａ１與Ａ３也一樣可
分頭、主體、尾三段。兩樂句相較，也是頭段利用旋律擴充；
主體利用旋律反複；尾段利用旋律減省等手法造成。以上三例
樂句Ａ３都是樂句Ａ１透過下列手法發展而成的：

> 頭段 ——→ 擴充
>
> 主體 ——→ 反複
>
> 尾段 ——→ 減省

㉒　　《民間說唱藝術選集》，頁409。

㉓　　《小慧集》，據《中國古代歌曲》，頁105譯譜。

可見在〔茉莉花〕的主流腔系中，此是產生樂句Ａ３較為常用的手法。

　　樂句Ａ３是由樂句Ａ１變化發展而來，也可由前舉【譜例 2-1-6】臺南樂局雅樂十三音〔末麗花〕獲得證明。在該譜例中，樂句Ｂ２與Ｃ之間有「ᵇ ᵇ ᵇ」，此記號是表示該處以花拍方式變化前音加趨速度演奏。即此處樂句應是前面樂句「Ａ１→Ｂ２」的變化反複，可證樂句Ａ３是變自Ａ１。

4、樂句Ａ４

　　此樂句是由前面的樂句Ａ諸系列樂句減省或變化而來。如：

【譜例 2-1-19】

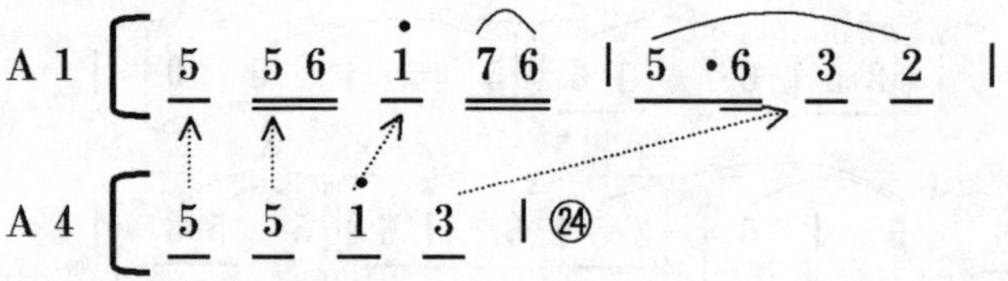

A 1 ［ 5　56　1　76 | 5 ·6　3　2 | ］

A 4 ［ 5　5　1　3 | ㉔ ］

此為山西省定襄縣民歌〔茉莉花〕，其樂句Ａ４的旋律就是樂句Ａ１的減省。又如：

【譜例 2-1-20】

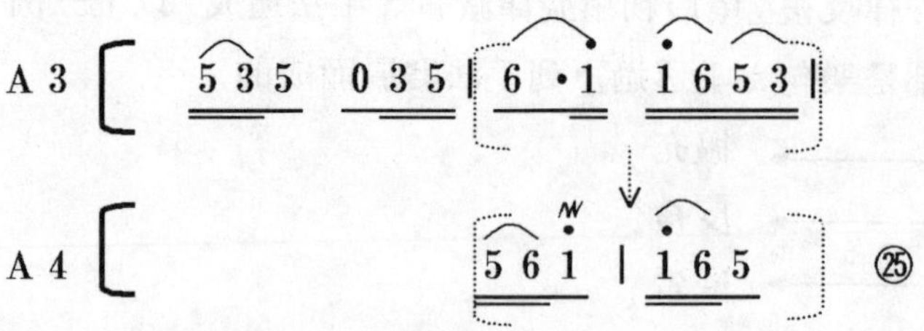

A 3 ［ 535　035 | 6 ·1　1653 | ］

A 4 ［ 561 | 165 | ㉕ ］

㉔　《中國民間歌曲集成・山西卷》，頁885。
㉕　《中國曲藝音樂集成・江蘇卷》，頁978。

此為江蘇清淮小曲中〔鮮花調〕。其樂句Ａ４則是直接截取樂
句Ａ３的後半部，只在時值上作稍許變化而已。不過，因為樂
句Ａ４多較簡短，且前、後所接的Ｃ及Ｄ樂句都是低平或下行
的旋律，所以較不穩定，常會產生被類化而矮化低平的現象，
如【譜例2-1-5】雲南民歌中的〔鮮花調〕即如此。

由全曲來看，在「起」段中，甲型由於Ａ１、Ａ２兩主
腔的連續反複，使全曲已牢不可破的奠定了樂句Ａ在曲中的強
勢主導地位，乙型Ａ２雖被Ｂ２取代，但Ａ１仍居起始地位，
一開始即能主控全曲；在「承」段中，由於樂句Ａ３的出現，
才發揮了此段承接的效果；在「轉」段中，雖以Ｃ的帶入造成
轉折，不過樂句Ａ的影子，卻在隨即出現的Ａ４中顯現，更溝
通了頭尾，使主腔能貫穿全曲；在最後的「合」段裡雖無樂句
Ａ，但樂句Ｅ大致也可算是樂句Ａ的一種轉變（詳下文）。由
此可知，Ａ系列諸樂句不僅是主腔，也是使全曲產生「起、承、
轉、合」變化的主要因素。

5、樂句Ｂ１

此樂句接於樂句Ａ３的高突旋律之後，旋律在下行時雖
再經小弧度突起後才下至「１」音結束。但此小弧突起與前面
樂句Ａ１、Ａ２、Ａ３的高聳突起相較，只是較低的丘陵，旋
律經此緩衝才得以婉轉下行至「１」音，因此整體來說樂句Ｂ
１是一個下行的旋律過程。在曲情上，前面Ａ１、Ａ２、Ａ３
所帶起的激情，也藉此被導入暫時的和緩，由落音「１」，使
旋律到此產生類似半終止的效果。如：

【譜例2-1-21】

A 3　〔　<u>5</u>　<u>5</u>　<u>6</u>　|　<u>i</u>　<u>6</u>　　<u>5</u>　<u>3</u>　|

B 1　〔　<u>5</u>　<u>2</u>　<u>3 5 3 2</u>　|　1　　—　　|㉖

【圖 2-8】

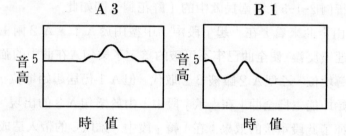

又如：

【譜例 2-1-22】

A 3　〔　工　六　工　六　五　仩　五　六

　　　　　3　5　3　5　6　i　6　5

B 1　〔　工　尺　工　六　工　尺　上　尺　上

　　　　　3　2　3　5　3　2　1　2　1　㉗

㉖　《中華民族歌謠選集》，頁510。

㉗　《清樂曲牌雅譜》，頁5。

【圖 2-9】

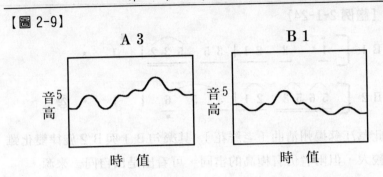

【譜例 2-1-21】為流行甘肅的〔茉莉花〕;【譜例 2-1-22】為流傳至日本清樂中的〔茉莉花〕。後者原為工尺譜，且板眼疏略不詳，為便比較旋律流程，對譯簡譜於下，每音暫以一拍記譜。由此兩曲的旋律曲線圖，可看出其旋律由樂句A 3的突起頂峰至B 1的落音「1」之間的下行走勢。此樂句的落音「1」由於在產生半終止的效果，所以其時值一般是較長的。

6、樂句B 2

此樂句只見於乙型，其旋律大致同於樂句B 1。如：

【譜例 2-1-23】

B 1 〔 523 532 | 1 — |

B 2 〔 523 532 | 1 — | ㉘

此為山東日照「迯囉」中〔鮮花調〕。其樂句B 2與B 1不論音高或時值皆完全相同。又如：

㉘ 《漢族民歌概論》，頁237引。

【譜例 2-1-24】

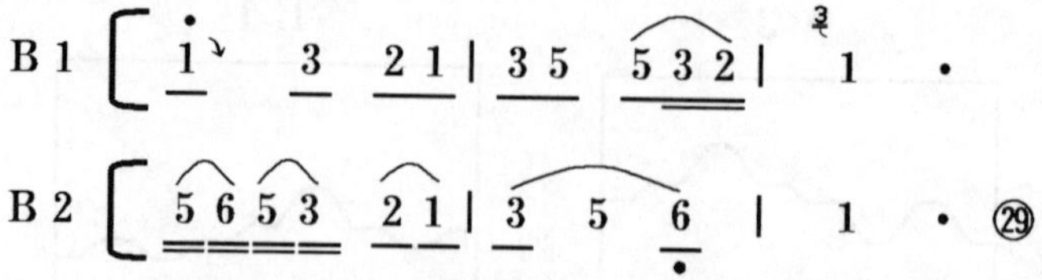

　此為江蘇揚州清曲〔老鮮花〕。其樂句 B 1 與 B 2 旋律變化雖較大，但兩者仍有極高的雷同，可看出是出自同一來源。

　　甲型的 A 2 在乙型中所以會被 B 2 取代，可能的原因是受到樂句類化的影響而產生仿代現象。即原應為甲型前四樂句的 A 1→A 2→A 3→B 1 聯綴，其前兩樂句「A 1→A 2」受到後兩樂句「A 3→B 1」的影響，產生仿代作用，使得 A 2 也被代換為 B 樂句系統的 B 2，也因此 B 2 的旋律雷同於 B 1⑳。

7、樂句 C

　　此樂句是造成「轉」段轉折變化的主要樂句。其旋律大多低平，時值也不長，結尾雖常進入「2」停留後又轉到短暫的「3」音，但此「3」音是為銜其後的樂句 A 4 才產生，只是加花性質，實際其落音應仍在「2」音上。各地〔茉莉花〕中，此樂句的變異性並不大，是輪廓明顯、穩定的樂句。現併舉六處不同地域〔茉莉花〕中的 C 樂句，以作比較：

㉙　《中國曲藝音樂集成・江蘇卷・揚州市分卷》，頁73。

㉚　關於仿代現象參第四章第二節。

【譜例 2-1-25】

遼寧長海	1 6　　5̂ 3 ｜ 2　・3 ｜
寧夏隆德	2̂ 3̂ 2̂ 1　　2 ｜
湖北襄陽	3　1　　2 ｜
山西聞喜	2　3̂ 1　　2　2 3 ｜
江蘇六合	3̂ 2　1　　2̂ ・3 ｜
浙江餘姚	3̂ 2　1̂ 3 ｜ 2　・　3 ｜ ③

此六曲中，除了遼寧長海的樂句Ｃ旋律音程起伏較大外，其餘五曲都只用到「1」、「2」、「3」三個音，音程都只是級進或小跳，而以「2」音為此樂句的主軸。此與樂句Ａ系列的旋律高突及以「5」音為主軸的特性相較，顯然有很大的不同。由於此種不同，使人突覺風格一變，有峰迴路轉之感，造成旋律轉折的效果。

8、樂句 D

　　此樂句位於「轉」段的後半，緊接於樂句Ａ4之後，旋律較低，落音也較不穩定。歸納各地〔茉莉花〕中此樂句落音大致有三種：一為「1」音，一為「6̣」音，一為「5̣」音。

③　《中國民歌》第3卷，頁276。《中國民間歌曲集成・寧夏卷》，頁577。《中國曲藝音樂集成・湖北卷》，頁434。《中國民間歌曲集成・山西卷》，頁501。《中國民間歌曲集成・江蘇卷》，頁726。《中國民間歌曲集成・浙江卷》，頁331。

落於「1」音者如：

【譜例 2-1-26】

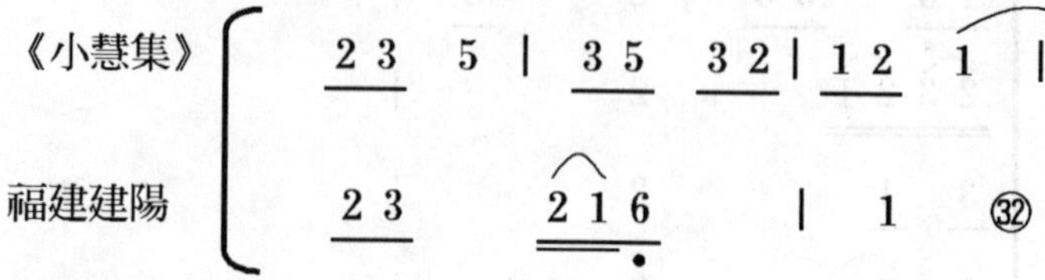
《小慧集》
2 3 5 | 3 5 3 2 | 1 2 1 | 1
福建建陽
2 3 2 1 6 | 1 ㉜

落於「6̣」音者如：

【譜例 2-1-27】

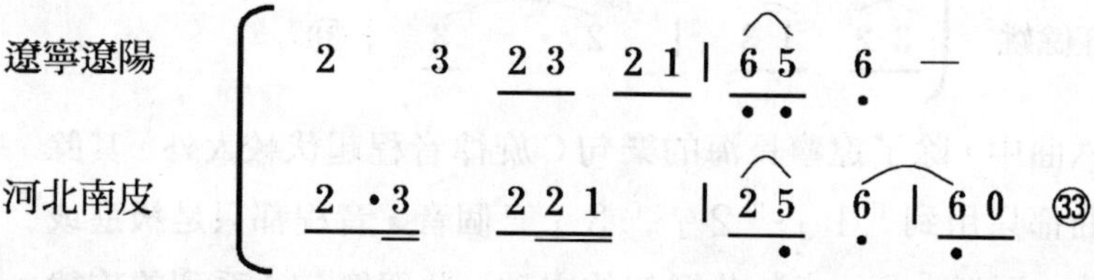
遼寧遼陽
2 3 2 3 2 1 | 6 5 6 —
河北南皮
2 ·3 2 2 1 | 2 5 6 | 6 0 ㉝

落於「5̣」音者如：

【譜例 2-1-28】

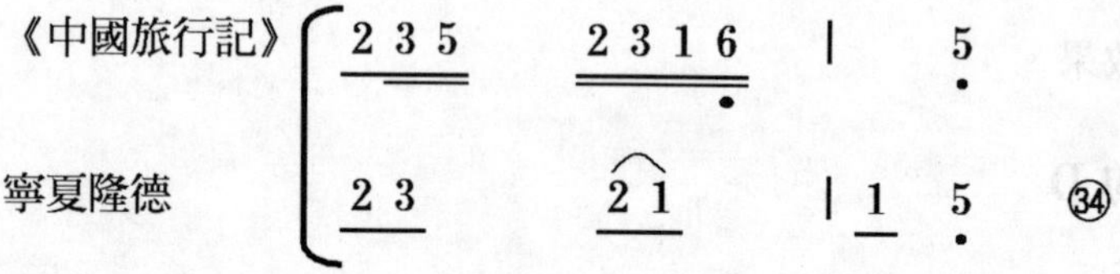
《中國旅行記》
2 3 5 2 3 1 6 | 5
寧夏隆德
2 3 2 1 | 1 5 ㉞

此三種落音形式以落於「1」音與「6̣」音最為常見。其中落

㉜ 《小慧集》,《中國古代歌曲》, 頁105譯。《福建民間音樂簡論》, 頁101。

㉝ 《中國民間歌曲集成・遼寧卷》, 頁261。《中國民間歌曲集成・河北卷》, 頁231。

㉞ "Travels in China", 頁316。《中國傳統民歌400首》, 頁112。

於「1」者，頗似樂句B。如：

【譜例2-1-29】

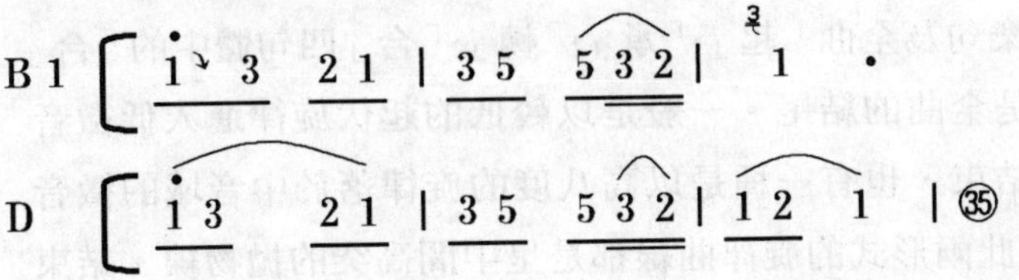

B1 ⎡ 1̇ ˙ 3 21 ｜ 35 5͡32 ｜ 1̇ ˙ ³

D ⎡ 1͡3 21 ｜ 35 5͡32 ｜ 1͡2 1 ｜ ㉟

此為揚州清曲中的〔老鮮花〕，其樂句D就與樂句B1幾乎完全相同。此種情況產生，有兩種可能：一種為樂句D本即屬於樂句B系統，後因受到樂句E影響，才改落音於「6̣」或「5̣」。另一種為樂句D本來就不同於樂句B，後來因位於樂句A4之後，受到前面樂句聯綴「A1→B2」及「A3→B1」的影響，使其旋律走向及落音都被B樂句所類化，而落入「1」音結束。

　　樂句D落音的不穩定情況，也可在下列曲例中看出來：

【譜例2-1-30】

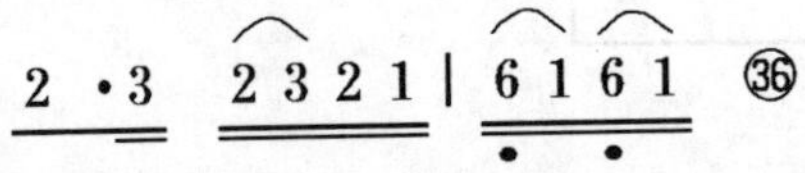

2 ˙3 2͡321 ｜ 6161 ㊱

【譜例2-1-30】是山西聞喜縣的〔茉莉花〕。其樂句D的落音雖落於「1」音，但最後一拍以極短時值的「6̣」音與「1」音交互出現，則顯示了此兩音在樂句結尾的相互爭執難定。就全曲而言，樂句D的不穩，使曲情發展至此產生懸宕不定的作用，使緊接其後轉入徵音終止的結句，獲得更強的舒緩效果。

㉟　《中國曲藝音樂集成‧江蘇卷‧揚州市分卷》，頁73。

㊱　《中國民間歌曲集成‧山西卷》，頁501。

9、樂句 E

此樂句為全曲「起」、「承」、「轉」、「合」四句體中的「合」句，也是全曲的結尾。一般是以較低的起伏旋律進入低徵音「$\underset{\cdot}{5}$」結束，也有一種是以高八度的旋律落於中音域的徵音「5」。此兩形式的旋律曲線都是呈中間高突的拋物線。結束於低徵「$\underset{\cdot}{5}$」者，如：

【譜例 2-1-31】

河南商城　　1　｜　2 ·3　　21　6　｜　5　—　‖㊲

【圖 2-10】

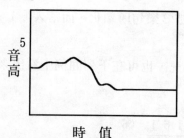

時　值

結束於中音徵「5」者，如：

【譜例 2-1-32】

《工尺大全》　　6 2̇｜　1̇ 2̇　　1̇ 6　｜　5　—　‖㊳

㊲　《中國民歌》第4卷，頁148。

㊳　《工尺大全》，頁2。原為工尺譜，為便比較直接譯為簡譜。

【圖 2-11】

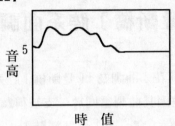

以上兩例為樂句 E 最基本的形式。一般所見多在樂句尾部又以一、二個起伏延展產生拖腔，最後再進入徵音終結全曲。如：

【譜例 2-1-33】

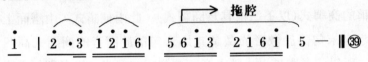

【圖 2-12】

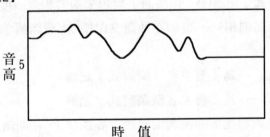

此為江蘇六合縣民歌〔茉莉花〕的樂句 E。其中間突起的拋物曲線旋律，與樂句 A 極為相似，兩者也都結束於徵音，所以樂句 E 其實暗藏著樂句 A 的影子，這個影子位於全曲的結尾，使其與前面的樂句 A 前後呼應，產生「合」的效果。

㊴ 《中國民間歌曲集成‧江蘇卷》，頁726。

第二節　〔疊斷橋〕腔系曲調

　　所以稱此類型的〔茉莉花〕曲調為「〔疊斷橋〕腔系」(簡稱「疊系〔茉莉花〕」)，是因其曲調雷同於一支被稱為〔疊斷橋〕的曲牌。〔疊斷橋〕又有〔穿心調〕、〔紅繡鞋〕、〔滿舟〕、〔尼姑下山調〕……等多種別名。在曲譜文獻中〔疊斷橋〕有兩種記譜方式，一種末句落於徵音，類似西洋音樂所稱的徵調式(以下逕稱其為徵調式)；一種末句落於商音，類似西洋音樂所稱的商調式(以下逕稱其為商調式)。此兩種譜式，由譜面上看起來末句落於徵音的徵調式比末句落於商音的商調式高四度，所以前者應是以「雙主音宮調譜式」記譜，後者則以「雙主音徵調譜式」記譜①。在譜面上看起來兩者相差四度，不過實際旋律音高則相同。也即在曲譜文獻中，〔疊斷橋〕的記譜情況為：

　　徵調式——為「雙主音宮調譜式」記譜

　　商調式——為「雙主音徵調譜式」記譜

　　疊系〔茉莉花〕的曲調雷同於〔疊斷橋〕，在曲譜文獻記譜上也同樣有此兩種譜式。以下舉出兩種譜式的〔疊斷橋〕與疊系〔茉莉花〕，並作分析比較：

---

① 有關「雙主音宮調譜式」及「雙主音徵調譜式」見第一章第一節六「譜例特別說明」。

【譜例 2-2-1】兩種譜式的〔疊斷橋〕與疊系〔茉莉花〕②

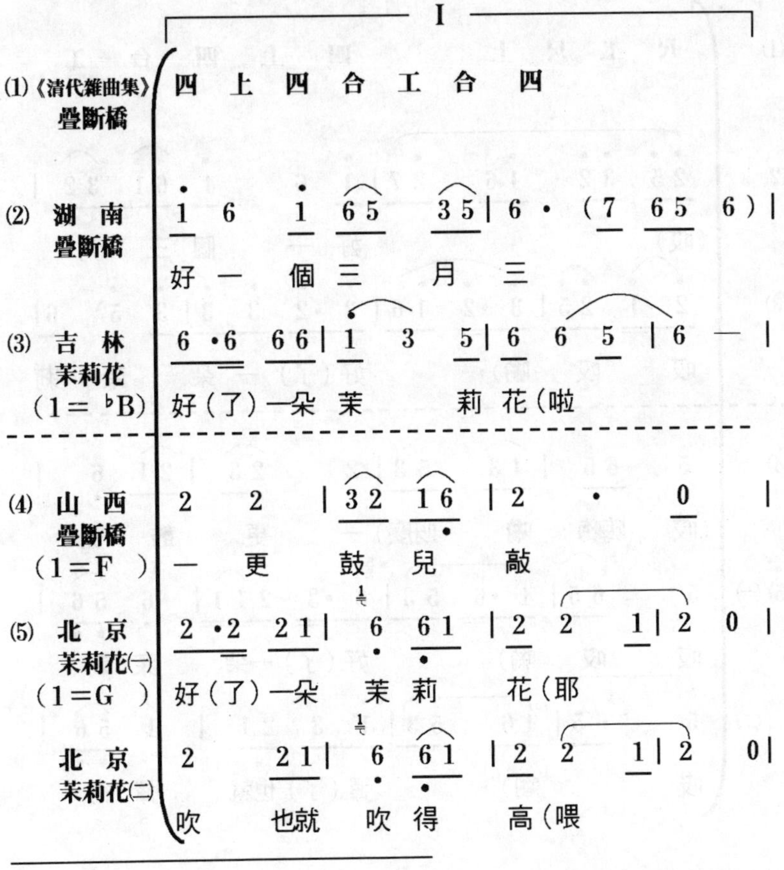

```
                    ┌─────── I ───────┐

(1)《清代雜曲集》    四 上 四 合 工 合 四
    疊斷橋

(2) 湖 南          1̇ 6  1̇ 6͡5  3͡5 | 6 · ( 7  6͡5  6 ) |
    疊斷橋          好 一  個 三  月 三

(3) 吉 林          6 · 6  66 | 1͡  3  5 | 6  6͡ 5 | 6 ─ |
    茉莉花
    (1=♭B)         好 (了) 一朵 茉    莉 花 (啦

- - - - - - - - - - - - - - - - - - - - - - - - - - - - - -

(4) 山 西          2  2 | 3͡2  1͡6 | 2  ·  0 |
    疊斷橋
    (1=F )         一  更  鼓 兒  敲

(5) 北 京          2 · 2  2 1 | 6  6 1 | 2  2  1 | 2  0 |
    茉莉花(一)
    (1=G )         好 (了) 一朵 茉 莉  花 (耶

    北 京          2   2 1 | 6  6͡ 1 | 2  2  1 | 2  0 |
    茉莉花(二)
                    吹  也就 吹 得  高 (喂
```

② 《清代雜曲集》，頁23，為無板眼工尺譜，原題〔跌斷橋〕。《中
國曲藝志·湖南卷》，頁246，為邵陽絲弦曲牌，原題〔迭斷橋〕。
《中國民間歌曲集成·吉林卷》，頁80，為吉林永吉縣民歌〔茉
莉花〕。《中國民間歌曲集成·山西卷》，頁479，為山西左權大腔
所唱〔跌斷橋〕(即〔疊斷橋〕)。《中國民間歌曲集成·北京卷》，
頁454，為北京順義花會演出十不閒時所唱〔茉莉花〕。

Ⅱ1

(1)　尺　工　尺　上　　　四　上　四　合　工

(2)　2 5　3 2　1 6　2 7｜1 6　1 6 1　3 2｜
（哎）　　　　　　　　好一　個三　月

(3)　2 ·1　2 5｜3 ·2　1 6｜3 ·2　3 3　3 5　6｜
哎　哎　喲），　好（了）一朵　茉　莉

- -

(4)　5　6 5｜4 3　5 3｜2　2 3｜2 1　6｜
（哎　嗨嗨　喲　呀麼）一　更　鼓　兒

(5)（一）5　6 5｜4 ·6　5 3｜6 ·3　2 1 1｜6　5 6｜
哎　哎　喲）　好（了）一朵　茉　莉

（二）5　6 5｜4 6　5 3｜1 3　2 1｜1　5 6｜
哎　　　喲）　彈（了）也就　彈　得

Ⅲ1

(1)　合　　　　四　上　四　合　四　合

(2)　5　　—　　6 2　1 6　｜ 5 ·（6　5 3　5　）｜
　　　三，　　（哎）

(3)　5　　5 3 ·　｜ 6 2　7 6　｜ 6　5　3 ｜ 5　5 3 ｜
　　　花（啦　　嗯哎　　喲）

(4)　1　　1　｜ 2 1　3 2 ｜ 1 · 2 ｜ 1　0　｜
　　　敲（呀　哎嗨　哎嗨　喲　嚎　嚎）

(5)(一)　1　　1　6 ｜　1　　0　　｜
　　　花（耶）

　(二)　1　　1　6 ｜　1　　0　　｜
　　　高（喂）

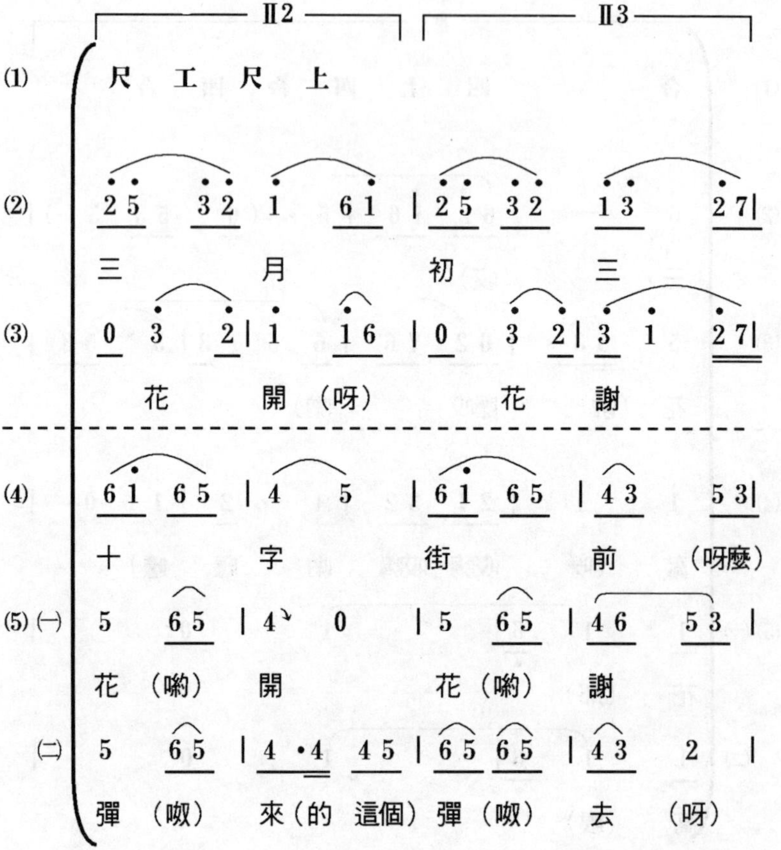
Ⅱ2
Ⅱ3
(1) 尺 工 尺 上
(2) 25 32 1 61 | 25 32 13 27|
三 月 初 三
(3) 0 3 2| 1 16 | 0 3 2| 3 1 27|
花 開 (呀) 花 謝
(4) 61 65 | 4 5 | 61 65 | 43 53|
十 字 街 前 (呀麼)
(5) (一) 5 65 | 4 0 | 5 65 | 46 53 |
花 (喲) 開 花 (喲) 謝
(二) 5 65 | 4 ·4 45 | 65 65 | 43 2 |
彈 (啵) 來 (的 這個) 彈 (啵) 去 (呀)

Ⅲ2　　　　　　　　Ⅳ—

(1)　四　上　四　合　工　合　　　　工　合

(2)　1 6　1 6 ·1　3 2 ｜ 5　—　3 2　3 5｜
　　　忙 上　金　鶯 殿　皇　　娘

(3)　6 ·5　6 6｜ 3 5　6 1 3｜ 5　0 6 5　‖:3 ·2　3 5｜
　　　是　花 都　比 不　住　它 (嚜)　奴 家 我有

(4)　2　2 3 ｜ 2 1　6 ｜ 1　1 ｜ 6 ·1　6 1｜
　　　落　下　一　乘 轎 (呀　哎　喲兒)

(5)(一)　2 3　2 1 ｜ 2　5 6 ｜ 1　1 6 ｜ 1 0 ｜ 2 4　6 1｜
　　　好 把 (這個) 人　愛　煞(耶)　奴　有

(二)　6 3　2 1 ｜ 2　5 6 ｜ 1　1 6 ｜ 1 0 ｜ 4　6 1｜
　　　咯　嗩嗩　弦　斷　了(喂)　叫　丫

V

(1)	四	尺 工	上	上

(2)　6　—　1 2　1 6｜5 6　1 2
　　　賜　　　御　　酒

(3)　6 6　0｜5 ·　6｜1　0 6｜3 7　1 ｜
　　　心（哪）　掐　朵 花　兒　戴（呀）

(4)　2　　0｜3 5　3 2｜1 2　3　　　｜
　　　大　　　炮　　響（呀

(5)㈠ 2　　0｜1 ·　2｜4　0｜5 4　5 3 ｜
　　　心　　　掐　花　　戴（耶）

　㈡ 2　　0｜1 ·　2｜4　0｜4 5　3 ｜
　　　鬢兒　　續　絲　　弦　（哪）

VI

(1) 四　上　四　合　工　合　工　尺　上　尺

(2) 6 1　6 5 | 5　3　5　3 2　1 6　|　2　－

金花　　插　兩　　邊

(3) 6 7　6 6 | 2 7　6 6 6 | 6 1 3　5　|

恐怕（那個）看哪 看花的　罵　（呀

(4) 5 3　2 1 | 6・ 1 | 6 5　3 | 5　5 |

是）人　都　來　瞧（呀

(5)(一) 6 1　6 1 | 2 7　2 7 | 2 7　6 5 | 5 3　5 |

恐怕（這個）看（哪）看（哪）看　花的 罵（呀

(二) 6 1　6 1 | 2 7　2 7 | 2　6 5 | 5 3　5 |

小（了）妹妹 另（啊）另（啊）另　換　調（哇

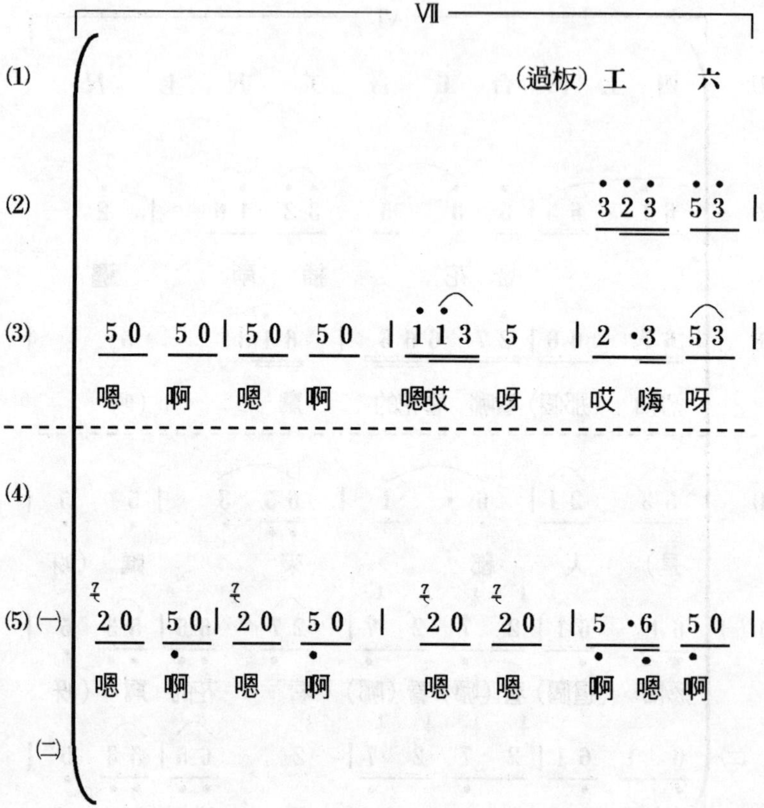
Ⅶ
(1)
(過板) 工 六
(2)
(3)
嗯 啊 嗯 啊 嗯哎 呀 哎 嗨 呀
(4)
(5) (一)
嗯 啊 嗯 啊 嗯 嗯 啊 嗯 啊
(二)

VIII

(1)　工　　尺　　工　　尺

(2)　$\underline{2\ 3}$　$\underline{1\ 6}$　$2\cdot$　$\underline{\ \ \ 3}$｜$2\cdot$　（尾奏略）

(3)　$\underline{0\ 6}$　$\underline{\widehat{6\ 1}\ 3}$｜$\underset{3}{2}$　2　$\underline{\widehat{1\ 2}\ 3}$｜$2$　—　:‖

　　啊　　啊　　嗯　哎　哎　　呀）

- -

(4)　$\underline{6\ 5}$　$\underline{6\ 1}$｜$5\cdot$　$\underline{\ \ 6}$｜5　—　‖

　　哎嗨　哎嗨　喲　　嗬　嗬）

(5)㈠　$\underline{5\ 6}$　$\underline{2\ 2}$｜$\underline{0\ 2}$　$\underline{7\ 6}$｜5　$\underline{5\ 3}$｜5　0:‖

　　哎嗨　喲哇　哎　　哎嗨　喲　哇）

　㈡　$\underline{6\ 1}$　$\underline{5\ 6}$｜5　$\underline{6\ 5\ 6\ 1}$｜5　—　‖

　　哎　　喲　哎　　喲）

譜例中曲(1)、曲(2)的〔疊斷橋〕及曲(3)的疊系〔茉莉花〕，為以「雙主音徵調譜式」記譜，末句落於商音的商調式樂曲。曲(4)的〔疊斷橋〕及曲(5)的疊系〔茉莉花〕則為「雙主音宮調譜式」記譜，末句落於徵音的徵調式樂曲。此兩種記譜方式以簡譜首調顯現時譜面上雖有差異，但在旋律音高上則相同。曲(5)是北京順義花會演出十不閑時所唱〔茉莉花〕，共有十段歌詞，前九段與第十段所唱曲調末尾有出入，曲(5)㈠為前九段所唱曲

調，曲(5)㈡為最後一段(第十段)曲調。由【譜例 2-2-1】的分析比較可知：

1、疊系〔茉莉花〕與〔疊斷橋〕曲調大略相似。在樂句Ⅳ以前兩者極為近同，樂句Ⅴ以後差異較大，但到末尾樂句Ⅷ時則又趨近似，落音也相同。換言之，就整曲而言，兩者前半段(Ⅰ→Ⅱ1→Ⅲ1→Ⅱ2→Ⅱ3→Ⅲ2→Ⅳ)頗為近同，後半段(Ⅴ→Ⅵ→Ⅶ→Ⅷ)則有較大變異。

2、在〔疊斷橋〕中，樂句Ⅶ皆被省略或縮減。在疊系〔茉莉花〕中則有兩種情況，一種同曲(3)及曲(5)㈠一樣都有樂句Ⅶ；另一種則如曲(5)㈡般完全省略了樂句Ⅶ。在各地流傳的疊系〔茉莉花〕裡，以前者(有樂句Ⅶ)佔大多數，可見此樂句應是疊系〔茉莉花〕較有別於〔疊斷橋〕之處。疊系〔茉莉花〕在樂句Ⅶ處的旋律類似反複增踩，歌詞多帶「嗯啊嗯啊」等襯詞，類似蛤蟆叫聲，所以被稱為帶「蛤蟆韻」，整曲有時也因此被稱為〔蛤蟆調〕③。

3、由樂句分析可知，疊系〔茉莉花〕的基本樂句聯綴依其是否帶蛤蟆韻，大致可分為「帶蛤蟆韻型」及「不帶蛤蟆韻型」兩類，其樂句聯綴結構分別為：

(1)、帶蛤蟆韻型

Ⅰ→Ⅱ1→Ⅲ1→Ⅱ2→Ⅱ3→Ⅲ2→Ⅳ→Ⅴ→Ⅵ→Ⅶ→Ⅷ

---

③　參《中國民間歌曲集成·吉林卷》，頁12張淑霞撰：〈吉林民歌概述〉云：「民間稱它為帶"蛤蟆韻"的〔茉莉花〕」。如【譜例2-2-1】曲(5)所舉北京順義花會演出十不閒所唱〔茉莉花〕即又名〔蛤蟆調〕。

（2）、不帶蛤蟆韻型

Ⅰ→Ⅱ1→Ⅲ1→Ⅱ2→Ⅱ3→Ⅲ2→Ⅳ→Ⅴ→Ⅵ→Ⅷ

此兩類型有時分屬兩曲，有時則如前舉北京〔茉莉花〕般為同一曲在不同反複時所唱。

4、以「雙主音徵調譜式」記譜的商調式為例，在旋律進行上旋律軸音為羽音（6）的樂句有Ⅰ、Ⅲ1、Ⅲ2、Ⅳ、Ⅴ、Ⅵ，以高商音（2̇）為旋律軸音的樂句有Ⅱ1、Ⅱ2、Ⅱ3，以徵音（5）為旋律軸音的樂句有Ⅶ，經過這些不同軸音的旋律不斷間隔變換之後，最後樂句Ⅷ的旋律並未落於最強勢的軸音羽音（6），而是落於中音商（2）。此一旋律的進行，與同樣以「雙主音徵調譜式」記譜，其旋律始終以徵音（5）為軸音的主流腔系〔茉莉花〕相較，在調性上顯得較不穩定。

〔鮮花調〕為〔茉莉花〕別名之一④，其歌名多出現於戲曲或曲藝裡，民歌中較少用。今日流傳的疊系〔茉莉花〕卻都以〔茉莉花〕為歌名，罕見以〔鮮花調〕為名者。可見疊系〔茉莉花〕應以民歌為其流傳發展的基本舞台。

〔疊斷橋〕曲調不但近同於疊系〔茉莉花〕，而且與主流腔系〔茉莉花〕間，也存在著極為密切的關聯，此種關聯另見第三章第二節考論。

---

④ 參第三章第一節。

第三節　其他

除主流腔系及疊系外，還有曲調與歌詞都與前兩類有極大差異，但卻也以〔茉莉花〕為歌名的民歌。此類所佔比例極微，雖不排除其中也許有些為前兩類型〔茉莉花〕曲調產生大變以致不可辨識的可能，不過絕大多數應是曲調原即與前兩類型不同，因為也有以茉莉花為內容的歌詞，所以也被稱為〔茉莉花〕。以下譜例即是同樣以〔茉莉花〕為名的歌曲，但實際考證卻是另一民歌的曲調：

【譜例 2-3-1】安徽嗨子戲花腔中的〔茉莉花調〕①

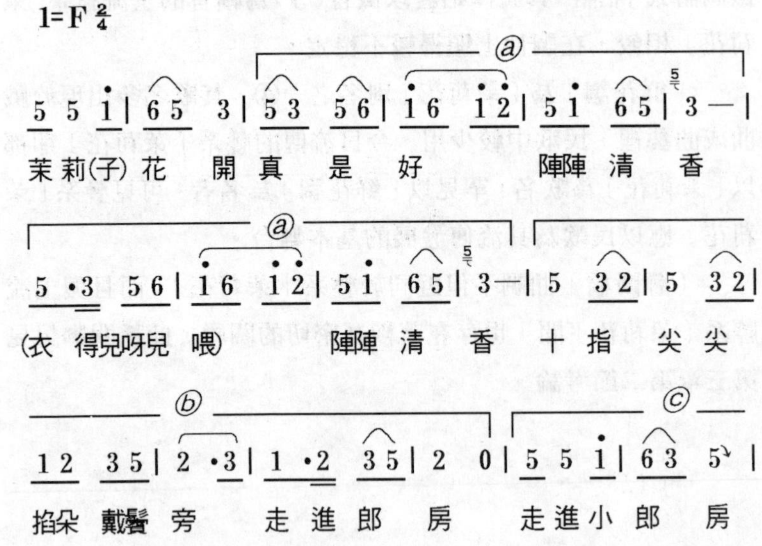

1=F 2/4

①　《中國戲曲音樂集成・安徽卷》，頁1693。

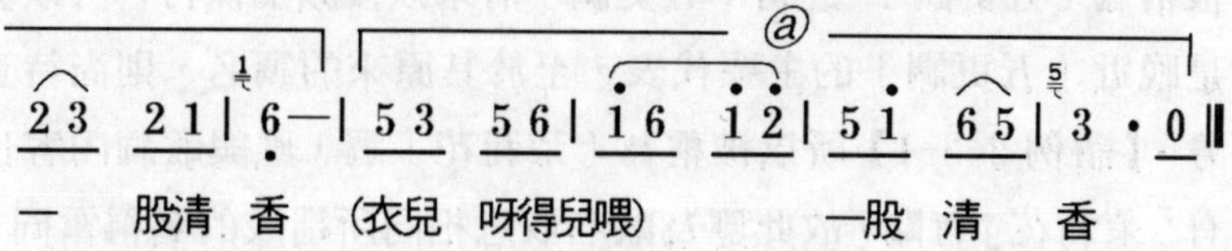
ⓐ
一　股清　香　(衣兒　呀得兒喂)　一股　清　香

此首安徽嗨子戲花腔中來自民歌的〔茉莉花調〕，其名亦叫〔茉莉花〕，但不只歌詞與傳統〔茉莉花〕歌詞有別，其曲調也完全不同。透過曲譜的分析比較，可以發現其曲調很可能是來自以下另一首被稱為〔五更調〕的民歌：

【譜例 2-3-2】上海流行的〔五更調〕②

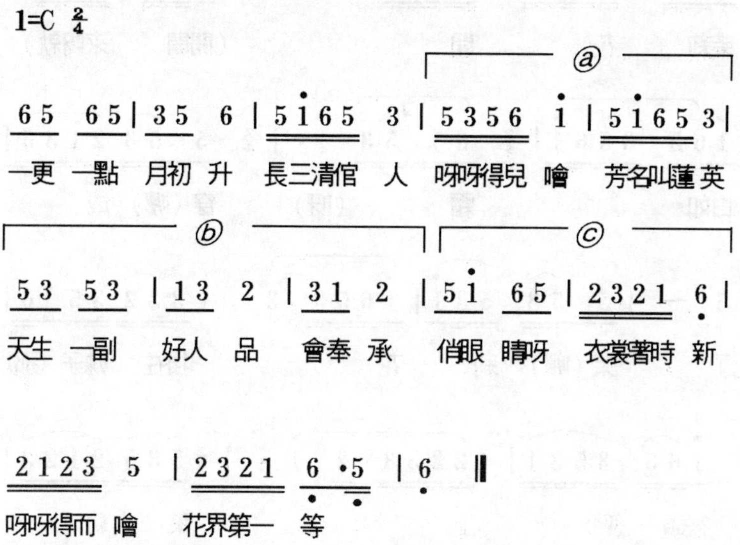
1=C 2/4
ⓐ
一更　一點　月初　升　長三清倌　人　呀呀得兒　噲　芳名叫蓮英
ⓑ
ⓒ
天生　一副　好人　品　會奉　承　俏眼　睛呀　衣裳著時　新
呀呀得而　噲　花界第一　等

前舉【譜例 2-3-1】安徽嗨子戲花腔中〔茉莉花調〕的樂句ⓐ、ⓑ、ⓒ，也見於此首〔五更調〕裡，可見兩者大部分的組成樂句是相同的，即使非同一曲調，也是其血脈變體。〔五更調〕是一個通稱性極高的調名，以五更形式歌詞演唱的歌曲，都常會

② 《時調曲譜大全》，第5編，頁11。

被稱為〔五更調〕。此首〔五更調〕清末以後頗為流行，可以算是晚近〔五更調〕的主要代表，至於其原來的調名，則尚待查考。【譜例2-3-1】所以被稱為〔茉莉花〕調，應與歌詞內容也有「茉莉花」有關，故此應為歌名取意相同所造成的名稱雷同。又如：

【譜例2-3-3】江蘇興化市民歌〔茉莉花〕③

1＝A　2/4　中速

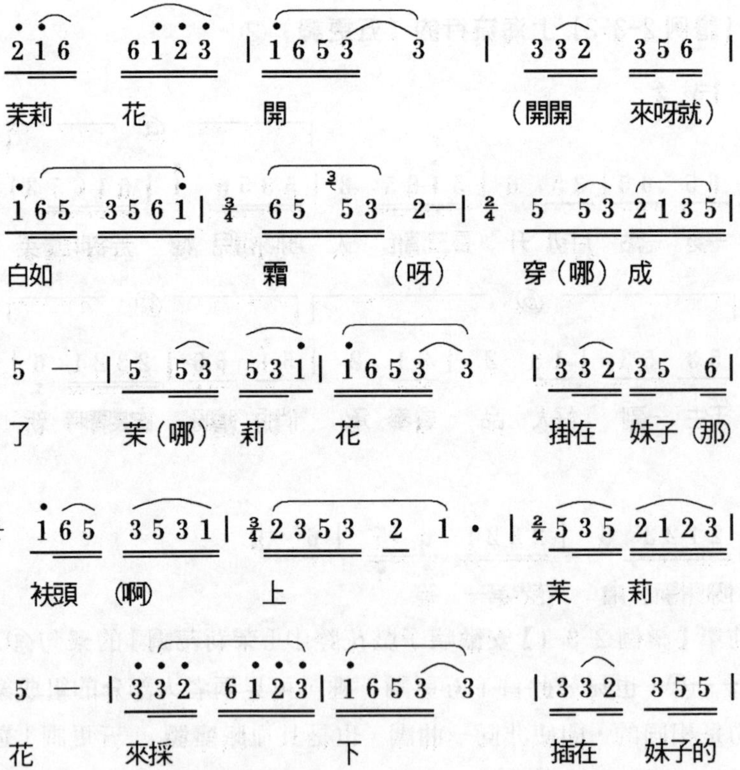

| 2 1 6 | 6 1 2 3 | 1 6 5 3　3 | 3 3 2　3 5 6 |
| 茉莉 | 花 | 開 | （開開　來呀就） |

| 1 6 5　3 5 6 1 | 3/4　6 5　5 3　2— | 2/4　5　5 3　2 1 3 5 |
| 白如 | 霜　（呀） | 穿（哪）　成 |

| 5　— | 5　5 3　5 3 1 | 1 6 5 3　3 | 3 3 2　3 5　6 |
| 了 | 茉（哪）　莉　花 | 掛在　妹子（那） |

| 2/4　1 6 5　3 5 3 1 | 3/4　2 3 5 3　2　1· | 2/4　5 3 5　2 1 2 3 |
| 袄頭　（啊） | 上 | 茉　莉 |

| 5　— | 3 3 2　6 1 2 3 | 1 6 5 3　3 | 3 3 2　3 5 5 |
| 花 | 來採　下 | 插在　妹子的 |

③　《中國民間歌曲集成・江蘇卷》，頁727。

$\overset{\cdot}{1}\,6\,5 \quad \overset{\frown}{5\,6\,1}\,|\;{}^2_4\;\overline{2\,3\,5\,3}\quad \underline{2}\quad 1\;\cdot\;|\;{}^2_4\,\overline{3}\,\overset{\frown}{3}\,\overline{2}\quad \overline{3\,5}\quad 6\,|$

烏雲　　頭　　　　上　　　　　　　　一陣　一陣（就）

$\overset{\frown}{1\,6\,5} \quad \overline{3\,5\,3\,1}\;|\;{}^2_4\;\overset{\frown}{2\,5\,3\,5}\quad \underline{2}\quad 1\;\cdot\;\|$

粉花　　　　　　香

此首民歌也稱〔茉莉花〕，但其曲調與歌詞卻完全有別於主流腔系與疊系〔茉莉花〕，可見此民歌也只是與前兩型〔茉莉花〕歌名相同而已，彼此應無關聯。

　　以下本書所論〔茉莉花〕，是以「主流腔系」為主，「疊系」為輔。至於「其他」一類則不歸入探討範圍。

第三章 〔茉莉花〕曲調探源

　　曲譜的比對是探究一首民歌曲調源頭最直接的方式。不過一首像〔茉莉花〕如此流傳久遠的民歌，其最早的曲譜早已不存。而且其調名(或歌名)在流傳中常會不斷產生增衍現象，衍生出許多曲調相同或相近，但調名卻不同的民歌來。所以要探索其曲調源流，必須釐清這些關聯。尤其是這些不同調名中，其名稱資料出現於文獻記載，或甚至有早期曲譜留存者，更可做為我們探索〔茉莉花〕曲調源頭的依憑。

第一節　與〔鮮花調〕、〔雙疊翠〕關係

　　〔鮮花調〕是一首今日廣泛流傳於各地，其曲調與典型歌詞都同於主流腔系〔茉莉花〕，而且早期文獻也有其相關記載的民歌。現舉兩者曲譜比較於下：

【譜例 3-1-1】《中國旅行記》所載〔茉莉花〕與浙江天台縣流傳〔鮮花調〕之比較①

---

①　譜例中〔茉莉花〕見 "Travels in China"《中國旅行記》，頁316。原譜所附為羅馬拼音和英譯兩種歌詞，且與曲譜分離，此依錢仁康：〈〔媽媽娘你好糊塗〕和〔茉莉花〕在國外〉，頁202詞曲對照譯譜。〔鮮花調〕見《中國民間歌曲集成·浙江卷》，頁326。

(1) 茉莉花　　| 3 3 5 | 6 1̇ 1̇ 6 | 5 5 6　5 0 | 3 3 5 | 6 1̇ 1̇ 6 |

好—朵　鮮　　　花　　　　好—朵　鮮
好—朵　茉　莉　花　　　　好—朵　茉　莉

(2) 鮮花調　　| 3 ·5　6　6 | 5　— | 3 ·5　6　6 |

好　一　朵　鮮　花　　　好　一　朵　鮮
我　的　嬌　得　嬌　　　我　的　　　得
彈　也　彈　得　好　　　唱　也　鼓　　
花　鼓　打　花　飄　　　花　鼓　打　
雪　花　出　　　了　　　雪　陽　出
太　陽　來　　　　　　　太

(1)　　| 5　5 6 | 5 0 | 5 5 | 5 3 5 | 6 6 | 5 |

花　　　　　有　朝　一　　日
花　　　　　滿　園　鮮　　花

(2)　　| 5　— | 5　5　3 | 6　5 |

花　嬌　　　　妙　妙　飄　　了
鮮　嬌　　　　正　好　（的）　一　朵
花　妙　　　　正　好　（的）　琵　唱
　　飄　　　　飄　來　（的）　彈　鼓
　　了　　　　太　陽　一　　出　去
　　　　　　　　　　　　　　　花　來

(1)　3　2̲3̲　5　3̲2̲｜1̲1̲2̲　1　｜　3̲2̲1̲3̲　2̲·3̲｜
　　落　在　我　家　它　　　我　本　待
　　賽　不　過　它　　　我　本　待

(2)　2　2　3⌒5̲　3̲2̲｜1　—　‖:3　1　2⌒3｜
　　落　在　我　家籟　了　　我　本　當
　　又　有　一支　又斷　了　　我　本　當
　　弦　絲也　打破　了　　我　本　當
　　打　起　三尺三寸　高了　　我　本　一個
　　積　美人　不見　了　　我　塑　早　知　道

(1)　5　6̇1̇　5　｜2　3̲5̲　2̲3̲1̲6̲｜5·　6·　1｜
　　不　出　門　對　著　鮮　恐　花　樂　花
　　採　一　朵　但　又　恐　看　的

(2)　5　6⌒5　3　｜2⌒5　3　2　｜1　5̇·　6̇·　1｜
　　偷　吹　一朵　調弦　瞧又　她恐　羅　裙　人
　　接　一個　起　鼓人　又又　恐在　別　人　人
　　修　起美　此　放不　該　旁　旁　懷　中
　　雪　如　空　想　一陣

(1)

2 ·3　1 2 1 6　｜5　　0　　‖

哈　　哈
人　兒　罵

(2)

2 ·3　1 6　｜5　　—　　‖:

遮　　下　　了
要　　談　　笑
要　　談　　笑
要　　談　　笑
抱
惹　　人　　笑

　　由譜例比較可看出，兩者曲調的旋律架構、落音都相同，歌詞
內容也都屬於〔茉莉花〕典型歌詞②，可證〔鮮花調〕就是〔茉
莉花〕。

　　　由《中國旅行記》載有〔茉莉花〕，可知在乾隆末年就有
此一名為〔茉莉花〕的民歌。至於〔鮮花調〕的名稱，在文獻
記載上則可推至更早。李聲振所撰《百戲竹枝詞》中，有一條
註云：

　　　鳳陽婦人多工者，又名秧歌，蓋農人賽會之戲。其曲有
　　　「好朵鮮花」套數，鼓形細腰，若古之搏拊然。

詞云：

　　　賽會時光趁踏青，記來妾時鳳陽城；秧歌爭道〔鮮花〕

―――――――――――――

②　所謂「典型〔茉莉花〕歌詞」是〔茉莉花〕最常見，一套包含多
　　段的歌詞體系。詳見第五章第一節。

好，腸斷冬冬打鼓聲。③

李聲振為河北清苑（保定）人，《百戲竹枝詞》所記多為北京百戲情況，雖未註明撰作時代，但路工由此書內容與抄寫墨跡、紙色等，肯定為清康熙年間作品。又作者於書末所附「自紀」中云：

> 丙子長至草創，庋高閣者十霜，挑燈重繕，倍以鹵然。
> 丙戌八月朔日自紀。④

丙子是康熙三十五年（1696），丙戌是康熙四十五年（1706），可知此書應寫於此時。由此記載，也說明了在康熙時，〔鮮花調〕是當時人人道好的秧歌代表性曲調。在費執御所撰《夢香詞》裡也云：

> 揚州好，燈節唱秧歌。〔一朵花〕依人面好，〔九條龍〕
> 賽月明多，打鼓慢篩鑼。

杜召棠注云：

> 〔一朵花〕，小曲名。⑤

《夢香詞》雖成於雍正時，但所記為康熙、雍正間揚州事物。由於〔鮮花調〕的典型歌詞開頭第一句即為「好一朵鮮花」，因此「一朵花」所指疑也即〔鮮花調〕。此記載也可與《百戲竹枝詞》所載相印證，證明在當時流傳於北京、揚州等地的秧歌裡，

---

③　《清代北京竹枝詞》，頁161。

④　路工於《清代北京竹枝詞》前言中云：「《百戲竹枝詞》作者李聲振，號鶴泉，河北清苑（保定）人。原書是稿本，未見刻過。從內容與抄寫墨跡紙色去看，可以肯定是康熙年間的作品。」。《百戲竹枝詞》作者「自紀」見同書，頁179。

⑤　《夢香詞》，頁1。

〔鮮花調〕確實是廣為人喜好的曲調。此兩記載說明了至遲在康熙時，民歌〔鮮花調〕不但已產生，且因與秧歌結合，在南、北都已廣受歡迎。

除了〔鮮花調〕外，還有一支名為〔雙疊翠〕的曲牌，被認為是〔鮮花調〕的來源。如《中國曲藝音樂集成‧江蘇卷》在所錄〔鮮花調〕譜後即註云：

　　〔鮮花調〕源于明俗曲〔雙疊翠〕(見明劉效祖《詞臠》)。
⑥

《中國曲藝音樂集成‧河南卷》在所錄〔雙疊翠〕譜後註也云：

　　〔雙疊翠〕明代俗曲之一，又稱〔鮮花調〕、〔茉莉花〕。

　　由早期詞格特點雙疊(四疊)得名，亦稱〔雙疊詞〕。⑦此曲牌今日流傳於河南、安徽、蘇北一帶。以下舉其譜例與〔茉莉花〕作比較：

【譜例 3-1-2】〔茉莉花〕與〔雙疊翠〕之比較⑧

---

⑥　《中國曲藝音樂集成‧江蘇卷》，頁557。

⑦　《中國曲藝音樂集成‧河南卷》，頁127。

⑧　《中國民間歌曲集成‧江蘇卷》，頁726。《中國民間歌曲集成‧河南卷》，頁534。《中國戲曲音樂集成‧安徽卷》，頁1859。

江蘇六合
(1) 茉莉花　　3 2 3 5　｜ 6 5 1 6 ｜ 5 3　5　6 ｜

好　一朵　茉莉　　花
好　一朵　茉莉　　花花
好　一朵　茉莉　　花

河南南陽
(2) 雙疊翠　　3　5　6 5 6 1 ｜ 5　　—　　｜

八　月　桂　花　香
張　生　門　門　旁
呼　啦　跪　把　開　開
二　今　把　門　來　瞧
今　日　想　哥　　哥

安徽曲劇
(3) 雙疊翠　　3　3 5　6 5 6 1 ｜ 5　　（5 5）｜
【梁唱】　四　九　整　行　裝

(1)　1 2 3　2 1 6 1 ｜ 5　—　｜ 5 3　5　6 ｜

好一朵　茉莉　　花　　　滿　園
好一朵　茉莉　　花花　　茉莉
好一朵　茉莉　　花　　　滿　園

(2)　3 5　6 5 6 1 ｜ 5　—　｜ 3　5　6 ｜

九月　菊　花　黃　膽　大　的
哀告　小　紅　娘　可　憐
呼啦　把　門　開　開　開　開
二次　把　門　開　開　來
今日　想　　瞧　哥　哥　哥

(3)　3 ・5　6 5 6 1 ｜ 5（5 5）｜ 3　5　6 ｜

隨我　回故　鄉　　　一　齊

(1)　| 1̇ 2̇ 3̇　1̇ 6̇ 5 | 5 2　3̇ 5̇ 3 2 | 1̇ 6̇　1· |

花　開　　香也　香　不過　它
花　開　　雪也　白　不過　它
花　開　　比也　比　不過　它

(2)　| 1̂ 2　6̂ 5 | 3 3 2　3̂ 5̂ 3 2 | 1 — :‖

張　生　　跳過了　粉　壁　牆
小　生　　離了　家　進　鄉
門　來　　不見　人　秀　來
門　瞧　　走進　張　道　才
門　前　　一　娘　知　了
　　　　　條　小　河

(3)　| 1̇　6̂ 5 | 5　1̂ 2 3 5̂ 3 2 | 1 — |

去　上　祝（呀祝）家　庄　【四九唱】

(1)　| 3̂ 2 1　2· 3 | 5 6̂ 1·　6 5 | 5 3 2　3̂ 5̂ 3 2 |

我　有　心　採　一朵　戴　又　怕
我　有　心　採　一朵　戴　又　怕
我　有　心　採　一朵　戴　又　怕

(2)　| 3 1　2 | 2 2 3　5· 6̂ | 2 3 5　2 1 |

好　一　個是　崔鶯　鶯　她把　門關
你　若　是個　不開　門　我　一跪到　東方
不　是　個裡　偷情　人　你　定是個　妖魔
你　那　裡　施一　禮　小奴家　深深
小　哥　哥著　刀下　死　妹妹　懸梁
上　搭　著　獨木　橋　叫奴　實難

(3)　| 3 1　2 | 2̂ 3　5 | 2· 5̂　2 1 |

你　看　他　手　忙　腳　又

(1) 1 2　6·　1　｜2·3　1216｜16　5·‖

看旁來　花人年　的　人笑不　兒發　罵話芽

(2) 6·　—　｜123　216｜5　—‖

　　上亮怪拜吊過　她把　門關方　上亮怪拜吊過
　　　　　　　　　一跪到　東妖魔深梁　　
　　　　　　　　　定是個　深懸　　
　　　　　　　　　小奴家　妹妹　實難　
　　　　　　　　　叫奴　

(3) 6·　—　｜　

　　亂

結束句

(1) 321　2·3　｜561·　65　｜532　3532　｜

我有心　採　一朵　戴　又怕

結束句

(2) 31　2　｜223　5·6　｜235　2̲1̲　｜

上搭著　獨木　橋　叫奴　實難

(3)

由曲譜比對，可看出〔雙疊翠〕不論在整曲架構、旋律輪廓、
樂句落音等各方面都與〔茉莉花〕相同，而且在河南南陽民歌
〔雙疊翠〕裡，所唱歌詞也是〔茉莉花〕典型歌詞套數中歌段。
這些都證明了〔雙疊翠〕應即〔茉莉花〕，它同〔鮮花調〕一樣，
也都是〔茉莉花〕的另一別名。

　　在文獻記載上，〔雙疊翠〕一名的起源比〔鮮花調〕還早。

明劉效祖《詞臠》一書中就收有八首以〔雙疊翠〕為曲牌的作品⑨。劉效祖生於明嘉靖元年（1522），嘉靖二十九年（1550）進士，卒於萬曆十七年（1589）。其所著《短柱效顰》、《蓮步新聲》、《都邑繁華》、《閒中一笑》、《混俗陶情》、《裁冰剪雪》、《良辰樂事》、《空中語》等散曲作品，雖曾鏤板，但旋復散佚，後人蒐輯其僅存者，合為《詞臠》一書。由其孫劉芳躅《序》及該書目錄，知劉效祖以〔雙疊翠〕為曲牌的作品原應有二十首，《詞臠》僅收其八首⑩，可見〔雙疊翠〕是劉氏喜用的曲牌之一，由此也證明至遲在萬曆十七年以前，〔雙疊翠〕曲牌必已在民間流傳。一首民歌由產生到興起流行，進而引起文人注意應有一段醞釀期，由此推知此一曲牌的產生時間，至遲應在隆慶、萬曆之間。

劉效祖為山東濱州（今惠民）人，僑寓於北京。嘉靖二十九年登進士後，授衛輝府（在今河南省北部）推官，遷戶部主事，官至陝西按察副使，後因不願為奸臣嚴嵩父子所羅致，而坐內計罷歸⑪。其一生主要活動區是在山東、河北、河南北部、陝西一帶，與今日〔雙疊翠〕主要流傳於河南、安徽、蘇北一帶的地域大致正相符合。可見〔雙疊翠〕調名在當時主要應也流傳於此一帶地區。

劉效祖所用〔雙疊翠〕是否即今日流傳的〔雙疊翠〕？雖然當時的曲譜並未能留存以供確認，不過我們可以由曲詞句式

---

⑨　《詞臠》，下冊，未標頁碼。

⑩　參《明清散曲作家匯考》，頁92。《全明散曲》，第2冊，頁2302。《曲譜》，卷1，頁59。《詞臠》，同前註。

⑪　參《全明散曲》，第2冊，頁2302。

的分析比對得到證明。《詞臠》所存八首〔雙疊翠〕的句式大致都相同，以下舉其第一首「怕逢春」為例：

> 怕逢春，怕逢春，到的春來病轉深。捱不過困人天，懶看這紅成陣。行也難禁，坐也難禁，越說不想越在心。似這等枉添愁，可不辜負了春花信。⑫

後代所傳〔雙疊翠〕的傳統歌詞與〔茉莉花〕、〔鮮花調〕大致都相同。〔茉莉花〕的典型歌詞如：

> 好一朵茉莉花，好一朵茉莉花，滿園花卉怎及得他。我本待來一朵戴，又恐管花人來罵。⑬

劉效祖的〔雙疊翠〕有十句，〔茉莉花〕只有五句。兩曲初做比較，似乎不同。但再詳加辨識，就可以看出劉效祖的一首〔雙疊翠〕，其實是由兩支相同的曲調以重頭形式組成。即由「怕逢春」到「懶看這紅成陣」是第一支；由「行也難禁」到「可不辜負了春花信」是第二支。其曲詞與〔茉莉花〕比較如下表：

	〔茉莉花〕	〔雙疊翠〕第一支	〔雙疊翠〕第二支
第一句	好一朵茉莉花	怕逢春	行也難禁
第二句	好一朵茉莉花	怕逢春	坐也難禁
第三句	滿園花卉怎及得他	到的春來病轉深	越說不想越在心
第四句	我本待來一朵戴	捱不過困人天	似這等枉添愁
第五句	又恐管花人來罵	懶看這紅成陣	可不辜負了春花信

透過此表比較，可由以下五點證明〔茉莉花〕與《詞臠》所收〔雙疊翠〕的句式是相同的：

1、兩者都是五句組成。

2、前兩句都是疊句。

---

⑫　《詞臠》，同註⑨。

⑬　《小慧集》，卷12第38簫卿主人小調譜第6首。

3、除第四句外，其餘各句皆押韻。

4、第一、二、三句皆押平聲韻，第五句押仄聲韻。

5、扣除襯字以後，兩者對應各句字數大致相等。

〔茉莉花〕與《詞臠》所收〔雙疊翠〕句式的相同，也是〔雙疊翠〕即〔茉莉花〕的有力輔證，兩者的關係應是可確定的。

既然〔茉莉花〕、〔鮮花調〕、〔雙疊翠〕都是同一曲調的別稱，我們也可由此探索此三牌名的得名由來及相互間關聯。典型的〔茉莉花〕歌詞為由多段組成的重頭式套曲，其中有「好一朵茉莉花……」及「好一朵鮮花……」兩段歌詞常被置於最前面。今存此一曲調以〔茉莉花〕為名者，其首段歌詞多為「好一朵茉莉花…」；而以〔鮮花調〕為名者，則首段歌詞多為「好一朵鮮花」。可見〔茉莉花〕與〔鮮花調〕的得名，應來自其首句歌詞。

至於〔雙疊翠〕之得名，雖然《詞臠》所收歌詞皆劉效祖所填，並非流行於當時民間的原來民歌歌詞，不過由牌名來看，其與今日所流傳的〔鮮花調〕或〔茉莉花〕典型歌詞也離不開關係。典型歌詞的前兩句為疊唱，不但歌詞為疊句，曲調也是反複，此可能即「雙疊」得名的來源。「翠」字原指「青羽雀」⑭，而青色使人有較明亮的感覺，故也有「鮮明」的意思。陸游《老學庵筆記》即云：

> 東坡牡丹詩云：「一朵妖紅翠欲流」。初不曉「翠欲流」為何語，及遊成都，過木行街，有大署市肆曰：「郭家鮮翠紅紫鋪」。問土人，乃知蜀語「鮮翠」猶言「鮮明」也。東坡蓋用鄉語云。⑮

---

⑭　《說文解字》，頁140。

⑮　《老學庵筆記》，卷8，頁102。

宋朝王應麟《困學紀聞・評詩》對此也作了補充：

> 陸務觀記東坡詩「翠欲流」謂：「蜀語鮮翠，猶言鮮明
> 也。」愚按：嵇叔夜琴賦云：「新衣翠粲」，李周翰注：
> 「翠粲，鮮色」，……以鮮明為翠，乃古語。⑯

可見此種「鮮明」的語義原為古語，後來被用以形容花的鮮豔。
在民歌俗曲中就常可看到此種用法，如清初俗曲集《絲弦小曲》
裡有一首〔寄生草〕：

> 到秋來菊花翠，恨冤家見見回……。⑰

此「翠」字所指即為「鮮豔」之義。由此語義衍展，翠字也被
直接當成鮮豔「花朵」的代稱。如乾隆時俗曲集《霓裳續譜》
卷二〔西調〕：

> 蕩悠悠鬥春風，你看那桃李開放……開綻枝頭，爭紅綠
> 勝黃。嬌滴滴國色，一陣陣天香，女佳人拾翠柳堤旁。
> 笑語歸來，一枝枝插在風流鬢上。⑱

此曲中女佳人所拾的「翠」即指鮮花。由此可見〔雙疊翠〕的
「翠」字，其由來應即指歌詞首句「好一朵鮮花」或「好一朵
茉莉花」的「花」。如此，則反過來也可證明今傳〔茉莉花〕
的典型歌詞裡，至少其中某段詠花歌詞在明代隆慶、萬曆間即
已存在，而且當時此一歌詞也已與〔茉莉花〕曲調正式結合。

---

⑯　《困學紀聞・評詩》，頁1380。

⑰　《絲絃小曲》，頁81。

⑱　《霓裳續譜》，頁75。

第二節 與〔疊斷橋〕關係

〔疊斷橋〕是與〔茉莉花〕關係極為密切的曲牌。除了在曲調上與疊系〔茉莉花〕近似以外，兩者間還存在著許多糾扯關聯。如中研院歷史語言研究所傅斯年圖書館所藏俗曲中，有一蕪湖崇本堂刻本《鮮花調》，其所收錄的〔鮮花調〕歌詞即典型〔茉莉花〕歌詞，但在封葉上卻又另題為「疊斷橋」①，民初學者李家瑞，即因此認為〔疊斷橋〕是〔鮮花調〕「恐怕還是比較早一點的調名」②。

又如以下為雲南彌渡城郊地區花燈音樂演出姊妹花鼓時，所唱〔疊斷橋〕：

【譜例 3-2-1】雲南彌渡〔疊斷橋〕③

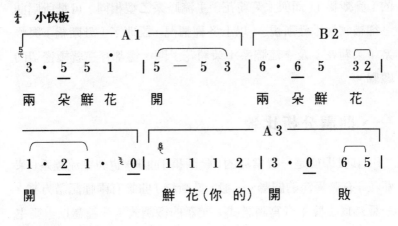

---

① 《疊斷橋‧鮮花調》，史語所藏號：A DA-2-027。

② 《李家瑞先生通俗文學論文集》，頁138。

③ 《雲南花燈音樂‧彌渡部分》，頁29。

```
┌───────── B 1 ─────────┐      ┌─────┐  ②
┌──┐ ┌──┐ ┌──┐           ┌──┐              ＿
3   3  5  65  32 | 1 · 2  1  16 | 3  3  2 · 3 |
                                •
無 人（嘿）採    戴       （呀） 採 朵 戴（嘿）
```

```
┌──── C ────┐    ┌──── A 4 ────┐         ┌──── D ────┐
┌──┐ ┌──┐              ┌──┐    ⑤
23  31  2  0 | 5  5  6  5 | 3 · 5  2   1 |
採  朵  戴  又    怕 看 花（那  個）
```

```
              ┌───────────── E ─────────────┐
┌──┐
21  6 — 1 | 2 · 3  12 16 | 5 — — — |
  •           •      •  •
人（啊）來 怪　（以下過門及反複略）
```

此曲不但歌詞是〔茉莉花〕典型歌詞，在旋律上也有別於一般的〔疊斷橋〕，而與〔茉莉花〕主流腔系乙型相同，可是所唱曲名卻被稱為〔疊斷橋〕。以上各種情況，說明了〔疊斷橋〕與疊系〔茉莉花〕及主流腔系〔茉莉花〕間，應都存在著極密切的關聯。

一、曲調分析比較

其實即使是一般常見的〔疊斷橋〕曲調，也與主流腔系〔茉莉花〕有著極深的關聯。一般〔疊斷橋〕曲譜有兩種記譜方式，一種為以「雙主音宮調譜式」記譜的徵調式；一種為以「雙主音徵調譜式」記譜的商調式④。以下為徵調式〔疊斷橋〕旋律

---

④　〔疊斷橋〕的兩種記譜譜式，見第二章第二節。

樂句結構分析：

【譜例 3-2-2】三首〔疊斷橋〕旋律分析⑤

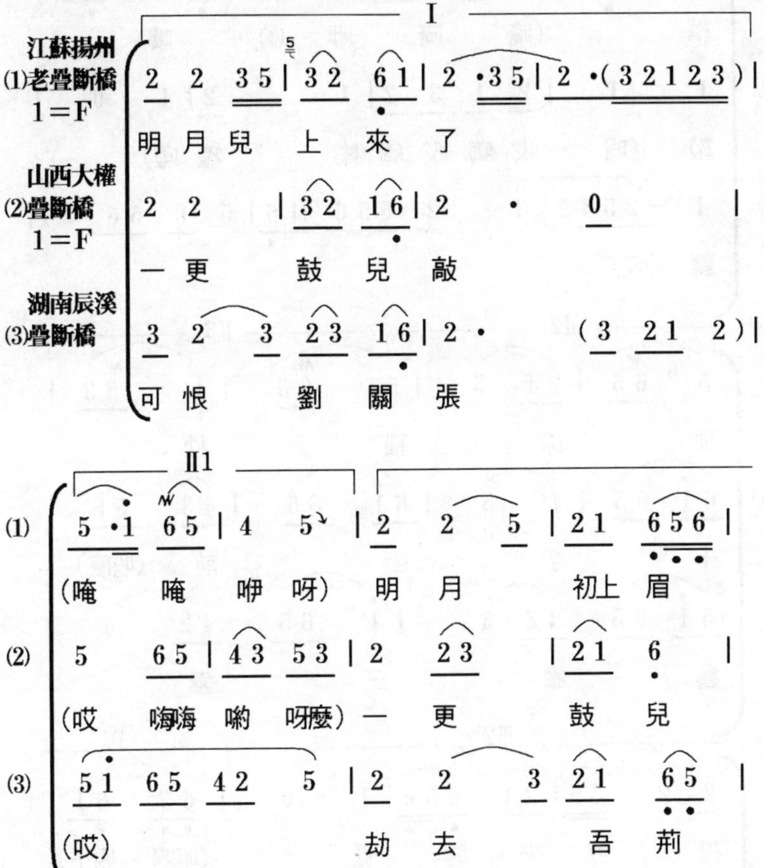

⑤ 《中國曲藝音樂集成・江蘇卷・揚州市分卷》，頁91，為揚州清曲中〔老疊斷橋〕。《中國民間歌曲集成・山西卷》，頁479，為山西左權縣大腔所唱，原譜為〔跌斷橋〕。《中國曲藝志・湖南卷》，頁255，為辰溪絲弦《小喬哭夫》所唱，原譜為〔迭斷橋〕。

Ⅲ1

(1)　1　(1 6 1)｜2 ·1　3 3 2｜1　1　6｜1　(6 1)｜
梢　（唵　唵　咿　喲　噢）

(2)　1　1　｜2　1　3　2｜1 ·　2｜1　0　｜
敲　（呀　哎　嗨　哎　嗨　喲　嚎　嚎）

(3)　1　—2 5 4 2｜1 ·（2　6 5 6　1 6　5 ·6　5 6　5）｜
襄　（哎）

Ⅱ2　　　　　　　　Ⅱ3

(1)　5　6 5｜2 4　5｜5　6 5｜4　5 3｜
孤　床　孤　枕

(2)　6 1　6 5｜4　5｜6 1　6 5｜4 3　5 3｜
十　字　街　前　（呀麼）

(3)　5 1　6 5｜4 2　5｜1　6 5　4 2　5｜
魯　肅　三　索

Ⅲ2　　　　　　　　Ⅳ

(1)　2　2　3 5｜2 1　6 5 6｜1　0｜6 5　6 1｜
孤　人　兒　來　睡　覺　（咿呀　呀子）

(2)　2　2　3｜2 1　6｜1　1｜6 ·1　6 1｜
落　下　一　乘　轎　（呀　哎　喲兒）

(3)　2　2　4｜2 1　6 5｜1　—　6 5　6 1｜
不　得　轉　回　鄉　吾　主

V

(1) 2　0　| 5　45 | 6　(5) | 235　21 |
　　孤　　　　房　中　　還有　一盞

(2) 2　0　| 35　32 | 12　3 | 53　21 |
　　大　　　　炮　響呀　(是)　人

(3) 2・(421　2) | 45　42 | 12　4 | 24　21 |
　　爺　　　怒　髮　　　(啊)

— VI　　　　　　　　　　　VIII

(1) 60　0 | 2・(16) | 5　　・　61 |
　　孤　燈　　　　照

(2) 6・1 | 65　3 | 5　5 | 65　61 |
　　都　來　　瞧(呀　哎嗨　哎嗨

(3) 16　65 | 1　16 | 5　　— |
　　怒髮　三千　丈　(以下過門略)

(1) 5　— ‖
(2) 5・6 | 5　— ‖
　　喇　嗬　嗬)
(3)

此三首都是以「雙主音宮調譜式」記譜的徵調式〔疊斷橋〕。參
酌第二章第二節〔疊斷橋〕與疊系〔茉莉花〕樂句分析代碼,〔疊
斷橋〕的旋律樂句聯綴結構為:

$$I \to II\,1 \to III\,1 \to II\,2 \to II\,3 \to III\,2 \to IV \to V \to VI \to VIII$$

其中樂句V,其實是變自樂句II,只是此樂句較不穩定,常會
有矮平化趨向,我們可以II 4 來代表它。如此,則其樂句聯綴
結構為:

$$I \to II\,1 \to III\,1 \to II\,2 \to II\,3 \to III\,2 \to IV \to II\,4 \to VI \to VIII$$

也即〔疊斷橋〕應是由I、II、III、IV、VI、VIII六種樂句素材
所組成。

　　取【譜例3-2-2】中以「雙主音宮調譜式」記譜的〔疊斷
橋〕此六種樂句素材,與一般所見以「雙主音徵調譜式」記譜
的主流腔系〔茉莉花〕樂句A、B、C、D、E五種素材作比
較,可以發現各樂句存在著以下關聯:

　　1、〔茉莉花〕的樂句A,近同於〔疊斷橋〕的樂句II。
如:

〔茉莉花〕A 4　　5 6 i　　6 5 ‖

〔疊斷橋〕II 1　　5 ·i　　6 5 ｜4　5 ‖

此例中〔疊斷橋〕的樂句II 1為〔茉莉花〕樂句A 4的擴充,兩
者都落於「5」⑥。

　　2、〔疊斷橋〕的樂句III,近同於〔茉莉花〕的樂句B。

---

⑥　〔茉莉花〕樂句A 4,見【譜例7-2-8】。〔疊斷橋〕樂句II 1見【譜
　　例3-2-2】曲⑴。

如：

〔茉莉花〕B1　｜ 3 23 5 32 ｜ 1 12　1　｜

〔疊斷橋〕Ⅲ2　｜ 2 2 35 ｜ 21　656 ｜ 1 0 ｜

此例中〔疊斷橋〕的樂句Ⅲ2與〔茉莉花〕樂句B1呈部分移位
變形關係，兩者落音也相同，都落於「1」⑦。

　　3、〔疊斷橋〕的樂句Ⅳ，近同於〔茉莉花〕的樂句C。
如：

〔茉莉花〕C　｜ 32 13　2 · 3 ｜

〔疊斷橋〕Ⅳ　｜ 65 61 ｜ 2 0 ｜

此例中〔疊斷橋〕的樂句Ⅳ為〔茉莉花〕樂句C的擴增與部分
移位變形，都落於「2」⑧。

　　4、〔疊斷橋〕的樂句Ⅵ，近同於〔茉莉花〕的樂句D。如：

〔茉莉花〕D　｜ 5 32　3532 ｜ 12 6　1 ｜

〔疊斷橋〕Ⅵ　｜ 5　3　2 1 ｜ 6 · 1 ｜

此例中〔疊斷橋〕的樂句Ⅵ與〔茉莉花〕樂句D相較，兩者大

---

⑦　〔茉莉花〕樂句B1，見【譜例2-1-1】。〔疊斷橋〕樂句Ⅲ2見【譜
　　例3-2-2】曲⑴。

⑧　〔茉莉花〕樂句C，見【譜例2-1-1】。〔疊斷橋〕樂句Ⅳ，見【譜
　　例3-2-2】曲⑴。

致相同，只是少了經過音及時值上有些許變化而已⑨。

　　5、〔疊斷橋〕的樂句Ⅷ，近同於〔茉莉花〕的樂句 E。如：

〔茉莉花〕E

$$\overline{2 \ \cdot 3} \ \underline{2 \ 1 \ 6} \ | \ 5 \quad - \quad \|$$

〔疊斷橋〕Ⅷ

$$\overset{3}{2} \ \cdot \quad \underline{(1 \ 6)} \ | \ \overset{1}{5} \ \underline{\cdot 6 \ 1} \ | \ 5 - \|$$

此例中〔疊斷橋〕的樂句Ⅷ與〔茉莉花〕樂句 E 相較，除尾段
衍伸及加花外，其餘大致相同⑩。

　　由以上比較可知，以「雙主音宮調譜式」記譜的〔疊斷橋〕，
與以「雙主音徵調譜式」記譜的主流腔系〔茉莉花〕曲譜間，
由曲譜表面譜字上看，〔疊斷橋〕樂句Ⅱ、Ⅲ、Ⅳ、Ⅵ、Ⅷ，與
〔茉莉花〕樂句A、B、C、D、E，彼此各對應樂句應是近
同的。即：

【表 3-2-1】

〔疊斷橋〕		〔茉莉花〕
Ⅱ	≒	A
Ⅲ	≒	B
Ⅳ	≒	C
Ⅵ	≒	D
Ⅷ	≒	E

不過由於〔疊斷橋〕是以「雙主音宮調譜式」記譜，主流腔系

---

⑨　〔茉莉花〕樂句 D，見【譜例7-2-8】。〔疊斷橋〕樂句 Ⅵ，見【譜
　　例3-2-2】曲(2)。

⑩　〔茉莉花〕樂句 E，見《中國民間歌曲集成・山西卷》，頁501，
　　為聞喜縣民歌。〔疊斷橋〕樂句 Ⅷ，見【譜例3-2-2】曲(1)。

〔茉莉花〕是以「雙主音徵調譜式」記譜，所以在實際旋律音高上，各近同的對應樂句間〔疊斷橋〕應比主流腔系〔茉莉花〕低四度⑪。換句話說，就是在實際旋律音高上，主流腔系〔茉莉花〕的樂句Ａ、Ｂ、Ｃ、Ｄ、Ｅ若降低四度，剛好近同於〔疊斷橋〕的樂句Ⅱ、Ⅲ、Ⅳ、Ⅵ、Ⅷ。

由各對應樂句在整曲樂句聯綴結構中位置來看，〔疊斷橋〕與主流腔系〔茉莉花〕間，存在著以下關係：

【表 3-2-2】

茉莉花甲型	A→	A→A→(B→C→A→D→E)
茉莉花乙型	A→B	→A→(B→C→A→D→E)
疊斷橋	Ⅰ→Ⅱ→Ⅲ→	Ⅱ→Ⅱ→(Ⅲ→Ⅳ→Ⅱ→Ⅵ→Ⅷ)

在此一樂句聯綴結構比較中，雖然在前半截〔疊斷橋〕與甲、乙兩型主流腔系〔茉莉花〕的樂句聯綴互有增減，不過後半截（　）中樂句卻是完全互相對應的。也即是在實際旋律音高上，〔疊斷橋〕後半截的旋律，應完全近同於主流腔系〔茉莉花〕低四度的旋律。

二、兩者關係探索

綜合〔疊斷橋〕與〔茉莉花〕間所顯現的各種相互牽連，至少可以歸納出以下幾點線索：

1、在早期唱本中，〔鮮花調〕曾被稱為〔疊斷橋〕。

2、在以〔茉莉花〕為名，歌詞為〔茉莉花〕典型歌詞的民歌裡，曲調有近同於〔疊斷橋〕者。

⑪　有關「雙主音宮調譜式」與「雙主音徵調譜式」間關係，參第一章第一節六「譜例特別說明」。

3、在以〔疊斷橋〕為名，歌詞為〔茉莉花〕典型歌詞的
　民歌裡，曲調有近同於主流腔系〔茉莉花〕者。

4、在一般常見的〔疊斷橋〕曲調裡，其各樂句素材不但
　近同於低四度的主流腔系〔茉莉花〕對應樂句。且其全
　曲後半截旋律也近同於低四度的主流腔系〔茉莉花〕後
　半截旋律。

此種種情況，說明兩者間在曲調上應存在著變衍的血脈關聯。
但此種關聯是如何造成？兩者孰先孰後呢？兩支由同一源頭變
衍分化而來的曲調，在歷經長久流傳之後，因變衍轉化的手法
常不只一種，隨著時代的流傳其旋律也會再產生多種變化，因
此要查考造成彼此關聯原因時就變得頗為困難。不過，由於民
間歌曲有其傳統的各種變衍手法，我們如能參酌其常用手法，
還是有進一步探查出其間牽聯的可能。

　　在山西省興縣流傳一種「崑曲」，此所謂「崑曲」並非一
般所指的南、北崑，也不是其衍生曲種，而是長久以來即在興
縣流傳的一種古老的民歌套曲。其曲牌中有〔正疊斷橋〕與〔反
疊斷橋〕。其〔正疊斷橋〕的旋律結構完全同於前文所作〔疊斷
橋〕的樂句連綴結構分析。但其〔反疊斷橋〕則有所差別，反
而是較接近於主流腔系的〔茉莉花〕：

【譜例 3-2-3】山西興縣崑曲所唱〔反疊斷橋〕⑫

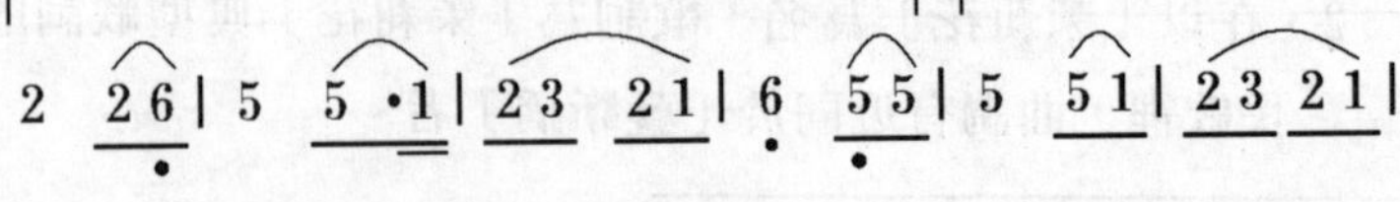

――――

⑫　《中國民間歌曲集成・山西卷》，頁462。

A3

6 1 5｜3 5｜5 1｜6 1 6 5｜3 2｜5 2｜5 6 3 2｜

B1　　　　　C　　　　　A4

5 ·5 5 6｜1 ―｜3 2 6 1｜2 ―｜4 ·2 1 2 5 3｜

D　　　　　　E

2 3 2 1｜1 5 6｜6 6 1 2 ―｜3 2 1 2｜1 6 5 1｜

6 3 5｜5 ·（6 1｜5 2 5 6 1｜5 5 ）‖

為便與主流腔系〔茉莉花〕比較，此曲的樂句分析逕標以與主流腔系〔茉莉花〕相對應的樂句代碼。譜例中的樂句A1、A2與主流腔系〔茉莉花〕的樂句A1、A2相較，雖在旋律上有所變化，但此兩句皆為疊句，落音也都在徵音，此種特徵與〔正疊斷橋〕（即一般的〔疊斷橋〕）不同，但與主流腔系甲型〔茉莉花〕的特徵相符。此外，其他樂句（A3、B1、C、A4、D、E）也都與相對應的主流腔系〔茉莉花〕樂句近同。在整曲的樂句聯綴順序上，此首〔反疊斷橋〕也與主流腔系甲型〔茉莉花〕相同。可見此一〔反疊斷橋〕在曲調上是近同於主流腔系〔茉莉花〕。

　　值得注意的是在河北深澤縣也流傳有正、反調的〔茉莉花〕。其〔正調茉莉花〕的旋律結構完全同於主流腔系甲型〔茉莉花〕。但其〔反調茉莉花〕的曲調，卻反而較近似商調式的〔疊

斷橋〕：

【譜例 3-2-4】河北深澤縣〔反調茉莉花〕⑬

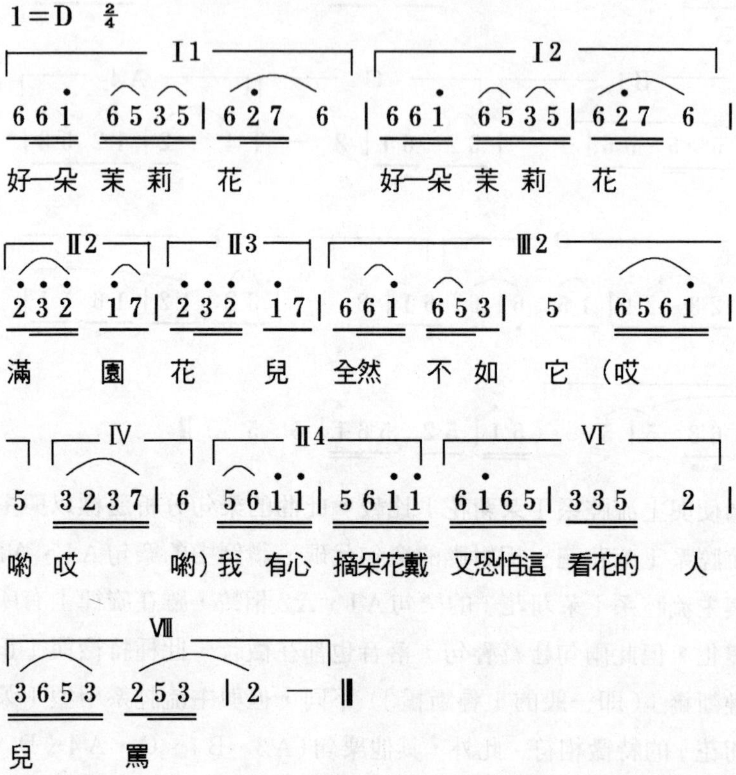

1＝D　2/4

```
┌─────── I 1 ───────┐ ┌─────── I 2 ───────┐
 6 6 1  6 5 3 5│ 6 2 7  6 │ 6 6 1  6 5 3 5│ 6 2 7  6 │
 好—朵 茉 莉   花       好—朵 茉 莉    花

┌── II 2 ──┐┌── II 3 ──┐┌──────── III 2 ────────┐
 2 3 2  1 7│ 2 3 2  1 7│ 6 6 1  6 5 3│ 5   6 5 6 1 │
 滿   園 花  兒  全 然 不 如   它（哎

┌──── IV ────┐┌── II 4 ──┐┌──────── VI ────────┐
 5  3 2 3 7│ 6  5 6 1 1│ 5 6 1 1  6 1 6 5│ 3 3 5   2 │
 喲 哎    喲）我 有 心 摘朵花戴  又恐怕這 看花的  人

┌──────── VIII ────────┐
 3 6 5 3  2 5 3 │2 —  ‖
 兒       罵
```

此首〔反調茉莉花〕的樂句素材近同於以「雙主音徵調譜式」
記譜的商調式〔疊斷橋〕。在樂句聯綴上，〔反調茉莉花〕除了
少樂句 II 1，及樂句 III 1 被樂句 I 2 取代以外，其餘都完全同於
〔疊斷橋〕，兩者的樂句聯綴結構相較如下：

【表 3-2-3】

---

⑬　見〈芳香四溢的〔茉莉花〕〉，頁71所引。原譜拍號作 ⅜ 為明顯訛
　　誤，今逕訂正。

反調茉莉花	I　　　→I→（II→II→III→IV→II→VI→VIII）
疊斷橋	I→II→III→（II→II→III→IV→II→VI→VIII）

可見所謂〔反調茉莉花〕，在曲調上是近似於〔疊斷橋〕（也即近似於疊系〔茉莉花〕）。

　　所謂「正調」與「反調」，是傳統民間樂曲轉換宮調的一種變化手法。此方法普遍被使用於戲曲、曲藝中。其手法主要是利用樂器定弦的改變來改變調性。其特徵主要是唱腔旋律呈約略近似的輪廓，但在實際音高上兩者卻大略呈四度或五度的差距。如在臺灣歌仔戲及福建薌劇中的〔七字正調〕與〔七字反調〕就是如此，〔七字正調〕的樂器定弦為「d^1（羽）——a^1（角）」，以 F 為宮；〔七字反調〕定弦為「d^1（商）——a^1（羽）」，以 C 為宮。在旋律上〔七字反調〕是〔七字正調〕的上方四度（主音相差上四度，宮音相差上五度）移位變奏，各相對應樂句的落音也形成上下四度關係[14]。又如京劇中的〔正二黃〕下句若結於商音，〔反二黃〕下句則結於羽音；河北梆子中的〔正二六〕，其下句結於徵音，〔反二六〕則結於宮音等，都是正、反調所形成的轉變[15]。但此種正調與反調的名稱並非絕對，如在前舉歌仔戲及薌劇〔七字調〕裡，正調定弦為「羽——角」，反調定弦為「商——羽」；在湖南花鼓戲裡則相反，把正調定弦為「商——羽」，反調定弦為「羽——角」。可見所謂「正調」與「反調」

[14]　參《福建民間音樂簡論》，頁398～399。〔七字反〕今日在臺灣歌仔戲中幾乎已棄而不用，參《歌仔調之美》，頁29。

[15]　參《中國戲曲音樂》，頁237－241。《河北梆子音樂概論》，頁127～129。

只是一種相對的稱呼⑯。不論如何，正、反調間彼此各相對應樂句的落音，都形成上下四度關係。

　　由前文〔疊斷橋〕曲調的分析及與主流腔系〔茉莉花〕的比較，知兩者在實際音高上不但有相差四度的對應樂句，且整曲後半截旋律也大致相差四度，此種相差四度的情況與正、反調相差四度的手法正好相符。再加上被稱為〔反疊斷橋〕的曲調近似主流腔系〔茉莉花〕；稱為〔反茉莉花〕的曲調也近似〔疊斷橋〕，這種種證據都說明了主流腔系〔茉莉花〕與〔疊斷橋〕間主要應存在著類似正、反調的關聯。

　　除了此種類似正、反調的主要變化外，由於前半截曲調〔疊斷橋〕與主流腔系〔茉莉花〕的樂句仍有出入，可見應還同時存在著增減樂句等其他的變化加工。此種於反調變化後又再陸續予以變化加工以迄定形的情況，在一般戲曲或曲藝裡也有他例可尋。如早期評劇藝人月明珠（1899-1923）於創造了評劇的〔反調〕後，即又經過許多藝人如喜彩蓮等人的變化加工才成為今日的樣子，就是一個類似例證⑰。

　　以〔疊斷橋〕為名的曲牌，在明末以前並未見任何文獻記載與資料留存。最早載及〔疊斷橋〕調名的文獻為清康熙年間的《百戲竹枝詞》「霸王鞭」條所云：

　　　　徐沛伎婦，以竹鞭綴金錢，擊之節歌，其曲名〔疊斷橋〕，甚動聽。行每覆蓋藍帕髻，作首桩。

並詠詞曰：

　　　　窄樣春衫稱細腰，蔚藍首帕髻雲飄，霸王鞭舞金錢落，

---

⑯　參《中國音樂詞典》，頁503「正弦」條。
⑰　見《評劇簡史》，頁26。

惱亂徐州〔疊斷橋〕。⑱

在同一時期的蒲松齡俚曲裡，也大量採用了此一曲牌⑲。可印證〔疊斷橋〕調名應興起於清初。

三、〔疊斷橋〕與〔鬧五更〕關聯

在《中國曲藝音樂集成・河南卷》所錄一首河南大調曲子曲牌〔滿州〕曲譜之後，有以下註記：

> 〔滿州〕又名〔滿州歌〕、〔滿州月〕。早時曲詞以五更
> 分段，亦稱〔鬧五更〕。明末為〔滿州歌〕、〔滿州調〕。
> 清初改為〔疊斷橋〕。後變為〔穿心調〕。因襯腔諧音『衣
> 呀哎咳喲』又得名〔滿州月(喲)〕。⑳

不知此說所據為何？或是河南大調曲子藝人相傳？不過所提到最早時的〔鬧五更〕，其與〔疊斷橋〕的關係，確實值得探討。

〔鬧五更〕是一支流傳極廣的曲牌，由於其牌名是來自歌詞的特殊形式與內容，只要是五更形式帶有喧鬧意味的曲牌，都可能被稱為〔鬧五更〕。所以此一牌名的通稱性極高，在同一牌名之下，包含了多種不同的曲調。不過在其中一種曲調裡，我們仍可以找到其與〔疊斷橋〕的些許關聯。如以下為流行於臺灣客家民歌中的〔鬧五更〕：

---

⑱ 《百戲竹枝詞》，《清代北京竹枝詞》，頁159。

⑲ 參《聊齋全集》及《蒲松齡集》。

⑳ 《中國曲藝音樂集成・河南卷》，117～118。

【譜例 3-2-5】臺灣客家民歌〔鬧五更〕㉑

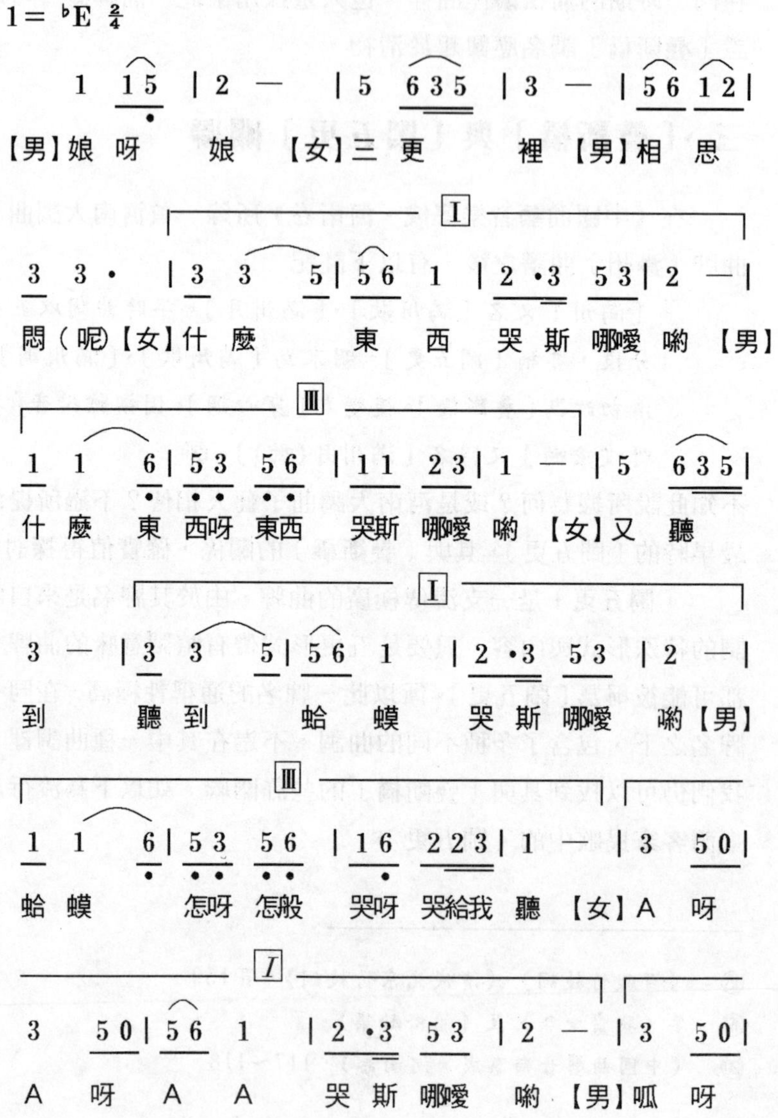

1＝ ♭E 2/4

　　　1　1 5 ｜ 2 － ｜ 5　6 3 5 ｜ 3 － ｜ 5 6　1 2 ｜

【男】娘　呀　娘　【女】三　更　　裡【男】相　思

　　　　　　　　　　　　　　　　　　Ⅰ

　　3　3 ・｜ 3　3　5 ｜ 5 6　1 ｜ 2 ・3　5 3 ｜ 2 － ｜

悶（呢）【女】什　麼　　東　西　哭　斯　哪嘜　喲　【男】

　　　　　　　　Ⅲ

　　1　1　6 ｜ 5 3　5 6 ｜ 1 1　2 3 ｜ 1 － ｜ 5　6 3 5 ｜

什　麼　東　西呀　東西　　哭　斯　哪嘜　喲　【女】又　聽

　　　　　　　　　　　　　Ⅰ

　　3 － ｜ 3　3　5 ｜ 5 6　　｜ 2 ・3　5 3 ｜ 2 － ｜

到　　聽到　　蛤　蟆　哭　斯　哪嘜　喲　【男】

　　　　　Ⅲ

　　1　1　6 ｜ 5 3　5 6 ｜ 1 6　2 2 3 ｜ 1 － ｜ 3　5 0 ｜

蛤　蟆　　怎呀　怎般　哭呀　哭給我　聽　【女】A　呀

　　　　Ⅰ

　　3　5 0 ｜ 5 6　1 ｜ 2 ・3　5 3 ｜ 2 － ｜ 3　5 0 ｜

A　呀 A　A　哭　斯　哪嘜　喲　【男】呱　呀

㉑　《臺灣民謠薪傳》，頁42。原有五段歌詞，譜例所引為第三段。

3　5 0｜5 6　1　｜2 ・3　5 3　｜2 —｜3 3　5 0｜

呱　呀　呱　呱　　哭　斯　哪噯　喲　【女】Ａ Ａ Ａ

3 3　5 0　｜5 6　1　｜2 ・3　5 3｜2 —｜3 3　5 0｜

Ａ Ａ Ａ　　Ａ　Ａ　哭　斯　哪噯　喲　【男】呱 呱 呱

3 3　5 0｜5 6　1　｜2 ・3　5 3｜2 —｜1　1　6｜

呱呱 呱　呱 呱　　哭　斯　哪噯　喲　【女】哭　得

5　5　6｜1 6　2 3｜1 —｜3 5　3　｜6 1　6　｜

奴　家　傷　了　心　【男】哭　得　阿　伯

6　2 3｜1 —｜3　5　｜3 2　1　｜2 ・3　5 3｜

開　了　心　【女】緊　叫　緊　傷　心　斯　哪噯

2 —｜3　5　｜3 2　1　｜2 ・3　5 3｜2 —｜

喲　【男】緊　哭　緊　開　心　斯　哪噯　喲　【女】

16　123｜2 ―　｜16　123｜2 ―　｜5　635｜
傷呀　傷了　心　【男】開呀　開了　心　【女】情　事

3 ―　｜5　12｜3 ―　｜3　5　｜3　5　｜
在　【男】鴛　鴦　枕　【女】鴛　鴦　枕　上【男】

5　1　｜2　35｜2　・3｜12　16｜5　35｜
小　妹　好　調　情　【合】鬧到　四　更

2 ―　‖
裡

此首〔鬧五更〕曲調在全曲架構上，與〔疊斷橋〕並不相同，可是在組成的部分結構樂句裡，卻可找到兩者相近似的樂句。也即〔鬧五更〕主要的組成樂句Ⅰ與樂句Ⅲ，分別近似於〔疊斷橋〕的樂句Ⅰ與樂句Ⅲ。此外，在〔鬧五更〕中，樂句Ⅰ其實同於樂句Ⅰ，只是曲調中多了一小節的加垛而已。由其對映歌詞可知，加垛的原因就是在模仿蛤蟆的叫聲。此曲原有五段歌詞，分成五更，每段一更，每更模仿一種動物或昆蟲如蚊蟲、寒蟲、斑鳩、蛤蟆……等叫聲，這是此種〔鬧五更〕非常重要的特徵，因此它又有〔五蟲五更調〕、〔五獸鬧五更〕、〔蚊蟲五更〕……等別名。譜例所錄為此曲第三段，所模仿的是蛤蟆叫

聲。此種模仿蛤蟆叫聲的歌詞片段，雖不見於〔疊斷橋〕裡，但我們卻可以在「疊系〔茉莉花〕」中看到它的蹤影。由第二章第二節曲譜分析比較可知，疊系〔茉莉花〕的曲調近同於〔疊斷橋〕，其與〔疊斷橋〕最大的差別也就在常會多出一段模仿蛤蟆叫聲的「蛤蟆韻」，而其「蛤蟆韻」也是以加踩的方式產生。所以，由這個頗為獨特的特徵及部分樂句的近似來看，〔鬧五更〕與〔疊斷橋〕及疊系〔茉莉花〕間，應也有其相互的關聯。今日尚在流傳的此類〔鬧五更〕，在曲調上彼此間的變異性很大，其原因可能是此首民歌常以徒歌演唱，且其模仿動物叫聲處曲調會隨演唱者主觀的意識而產生變化。不過我們仍可在有些地方的〔鬧五更〕裡看到其相互間的雷同樂句。如以下為上海民歌〔五蟲五更調〕：

【譜例 3-2-6】上海民歌〔五蟲五更調〕㉒

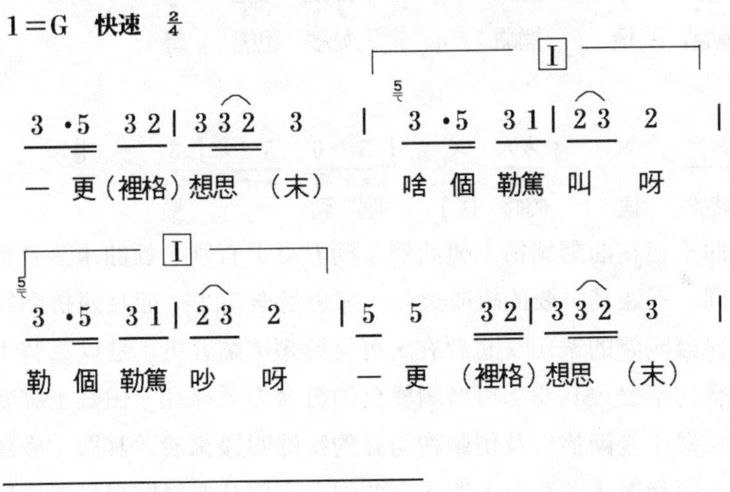
1＝G　快速　2/4
I
3 •5 3 2 | 3 3 2 3 | 3 •5 3 1 | 2 3 2 |
一 更（裡格）想思（末）　啥 個 勒篤 叫 呀
I
3 •5 3 1 | 2 3 2 | 5 5 3 2 | 3 3 2 3 |
勒 個 勒篤 吵 呀　一 更（裡格）想思（末）

㉒　《中國民間歌曲集成・上海卷》，頁551。

$$\boxed{I}$$

$$3 \cdot 5 \quad 3\,1 \mid \widehat{2\,3} \quad 2 \mid \quad 3 \cdot 5 \quad 3\,1 \mid \widehat{2\,3} \quad 2 \mid$$

蚊子 勒篤　叫　呀　　蚊子 哪亨　叫　呀

$$\boxed{I}$$

$$\overset{35}{3} \quad 2 \mid 3 \quad 2 \mid 3 \cdot 5 \quad 3\,1 \mid \widehat{2\,3} \quad 2 \mid$$

嗡　呀　嗡　呀　嗡嗡 之聲　叫　呀

$$\underline{1\,1\,2} \quad \underline{1\,5} \mid \underline{6\,6} \quad 0 \mid \underline{1\,1\,2} \quad \underline{1\,5} \mid \underline{6\,6} \quad 0 \mid$$

叫得來 能好 聽阿　　吵得 能動 情阿

$$\underline{1\,5} \quad 6 \mid \underline{1\,5} \quad 6 \mid \underline{5\,6} \quad \underline{5\,2} \mid 3 \quad — \mid$$

動動 情　開開 心　妳夢 也能 尋

$$\underline{\times\times} \quad \times \mid \underline{\times\times} \quad \times \mid 5 \cdot 6 \quad \widehat{\underline{5\,2}} \mid 3 \quad — \parallel$$

（咚咚 匡　咚咚 匡）唱到 一　更

此曲不但在曲調架構上與前例〔鬧五更〕有別，連曲末落音也不同。不過其主要的組成樂句，卻也是樂句 $\boxed{I}$。而且連仿動物或昆蟲叫聲的樂句 $\boxed{I}$ 也存在。可見此類〔鬧五更〕是以某些主腔樂句不變，其餘卻可增刪變化的組合方式存在。由其主腔樂句近似〔疊斷橋〕及仿動物叫聲的特殊唱段來看，其與〔疊斷橋〕與疊系〔茉莉花〕間，在曲調上有部分血緣關聯是可以相信的。疊系〔茉莉花〕因帶蛤蟆韻故又叫〔蛤蟆調〕。在蒲松齡俚曲《富貴神仙》一劇中，就有一首為解愁悶驟夫唱給張鴻漸

聽的〔蛤蟆歌〕，其歌詞雖非五更形式，但卻是同為聯章體的四季形式。唱完後有以下一段對話：

> 張鴻漸說：「唱的極好！這是甚麼曲子呢？」騾夫笑說：「我卻不知是什麼名兒哩，這就合那『一更裡寒蛩吱吱嘍嘍，啾啾吉唧唧』是一樣的腔調。」㉓

「一更裡寒蛩吱吱嘍嘍，啾啾吉唧唧」就是〔鬧五更〕歌詞。此一騾夫說他所唱的〔蛤蟆歌〕與「一更裡寒蛩吱吱嘍嘍，啾啾吉唧唧」是「一樣的腔調」，可知當時所唱〔蛤蟆歌〕曲調應即〔鬧五更〕。此首〔蛤蟆歌〕有可能即指疊系〔茉莉花〕的別名〔蛤蟆調〕。此或也可做為〔鬧五更〕曲調與疊系〔茉莉花〕有關的佐證。

筆者所見文獻資料中今存最早的〔鬧五更〕曲牌，收於嘉靖34年（1555）所造《清源妙道顯聖真君一了真人護國佑民忠孝二郎開山寶卷》裡㉔。其後在萬曆間如《大明春》、《詞林一枝》、《摘錦奇音》、《樂府群珠》等曲集都收錄此一曲牌。沈德符《萬曆野獲編》更有「嘉、隆間，乃興〔鬧五更〕」的記載。可見此一牌名在明代嘉靖、隆慶以至萬曆之間皆極盛行㉕。

〔鬧五更〕雖為通稱性極高牌名，不過由前文所論，可知〔疊斷橋〕與其中一種〔鬧五更〕間應存在著部分的曲調關聯。由於〔疊斷橋〕與主流腔系〔茉莉花〕有變調關係。所以〔鬧五更〕應也與〔茉莉花〕有著某種程度的曲調關聯。由此，則此一曲調源頭的產生時間，就可能上推到明代嘉靖以前。

㉓　《蒲松齡集》，頁1342。

㉔　收於《寶卷初集》，第13冊，頁465。

㉕　《大明春》，頁180～190。《詞林一枝》，頁138～152。《摘錦奇音》，頁75～84。《樂府群珠》，頁105～106。《萬曆野獲編》，卷25，頁647。

第三節　與〔疊落金錢〕關聯

　　在流傳明清的民歌中，有一被稱為〔疊落金錢〕的曲牌，不但在牌名上也有「疊」字，而且在有些地方流傳的曲調裡，也可找到與〔疊斷橋〕有關聯的跡象。

一、曲調分析比較

　　以下一首為湖北恩施揚琴裡演唱的〔疊斷橋〕：

【譜例 3-3-1】湖北恩施揚琴〔疊斷橋〕①

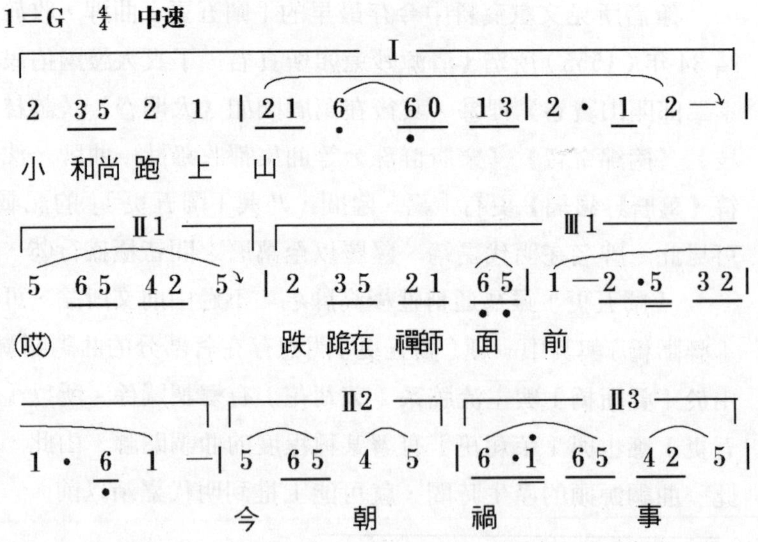

1＝G　4/4　中速

---

①　《中國曲藝音樂集成・湖北卷》，頁385。

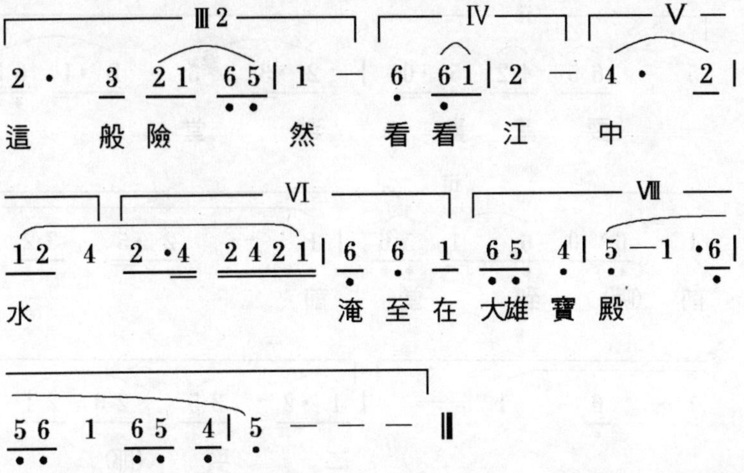

$$\text{III }2 \qquad\qquad \text{IV} \qquad\qquad \text{V}$$
$$2 \cdot \quad \underline{3\ \overset{\frown}{2\,1}}\ \underline{\overset{..}{6}\,5}\ |\ 1\ -\ |\ 6\ \overset{\frown}{6\,1}\ |\ 2\ -\ |\ 4 \cdot\ \underline{2}\ |$$

這　般　險　　然　看　看　江　中

$$\text{VI} \qquad\qquad\qquad \text{VIII}$$
$$\underline{1\,2}\ 4\ |\ 2 \cdot 4\ \underline{2\,4\,2\,1}\ |\ \overset{.}{6}\ \overset{.}{6}\ 1\ \underline{\overset{.}{6}\,5}\ |\ 4\ |\ \overset{.}{5}\ -\ 1 \cdot \overset{.}{6}\ |$$

水　　　　　淹　至　在　大　雄　寶　殿

$$\underline{\overset{..}{5}\,6}\ 1\ |\ \underline{\overset{..}{6}\,5}\ \overset{.}{4}\ |\ 5\ -\ -\ -\ \|$$

由旋律及樂句分析知，此首即前文所分析，流傳最廣的〔疊斷橋〕曲調。【譜例 3-3-2】則為同樣演唱於恩施揚琴裡的〔疊落金錢〕：

【譜例 3-3-2】湖北恩施揚琴〔疊落金錢〕②

$1=G$　$\frac{4}{4}$　中速

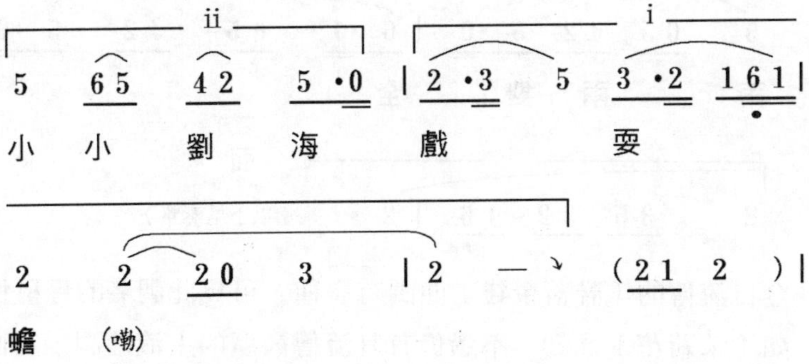

$$\text{ii} \qquad\qquad\qquad\qquad \text{i}$$
$$5\ \overset{\frown}{6\,5}\ \underline{4\,2}\ 5 \cdot 0\ |\ 2 \cdot 3\ 5\ 3 \cdot 2\ \underline{1\,\overset{.}{6}\,1}\ |$$

小　小　劉　海　戲　　耍

$$2\ 2\ \underline{2\,0}\ 3\ |\ 2\ -\ ↘\ (\underline{2\,1}\ 2\ )\ |$$

蟾　　　　　（嘞）

---

② 《中國曲藝音樂集成‧湖北卷》，頁385。

```
           ii
┌─────────────────────┐ ┌───────────────────────┐
5   6̂5   4̂2   5·0  │  2·3   5    2·1   65 │
一   要   富   貴      到    堂
```

```
           iii
┌─────────────────────┐ ┌───────────────────────┐
1   6̀0   6·1   56  │  1    —    2·5   32 │
前(哪)    到    堂       前
```

```
┌─────────────────────┐ ┌───────────────────────┐
1·   6    1    —   │  1·2   3̂5   23   21 │
                        二    要   (耶)
```

```
              甲
┌─────────────────────┐ ┌───────────────────────┐
6·   3    5    61  │  2·3   26   1·   0 │
福        壽   福壽      兩
```

```
       ii                      ii
┌─────────────────────┐ ┌───────────────────────┐
5   65   4̂2   5·0  │  6·1   65   42   5·0 │
兩   兩   雙   全
```

```
           i
┌─────────────────────┐
2    35   32   16  │  2·           （以下尾奏略）
```

今日流傳的〔疊落金錢〕曲調有多種，可見此調名的專稱性不
如〔茉莉花〕高③，不過仍有其流傳最廣的主流曲調，為便論

③　所謂歌名的「專稱性」，是指同一歌名或調名的民歌，其曲調常不只
　　一種。其中曲調分歧較少甚至一名專指一調的民歌，本書暫稱其為「專
　　稱性」較高的歌名。反之，則為「通稱性」較高的歌名，下文同此。

述我們稱其為「主流腔系〔疊落金錢〕」。此一曲調除〔疊落金錢〕外，又有〔疊羅〕、〔鋪地錦〕、〔湘江浪〕、〔夜落金錢〕……等多種不同別名④。此首恩施揚琴裡的〔疊落金錢〕即屬此類。取此首〔疊落金錢〕與【譜例 3-3-1】的〔疊斷橋〕相較，令人驚訝的是〔疊落金錢〕中的樂句 i 、ii 、iii，竟分別近同於〔疊斷橋〕的樂句Ⅰ、Ⅱ、Ⅲ。在整曲〔疊落金錢〕裡，除了樂句甲較難辨識外，其餘各樂句素材都近同於〔疊斷橋〕。兩者對應情況為：

〔疊落金錢〕　　〔疊斷橋〕

i　　≒　　Ⅰ

ii　　≒　　Ⅱ

iii　　≒　　Ⅲ

主流腔系〔疊落金錢〕的曲調可再分為兩類：一類曲末尾音落於徵音，為便敘述擬稱其為「徵調式」；另一種曲末尾音落於商音，擬稱其為「商調式」。以下為此兩譜式曲譜之分析比較：

【譜例 3-3-3】兩類〔疊落金錢〕曲譜之分析比較⑤

④　參〈小曲〔跌落金錢〕曲牌探述〉，頁300。按：〔疊落金錢〕有時又諧為〔跌落金錢〕或〔夜落金錢〕等。

⑤　《中國曲藝音樂集成・四川卷》，頁625，為四川揚琴中〔疊落金錢〕。《中國曲藝志・河南卷》，頁229，為河南大調曲子中〔疊羅〕。《中國民間歌曲集成・浙江卷》，頁378，為寧波市民歌〔湘江浪〕。《中國民間歌曲集成・江蘇卷》，頁809，為睢寧縣民歌〔疊落金錢〕。按：〔疊羅〕、〔湘江浪〕皆〔疊落金錢〕別名，為便論述以下皆稱其為〔疊落金錢〕。

(1)四川　小　小　猴兒　奔　深

(2)河南　穿　花　舞　　蝴　蝶　雙

(3)浙江　一(啦)更　裡　　月(啦)照　湘

(4)江蘇　重　九　天　菊　花　正

(1)　山　　(啊)

(2)　雙

(3)　江

(4)　艷

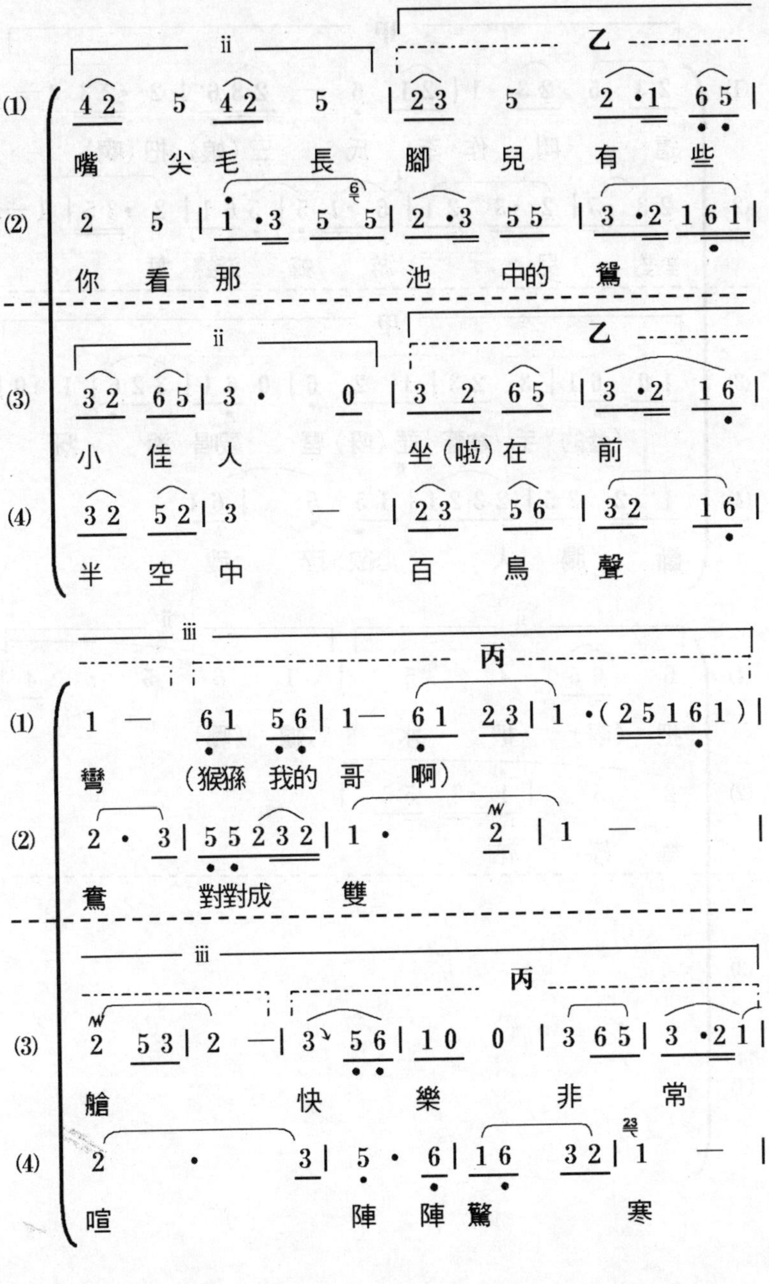
ii
乙
(1) 嘴尖毛長腳兒有些
(2) 你看那池中的鴛
ii
乙
(3) 小佳人坐(啦)在前
(4) 半空中百鳥聲
iii
丙
(1) 彎(猴孫 我的哥 啊)
(2) 鴦對對成雙
iii
丙
(3) 艙快樂非常
(4) 喧陣陣驚寒

甲

(1)　2 3　5　2 3　1　2 1　6　—　2 3 6　│2 ·2 3　1 —│
這　　叫　作　李　氏　三（娘）把（啊）

(2)　2 3 ·5　2 ·3　2 1　6 ·1 5│5 6 1│2 ·3 5│1 —│
對對　兒　　游　蜂　游蜂　舞

甲

(3)　1 0　6 1│3　2 3│1　2　6│0 6 1│3 2 6│1 ·0│
（我的）手　拿著　琵（呀）琶　要唱　湘　呀

(4)　1 ·2　3 5│2 3 2 1│1 5　6　│6 1│
斷　腸　人　　心欲　碎　魂

ii

(1)　6　6 5　4　5　│1　6　5　·　4│
把（呀）把　水　擔（哪）

(2)　2　5　│1 ·3　5 5　│
舞　慌　忙

(3)

(4)

i

(1) 2 · 3 56 32 1 | 2 — 32 35 |

(2) 2 · 3 55 | 332 11 | 223 12 35 |

丁

(3) 6 1 2 3 | 21 26 | 56 5 |
湘 呀 湘 江 浪

(4) 6 1 | 2 · 3 | 1 · 2 76 | 5 · 6 11 |
呀 魂 魂 飛 散

(1) 2 · （35 21 2） |（以下大致反複略）

(2) 2 — |（以下大致反複略）

(3) 5 — ‖

(4) 25 65 6 | 5 — ‖

此四首都屬主流腔系〔疊落金錢〕，不過曲(1)與曲(2)為商調式；
曲(3)及曲(4)為徵調式。由譜例的分析比較可知，兩者樂句素材
大部分都相同，樂句連綴結構也相同。樂句 ii 在曲中多處出現，

造成「疊」的效果，不過有時也會被省略。商調式與徵調式大半旋律都相同，最大的差別在最末樂句旋律產生變化，商調式以樂句 i 作結，尾音落於商音；徵調式則以樂句丁作結，尾音落於徵音。兩者後段應有轉入屬音（或下屬音）的轉調關係存在。在這些樂句素材裡，樂句 i、ii、iii 與〔疊斷橋〕樂句Ⅰ、Ⅱ、Ⅲ對應的近似程度雖不如前舉【譜例 3-3-1】及【譜例 3-3-2】明顯，不過還是可看出其樂句素材旋律輪廓的近似。此外，還有以下兩點值得特別注意：

1、　樂句 iii 其實應可再細分出樂句乙與樂句丙來（即 iii ＝乙＋丙）。樂句乙依其落音的不同又可分為兩種：一種落於商音（如【譜例 3-3-3】中的曲(2)、(3)、(4)），其旋律也近同於樂句 i（即乙＝i），此應為此樂句的正格。另一種落於宮音（如【譜例 3-3-3】中的曲(1)及【譜例 3-3-2】），此應為此樂句的偏格。由曲譜與歌詞的配合上來看，實際上樂句 ii 及樂句 i 應合為一樂句，若樂句乙為正格，則此一合併樂句（ii＋i）就與緊接其後的「ii＋乙」成為疊句。此兩疊句落音都在商音，與主流腔系〔茉莉花〕前兩疊句落音在徵音，正好相差四度。此種連續兩疊句，各句並相差四度的情形，類似〔茉莉花〕前兩樂句反調手法的運用。在主流腔系〔疊落金錢〕裡，樂句乙為正格者佔絕大多數，偏格者較少。〔疊斷橋〕此處對應樂句落於宮音，則與偏格相合。由〔疊落金錢〕此處曲調的分化及與〔茉莉花〕、〔疊斷橋〕對應樂句的關聯來看，似乎隱隱透露出此處曾產生反調或改落音、曲調類化等變化的訊息。

2、　徵調式〔疊落金錢〕的樂句甲及樂句丁，有分別近同於主流腔系〔茉莉花〕樂句Ｄ及Ｅ的情況，尤其是樂句丁與主流腔系〔茉莉花〕樂句Ｅ間的雷同性更高。如以下為【譜例

3-3-3】曲⑷江蘇睢寧縣民歌〔疊落金錢〕的樂句丁，與河北滄州落子〔茉莉花〕的樂句 E 之比較⑥：

【譜例 3-3-4】

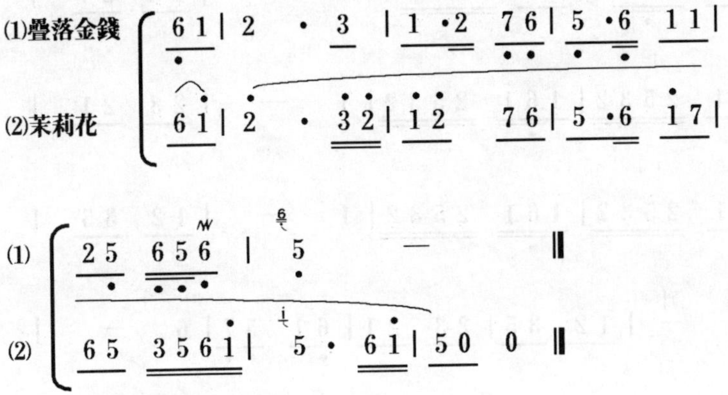

```
(1)疊落金錢  ‖: 6 1 | 2 · 3 | 1·2 76 | 5·6 1 1 |
(2)茉莉花    ‖: 6 1 | 2 · 3 2 | 1 2 76 | 5·6 1 7 |

(1)  | 2 5 6 5 6 | 5 — :‖
(2)  | 6 5 3 5 6 1 | 5 · 6 1 | 5 0 0 :‖
```

二、相關佐證

　　除了以上所述樂句素材的近同與類似變調手法的各種現象外，在黑龍江京劇中還流傳著以下一首被稱為〔雙飛蝴蝶〕的器樂曲：

【譜例 3-3-5】黑龍江京劇中的〔雙飛蝴蝶〕⑦

$1 = {}^{b}E$　$\frac{2}{4}$　中速

```
(多 多) | 2 3 56 | 46 56 | 23 56 | 32 161 |
```

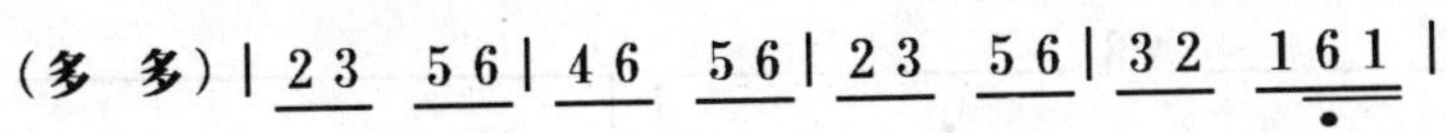

⑥　見《中國民族民間舞蹈集成・河北卷》，頁216。

⑦　《中國戲曲音樂集成・黑龍江卷》，頁490。

$\underline{2\,5}$　$\underline{\underline{3\,2\,3\,5}}$ | 2　— | $\underline{2\,3}$　$\underline{5\,6}$ | $\underline{4\,6}$　$\underline{5\,6}$ | $\underline{2\,3}$　$\underline{5\,6}$ |

$\underline{3\,2}$　$\underline{1\,6\,1}$ | $\underline{2\,5}$　$\underline{\underline{3\,2\,3\,5}}$ | 2　— | $\underline{2\,3}$　$\underline{2\,1}$ |

$\underline{6\,1}$　$\underline{\underline{2\,5\,3\,2}}$ | $\underline{1\,6\,1}$　$\underline{\underline{2\,5\,3\,2}}$ | 1　— | $\underline{2\,3}$　$\underline{2\,1}$ |

$\underline{6\,1}$　$\underline{\underline{2\,5\,3\,2}}$ | $\underline{1\,6\,1}$　$\underline{\underline{2\,5\,3\,2}}$ | 1　— | $\underline{1\,2}$　$\underline{3\,5}$ |

2　— | $\underline{1\,2}$　$\underline{3\,5}$ | $\underline{2\,3}$　$\underline{2\,1}$ | $\underline{6\,1}$　$\underline{5\,7}$ | 6　— |

$\underline{1\,6}$　$\underline{2\,3}$ | 1　— | $\underline{6\,\dot{1}}$　$\underline{6\,5}$ | $\underline{4\,3}$　5 | $\underline{6\,\dot{1}}$　$\underline{6\,5}$ |

$\underline{4\,3}$　5　| $\underline{2\,3}$　$\underline{5\,6}$ | $\underline{3\,2}$　$\underline{1\,6\,1}$ | $\underline{2\,5}$　$\underline{\underline{3\,2\,3\,5}}$ |

┌─────── A 1 ───────┐
2　— ┆| $\underline{3\,2}$　$\underline{3\,5}$ | $\underline{6\,5}$　$\underline{\dot{1}\,6}$ | $\underline{5\,3}$　$\underline{5\,6}$ | 5　— |

┌─────── A 2 ───────┐
$\underline{3\,2}$　$\underline{3\,5}$ | $\underline{6\,5}$　$\underline{\dot{1}\,6}$ | $\underline{5\,6}$　$\underline{4\,3}$ | 5　— | 3　$\underline{5\,6}$ |

┌─── A 3 ───┐
$\underline{5\,6}$　$\underline{3\,5}$ | $\underline{6\,5}$　$\underline{6\,\dot{1}}$ | $\underline{5\,6}$　$\underline{5\,3}$ | $\underline{2\,3}$　$\underline{5\,3}$ | $\underline{5\,6}$　$\underline{3\,2}$ |

┌─────── B 1 ───────┐
1　·　$\underline{2}$ | 7　　7　| 7　2　| $\underline{7\,2}$　$\underline{6\,5}$ | $\underline{1\,6}$　$\underline{2\,3}$ |

```
                    C
1 ·  2 | 1 2  3 5 | 2 ·  3 | 1 2  3 5 | 2 1  3 5 |

              甲
2 3  2 1 | 6 1  5 7 | 6  — | 1 6  2 3 | 1  — |

     ii                    ii
6 1  6 5 | 4 3  5 | 6 1  6 5 | 4 3  5 6 | 2 3  5 6 |

                        i
3 2  1 6 1 | 2 5  3 2 3 5 | 2 3  2 1 | 6 5  1 6 |

2 3  1 6 1 | 2 5  3 2 3 5 | 2  — ‖
```

此首〔雙飛蝴蝶〕，前半段(1～36小節)可看出是一支完整的主
流腔系商調式〔疊落金錢〕曲調；後半段自37小節起至58小
節間(虛線括弧部分)，出現的明顯是主流腔系〔茉莉花〕的前
半截旋律(包括其樂句Ａ1→Ａ2→Ａ3→Ｂ1→Ｃ)；其後由
59小節至曲末，續接的竟又是〔疊落金錢〕的後半截旋律(包
括其樂句甲→ii→ii→i)。其全曲組合為：

   〔疊落金錢〕→前半截〔茉莉花〕＋後半截〔疊落金錢〕

由此種組合可知，所謂〔雙飛蝴蝶〕是由兩支曲調連綴而成。
前一支為〔疊落金錢〕，後一支就是由前截〔茉莉花〕及後截〔疊
落金錢〕所合成的曲調。此種情況，說明了此曲原來可能是一
支曲調的反複，但在第二次反複時前半截以某種手法作了變
化，後半截則又回到原來曲調，形成一種類似換頭的曲調變化。
〔茉莉花〕與〔疊落金錢〕會產生此種融合，也為彼此可能即

變調的關聯提供了佐證。以上所論樂句素材的近同與各種疑似變調手法的現象，都使人不得不懷疑〔疊落金錢〕與〔疊斷橋〕及〔茉莉花〕曲調間，應有著某種變調血緣的關聯。

三、小結

　　〔疊落金錢〕有人認為源於唐宋時期的宗教法曲〔散花〕⑧，不過這只是推測。據筆者查考，此一牌名首見於嘉靖三十四年（1555）九月所造《清源妙道顯聖真君一了真人護國佑民忠孝二郎開山寶卷》裡⑨。其後在明末清初間如《弘陽悟道明心》、《普靜如來鑰匙寶卷》、《銷釋南無一乘彌陀授記歸家寶卷》、《靈應泰山娘娘寶卷》、《護國佑民伏魔寶卷》等寶卷，及梓行於萬曆十年(1582)左右鄭之珍所撰《新編目連救母勸善戲文》「過滑油山」一齣裡，也都有其蹤跡，可見此一曲牌自明嘉靖以來已極盛行⑩。

　　前文考證知〔茉莉花〕的別稱〔雙疊翠〕，約產生於明代嘉靖至萬曆間。如果〔疊落金錢〕與〔茉莉花〕有關，那由〔疊落金錢〕的時代來看，更可確定在嘉靖年間〔茉莉花〕的曲調

---

⑧　參《中國曲藝音樂集成・河南卷》，頁118譜後註語。

⑨　《清源妙道顯聖真君一了真人護國佑民忠孝二郎開山寶卷》，《寶卷初集》，第14冊，頁47。

⑩　《弘陽悟道明心》，《寶卷初集》，第16冊，頁164。《普靜如來鑰匙寶卷》，《寶卷初集》，第5冊，頁168。《銷釋南無一乘彌陀授記歸家寶卷》，《寶卷初集》，第12冊，頁319。《靈應泰山娘娘寶卷》，第13冊，頁259。《護國佑民伏魔寶卷》，《寶卷初集》，第5冊，頁241。《新編目連救母勸善戲文》，中卷，頁46。

源頭就已產生。不過由於嘉靖三十四年(1555)年寶卷中的〔疊落金錢〕只存牌名與歌詞，並未留下曲譜，而後代的所謂〔疊落金錢〕，又包含多種不同曲調。所以其曲調是否即主流腔系的〔疊落金錢〕，因無曲譜比較，仍待進一步查考。如果此種關係屬實，由於兩者樂句聯綴的順序有所不同，後代所留文獻中也未見〔疊落金錢〕有採用〔茉莉花〕典型歌詞的情況，所以兩者應非採用同一歌詞的「同詞變調」，而是僅在曲調旋律素材上有血緣關係的「異詞變調」⑪。

⑪　所謂「同詞變調」，即曲調雖為變調關聯，常用歌詞卻是相同的，如主流腔系〔茉莉花〕與〔疊斷橋〕間即如是。所謂「異詞變調」，即曲調為變調關聯，常用歌詞卻完全不同，如主流腔系〔茉莉花〕與〔疊落金錢〕間即如此。

第四節　與〔蓮花落〕關聯

　　雖然在康熙年間李聲振的《百戲竹枝詞》裡就已提及「好朵鮮花」套數，但此一歌詞的完整著錄與鮮花套數的舞臺演出情形，最早則見於乾隆三十五年（1770）玩花主人編選的《綴白裘》六編所收梆子腔《花鼓》一劇裡①。劇中花鼓婆子與其夫上場後先合唱一支相當於花鼓頭的〔仙花調〕，此〔仙花調〕應即〔鮮花調〕諧訛。在此曲歌詞末後，附了一段「哩囉嗹唱一個嗹哩囉，哩囉嗹唱一個嗹哩囉」的泛聲，此種泛聲與〔蓮花落〕的幫腔頗為相近②。如果此泛聲出自〔蓮花落〕，則〔鮮花調〕是否即出自〔蓮花落〕呢？

一、曲調分析比較

　　在元雜劇《金線池》、明雜劇《曲江池》、明傳奇《繡襦記》等劇中都有唱〔蓮花落〕的記述或採用。其中《繡襦記》裡《蓮花》一齣曲譜見存於乾隆年間刊行的《納書盈曲譜》及《九宮大成南北詞宮譜》裡。筆者嘗試取英人約翰・巴勞（John Barrow）《中國旅行記》中〔茉莉花〕曲譜與《納書盈曲譜》、《九宮大成南北詞宮譜》兩曲集中的〔蓮花落〕曲譜相比較，

---

① 　《綴白裘》，頁2431～2450。

② 　如《北平俗曲略》，頁147「蓮花落」條即云蓮花落「演者唱到一段之末，打者和之以『唉，哩嚠蓮花呀，咻呀，嚠蓮花』等詞，謂之幫腔」。

發現在旋律上有以下頗值探討的吻合情況：

【譜例3-4-1】〔茉莉花〕與〔蓮花落〕曲調分析比較③

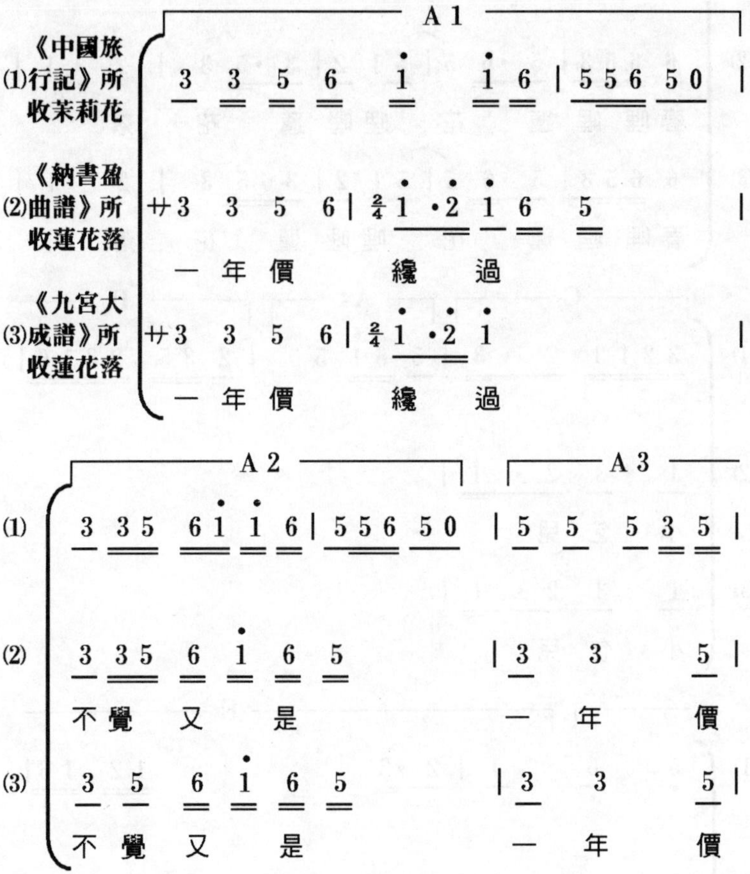

A 1

《中國旅
(1)行記》所　3　3　5　6　1̇　｜　1̇　6　｜5̇5̇5 6　5 0｜
收茉莉花

《納書盈
(2)曲譜》所　♯3　3　5　6　｜²⁄₄ 1̇ ·2̇　1̇　6　5　｜
收蓮花落
　　　　　一　年　價　　　繾　過

《九宮大
(3)成譜》所　♯3　3　5　6　｜²⁄₄ 1̇ ·2̇　1̇　　　　｜
收蓮花落
　　　　　一　年　價　　　繾　過

A 2　　　　　　　　　　　A 3

(1)　3　3 5　6 1̇　1̇ 6　｜5̇5̇5 6　5 0｜5　5　　5 3　5｜

(2)　3　3 5　6　1̇　6　5　　　　｜3　3　　　5｜
　　不　覺　又　是　　　一　年　　　價

(3)　3　5　6　1̇　6　5　　　　｜3　3　　　5｜
　　不　覺　又　是　　　一　年　　　價

③　　"Travels in China"，頁316。《納書楹曲譜》，補遺卷2，頁1933。
　　《九宮大成南北詞宮譜》，卷66，頁5706。前者原為五線譜，後
　　兩者原為工尺譜，為便比較皆譯為簡譜。

B

(1)　6　6　　5　｜3　2　3　5　3　2｜1　1　2　1｜

(2)　6　6　5　3｜5　·6　5｜5　1　2｜3　·5　3　｜2　　1　｜
　　春哩哩蓮　花　哩哩蓮　花　落

(3)　6　6　5　3｜5　·6　5｜5　1　2｜3　6　5　3　｜2　　1　｜
　　春哩哩蓮　花　哩哩蓮　花　落

C　　　　A4　　　　D

(1)　3　2　1　3　2　·3｜5　6　1　5　｜2　3　5　2　3　1　6｜

(2)　1　　3　2　·1　｜
　　小　　乞　兒

(3)　1　　3　2　·1　｜
　　小　　乞　兒

E

(1)　5　　6　　1｜2　·3　　　　　1　2　1　6｜

(2)　6　5　6　　1｜2　·3　2　1｜2　·3　2　1｜1　5　6　1　6｜
　　也　曾　到　東　嶽　西　廟去　賽　靈

(3)　6　5　6　　1｜2　·3　2　1｜2　·3　2　1｜1　5　6　1　6｜
　　也　曾　到　東　嶽　西　廟去　賽　靈

(1)　5　　0 ‖

(2)　5　6 5 3 | 5 ·6 | 1　6 1 | 5 5 6 | 1 ·2　6 5 3 |
　　神　也麼哈　哈 哈　蓮花　落　也麼

(3)　5　5 3 | 5 ·6 | 1　6 1 | 5 5 6 | 1　6 5 3 |
　　神　也麼哈　哈 哈　蓮花　落　也麼

(1)

(2)　5 ·6 | 1　6 1 | 2　2 3 | 2　1 |（以下大致重頭反複）
　　哈　哈 哈　蓮花　落

(3)　5 ·6 | 1　6 1 | 2　2 3 | 2　1 |（以下大致重頭反複）
　　哈　哈 哈　蓮花　落

譜例中兩〔蓮花落〕大致相同。其與〔茉莉花〕相較，我們可以發現除了與〔茉莉花〕樂句相對的 A 4 被省略，D 前段被縮省，及 E 中段有增垛外，其餘相對應樂句不但腔格相似，旋律也大致近同。至於〔蓮花落〕的末段自「也麼哈哈哈蓮花落…」至結尾的泛聲部分，在〔茉莉花〕裡則被略去。由此可見，《繡襦記・蓮花》中〔蓮花落〕的曲調與〔茉莉花〕來自同源的可能性是極高的。

二、相關佐證

　　以主流腔系〔茉莉花〕與《繡襦記‧蓮花》中〔蓮花落〕
曲調的近同現象，再配合《花鼓》劇中打花鼓唱〔仙花調〕（〔鮮
花調〕）時，末尾帶「哩囉嗹唱一個嗹哩囉，哩囉嗹唱一個嗹
哩囉」類似蓮花落的泛聲來看，兩者間旋律的同源關聯，應不
僅是一種巧合。除此外，還可再提出以下四點佐證：

　　1、〔蓮花落〕是一個通稱性極高的調名，只要慣於被蓮花
落曲藝採用的曲調，都有可能被稱為〔蓮花落〕調。在後代流
傳的〔蓮花落〕裡，就可找到主流腔系〔茉莉花〕及〔疊斷橋〕，
可見它們都是慣被蓮花落採用的曲調。如：

【譜例 3-4-2】河北饒陽縣〔落子調〕「茉莉花」④

1＝G　中速

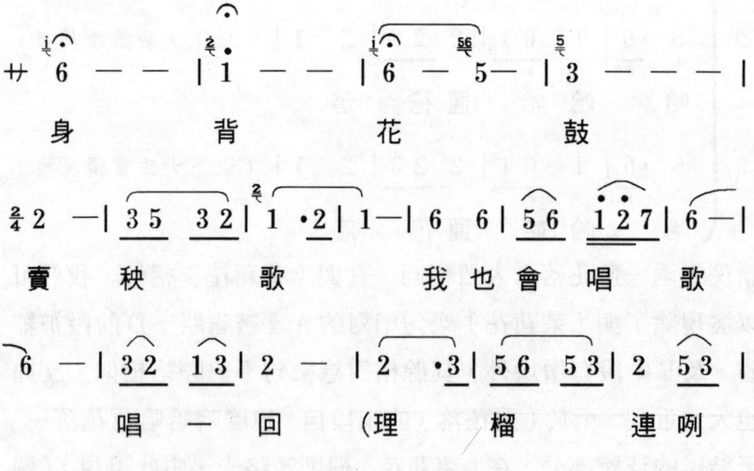

④　《中國民間歌曲集成‧河北卷》，頁232。

$$\widehat{2\,3}\quad 2\,1\,|\,\widehat{6\,5}\quad 6\,|\,6\quad -\,|\,2\cdot\underline{3}\,|\,\underline{1\,2}\quad \underline{1\,6}\,|\,5\cdot\underline{6}\,|\,\underline{1\,2}\,|$$

唱　一回　連　理　　　　　榴）

$$\underline{6\,5}\quad \underline{3\,5\,6\,1}\,|\,5\cdot\underline{6}\,|\,5\quad -\,|\,5\quad -\,\|:\widehat{6\,1}\quad \underline{6\,5}\,|\,\widehat{3\,5}\quad \widehat{6\,1}\,|$$

好　一朵　茉　莉

$$\underline{1\,5}\quad \widehat{6\,1}\,|\,5\quad -\,|\,\widehat{6\,1}\quad \underline{6\,5}\,|\,\widehat{3\,5}\quad \widehat{6\,1}\,|\,\underline{1\,5}\quad \widehat{6\,1}\,|\,5\quad -\,|$$

花　　　好　一朵　茉　莉　花

$$\widehat{5\,3}\quad 5\,|\,5\,0\quad \underline{3\,5}\,|\,6\cdot\underline{1}\,|\,\underline{6\,5}\,|\,6\quad \underline{3\,2}\,|\,5\quad 2\,|\,\widehat{3\,5}\quad \widehat{3\,2}\,|$$

滿　院　（那個）開　　花　俊俏　不　過

$$1\cdot\underline{2\,3}\,|\,1\quad -\,|\,\widehat{3\,2}\,|\,\underline{1\,5\,3}\,|\,2\cdot\underline{1}\,|\,\underline{2\,1}\,|\,\underline{2\,3}\,|\,\underline{5\,6}\quad \underline{5\,3}\,|$$

它　　　我　有　心　掐　枝

$$\widehat{6\,3}\quad \underline{5\,3}\,|\,\widehat{2\,3}\quad 2\,1\,|\,\widehat{6\,5}\quad 6\,|\,6\,0\quad \widehat{6\,1}\,|\,2\cdot\underline{3\,2}\,|$$

戴　呀　又　恐怕　栽　花　　人　罵（以下尚

$$\underline{1\,2}\quad \underline{7\,6}\,|\,\underline{5\,6}\quad \underline{1\,7}\,|\,\underline{6\,5}\quad \underline{3\,5\,6\,1}\,|\,5\cdot\underline{6}\,|\,5\quad -\,\|$$

有八段歌詞以重頭式演唱）

所謂「落子」即「蓮花落」。此首為流傳於河北饒陽的〔落子調〕「茉莉花」，不但曲調屬主流腔系〔茉莉花〕，其演唱也保留了類似《綴白裘・花鼓》中〔仙花調〕（〔鮮花調〕）的內容。又如：

【譜例 3-4-3】河北定興縣〔蓮花落調・落子頭〕「陽春柳葉尖」⑤

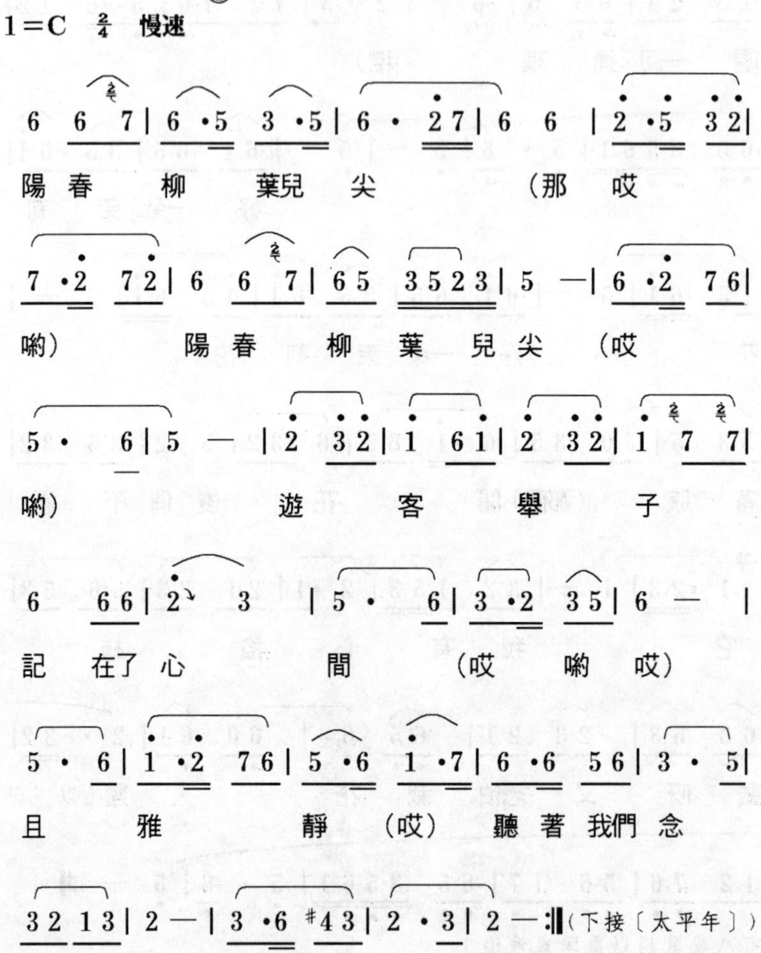

1＝C　2/4　慢速

```
6  6 7 | 6 ·5  3 ·5 | 6 · 2 7 | 6  6 | 2 ·5  3 2 |
陽春 柳 葉兒 尖       （那  哎

7 ·2  7 2 | 6  6 7 | 6 5  3 5 2 3 | 5 — | 6 ·2  7 6 |
喇）   陽春 柳 葉 兒 尖      （哎

5 ·  6 | 5 — | 2  3 2 | 1  6 1 | 2  3 2 | 1  7 7 |
喇）     遊   客  舉  子

6  6 6 | 2  3 | 5 ·  6 | 3 ·2  3 5 | 6 — |
記 在了 心   間  （哎  喇 哎）

5 ·  6 | 1 ·2  7 6 | 5 ·6  1 ·7 | 6 ·6  5 6 | 3 ·  5 |
且   雅   靜  （哎） 聽 著 我們 念

3 2  1 3 | 2 — | 3 ·6  ♯4 3 | 2 ·  3 | 2 — ‖（下接〔太平年〕）
```

此首雖稱〔蓮花落調〕，但在曲調上明顯即為商調式〔疊斷橋〕。

---

⑤　《中國民間歌曲集成・河北卷》，頁346。

以上兩譜例證明了在〔蓮花落〕調名裡，確實存在有主流腔系〔茉莉花〕及〔疊斷橋〕的曲調。

2、在主要來自蓮花落曲藝的河北蹦蹦戲裡，疊系〔茉莉花〕為演員的必唱曲。如胡沙《評劇簡史》中即云：

> 這裡有一首河北省的民歌，中間有襯音「嗯呀哈」，好似蛤蟆叫，因此名為〔蛤蟆調〕。又因為頭一句詞是「好一朵茉莉花」，所以也叫〔好一朵茉莉花〕。這是每一個蹦蹦演員都必須會唱的。詞如下……。⑥

此所云的〔蛤蟆調〕就是帶蛤蟆韻的疊系〔茉莉花〕。由於蹦蹦戲發展自蓮花落，所以其演員必唱〔蛤蟆調〕的傳統應是來自蓮花落。此也說明了疊系〔茉莉花〕必是早期蓮花落一個頗重要的曲調。主流腔系〔茉莉花〕既與疊系〔茉莉花〕是一體變調，其與蓮花落的關係自然也極密切。

3、在《綴白裘・花鼓》劇末，花鼓婦在下場前唱：「轉過這衚衕，再唱蓮歌」⑦。由於在《花鼓》劇中，花鼓表演開始時所唱花鼓頭即〔鮮花調〕，此所云「再唱蓮歌」的「蓮歌」，疑即〔蓮花落〕。如此，其到別處再開始表演時唱的「蓮歌」（〔蓮花落〕），所指應即〔鮮花調〕。

4、有人認為〔疊落金錢〕與〔蓮花落〕一樣，也是源自隋末唐初的「散花」。且有些地方〔疊落金錢〕也是〔蓮花落〕的別名之一。如《中國曲藝音樂集成・河南卷》於所錄河南大調曲子所唱〔疊落金錢〕後註云：

---

⑥　《評劇簡史》，頁269。

⑦　《綴白裘》，頁2450。

源於唐宋時期「散花」（宗教法曲），敦煌壁畫稱「散花」。
⑧

《中國民族民間舞蹈集成・山東卷》亦於說明流傳於魯北的蓮花落情況時云：

> 據藝人的回憶及有關資料所述，蓮花落……以原唱曲牌
> 〔蓮花落〕（也稱〔金錢蓮花落〕、〔疊落金錢〕）中的襯
> 詞而得名。⑨

此種〔蓮花落〕與〔疊落金錢〕同源，甚至為同調異名的說法，正可與前文所提〔疊落金錢〕與〔茉莉花〕有關的考據交叉印證。證明〔茉莉花〕、〔疊落金錢〕、〔蓮花落〕三者曲調間確有其關聯。

三、小結

蓮花落源自隋末唐初佛教活動中的「落花」，在唐代又叫「散花」。其目的原在宗教募化，後被採以作為民間乞討糊口的工具，才逐漸衍變出後代的「蓮花落」來。其名稱最早的記載見於南宋僧人普濟所編《五燈會元》裡，其後在元、明散曲、劇曲中多有記載或採用，可見至遲自宋朝以來就已在民間流行⑩。不過以上有關蓮花落源流的敘述，並未能說明〔蓮花落〕曲調的來源。因為歷經長久發展後，「蓮花落」已是一種表演形式的總稱，在此種表演形式下，慣於被採入演唱的曲調都可

---

⑧　《中國曲藝音樂集成・河南卷》，頁P118。按：另蓮花落源自散花之說參下文。

⑨　《中國民族民間舞蹈集成・山東卷》，頁441。

⑩　以上參《曲藝論集》，頁151～167。《中國曲藝史》，頁231～234。

能被稱為〔蓮花落〕。因此我們只能就《繡襦記》的產生時代
去探查其來源。

有關《繡襦記》作者早期說法紛紜，主要可歸納為五種：
(1)、為成、弘間無名氏。(2)、為正德間人徐霖。(3)、為嘉靖間
人鄭若庸。(4)、為萬曆間無名氏。(5)、為萬曆時人薛近兗⑪。
依此五種說法的時代，至遲在萬曆間，最早則可推至成、弘年
間。不過近年來經學者多所考證，作者徐霖之說已為多數人採
信⑫。徐霖生於明天順六年(1462)，卒於嘉靖 17 年(1538)，
其撰著《繡襦記》應在正德間。

今存《繡襦記》最早的曲譜為【譜例 3-4-1】所舉《九宮
大成南北詞宮譜》與《納書楹曲譜》，兩曲譜皆成書於乾隆年
間⑬。雖然其所載錄的〔蓮花落〕曲譜，除了反映乾隆時唱法
外，所唱曲調與《繡襦記》成書時是否相同難以查考。不過由
歌詞來看，此一歌詞自元代以來就是〔蓮花落〕的主要代表歌
詞，可見有其一脈之相承⑭。而且《繡襦記》屬於傳奇系統，
《九宮大成南北詞宮譜》與《納書楹曲譜》所錄也是崑腔曲譜，
其直接傳襲的可能是存在的。再加上前舉〔茉莉花〕與〔蓮花
落〕間關係的諸種佐證，我們可以知道在早期的〔蓮花落〕曲
調裡，存在著一種近同於〔茉莉花〕的曲調，兩者間應有其曲
調上的共同淵源；而其可能產生的時間，也可上推到明代正德
以前。

---

⑪ 參《繡襦記及其曲譜之研究》，頁43～49。

⑫ 如趙景深《明清曲談》、關德棟《曲藝論集》、倪鐘之《中國曲藝
史》等都採作者徐霖說。《中國古代戲曲家評傳》，頁256於考證
後更云：「徐霖應該是《繡襦記》傳奇無可爭辯的作者」。

⑬ 《九宮大成南北詞宮譜》成書於乾隆十一年(1746)；《納書楹曲譜》
也輯於乾隆年間，刊行於乾隆五十七年至五十九年間(1792～1794)。

⑭ 有關蓮花落考證參第六章第一節。

第五節　歸納與蠡測

　　本章前四節的考證，除了在分別釐清〔茉莉花〕各有關調名間的關係外，也在藉這些調名的文獻考據，來探索〔茉莉花〕曲調的源頭。以下先總結歸納這些考證結果；並以此結果為基礎，配合當時相關背景，提出〔茉莉花〕曲調來源及其在源起階段與相關調名間之關係蠡測。

一、歸納

　　總結前文有關〔茉莉花〕與各相關調名間關係，及其曲調來源之考證，可歸納成以下兩方面：

（一）、在彼此關係方面

　　1、〔茉莉花〕、〔鮮花調〕與〔雙疊翠〕間，不但曲調相同，歌詞也常相同，彼此間所存在的應是同曲異名的關聯。

　　2、〔茉莉花〕與〔疊斷橋〕間，類似存在著以反調手法為主並另再加工變化的變調關聯。兩者在調名、曲調、歌詞上也常交互為用，所以應算是同一曲的同詞變調。此外，〔疊斷橋〕與〔鬧五更〕也有著部分關聯，應也受到〔鬧五更〕某種程度的影響。

　　3、〔茉莉花〕、〔疊斷橋〕與主流腔系〔疊落金錢〕間，存在著曲調旋律素材上為來自同一血緣的變調關聯。

　　4、〔茉莉花〕曲調近同於乾隆年間所傳《繡襦記》中〔蓮

花落〕，所以其可能源自《繡襦記》成書時所唱的〔蓮花落〕曲調。

（二）、在產生時代方面

1、由「好朵鮮花」套數歌詞及〔鮮花〕調名，其時代可推至清初康熙年間。

2、由〔雙疊翠〕調名，其時代至遲可推至明代隆慶萬曆以前。〔茉莉花〕的典型歌詞（至少其中某段詠花歌詞）也應在此時即已存在。詞與曲結合的民歌〔茉莉花〕（當時調名應為〔雙疊翠〕）已正式誕生。

3、由與〔疊斷橋〕有部分曲調關聯的〔鬧五更〕，此一曲調產生的時代，可能推至嘉靖三十四年（1555）以前。

4、由〔疊落金錢〕調名，此一曲調源頭也可能推至明代嘉靖三十四年（1555）以前。

5、由《繡襦記》中〔蓮花落〕，其可能已存在的時代，可推至明代正德以前。

二、蠡測

根據前述考證結果，結合各相關資料，筆者嘗試對〔茉莉花〕曲調的來源與當時發展情況提出以下蠡測，以期能較完整勾勒出在其起源階段的可能發展輪廓：

在明代正德以前，與〔茉莉花〕相近同的曲調就已活躍在蓮花落表演裡，不但因此被稱為〔蓮花落〕，也成了當時蓮花落的代表曲調。此一曲調由於在流傳中不斷被加入許多民間的曲調變化手法，所以繁衍出多種變調。這些正、變調分化關係

的產生，應以〔蓮花落〕與〔疊落金錢〕、〔鬧五更〕間最早。由文獻記載及在後來流傳中，〔疊落金錢〕在歌詞取用、調名、曲調等方面極少與〔茉莉花〕有相混現象來看，兩者的分化時間應在〔茉莉花〕典型歌詞與曲調相結合以前，其時代應早於嘉靖三十四年(1555)年。這些變調產生後，因為頗受歡迎，所以也被採用於寶卷的演出裡。

　　打花鼓是源自秧歌的一種演出形式，由於此類表演主要在賣藝乞食，其形態接近蓮花落，所以很容易的就吸收了此一〔蓮花落〕曲調，後來被稱為〔花鼓曲〕的整套「好朵鮮花」套數歌詞，應就在此種背景環境中醞育編成①。

　　雖然「好朵鮮花」套數可能編成於花鼓曲藝中，不過在隆慶、萬曆以前，此套數中的「詠花段」(包括「好一朵鮮花」及「好一朵茉莉花」兩段，或僅其中一段)應已產生，並與此一曲調相結合，也由此產生了〔雙疊翠〕的曲調名。經過此一詞與曲的結合，後來所謂〔茉莉花〕的民歌，到了此時才算正式誕生。而此一曲牌也獲得當時著名文人劉效祖的青睞，被採以做為填詞創作的曲牌。

　　〔疊斷橋〕調名產生的時間較晚，應在明末清初間。其曲調變自主流腔系〔茉莉花〕(或〔雙疊翠〕)，歌詞及歌名(調名)也常與主流腔系相混用，可見兩者應為同出一曲的同詞變調。其在變調手法上也受到〔疊落金錢〕影響；在曲調所帶「蛤蟆韻」特徵上，則與〔鬧五更〕有所關聯。

　　〔鮮花調〕名稱的確立，可能是在整套「好朵鮮花」套數編成以後，其時間應在清末明初間。

---

① 關於打花鼓與蓮花落間關聯，參第六章第一節。

　　以上為筆者對〔茉莉花〕源起階段的可能蠡測。至於其各相關調名間的複雜情況，可再提出以下補充說明：

　　〔茉莉花〕相關調名的產生，存在著兩種情況，一種是由於流傳中在不同時、地及表演形式中常產生不同的命名取義，使此一曲調不論本調或變調都在不斷衍生出新的調名來，於是所謂〔疊落金錢〕、〔雙疊翠〕、〔疊斷橋〕、〔鮮花調〕、〔茉莉花〕……等調名便應運而生。另一種情況是，由於變調常只是增加演出變化的一種手法運用，再加上大部分的調名(或曲名)常取義於歌詞，因此在歌詞不變的情況下，對某一已產生變調的歌曲，還是常被視為同一曲，冠以相同的調名(或曲名)。有些即使在原有調名前加上用以區別的附註語(如〔反調茉莉花〕的「反調」)，但流傳一久，此附註語常被省略，也就造成同一調名卻有不同曲調的現象。如主流腔系〔茉莉花〕與疊系〔茉莉花〕，兩者調名皆為〔茉莉花〕，但曲調卻既有差別又有變體關聯；而在以〔疊斷橋〕為調名的歌曲裡，除一般〔疊斷橋〕曲調外，也可找到主流腔系〔茉莉花〕的曲調等，這些現象的產生應都與此有關。

　　以下為〔茉莉花〕起源階段可能的流衍過程圖：

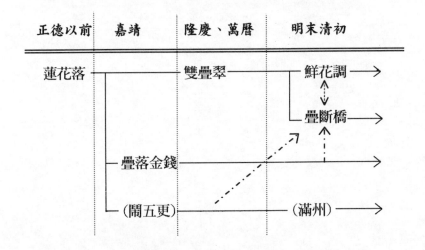

第四章 〔茉莉花〕的派衍

民歌小曲經過流傳以後，常會產生許多派生與衍化，尤其以強勢形態長期廣泛流行的民歌，此種現象更為顯著。由於這種衍變，使一首民歌曲調不但產生許多不同歌名，也繁衍出許多變體曲調來。前一章所考〔鮮花調〕、〔雙疊翠〕、〔疊斷橋〕……等，就是此種衍變現象的產物，而這幾個名稱，也只是此一曲調無數派生變化歌名中的少數佼佼者而已。因此，想要瞭解〔茉莉花〕的發展流變，便非得探查此種錯縱關係不可。不過一支流傳長久的曲調，由原調產生變調，由變調再生變調，如此瓜瓞繁衍層層牽扯，要逐一詳加分析辨識，不但篇幅有限，事實也不可能。因此本章以主流腔系〔茉莉花〕為主，先探索舉出由其直接派衍而來的主要歌名(或調名)，然後再分析探討其所運用的各種變體手法，以求勾勒出此一曲調大概的衍變脈絡。

第一節 派衍舉述

歌名的產生，主要是為了便於稱呼。此種稱呼雖常有其共識性，但因時空的不同，受到歌詞組合、演出方式、旋律特性、曲調變化……等因素影響，在歌名的取用上，往往隨著所取含義的不同，而衍生出許多不同的歌名來。這些歌名常被流傳形

成共識，有些被另填他詞卻仍稱以原名，而形成了調名，或又因此再衍生出新的歌名或調名來。如此派生繁衍，影響極為深遠。〔茉莉花〕曲調既可分「主流腔系」及「〔疊斷橋〕腔系」兩大系統，各系統又會各自再派衍出許多歌名來，所以其繁衍非常複雜，由於篇幅所限無法一一列舉。以下即分「同詞派衍」、「異詞派衍」、「其他派衍」三類，並根據以下三點原則來舉例考述：

1、歌名有其一定的流傳勢力，有些甚至已被視為調名者。

2、以「主流腔系」為主，兼及「主流腔系」與「〔疊斷橋〕腔系」共同派衍或派衍中關係密切的歌名。至於如〔紅繡鞋〕、〔滿舟月〕、〔小尼姑下山〕、〔穿心調〕、〔葡萄架〕……等由〔疊斷橋〕獨自衍生的歌名或調名則不在舉述之列。

3、〔鮮花調〕、〔雙疊翠〕、〔疊斷橋〕等前面已考證過的歌名不再舉述。

一、同詞派衍

歌詞是人們對某首民歌最直接也最深刻意識到的印象，所以也成為歌名稱呼產生最常見的來源。此種歌名的產生，主要決定於取名時著意的角度，由歌詞首句、內容、主題、特徵等的不同，都可衍生出新的歌名來。

由於長久以來民間流行的〔茉莉花〕，大抵是以由「好一朵鮮花」等多段已形成一定程度固定連結結構的一套歌詞為基礎，強勢流傳於各地，使此套歌詞成為〔茉莉花〕歌詞的主流代表。為便於論述，以下稱此套歌詞系統為〔茉莉花〕的「典型歌詞」。所謂「同詞派衍」即指由此套歌詞所衍生出的新歌

名或調名。

目前所存的典型歌詞,最早見於乾隆年間曲集《綴白裘》所收《花鼓》劇裡。該劇在演出花鼓連相時唱了一套〔花鼓曲〕,此套〔花鼓曲〕含〔雜板〕歌詞計有以下十二段:

1、好一朵鮮花,好一朵鮮花,有朝的一日落在我家。你若是不開放,對著鮮花兒罵。你若是不開放,對著鮮花兒罵。

2、好一朵茉莉花,好一朵茉莉花,滿園的花開賽不過了他。本待要採一朵帶,又恐怕看花的罵。本待要採一朵帶,又恐怕那看花的罵。

3、八月裡桂花香,九月裡菊花黃,勾引得張生跳過粉墻。好一個崔鶯鶯,就把那門關兒上。好一個崔鶯鶯,就把那門關兒上。

4、哀告小紅娘,哀告小紅娘,可憐的小生跪在東牆。你若是不開門,直跪到東方兒亮。你若是不開門,直跪到東方兒亮。

5、豁喇喇的把門開,豁喇喇的把門開,開開的門來不見了張秀才。你不是我心上人,倒是賊強盜。你不是我心上人,倒是賊強盜。

6、誰要你來瞧,誰要你來瞧,瞧來瞧去丈夫知道了。親哥哥在刀尖上死,小妹子兒就懸梁吊。親哥哥在刀尖上死,小妹子就懸梁吊。

7、我的心肝,我的心肝,心肝的引我上了煤山。把一雙紅繡鞋,揉得希腦子爛。把一雙紅繡鞋,揉得希腦子爛。

8、我的哥哥,我的哥哥,哥哥的門前一條河。上搭著獨

木橋，叫我如何過。上搭著獨木橋，叫我如何過。

9、我也沒奈何，我也沒奈何，先脫了花鞋後脫裹腳。這多是為情人，便把那河來過。這的是為情人，就把河來過。

10、雪花兒飄飄，雪花兒飄飄，飄來飄去三尺三寸高。飄了個雪美人，更比冤家兒俏。

11、太陽出來了，太陽出來了，太陽出來嬌嬌化掉了。早知道不長久，不該把你懷中抱。早知道不長久，不該把你懷中抱。

12、我的嬌嬌，我的嬌嬌，我彈琵琶嬌嬌吹著簫。簫兒口中吹，琵琶懷中抱。吹來的彈去，弦線斷了，我待要續一根，又恐那傍人來笑。①

後代流傳各地的典型歌詞，多即就此十二段，或選其中某段，或選其中數段，甚或據此再行擴衍變化而來。在流傳中由其所採歌詞首段內容或該曲內容所重主題的不同，又產生出各種新的歌名來。此十二段歌詞，依其表面顯露的主題內容來分，可大別為「詠花主題」（1～2段）、「西廂主題」（3～5段）及「其他主題」（6～12段）三部分②。以下就依此分為三類，並例舉考述其所產生的歌名。

---

① 《綴白裘》，6篇，頁2441～2444。

② 在後代傳衍的歌詞中，第6段也常與《西廂》有關，此處就《綴白裘》所載畫分，故暫歸入「其他歌詞主題」類。關於典型歌詞的探討詳參第五章。

（一）、來自詠花主題的歌名

　　〔茉莉花〕與〔鮮花調〕即是分別來自歌詞中「好一朵茉莉花」及「好一朵鮮花」段的歌名。甚至有些地方流傳的此首民歌直接就以首句「好一朵茉莉花」或「好一朵鮮花」為名③。此外，如以下諸例，歌名也都是來自於詠花主題：

○含豔曲

【譜例 4-1-1】咸豐十年（1860）刊行《月琴詞譜》中〔含豔曲〕工尺譜及譜後所附歌詞④

伬 伬 合 四 上 四 合 四 合 又 伬 合 伬 合 四 上

四 合 伬 上 伬 合 伬 仩 上 尺 上 工 上 尺 尺 工

合 四 合 尺 合 合 工 尺 上 上 四 上 尺 工 尺 尺

上 四 合 四 合

---

③　如光緒15年刊行余治《得一錄》卷11之1，收於《元明清三代禁毀小說戲曲史料》，頁258。所錄查禁「各種小本淫褻灘頭唱片名目單」中就有曲名為〔好一朵鮮花〕。史語所傳斯年圖書館所藏俗曲抄本《花鼓子二種》第一種扉葉也題〔好一朵鮮花〕。《山西民歌》，頁301所錄山西翼城民歌〔好一朵茉莉花〕其曲調也即〔茉莉花〕。

④　《月琴詞譜》，卷上，頁1。

好一个（個）抹梨（茉莉）花，又，滿園的花兒開賽
也不過他。本待的（摘）一枝，又恐怕栽花人罵呀！
好一朵杜鮮花，又，有朝的有日落在我家。本待早出
門，又恐怕鮮花那兒落吓。

此首歌名除題〔含豔曲〕外，並註云「一名〔茉梨花〕」，應為
〔茉莉花〕諧訛。其譜為月琴伴奏譜，且所記工尺板眼並不詳
確。現參近代常見的〔茉莉花〕板眼，將其試譯成以下簡譜，
以便於分析比較：

此首歌中，各個別樂句旋律大致雷同於〔茉莉花〕。其樂句聯
綴結構為：

　　　A１→A２→A３→B→C→A４→D→E

與〔茉莉花〕「主流腔系甲型」完全相同。其歌詞也即〔茉莉
花〕典型歌詞中以花為主題的兩段歌詞。可見歌名〔含豔曲〕
應來自歌詞中美麗花朵的意含。此名只見於《花月琴譜》、《月
琴詞譜》、《清樂曲牌雅譜》……等日本清樂中，在中國不見流
傳。

○臘梅花

【譜例 4-1-2】河北省邯鄲市民歌〔臘梅花〕⑤

1＝D　中速

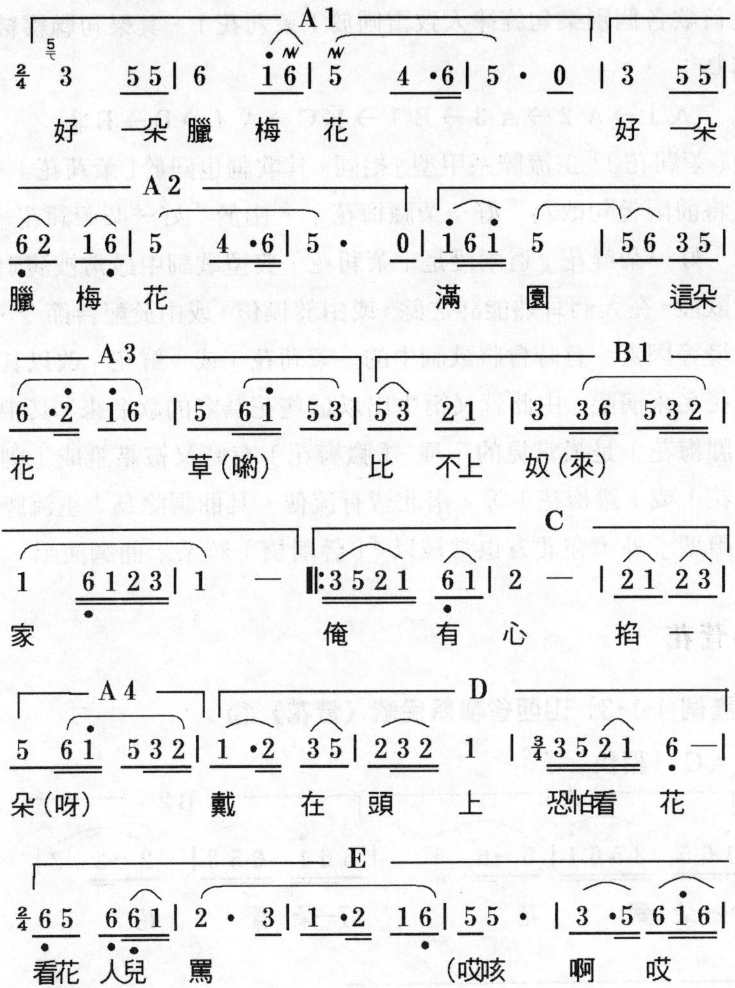
A1
好 一朵臘 梅 花 好 一朵
A2
臘 梅 花 滿 園 這朵
A3
B1
花 草(喲) 比 不上 奴(來)
C
家 俺 有 心 掐
A4
D
朵(呀) 戴 在 頭 上 恐怕看 花
E
看花 人兒 罵 (哎咳 啊 哎

⑤　《中國民間歌曲集成・河北卷》，頁442。

```
 55　4 ·6 | 5　 —　 ‖
```

哎咳 啊　　哎）

此首歌各個別樂句旋律大致雷同於〔茉莉花〕，其樂句聯綴結
構為：

$$A 1 → A 2 → A 3 → B 1 → \| : C → A 4 → D → E : \|$$

與〔茉莉花〕「主流腔系甲型」相同。其歌詞也同於〔茉莉花〕，
只將前兩疊句改為「好一朵臘梅花」。由於「好一朵茉莉花」
及「好一朵鮮花」這兩段是〔茉莉花〕典型歌詞中最常被演唱
的歌段。在人們耳熟能詳之餘，或由於模仿，或由於配合節令、
環境等因素，有時會將歌詞中的「茉莉花」或「鮮花」改以其
他花名來演唱，由此就又衍生出以這些花為名的歌名來，其中
〔臘梅花〕是最常見的一種。〔臘梅花〕有時又被諧訛成〔刺
梅花〕或〔籬梅花〕等，南北皆有流傳。其曲調除為「主流腔
系甲型」外，在北方也常被以「〔疊斷橋〕腔系」曲調演唱。

○萱花

【譜例 4-1-3】山西省霍縣民歌《萱花》⑥

1 = G　稍快　$\frac{2}{4}$

```
         ┌─────A1─────┐          ┌─────B2─────┐
  ·          ⌒           ·
  1 6 5   3 5 6 1 | 5 ·6  5 |  5 6 1   6 5 3 |  2 ·3  2 |
  好 朵   萱    花      好 朵   萱    花
```

⑥　《山西民歌》，頁252。

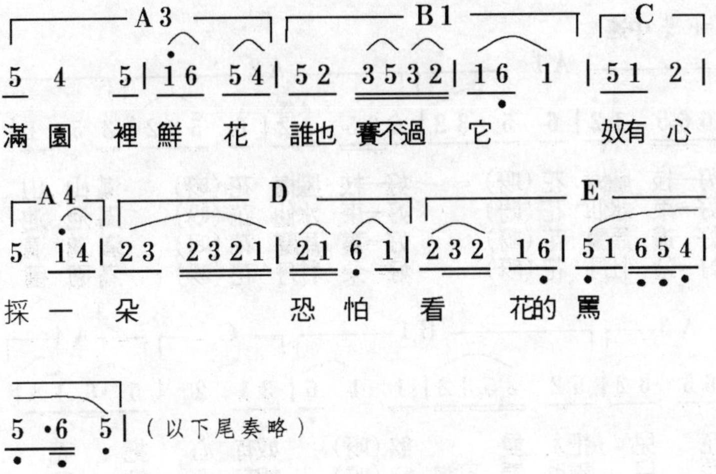

```
    ┌─── A3 ───┐        ┌──── B1 ────┐      ┌─ C ─┐
  5  4   5│16  54│52  3532│16   1 │51  2│
 滿 園  裡 鮮 花 誰也 賽不過 它    奴有 心

  ┌─A4─┐        ┌──── D ────┐              ┌──── E ────┐
  5  14│23  2321│21  6 1 │232   16│51  654│
 採 一 朵    恐 怕 看 花的 罵
```

```
  5 ·6  5│ （以下尾奏略）
```

此首歌諸個別樂句旋律大致雷同〔茉莉花〕，其樂句聯綴結構
為：

　　　A1→B2→A3→B1→C→A4→D→E

雖第二樂句落於「2」音稍有變化，但整體樂句結構與〔茉莉
花〕「主流腔系乙型」相同。其歌詞也同於〔茉莉花〕，只將「好
一朵茉莉花」的花名改為「萱花」。可見此〔萱花〕也是如〔臘
梅花〕般，是由〔茉莉花〕典型歌詞派衍出來的歌名。

○採花

【譜例 4-1-4】山西省朔縣民歌〔採花〕⑦

---

⑦　《中國民間歌曲集成・山西卷》，頁598。

1=F 2/4 **中速**

```
      ┌──────── A1 ────────┐      ┌──────── A2 ────────┐   ┌───┐
      6 6 5 | 1̇ 2̇ | 6  5 | 3 2 | 6 6 5 | 1̇ 2̇ | 6 | 5 3 2 | 3 5 | 1̇ |

      好一枝  臘梅  花(呀)  好一枝  臘梅  花(呀)   滿山  山
      好一束  水仙  花(呀)  好一束  水仙  花(呀)   滿池  池
      好一叢  馬蘭  花(呀)  好一叢  馬蘭  花(呀)   滿溝  溝
      好一朵  牡丹  花(呀)  好一朵  牡丹  花(呀)   滿園  園
```

```
  ┌── A3 ──┐ ┌──── B1 ────┐ ┌─ C ─┐ ┌── A4 ──┐
  6 5 | 3 2 | 5 2 | 3 5 3 2 | 1 1 | 6 | 3 1 | 2 | 5 ·6 | 1 3 |

  花  兒   把人  愛    煞(呀)   奴有 心  把    花
  花  兒   看也 看不夠 它(呀)   奴有 心  把    花它
  花  兒   香呀 香萬   家(呀)   奴有 心  兩採
  花  兒   鮮呀 鮮又   大(呀)   奴有 心  採    一
```

```
  ┌──────── D ────────┐ ┌────────── E ──────────┐
  2 ·3 | 2 3 | 2 1 | 2 1 | 6 | 1 | 2 ·3 | 1 6 | 5 — ‖

  摘(呀)  又怕(那個)  看  花  的  把我  來  罵話媽
  拿(呀)  又怕(那個)  別  人  把我  笑  的郎 話媽
  插(呀)  又怕(那個)  惹  著  我  情  的郎
  朵(呀)  送給(那個)  我  的  情  郎  他
```

此首歌諸個別樂句旋律大致雷同〔茉莉花〕，樂句聯綴結構為：

$$A1 \to A2 \to A3 \to B1 \to C \to A4 \to D \to E$$

與〔茉莉花〕「主流腔系甲型」完全相同。其歌詞則是據「好一朵鮮花」與「好一朵茉莉花」兩段歌詞改變花名並增衍仿作而來。由於其所詠包括採擷臘梅花、水仙花、馬蘭花、牡丹花等各種花朵，故題名為〔採花〕。

除了〔臘梅花〕、〔萱花〕、〔採花〕等類似歌名是由「詠花主題」歌詞稍改仿作而來以外，還有如以下〔四季鮮花〕、〔茉

莉花開〕、〔武鮮花〕、〔文鮮花〕等歌名，其歌詞也是仿改自「詠花主題」，不過其改編幅度極大，有些幾乎已成另一新歌詞。

○四季鮮花

【譜例 4-1-5】道光 20 年刊行之《張鞠田琴譜》中〔四季鮮花〕⑧

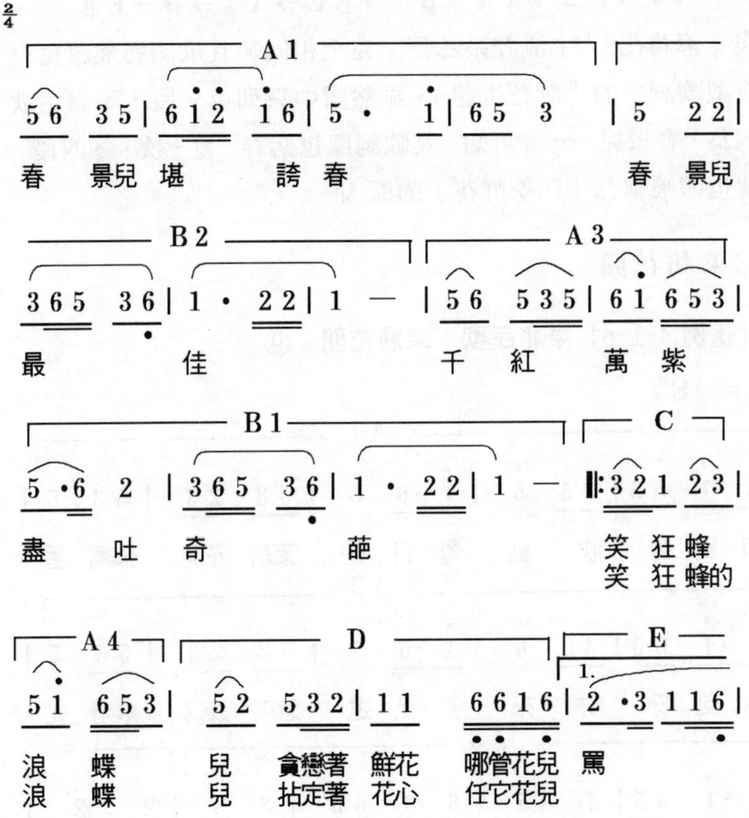

⑧ 見《中國民間歌曲集成·江蘇卷》，頁722所譯《張鞠田琴譜》。

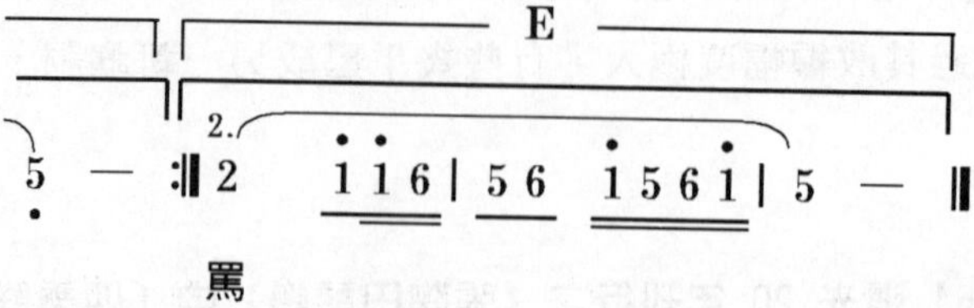

$$\text{E}$$

2.

$$5 \;-\; \|: 2 \quad \underline{1\,1\,6} \;|\; \underline{5\,6} \;|\; \underline{\dot{1}\,5\,6\,1} \;|\; 5 \;-\; \|$$

罵

此首歌諸個別樂句旋律大致雷同〔茉莉花〕，樂句聯綴結構為：

$$A\,1 \rightarrow B\,2 \rightarrow A\,3 \rightarrow B\,1 \rightarrow \|: C \rightarrow A\,4 \rightarrow D \rightarrow E :\|$$

與〔茉莉花〕「主流腔系乙型」完全相同。其歌詞顯然改寫自典型歌詞中的「詠花主題」。雖然譜中只列第一段，不過由歌詞為「春景兒……」可知，其歌詞應包括春、夏、秋、冬四段，此也即被稱為〔四季鮮花〕的原因。

○茉莉花開

【譜例 4-1-6】東北民歌〔茉莉花開〕⑨

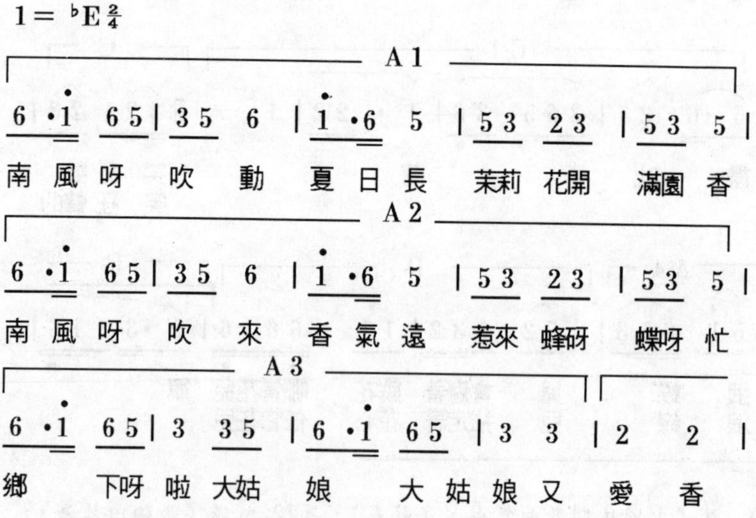

$1 = {}^{\flat}E \; \frac{2}{4}$

A 1

| 6 ·1 | 65 | 35 | 6 | 1 ·6 | 5 | 53 | 23 | 53 | 5 |

南　風　呀　吹　動　夏　日　長　茉　莉　花　開　滿　園　香

A 2

| 6 ·1 | 65 | 35 | 6 | 1 ·6 | 5 | 53 | 23 | 53 | 5 |

南　風　呀　吹　來　香　氣　遠　惹　來　蜂　砑　蝶　呀　忙

A 3

| 6 ·1 | 65 | 3 | 35 | 6 ·1 | 65 | 3 | 3 | 2 | 2 |

鄉　　下　呀　啦　大　姑　娘　大　姑　娘　又　愛　香

⑨　《中國民歌全集》，頁207。

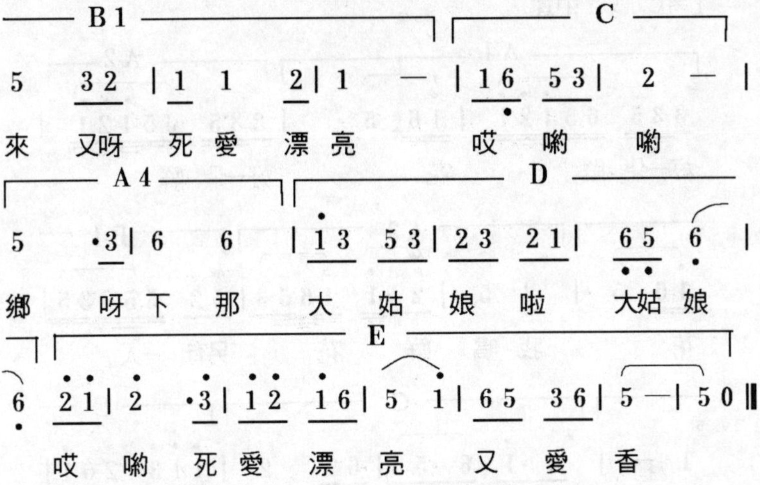

—— B1 —————————— ┐ ┌———— C ————

5　3 2｜1　1　2｜1　—｜1 6　5 3｜2　—｜

來　又呀　死愛　漂亮　　哎　喲　喲

┌—— A4 ————┐ ┌———— D ————

5　·3｜6　6　｜1 3　5 3｜2 3　2 1｜6 5　6｜

鄉　呀　下那　大　姑　娘　啦　大姑　娘

┌———————————— E ————————————

6　2 1｜2　·3｜1 2　1 6｜5　1｜6 5　3 6｜5 — ｜5 0‖

哎　喲　死愛　漂亮　又　愛　香

此首歌各個別樂句旋律大致雷同〔茉莉花〕，且其樂句聯綴結
構為：

A1→A2→A3→B1→C→A4→D→E

與〔茉莉花〕「主流腔系甲型」完全相同。其歌詞比〔四季鮮
花〕的改寫幅度更大，不過還是隱約可看出其應改寫自典型歌
詞的「詠花主題」。所以〔茉莉花開〕也可算是派衍自典型歌
詞的歌名。

○武鮮花

【譜例 4-1-7】江蘇省蘇州市流傳的民歌〔武鮮花〕⑩

⑩　《中國民間歌曲集成‧江蘇卷》，頁724。

1＝C　2/4　中速

┌─────────── A1 ───────────┐　　　┌─────────── A2 ─────
335　65121　｜ 16　5 ·　｜ 335　65121　｜
好—朵鮮　　　花　　　好朵鮮

┌─────────┐　　┌──────── A3 ────────┐　　┌──── B1 ────┐
16　5 ·　｜ 35 ·｜ 2 ·1　1653｜ 52　55635｜
花　　　我唱鮮花　　　另有一人

┌─────────┐　　┌──────── C ────────┐　　┌──── E ────┐
1 —　｜ 5 ·1　6 ·53　｜ 65　　2 ｜ 113　261 ｜
家　　　好一個　潘金蓮　獨坐在南樓

┌─────────┐　　┌─────────── A1 ───────────┐
16　5 ·　｜ 335　65121　｜ 16　5 ·　｜
下　　　好一個武　　　松

┌─────────── A2 ───────────┐　　┌─────────┐
335　65121　｜ 16　5　·　｜ 1　5 ·　｜
好—個武　　　松　　　景陽

┌── A3 ──┐　　┌──── B1 ────┐　　┌── C ──┐
2 ·1　1653｜ 52　3035｜ 1 —　｜ 16　6553｜
崗　上　　　打虎逞英雄　家住在

┌─────────── D ───────────┐
1 ·3　2 ｜ 353　261 ｜ 1　0 ‖
陽谷縣　打虎　威名　重

此首歌各樂句旋律大致雷同〔茉莉花〕，其樂句聯綴結構為：

A 1→A 2→A 3→B 1→C→E→A 1→A 2→A 3
→B 1→C→D

可見其曲調應為〔茉莉花〕「主流腔系甲型」的派衍變體。在歌詞方面雖然其內容與典型歌詞幾已完全不同，但由首句「好一朵鮮花」及歌詞中的「我唱鮮花另有一人家」可知，應改寫自典型歌詞的「詠花主題」。

　　〔武鮮花〕以其歌詞內容，又有〔金蓮戲叔〕、〔戲叔鮮花調〕、〔潘金蓮戲叔武鮮花〕等別名。

○文鮮花

【譜例 4-1-8】江蘇省泗陽縣民歌〔文鮮花〕⑪

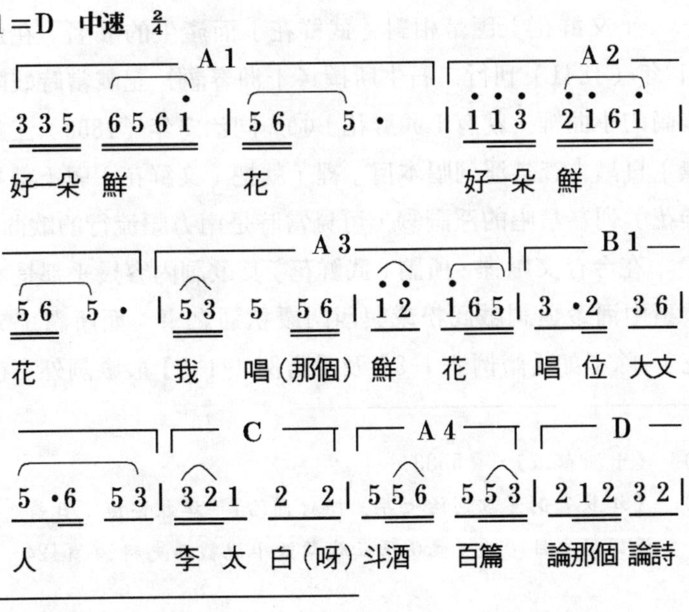

1＝D 中速 $\frac{2}{4}$

⑪　《中國民間歌曲集成·江蘇卷》，頁723。

```
        ┌─ C ─┐ ┌── A4 ──┐        ┌──── D ────┐
 1 ─| 3̂2 1  2  2| 5̂5 6  5 3| 2 1 2  3 2| 1 ─‖
 文   李 太 白(呀)斗酒   百篇  論那個  論詩 文
```

此首歌在曲調上與〔茉莉花〕相較，雖樂句 B 1 改變了落音，但A1、A2、A3、A4、C、D諸樂句旋律皆雷同於〔茉莉花〕，其樂句聯綴結構為：

A 1→A 2→A 3→B 1→‖：C→A 4→D：‖

與〔茉莉花〕「主流腔系甲型」相較，只少了結尾樂句E，其餘聯綴順序都相同，可見此歌的曲調應為〔茉莉花〕的派衍變體。在歌詞方面，我們也可看出其同〔武鮮花〕般，也是自「詠花主題」大幅改寫而來。

　　〔文鮮花〕應是相對〔武鮮花〕而產生的歌名，在道光21 年（1841）刊行二石生所撰《十洲春語》記載當時妓院所競尚的小曲裡，就有〔武鮮花〕⑫。同治 7 年（1868）江蘇巡撫丁日昌「查禁淫詞唱本目」裡，就把〔文鮮花〕與〔戲叔武鮮花〕列為禁唱的淫詞⑬，可見當時是南方頗流行的歌曲。

　　在今存文獻裡，所謂〔武鮮花〕其歌詞內容幾乎都是水滸故事中潘金蓮調戲武松或與西門慶私通之事；而所謂〔文鮮花〕，除了如【譜例 4-1-8】及【譜例 4-1-9】般歌詞外，在早

---

⑫　《十洲春語》，頁5533。

⑬　《江蘇省例藩政同治七年》所錄同治7年江蘇巡撫丁日昌「查禁淫詞唱本目」，見《元明清三代禁毀小說戲曲史料》，頁124、125。

期的文獻裡則大多即指一般〔茉莉花〕典型歌詞⑭。由相關文獻研判，自道光年間〔鮮花調〕曲調被改寫成金蓮戲叔歌詞並造成流行以後，為了與採用〔茉莉花〕典型歌詞演唱，完全以抒情為主的〔鮮花調〕有所區分，可能就因此稱其為〔武鮮花〕，而原來以典型歌詞演唱的〔鮮花調〕，相對的就被稱為〔文鮮花〕。不過這種〔文鮮花〕之名的流傳顯然沒有〔武鮮花〕強勢，這可能是因許多地方仍習慣依傳統稱其為〔鮮花調〕或〔茉莉花〕⑮；且由於〔鮮花調〕的這種文、武相對稱，主要只流行於江、浙一帶；而〔武鮮花〕也常又被稱為〔金蓮戲叔〕或〔戲叔鮮花調〕等別名，所以到了民國二、三十年以後，此種文、武相對的歌名區分逐漸不流行，也逐漸相互混淆。有人就以為稱傳統典型歌詞演唱的〔鮮花調〕為〔文鮮花〕名實並不相符，於是乃再另改新詞，才有【譜例 4-1-8】中以李白論詩文為內容的歌詞產生。

　　今日〔文鮮花〕與〔武鮮花〕的歌名，除被揚劇、甬劇等吸收為調名曲牌外，已很少再見流傳。即使在少數仍以此名流傳的民歌裡，歌詞已多改變，甚至互相混淆⑯。不過，由於早

---

⑭　如上海沈鶴記書局《新式時調大觀・初集》，頁5；上海全球書局《時調大觀・八集》，頁23；上海兩宜社《時調初集》，頁88；上海普通書局《新編特別時調山歌・廿五集》，頁4、5等，所載〔文鮮花〕及〔武鮮花〕歌詞都如此。

⑮　如在收錄清末由中國傳到日本音樂的大量清樂曲集裡，就只有〔武鮮花〕、〔茉莉花〕、〔含豔曲〕、〔雙疊翠〕等名，而無〔文鮮花〕。見波多野太郎：「月琴音樂史略暨家藏曲譜提要附景印《清朝俗歌譯》、《月琴詞譜》、《清樂曲牌雅譜》」，頁13～27。

⑯　如【譜例4-1-9】浙江省寧波市的〔文鮮花〕，歌詞即同於〔武鮮花〕。

期為充分表達文、武〔鮮花〕不同歌詞意涵，在演出時所表現的特質卻仍留存。如以下〔文鮮花〕與〔武鮮花〕，是由浙江寧波同一位歌者演唱，且記錄者也為同一人的曲譜：

【譜例 4-1-9】浙江省寧波市的〔文鮮花〕⑰

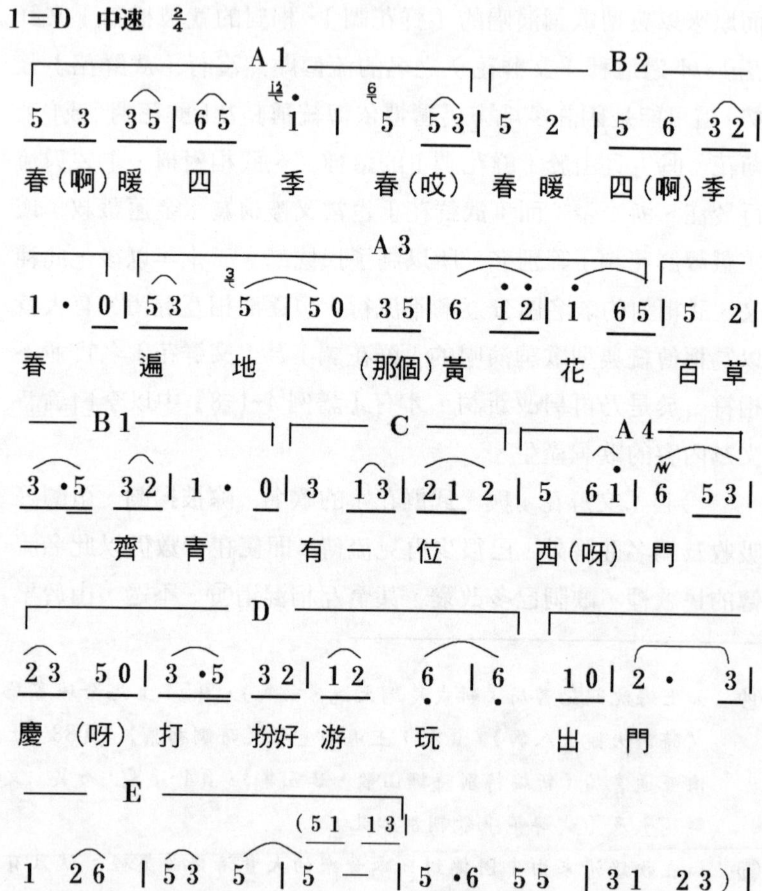
1＝D 中速 2/4
A1
B2
春(啊)暖 四 季 春(哎) 春 暖 四(啊)季
A3
春 遍 地 (那個)黃 花 百 草
B1
C
A4
一 齊 青 有 一 位 西(呀) 門
D
慶 (呀) 打 扮好 游 玩 出 門
E
(哎 哎 喲)

⑰　《中國民間歌曲集成．浙江卷》，頁328。

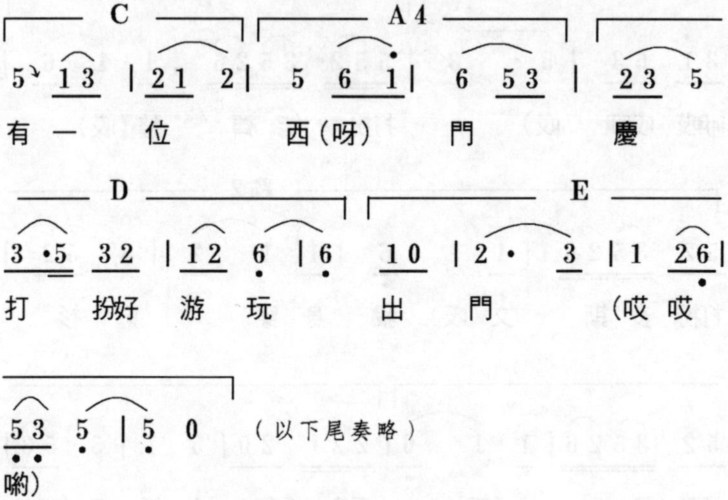

┌── C ──┐ ┌── A 4 ──┐

5ˋ 1 3 | 2 1 2 | 5 6 1 | 6 5 3 | 2 3 5 |

有 一 位 西（呀） 門 慶

┌── D ──┐ ┌── E ──┐

3 ·5 3 2 | 1 2 6 | 6 1 0 | 2 · 3 | 1 2 6 |

打 扮好 游 玩 出 門 （哎 哎

┌─────────┐

5 3 5 | 5 0 （以下尾奏略）

喲）

【譜例 4-1-10】浙江省寧波市的〔武鮮花〕⑱

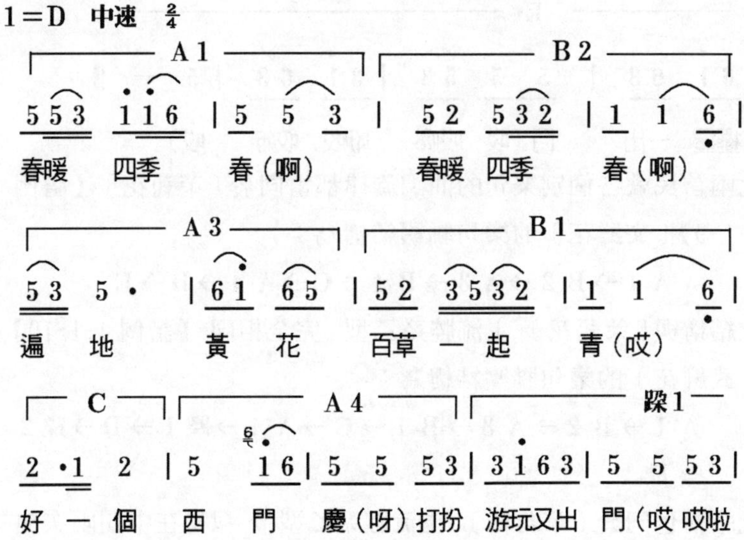

1＝D 中速 ²⁄₄

┌── A 1 ──┐ ┌── B 2 ──┐

5 5 3 1 1 6 | 5 5 3 | 5 2 5 3 2 | 1 1 6 |

春暖 四季 春（啊） 春暖 四季 春（啊）

┌── A 3 ──┐ ┌── B 1 ──┐

5 3 5 · | 6 1 6 5 | 5 2 3 5 3 2 | 1 1 6 |

遍 地 黃 花 百草 一起 青（哎）

┌── C ──┐ ┌── A 4 ──┐ ┌── 躁 1 ──┐

2 ·1 2 | 5 1 6 | 5 5 5 3 | 3 1 6 3 | 5 5 5 3 |

好 一 個 西 門 慶（呀）打扮 游玩又 出 門（哎 哎啦

────────────────────

⑱ 《中國民間歌曲集成・浙江卷》，頁329。

此兩首民歌各個別樂句的曲調旋律都雷同於〔茉莉花〕,【譜例 4-1-9】〔文鮮花〕的樂句聯綴結構為:

A1→B2→A3→B1→C→A4→D→E

此結構與〔茉莉花〕「主流腔系乙型」完全相同。【譜例 4-1-10】〔武鮮花〕的樂句聯綴結構為:

A1→B2→A3→B1→C→A4→跺1→D→跺2 →E

此結構也同於〔茉莉花〕「主流腔系乙型」,只是在中間兩次加了由前一樂句反複而來的跺句而已。可見此兩首〔文鮮花〕與〔武鮮花〕在曲調上是大致相同的。在歌詞方面,兩首歌也相

同，都是以西門慶出遊為內容，較為接近以前〔武鮮花〕以水滸故事為主題的歌詞。比較此兩首歌曲，在曲調與歌詞方面幾乎已無分別。兩者仍可看出的主要不同點，就是在演唱時的速度。此兩曲雖都註明「中速」，也都以 2/4 拍記譜，不過在各音的拍值上，〔武鮮花〕明顯比〔文鮮花〕短。以樂句Ａ１為例，〔文鮮花〕佔了三小節，〔武鮮花〕則兩小節就已完成。可見兩者雖皆標明「中速」，但實際在演唱時，〔武鮮花〕卻比〔文鮮花〕快得多。可見今日文、武〔鮮花〕，雖然歌詞已不再是兩者的主要差別，但早期因要表達不同歌詞而產生的演出特徵，如這種演唱時速度上快慢的差異等，卻仍留存了下來。

在清末民初間，還有如〔活捉鮮花〕、〔群芳鮮花〕等也是類似〔武鮮花〕般，以「好一朵鮮花」起始再大幅改寫的民歌，可見此類改寫在當時是頗流行的。

（二）、來自西廂主題的歌名

《綴白裘》所收十二段套數歌詞中，「八月裡桂花香」、「哀告小紅娘」、「豁喇喇的把門開」等段在表面上即明確顯示是以《西廂》中張生戲鶯鶯的故事為主題；另有一段「誰要你來瞧」，在後代有些流傳的歌詞裡將「丈夫」代以「老夫人」，也表露了《西廂》內涵⑲。由於《西廂》故事長久以來盛傳於民間，而這幾段也是〔茉莉花〕典型歌詞中主題最明確、最具故事性的歌詞。所以由這幾段歌詞為流傳主體，也就產生出許多此一主題的相關歌名來。如：

---

⑲　詳見第五章第一節。

○張生偷情

【譜例 4-1-11】河南濮陽秧歌中的〔張生偷情〕⑳

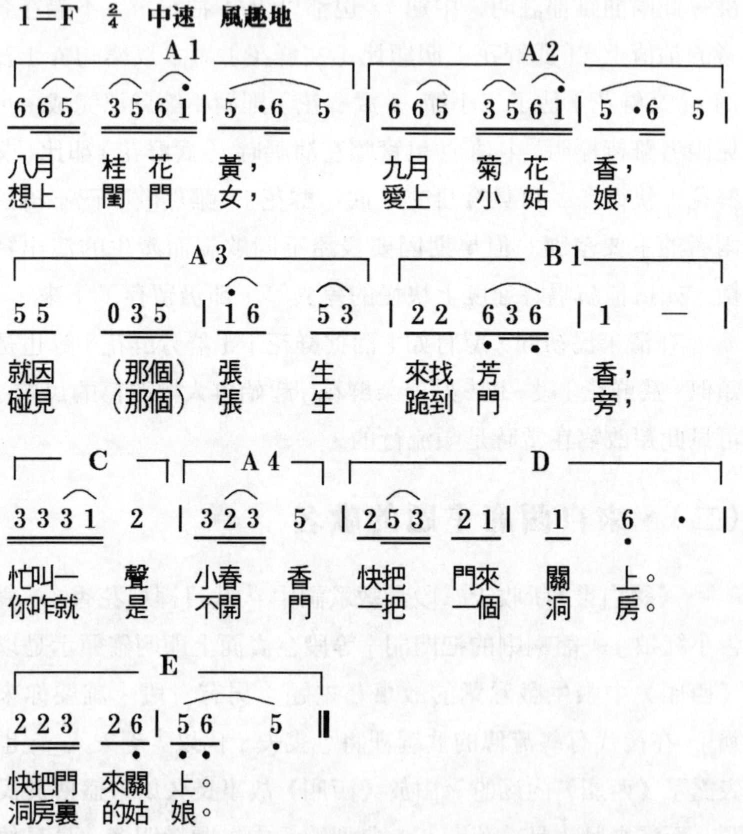

1＝F　2/4　中速　風趣地

```
     ┌─────── A 1 ───────┐          ┌─────── A 2 ───────┐
     6 6 5   3 5 6 1  5 ·6  5  │  6 6 5   3 5 6 1  5 ·6  5  │
```

八月　桂花　黃，　　　九月　菊花　香，
想上　閨門　女，　　　愛上　小姑　娘，

```
     ┌─────── A 3 ───────┐     ┌─────── B 1 ───────┐
     5 5   0 3 5  1 6   5 3  │  2 2   6 3 6  │  1  —  │
```

就因　（那個）張　生　來找　芳　　香，
碰見　（那個）張　生　跪到　門　　旁，

```
   ┌── C ──┐ ┌── A 4 ──┐ ┌─────── D ───────┐
   3 3 3 1  2 │ 3 2 3  5 │ 2 5 3  2 1 │ 1   6  · │
```

忙叫一　聲　小春　香　快把　門來　關　上。
你咋就　是　不開　門　一把　一個　洞　房。

```
       ┌─────── E ───────┐
       2 2 3   2 6 │ 5 6   5  ‖
```

快把門　來關　上。
洞房裏　的姑　娘。

此首歌各樂句旋律大致雷同〔茉莉花〕，其樂句聯綴結構為：

　　　A 1→A 2→A 3→B 1→C→A 4→D→E

完全同於〔茉莉花〕曲調類型中「主流腔系甲型」。在歌詞方

⑳　《中國民族民間舞蹈集成・河南卷》，頁82。

面顯然也來自〔茉莉花〕典型歌詞中的「西廂主題」。可見此〔張生偷情〕為〔茉莉花〕派生自「西廂主題」的別名。

○張生戲鶯鶯

【譜例 4-1-12】陝西省洛川縣流傳的〔張生戲鶯鶯〕㉑

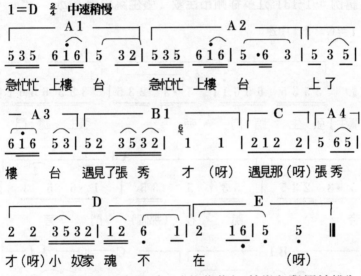

此首歌個別樂句旋律大致雷同〔茉莉花〕,其樂句聯綴結構為:

A 1→A 2→A 3→B 1→C→A 4→D→E

與〔茉莉花〕曲調類型中「主流腔系甲型」完全相同。在歌詞方面共有二十二段,除了【譜例 4-1-12】所附第一段外,以下尚有二十一段,內容皆以《綴白裘》中〔鮮花調〕典型歌詞為基礎,並由張生戲鶯鶯為故事主題發展擴增而來。可見此首〔張生戲鶯鶯〕不但曲調同於〔茉莉花〕,其歌名也是衍自〔茉

㉑ 《中國民間歌曲集成‧陝西卷》,頁331。

莉花〕典型歌詞。此歌名大致見於北方，在山西、陝西、河北，甚至內蒙古都有流傳，其中以此種〔茉莉花〕曲調演唱者佔大部分，可知〔張生戲鶯鶯〕也是專稱性極高的歌名。

○張生跳粉墙

【譜例 4-1-13】江蘇徐州市民歌〔張生跳粉墙〕㉒

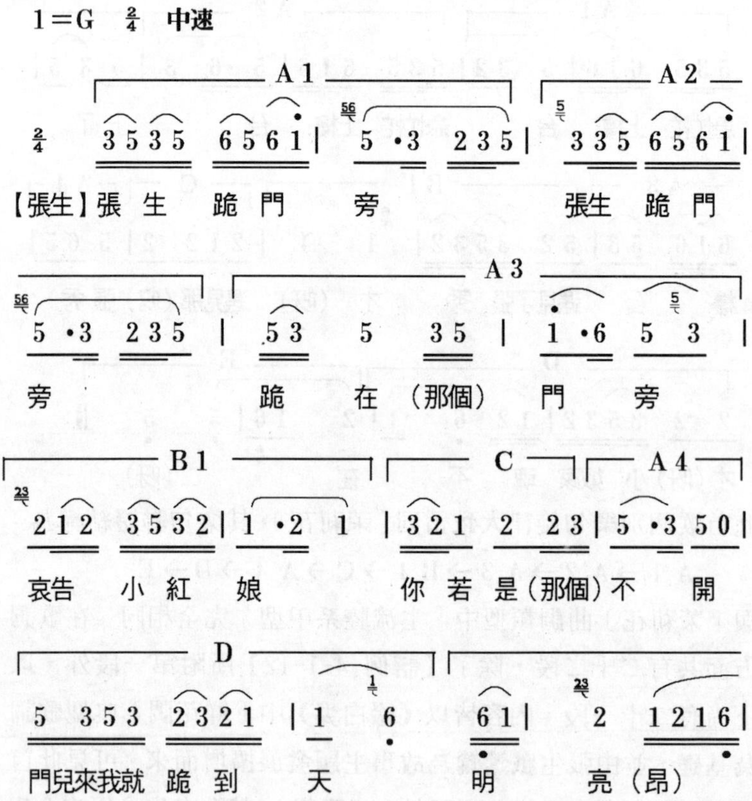

1＝G　2/4　中速

【張生】張生跪門旁　　張生跪門旁跪在（那個）門旁哀告小紅娘你若是（那個）不開門兒來我就跪到天明亮（昂）

E

`5 6 1   6 5 3 6 | 5 —`

A 1

`| 3 3 3 5   6 5 6 1 |`

【紅娘】嗶哷拉　　把　門兒

A 2

`5 ·3　2 3 5 | 3 3 3 5　6 5 6 1 | 5 ·3　2 3 5 |`

開　　　　嗶哷拉　把　門兒　　開

A 3　　　　　　　　　　　B 1

`5 3　5　6 5 | 1 ·6　5 3 | 2 2　1 2　3 5 3 2 |`

開　開（那個）門兒　來　　走進（個）張　秀

C　　　　A 4　　　D

`1 ·2　1 | 3 2 1　2　2 3 | 5 ·3　5 0 | 5 3 5 3　2 3 2 1 |`

才　　他　那　裡（那個）施　一　禮　來　姑娘那裡

E

`1　6　6 1 | 2　1 2 1 6 | 5 6 1　6 5 3 6 | 5 — |`

飄　飄　拜（哎）　　　　　　　　　【鶯鶯】

A 1

`3 3 5　6 5 6 1 | 5 ·3　2 3 5`

今日　你　來　　瞧

A 2

`| 5 6 1　6 5 5 3 |`

明日　你　來

A 3

`2 ·1　6 1 2 | 5 3　5　3 5 | 1 ·6　5 3 |`

瞧　　　瞧　來（那個）瞧　去

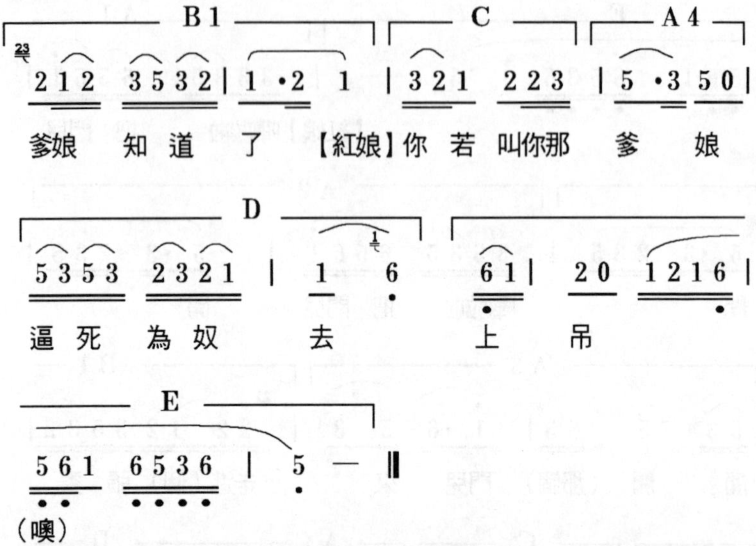

（噢）

此首歌個別樂句旋律大致雷同〔茉莉花〕，樂句聯綴結構為：

$$‖: A\,1 \rightarrow A\,2 \rightarrow A\,3 \rightarrow B\,1 \rightarrow C \rightarrow A\,4 \rightarrow D \rightarrow E :‖$$

與〔茉莉花〕「主流腔系甲型」完全相同。其三段歌詞即〔茉莉花〕典型歌詞中以《西廂》為主題的歌詞，可見〔張生跳粉牆〕應為〔茉莉花〕所衍生的歌名。此一歌名或簡稱〔跳粉牆〕，有時也以疊系〔茉莉花〕曲調演唱[23]。

○八月桂花香

【譜例 4-1-14】貴州省大方縣民歌〔八月桂花香〕[24]

---

[23]　如《中國民間歌曲集成・內蒙古卷》，頁1292所收〔跳粉牆〕即如此。

[24]　《中國民間歌曲集成・貴州卷》，頁182。

1=G　中速　2/4

此首歌個別樂句旋律大致雷同〔茉莉花〕，樂句聯綴結構為：

　　A1→B2→A3→B1→‖:C→A4→D→E:‖

與〔茉莉花〕「主流腔系乙型」完全相同。其歌詞雖僅有一段屬「詠花主題」中「好一朵茉莉花」的歌詞，不過歌名卻題為〔八月桂花香〕。疑此曲中本應有「八月桂花香」歌段，可能是後來傳唱或採譜時被省略，以致僅餘此段歌詞。不過此首〔八月桂花香〕為〔茉莉花〕所衍生的歌名，仍是可以確定的。

○一點油

【譜例 4-1-15】陝西鳳翔縣陝西曲子《西廂記》中的〔一點油〕㉕

1＝G　慢速　1＝6 0　$\frac{2}{4}$

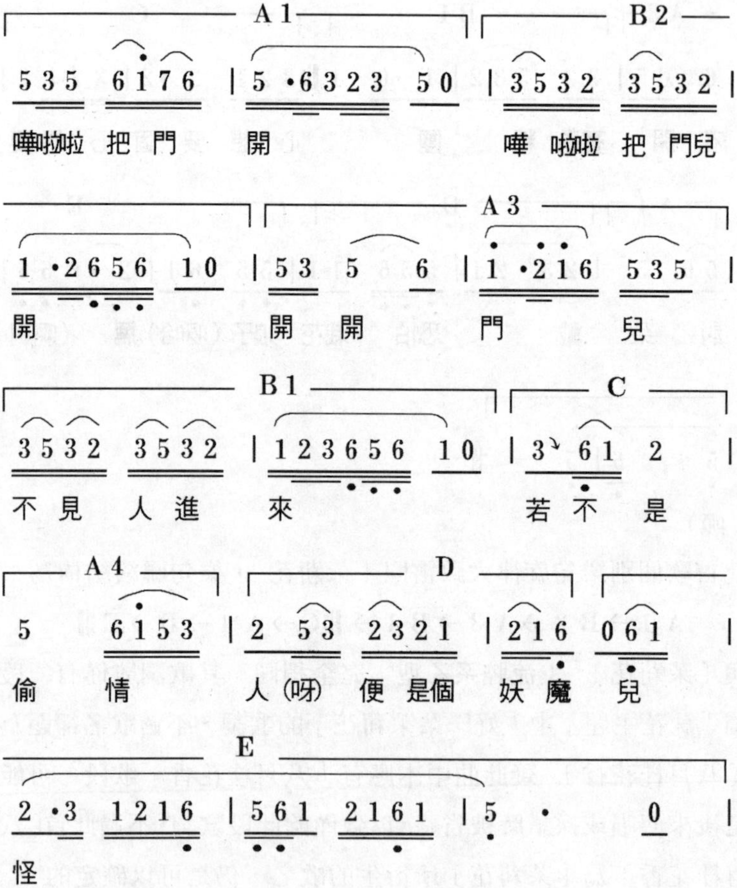

┌─────────── A 1 ──────────┐　┌──────── B 2 ───────┐

5 3 5　6 1 7 6　| 5 ·6 3 2 3　5 0　| 3 5 3 2　3 5 3 2 |

嘩啦啦 把 門　開　　　　　　　嘩 啦啦 把 門兒

┌──────────────── A 3 ────────────────┐

1 ·2 6 5 6　1 0　| 5 3 5　6　| 1 ·2 1 6　5 3 5 |

開　　　　　　開 開　門　　兒

┌───────── B 1 ─────────┐　┌──── C ────┐

3 5 3 2　3 5 3 2　| 1 2 3 6 5 6　1 0　| 3 ˅ 6 1　2 |

不 見 人 進　來　　　　　　若 不 是

┌──── A 4 ────┐　┌──────── D ────────┐

5　6 1 5 3　| 2　5 3　2 3 2 1　| 2 1 6　0 6 1 |

偷 情　人 (呀) 便 是個 妖 魔 兒

┌────────────── E ──────────────┐

2 ·3　1 2 1 6　| 5 6 1　2 1 6 1　| 5 ·　0 |

怪

㉕　《中國曲藝音樂集成·陝西卷》，頁353。

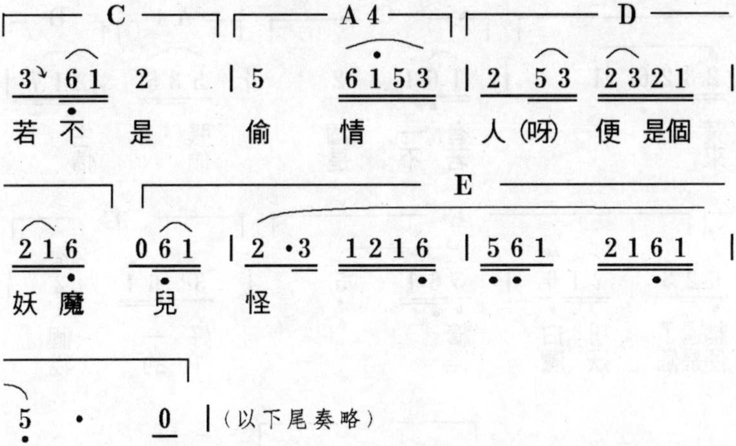

	C			A 4			D	
3 ˇ 6 1	2	5	6 1 5 3	2 5 3	2 3 2 1
若 不	是	偷	情	人 (呀)	便 是個

			E		
2 1 6	0 6 1	2 ·3 1 2 1 6	5 6 1	2 1 6 1
妖 魔	兒	怪

5 · 0 ｜（以下尾奏略）

此首歌各個別樂句旋律大致雷同〔茉莉花〕，樂句聯綴結構為：

$$A\,1 \to B\,2 \to A\,3 \to B\,1 \to \|{:}C \to A\,4 \to D \to E\,{:}\|$$

與〔茉莉花〕「主流腔系乙型」完全相同。其歌詞則為〔茉莉花〕典型歌詞中的「《西廂》主題」歌詞。

　　〔一點油〕多流行於陝西、甘肅、新疆、青海等西北地區。其曲調有些如【譜例 4-1-15】般幾乎完全同於〔茉莉花〕，有些則產生各種變化。如以下陝西臨潼絲弦小調中的〔一點油〕，就產生較大的變化：

【譜例 4-1-16】陝西臨潼絲弦小調中的〔一點油〕㉖

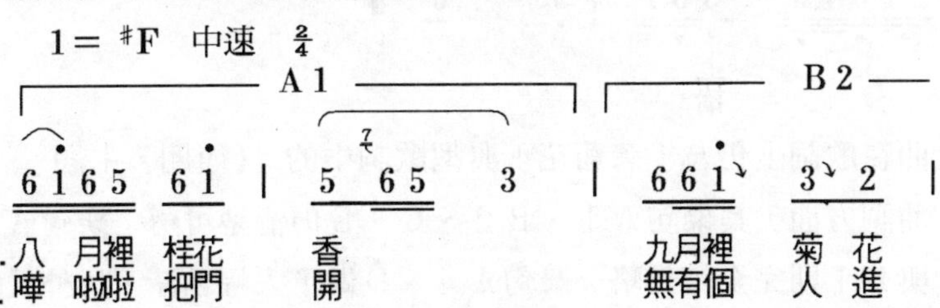

1= ♯F 中速 2/4

	A 1			B 2	
6 1 6 5	6 1	5 6 5 3	6 6 1 ˇ	3 ˇ 2
1.八 月裡 桂花	香	九月裡	菊 花
2.嘩 啦啦 把門	開	無有個	人 進

㉖ 《中國民間歌曲集成・陝西卷》，頁835。

C　　　　　　A 4　　D –

2 3 2 6 ｜ 1 ｜ 1 6 1 ｜ 2 ｜ 5 3 5 ｜ 2 1 7 ｜

黃　　　　有　一　個　　張　　生
來　　　　若　不　是　　偷　　情

E　　　　　　　　C

6 2 3 ｜ 2 1 6 ｜ 5 6 1 ｜ 5 ｜ 3 6 1 ｜ 2 ｜

越過了　粉　白　牆　　　　好　一　個
便是個　妖　魔　怪　　　　吓　的　我

C

（ 2 1 6 1 ｜ 2 ）｜ 3 6 1 ｜ 2 ｜（ 2 1 6 1 ｜ 2 ）｜

　　　　　　好　一　個
　　　　　　崔　鶯　鶯

C　　　　　　　　　　　C

5 6 ｜ 6 1 ｜ 2 3 ｜ 2 · ｜ 3 6 1 ｜ 2 3 5 ｜

鶯鶯　她將　門　把　　　門　呀　門關
鶯鶯　不敢　把　　　　　把　呀　把頭

E

2 1 6 1 6 ｜ 5 6 1 ｜ 5 · 0 ‖

　　　　　　上
　　　　　　抬

此曲在歌詞上仍為〔茉莉花〕典型歌詞中的「《西廂》主題」。在曲調方面，其樂句Ａ１、Ｂ２、Ｃ、Ｅ仍清楚可辨；樂句Ａ２與Ｂ１則完全被省略；樂句Ａ４、Ｄ做了大幅縮減，另外又由樂句Ｃ增踩出一些新樂句來。整曲來看，雖仍可知其來自〔茉莉花〕，但在曲調上卻已產生了不小變化。

（三）、來自其他主題的歌名

在〔茉莉花〕典型歌詞中，除了鮮花與西廂主題外，其餘各段的主題意含雖不明顯，但在長久流傳後仍產生許多以這些歌詞為主題的歌名來。如：

○雪花飄

【譜例 4-1-17】廣西彩調中的〔雪花飄〕㉗

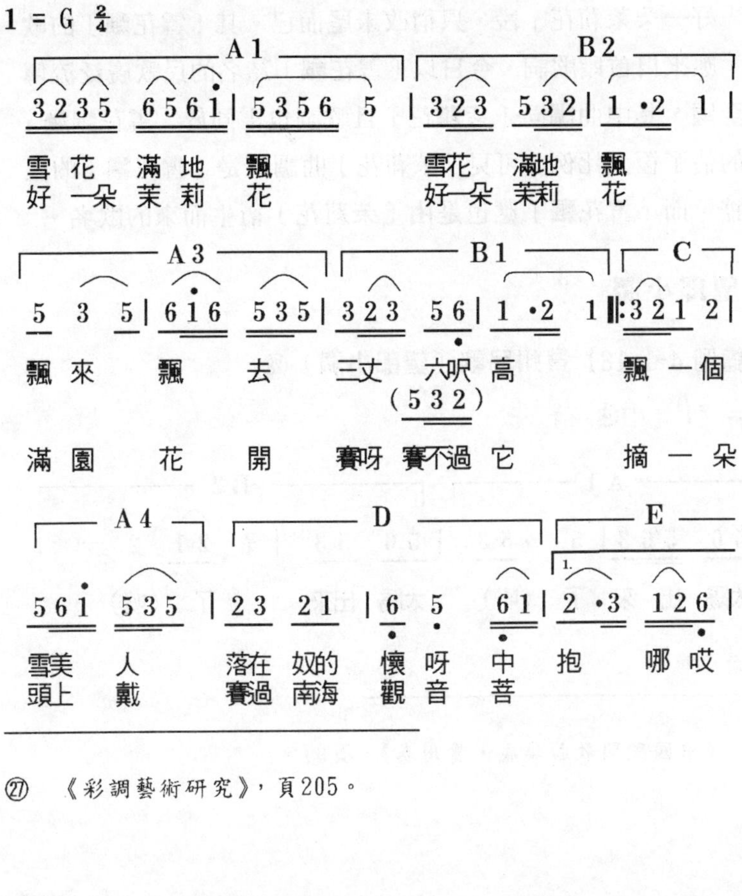

1 = G 2/4

```
        A 1                          B 2
  3 2 3 5  6 5 6 1 | 5 3 5 6  5 |  3 2 3  5 3 2 | 1 ·2  1 |
  雪 花   滿 地 飄     好 一 朵 茉 莉 花    雪 花   滿 地 飄   好 一 朵 茉 莉 花
```

```
        A 3                  B 1              C
  5  3  5 | 6 1 6  5 3 5 | 3 2 3  5 6 | 1 ·2  1 ‖: 3 2 1  2 |
  飄 來   飄 去   三 丈 六 呎 高     飄 一 個
                        （5 3 2）
  滿 園   花 開   賽呀 賽 不 過 它    摘 一 朵
```

```
      A 4              D                        E
  5 6 1  5 3 5 | 2 3  2 1 | 6  5 | 6 1 | 2 ·3  1 2 6 |
  雪 美 人   落 在 奴 的 懷 呀 中   抱   哪 哎
  頭 上 戴   賽 過 南 海 觀 音 菩
```

㉗　《彩調藝術研究》，頁205。

$$5 \quad — \quad :\| \quad 2 \quad \cdot 3 \quad \widehat{126} | 5 \quad \widehat{6532} | \widehat{53} \quad 5 \text{（以下尾奏略）}$$

喇　　薩　哪哎喇　哪噲了　嗨

此首〔雪花飄〕在曲調上，其個別樂句旋律大致雷同於〔茉莉花〕，樂句連綴結構為：

$$A\,1 \rightarrow B\,2 \rightarrow A\,3 \rightarrow B\,1 \rightarrow \| : C \rightarrow A\,4 \rightarrow D \rightarrow E :\|$$

與〔茉莉花〕曲調類型中的「主流腔系乙型」相同。就歌詞而言，其首段雷同於〔茉莉花〕中「雪花兒飄飄」段；第二段則是「好一朵茉莉花」段，只稍改末尾而已。其〔雪花飄〕的歌名，應來自首段歌詞。今日以〔雪花飄〕為名的民歌廣泛流傳於全國，其中曲調同〔茉莉花〕且歌詞也雷同於「雪花飄飄」段的佔了極大比例，可見〔茉莉花〕曲調應是〔雪花飄〕的主流腔。而〔雪花飄〕應也是由〔茉莉花〕衍生而來的歌名。

○望郎小調

【譜例 4-1-18】貴州民歌〔望郎小調〕[28]

$1 = {}^{\sharp}F$　中速　$\frac{2}{4}$

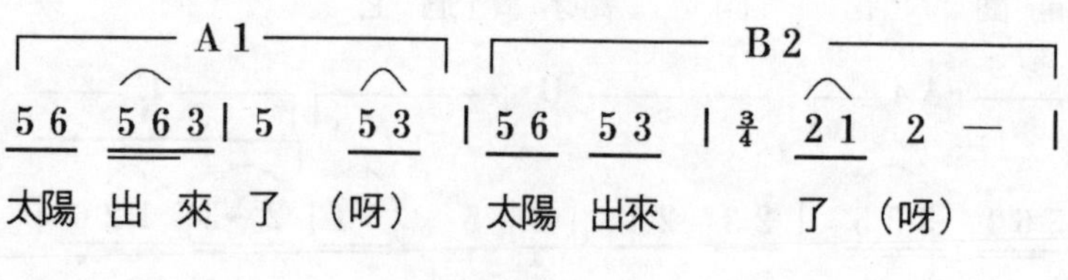

$$\overbrace{56 \quad \widehat{563} | 5 \quad \widehat{53}}^{A\,1} \quad | \overbrace{56 \quad \widehat{53} \quad | \frac{3}{4} \quad \widehat{21} \quad 2 \quad — \quad |}^{B\,2}$$

太陽　出來了　（呀）　太陽　出來　　了　（呀）

---

[28]　《中國民間歌曲集成・貴州卷》，頁97。

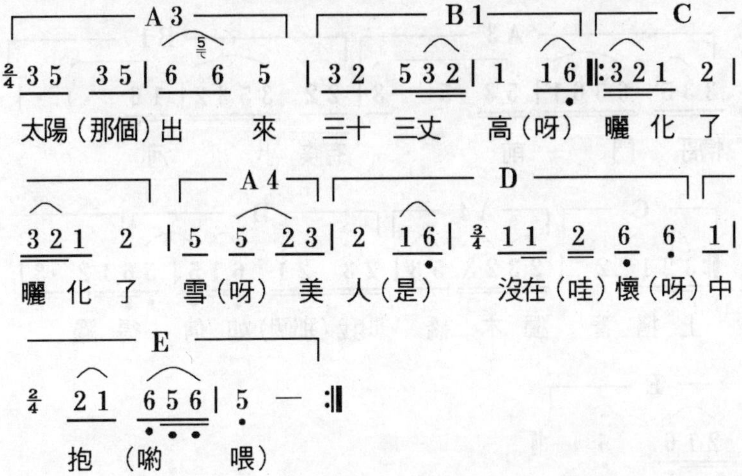

```
┌──── A 3 ────┐          ┌──── B 1 ───┐      ┌ C ─
       ⌢5⌢                        ⌢
2/4  3 5   3 5 | 6  6   5  | 3 2   5 3 2 | 1   1 6 ‖: 3 2 1   2 |
太陽（那個）出     來   三十   三丈  高（呀）曬 化 了

           ┌──── A 4 ───┐      ┌──────── D ────────┐
 ⌢                         ⌢    ⌢
3 2 1   2 | 5  5  2 3 | 2  1 6 | 3/4 1 1   2   6  6  1 |
                            •                •    •   •
曬 化 了   雪（呀）美 人（是）  沒在（哇）懷（呀）中

┌──── E ────┐
      ⌢  ⌢
2/4  2 1   6 5 6 | 5  —  :‖
           • • •    •
抱 （喲   喂）
```

此首歌雖樂句Ｂ２改落商音（２），樂句Ｃ也反複跺增，但仍明顯可看出各樂句旋律雷同於〔茉莉花〕，樂句連綴結構為：

　　Ａ１→Ｂ２→Ａ３→Ｂ１→Ｃ→Ａ４→Ｄ→Ｅ

與〔茉莉花〕曲調類型中的「主流腔系乙型」相同。其歌詞則為〔茉莉花〕典型歌詞中的「太陽出來了」段。疑以歌詞中太陽出來溶化雪美人，隱含望郎想郎但卻一切成空的失落心懷，所以被稱為〔望郎小調〕。

○有心看情哥

【譜例 4-1-19】湖北省應城民歌〔有心看情哥〕㉙

1＝F　中速　優美　2/4

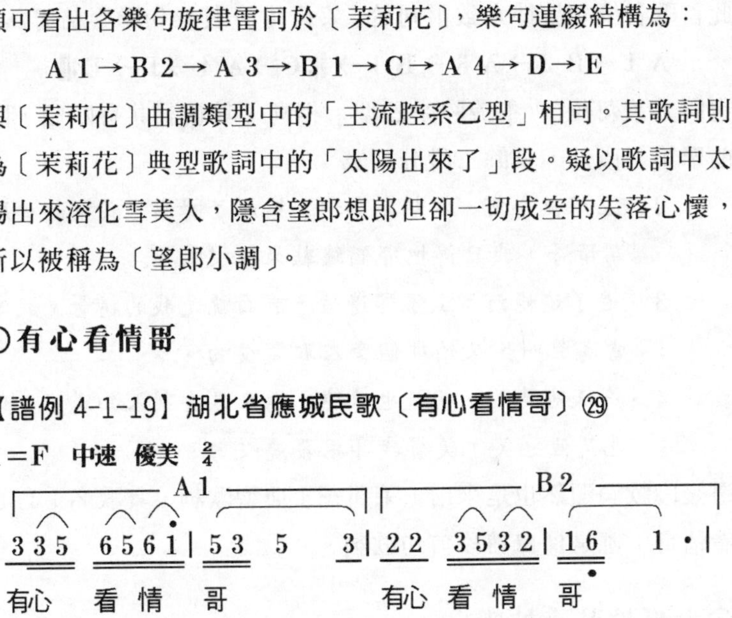

```
┌──────── A 1 ────────┐      ┌────── B 2 ──────┐
      ⌢   ⌢                        ⌢
3 3 5   6 5 6 1 | 5 3   5     3 | 2 2   3 5 3 2 | 1 6   1 · |
            •                             •
有心   看 情 哥          有心   看 情   哥
```

㉙　《中國民歌概論》，頁18。

┌────── A3 ──────┐　　　┌────── B1 ──────┐

3 3 5　6 5 6 1 | 5 3　5　　3 | 2 2　3 5 3 2 | 1 6　1 ·|

情哥　門　前　　　　有條　小　　河

┌─ C ─┐┌── A4 ──┐┌────── D ──────┐

‖:3 2 1　2　| 2 3 2 3　5 3 | 2 3　2 1　6 1 5 | 5 6 1 2 ·3 |

上搭著　獨木橋　叫我（那個）如何　得過

┌── E ──┐

2 1 6　5　:‖

（哎　　喇）

此首歌各樂句旋律大致雷同於〔茉莉花〕，其樂句聯綴結構為：

　　A 1→B 2→A 3→B 1→‖:C→A 4→D→E:‖

也與〔茉莉花〕「主流腔系乙型」相同。其歌詞共有四段，除前舉第一段外，其餘三段分別為：

> 2、左想無奈何，右想無奈何，捲起了褲腳。我捲起褲腳為情哥，我只得把那個繡鞋來脫哎喇。

> 3、過了這條河，上了那邊坡，前面就是我的情哥。我本當高聲叫，又怕那個旁人取笑哎喇。

> 4、今天也來瞧，明天也來瞧，瞧來瞧去別人知道了。你也笑他也笑，笑得我耳根發燒哎喇。

這幾段歌詞顯然也是來自〔茉莉花〕典型歌詞，其歌名〔有心看情哥〕應是採自首段首句歌詞。

○大哥拉弦小妹唱

【譜例 4-1-20】河北省尚義縣民歌〔大哥拉弦小妹唱〕㉚

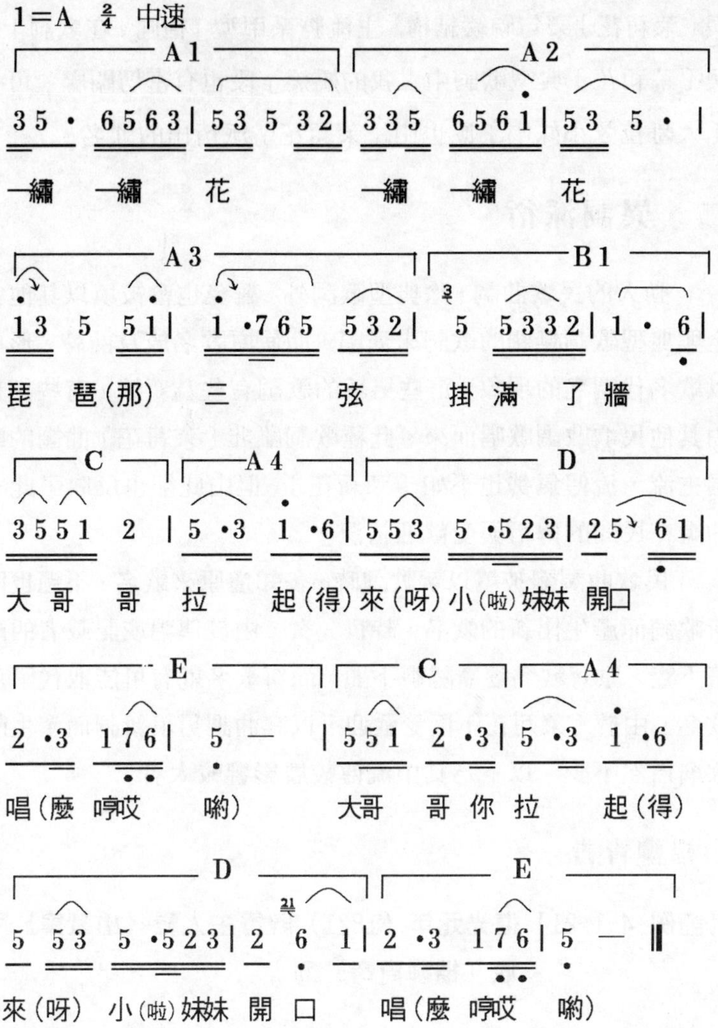

1＝A 2/4 中速

```
          ┌──────── A1 ────────┐    ┌──────── A2 ────────┐
          3 5 · 6 5 6 3│5 3 5 3 2│3 3 5 6 5 6 1│5 3 5 ·│
          繡   繡  花       繡   繡  花

          ┌──────── A3 ────────────┐  ┌──────── B1 ────────┐
          1 3 5 5 1│1 · 7 6 5 5 3 2│5 5 3 3 2│1 · 6│
          琵  琶(那) 三      弦   掛 滿 了 牆

          ┌── C ──┐┌── A4 ──┐         ┌── D ──────┐
          3 5 5 1 2 │5 · 3 1 · 6│5 5 3 5 · 5 2 3│2 5 6 1│
          大 哥 哥 拉  起(得)來(呀)小 (啦)妹妹 開 口

          ┌──── E ────┐   ┌── C ──┐┌── A4 ──┐
          2 · 3 1 7 6│5 — │5 5 1 2 · 3│5 · 3 1 · 6│
          唱(麼 哼艾 喲)   大 哥 哥 你 拉   起(得)

          ┌──────── D ────────┐  ┌──────── E ────────┐
          5 5 3 5 · 5 2 3│2 6 1│2 · 3 1 7 6│5 — ‖
          來(呀) 小(啦)妹妹 開 口   唱(麼 哼艾 喲)
```

此首歌在曲調上，各樂句旋律大致雷同〔茉莉花〕，樂句聯綴
結構為：

㉚ 《中國民間歌曲集成・河北卷》，頁574。

$$A\,1 \to A\,2 \to A\,3 \to B\,1 \to \|:C \to A\,4 \to D \to E:\|$$

與〔茉莉花〕樂句聯綴結構「主流腔系甲型」相同。在歌詞上，與〔茉莉花〕典型歌詞中「我的嬌嬌」段也有密切關聯。可見〔大哥拉弦小妹唱〕應也由〔茉莉花〕派衍出的歌名。

二、異詞派衍

　　動人的民歌曲調，除典型歌詞外，難免也會被填以其他完全與典型歌詞無關的歌詞來演唱，而使原歌名成為曲牌，形成以歌名代調名的現象。這些另填的歌詞有些為新填，有些則是由其他民歌改調歌唱而來。此種歌詞雖非〔茉莉花〕曲調的歌詞主流，流傳氣勢也不如〔茉莉花〕，但由此卻也反映了此一曲調在民間的傳衍與受歡迎情況。

　　民歌曲調剛被填以新歌詞時，多知道原來歌名，不過也因新歌詞而產生出新的歌名，時日一久，由於傳唱或記載者的疏略不查，原有歌名逐漸隱晦不顯，而新歌名就有可能取代了舊歌名。由於〔茉莉花〕極受歡迎，以其曲調另填新詞而產生的歌名自然不少。以下為其中流傳較廣影響較大者：

○楊柳青青

【譜例 4-1-21】道光元年（1821）貯香主人輯《小慧集》所收〔楊柳青青〕[31]

---

[31]　貯香主人輯《小慧集》卷12第38蕭卿主人小調譜第5首。譯譜見《中國古代歌曲》，頁104。

1=F 2/4

A 1

```
5  3 5 | 6  6 | 5  —  | 5  0 |
楊 柳兒 青    青
```

A 2

```
5  3 5 | 6  6 |
楊 柳兒 青
```

```
5  —  | 5  0 |
青
```

A 3

```
5  5 | 5  3 | 6  —  | 5  3 |
清    清早    起
```

B 1

```
2  2 | 3 5  6 | 1  —  | 1  —  |
失 落  一 枚  針
```

C

```
3  —  | 1  6 |
有    情 的
```

跺 1

```
2  2 | 2  1 | 2  2 | 2  1 |
人 呀    儂 呀
```

E

```
6  6 | 1  6 |
失 落  一 枚
```

```
5  —  | 5  —  | 2  —  | 2  0 | 3  5 | 6  3 |
針      喲      失 落  一 枚
```

跺 2

```
2  —  | 2  0 | 3  —  | 5  —  | 1 · 6 | 6 3  5 |
針      誰    家(的) 拾      得
```

C

```
3  5 | 3  1 | 2  2 | 2  —  | 3  —  | 1  6 |
送 還  奴 的  針      有    情 的
```

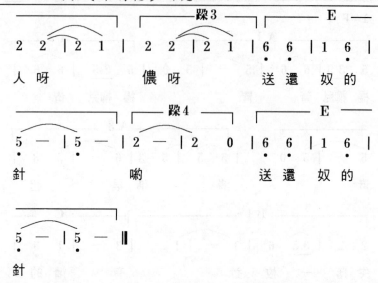

此首〔楊柳青青〕各樂句旋律大致雷同〔茉莉花〕，其樂句聯綴結構為：

A1→A2→A3→B1→C→踩1→E→踩2→C→
踩3→E→踩4→E

與〔茉莉花〕相較，大致近於「主流腔系甲型」。不過其樂句C之後減省了A4與D而代以由C後半段反複來的「踩1」（第二次反複時的「踩3」亦如此）；此外在末段反複之前也增衍了一段「踩2」，反複後於加了「踩4」後又反複了一次樂句E才結束。整體而言，此首歌的曲調明顯為〔茉莉花〕變體。在歌詞方面，則與〔茉莉花〕典型歌詞完全不同，應為其異詞變調的派衍。其首句「楊柳兒青青」應該就是此首歌歌名的由來。

除〔楊柳青青〕外，民間還流行一首稱為〔楊柳青〕的民歌。此首歌不論曲調及歌詞都不同於〔楊柳青青〕，其歌名主

要來自歌詞中每段所帶的「楊柳青青」襯詞。雖然該民歌主要也流行於南方的江蘇、浙江一帶，且有其相當的流傳強勢，不過與前舉〔楊柳青青〕是截然不同的兩首民歌。

○玉美針

【譜例 4-1-22】江蘇常熟民歌〔玉美針〕(楊柳青青)㉜

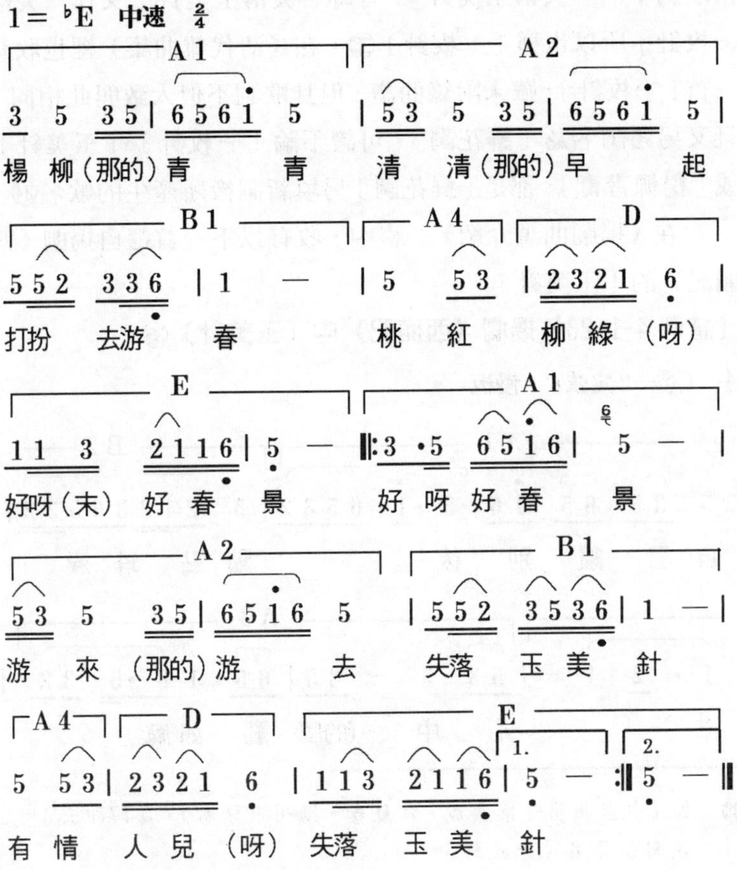

1 = ♭E　中速　2/4

```
┌──── A1 ────┐            ┌──── A2 ────┐
3  5  35│6561  5 │  53  5  35│6561  5 │
楊 柳(那的)青   青    清 清(那的)早      起

┌──── B1 ────┐  ┌─ A4 ─┐┌─ D ─┐
552  336 │1  — │ 5  53│2321  6 │
打扮 去游 春    桃 紅 柳 綠 (呀)

┌──── E ────┐              ┌──── A1 ────┐
11 3  2116│5  — ‖:3 ·5 6561│5  — │
好呀(末) 好春 景    好呀好春 景

┌──── A2 ────┐          ┌──── B1 ────┐
53 5  35│6516  5 │ 552  3536│1  — │
游 來(那的)游   去    失落 玉美 針

┌─A4─┐┌─ D ─┐        ┌── E ──┐ ┌1.┐┌2.┐
5  53│2321  6 │113 2116│5  — :‖5  — ‖
有 情 人兒(呀)失落 玉美 針
```

㉜　《中國民間歌曲集成·江蘇卷》，頁769。

此首歌各樂句旋律大致雷同〔茉莉花〕，其樂句聯綴結構為：

‖: A 1 → A 2 → B 1 → A 4 → D → E :‖

與〔茉莉花〕相較，應近於「主流腔系甲型」，不過少了樂句 A 3 與 C，應為其變體曲調。在歌詞方面則近同於〔楊柳青青〕，所以此首歌名又題為〔楊柳青青〕，兩者應為同一曲的不同別名。〔楊柳青青〕一名來自歌詞首句；〔玉美針〕一名則來自歌詞中的「失落玉美針」。有時「失落玉美針」又作「失落一枚針」所以也稱〔一枚針〕[33]。在《清代雜曲集》裡也收有一首〔一枚針〕，雖未附錄曲譜，但其歌詞不但大致與此相同，且又另題調名為〔鮮花調〕。可證不論〔一枚針〕、〔玉美針〕或〔楊柳青青〕，都是〔鮮花調〕另填新詞後所產生的歌名[34]。

在《揚劇曲調介紹》一書中，收有以下一首選自揚劇《西廂記》的〔玉美針〕：

【譜例 4-1-23】揚劇《西廂記》中〔玉美針〕[35]

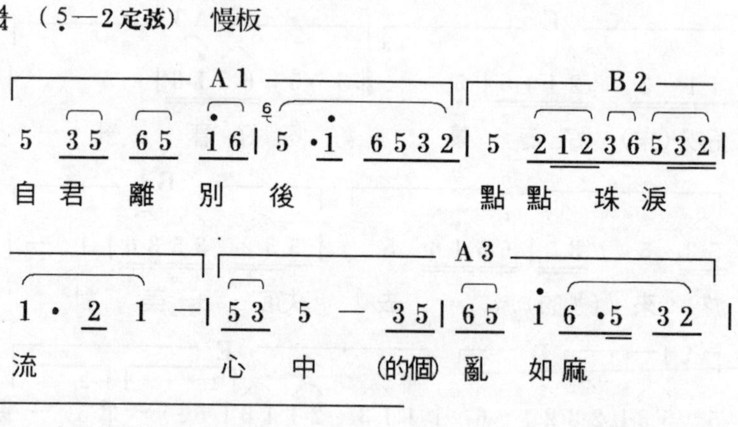

---

[33]　如《中國曲藝音樂集成・江蘇卷・揚州市分卷》，頁77即云：「〔玉美針〕原名〔一枚針〕。

[34]　《清代雜曲集》，頁80。

[35]　《揚劇曲調介紹》，頁99。

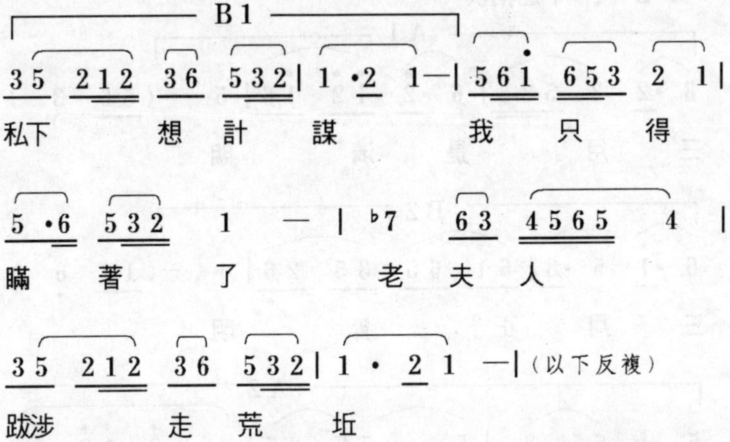

```
┌──────────── B1 ────────────┐
 3 5  2 1 2  3 6  5 3 2│1 ·2  1—│5 6 1  6 5 3  2  1│
 私下     想 計  謀    我   只    得
```

```
 5 ·6  5 3 2  1  — │♭7  6 3  4 5 6 5  4 │
 瞞    著    了      老  夫  人
```

```
 3 5  2 1 2  3 6  5 3 2│1 · 2 1  —│（以下反複）
 跋涉     走 荒  垢
```

此首歌前半段（樂句A1→B2→A3→B1）明顯同於〔茉莉
花〕，後半段則為新增變體。可見〔玉美針〕雖有多種彼此間
有差異的變體曲調，但其來源都是〔茉莉花〕。《揚劇曲調介紹》
一書編者在曲末註云：

> 此曲前半與〔鮮花調〕相近，為老藝人王萬青改創的
> 新譜。㊱

若如此，則此曲應編自藝人王萬青。不過其說也可能是專指揚
劇中該首〔玉美針〕，而非所有〔玉美針〕民歌。所以此說當
再續作查考。

○踏青

【譜例4-1-24】浙江省慈溪縣民歌〔踏青〕（鮮花調）㊲

㊱　《揚劇曲調介紹》，頁100。

㊲　《中國民間歌曲集成・浙江卷》，頁330。

1=D　4/4　中速稍快

A 1

3 ·2 3 5 3 5 | 6 ·2 1 2 1 6 | 5 —（5 6 3 ）|
三　　月　　是　清　　明

B 2

6 ·1 5 ·3 | 6 1 6 5 3 5 2 6 | 1 —（1 2 6 ）|
三　　月　正　　清　　明

A 2

5 — 6 5 3 | 5 — 5 6 3 5 | 6 · 2 1 2 1 6 |
清　明　是　　百

B 1

5 —（5 6 3 ）| 6 · 1 5 · 3 | 6 · 1 5 · 3 |
草　　花　　開

6 1 6 5 3 5 2 6 | 1 —（1 2 6 ）‖:3 5 3 2 1 2 3 5 |
一　齊　青　　　小　　娘

C —

A 4

2 · 6 2 3 6 | 5 0 3 5 6 1 | 5 6 1 6 5 4 3 |
子　你　去　打　扮　好

D

2 1 2 3 5 0 2 | 3 ·5 3 5 3 2 | 1 ·2 1 7 6 7 6 5 |
來　明　天　去　踏　青

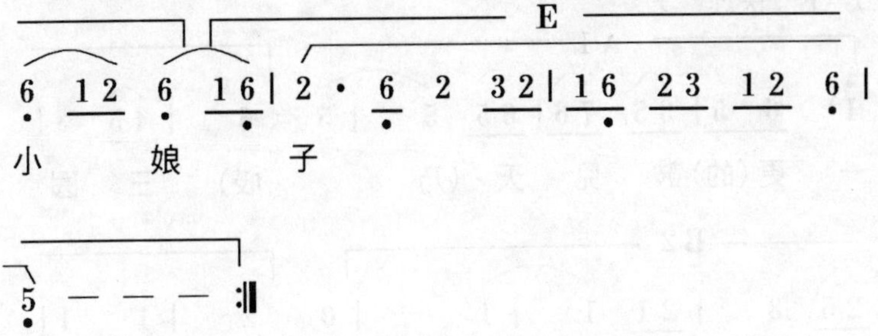

此首歌各樂句旋律大致雷同〔茉莉花〕，其樂句聯綴結構為：

$$A\,1 \rightarrow B\,2 \rightarrow A\,2 \rightarrow B\,1 \rightarrow C \rightarrow A\,4 \rightarrow D \rightarrow E$$

與〔茉莉花〕「主流腔系乙型」完全相同。此譜除題歌名為〔踏青〕外，並註明所用曲調即〔鮮花調〕，也說明了是〔鮮花調〕衍生而來的歌名。

此一歌詞流播極廣，且常被配以〔剪靛花〕調演唱，所以就〔踏青〕歌名而言，〔剪靛花〕應是其主流腔曲調。浙江慈溪的此首〔踏青〕採用〔鮮花調〕，應是轉調歌唱手法所造成。此歌詞雖非新創，但對〔鮮花調〕而言卻屬新填。〔踏青〕一名知名度雖極高，甚至有時也被視為一種調名，但其歌詞被以改調歌唱手法填入〔茉莉花〕調時，由於〔茉莉花〕的強勢流行，使其原調名並未隱晦，而呈現兩名稱並行的現象。

○三國五更

【譜例 4-1-25】河北省晉縣民歌〔三國五更〕[38]

---

[38] 《中國民間歌曲集成·河北卷》，頁653。

1=F　快速　$\frac{2}{4}$

```
┌────────── A 1 ──────────┐      ┌──────────┐
1     6 5 | 3 5  7 6 | 6 5  5 | 5      6 | 4 5  3 |
一   更(的)鼓 兒 天 (乃        哎)  三   國
```

```
┌────── B 2 ──────┐        ┌──────────┐
2 5  3 | 2 1  1 | 1 — | 0      2 | 1   1 |
戡  中   原 (那)              曹   操 (這)
```

```
┌── A 3 ──┐        ┌────────── B 1 ──────────┐
5 · 1 | 6   5 | 3   2 3 | 4 5  3 2 | 2 1  1 |
領   兵   打 下了 江   南 (那)
```

```
┌──────┐ ┌────── C ──────┐    ┌── A 4 ──┐
1 — ‖: 1   2 | 5   3 | 2   5 3 | 3 2  1 |
領     人   馬 (也) 八   十
```

```
┌────── D ──────┐
2 ♯1 | 2   2 | 2 1 | 6 · 1 | 2 1  6 |
單 (乃     三   萬       (哎
```

```
┌── E ──┐
5 — | 5 — :‖
喇)
```

此首歌在曲調上，各樂句旋律大致雷同〔茉莉花〕，樂句聯綴
結構為：

　　　A 1 → B 2 → A 3 → B 1 → C → A 4 → D → E

與〔茉莉花〕「主流腔系乙型」相同。其歌詞則與〔茉莉花〕

典型歌詞完全不同。故此曲應為〔茉莉花〕曲調另填新詞所衍
生的民歌。

○春工謠

【譜例 4-1-26】寧夏省隆德縣民歌〔春工謠〕㊴

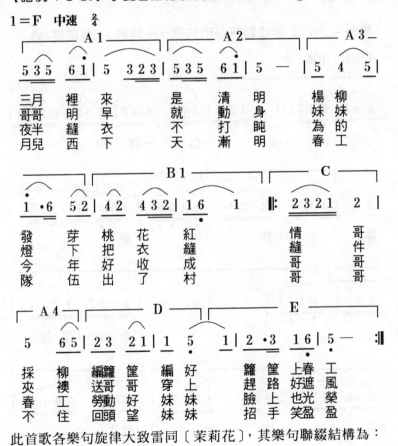

此首歌各樂句旋律大致雷同〔茉莉花〕，其樂句聯綴結構為：

㊴ 《中國傳統民歌４００首》，頁112。

$$A1 \to A2 \to A3 \to B1 \to C \to A4 \to D \to E$$

與〔茉莉花〕「主流腔系甲型」完全相同。歌詞則完全有別於〔茉莉花〕典型歌詞。應為由〔茉莉花〕曲調另行填詞所衍生的歌曲。

○一匹綢

【譜例 4-1-27】浙江省慈溪市民歌〔一匹綢〕（鮮花調）⑩

1＝E　中速　2/4

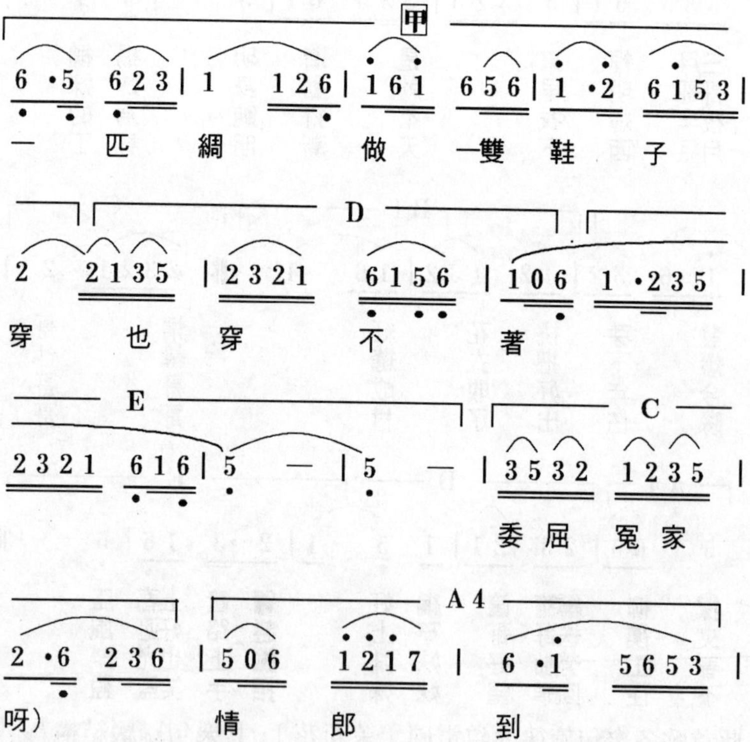

```
      甲
 6·5  6 2 3 | 1    1 2 6 | 1 6 1  6 5 6 | 1·2  6 1 5 3 |
 一    匹    綢         做    一    雙    鞋    子

           D
 2    2 1 3 5 | 2 3 2 1   6 1 5 6 | 1 0 6  1·2 3 5 |
 穿    也    穿    不    著

       E                            C
 2 3 2 1  6 1 6 | 5  —  | 5  —  | 3 5 3 2  1 2 3 5 |
                                    委 屈    冤 家

                              A4
 2·6  2 3 6 | 5 0 6  1 2 1 7 | 6·1  5 6 5 3 |
 (呀)  情    郎    到
```

$$
\overset{D}{\overline{\quad\quad\quad\quad\quad\quad}}
$$

2	$\widehat{2\ 3}\ 5$	$\underline{2\ 3}\ \underline{2\ 1}$	$\underline{6\ 1}\ \underline{5\ 6}$	$\underline{1}\cdot\underset{\cdot}{6}$	$\underline{1}\cdot\underline{2}\ \underline{3}\ \underline{5}$
穿	又	穿	不	著	

$$
\overset{E}{\overline{\quad\quad\quad\quad\quad\quad}}
$$

$\underline{2\ 3}\ \underline{2\ 1}$	$\underset{\cdot}{\underline{6}}\ \underline{1}\ \underset{\cdot}{6}$	$\underset{\cdot}{5}$	—	5	—	$\widehat{3}\ \cdot\underline{2}$	$\widehat{3}\ \underline{3}\ 5$
						好	一朵

$$
\overset{A\,1}{\overline{\quad\quad\quad}}\quad\overset{B\,2}{\overline{\quad\quad\quad}}
$$

$\widehat{6}\ \cdot\underset{\cdot}{2}$	$\underset{\cdots}{\underline{1\ 2}}\ \underline{1\ 6}$	5 $\cdot$	$\underline{6\ 3}$	$\underset{\cdot}{1}$	$\widehat{6\ 1}\ \widehat{6\ 5}$	$3\ \cdot\underline{2}$	$\underset{\cdots}{\underline{6\ 5\ 6}}$
牡	丹 花	好	一朵	牡	丹		

$$
\overset{A\,3}{\overline{\quad\quad\quad\quad\quad\quad}}
$$

1	$\underset{\cdots}{\underline{1\ 2}\ \underline{6\ 5}}$	$\underset{\cdot}{1}\ \cdot\underline{1}$	$\widehat{6\ 1}\ \widehat{6\ 5}$	$\underset{\cdot}{1}\ \cdot\underline{1}$	$\widehat{6\ 1}\ \widehat{6\ 5}$
花		九十	九朵	九十	九朵

$$
\overset{B\,1}{\overline{\quad\quad\quad\quad\quad}}
$$

$\underline{3}\ \cdot\underline{5}$	$\underset{\cdot}{\underline{6}}\ \underline{1}\ 6$	5 $\cdot$	$\underline{6\ 3}$	$\underset{\cdot}{1}\ \cdot\underline{1}$	$\widehat{6\ 1}\ \widehat{6\ 5}$	$\underset{\cdot}{1}\ \cdot\underline{1}$	$\widehat{6\ 1}\ \widehat{6\ 5}$
大	開 口	九	十 九朵	九	十	九朵	

$$
\overset{C}{\overline{\quad\quad}}\quad\overset{D}{\overline{\quad\quad}}
$$

$3\ \cdot\underline{2}$	$\underline{3\ 6}\ \underline{5\ 3}$	$\underline{2\ 2}\ \widehat{3}\ 5$	$2\ \cdot\underset{\cdot}{6}$	$\underline{2\ 3}\ 5$	$\underline{2\ 3}\ \underline{2\ 1}$	$\underset{\cdot}{\underline{6}}\ \underline{1}\ \underset{\cdot}{5}\ 6$
大	開 口	委屈 你	(是)	冤		

$$
\overset{E}{\overline{\quad\quad\quad\quad\quad\quad}}
$$

$\underline{1}\ 0\ \underset{\cdot}{6}$	$\underline{1}\ \cdot\underline{2}\ \underline{3}\ \underline{5}$	$2\ \cdot\underset{\cdot}{6}$	$\underline{2\ 3}\ 5$	$\underline{2\ 3}\ \underline{2\ 1}$	$\underset{\cdot}{\underline{6}}\ \underline{1}\ \underset{\cdot}{6}$	5	— ‖
家		你	是	穿	不	著	

〔一匹綢〕主要流行於南方，有些地方又名〔十愛〕，都是因歌詞內容而得名，各地流傳〔一匹綢〕的曲調有許多變化。【譜例 4-1-27】所錄見於《中國民間歌曲集成・浙江卷》裡，除歌名為〔一匹綢〕外，又註明所用曲調為〔鮮花調〕。全曲首句(樂句甲)與〔鮮花調〕有別，但其餘樂句則仍流露出〔鮮花調〕的成分，只是有些樂句作了擴充（如Ａ３及Ｂ１）、改變落音（如Ｂ１）等變化，及其樂句聯綴結構也有所變動而已，可見是〔茉莉花〕的一種變體。所以會有如此變體，可能與〔一匹綢〕的曲調原非〔鮮花調〕有關。如以下譜例：

【譜例 4-1-28】四川清音中的〔一匹綢〕㊼

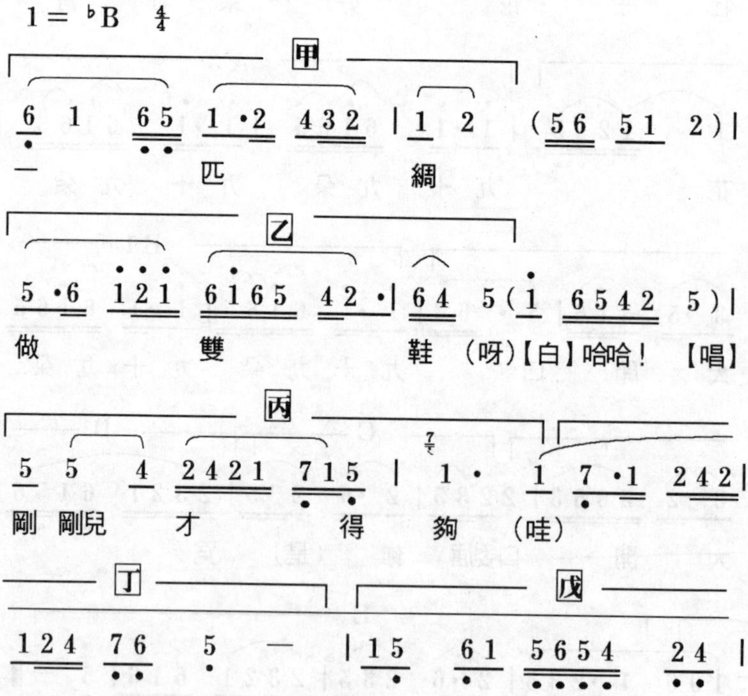

$1 = {}^{\flat}\text{B}$　$\frac{4}{4}$

5 ·(6 121 6165 4524 | 55 5612 6542 55)|

甲

24 1 2 565 432 | 1 2 (56 51 2)|
上　　繡　　著

乙

5 ·6 121 6 ·5 42 | 6 5 (1 6542 5)|
鳳　　陽　　府（哇）

乙

156 121 6 ·5 42 | 64 5 (1 6542 5)|
鐘　　鼓　　樓（哇）

己　　　　　　　己
53 321 2 ·3 2 | 16 53 2 53 |
把 門 的　　　石 獅 子（得兒）

己　　　　　　　己
5 2 (3 2)53 | 5 2 (53 2)53 |
三（哪）　　（得兒）三（哪）　　（得兒）

丙
14 54 2421 715 | 7 1 1 7 ·1 242 |
三百 零 六 對　　（呀）

丁　　　　　　戊

1 2 4　7 6　5　—　｜ 1 5　6 1　5 6 5 4　2 4 ｜

5 ·（6　1 2 1　6 1 6 5　4 5 2 4 ｜ 5 5　5 6 1 1　6 5 4 1　5 5 ）｜

甲

2 4　1　2 4　5　｜ 5　2（5 6　5 1　2 ）｜
繡 一 朵 牡 丹 花 （呀）

乙

1 1　5 1　6 5 6 5　2 2 4 ｜ 6　5（1　6 5 4 2　5 ）｜
再 繡 一 朵 茉 莉 花

乙

1 5　1　6 ·5　2 6 5 ｜ 4　5（1　6 5 4 2　5 ）｜
九 十 九 朵 大

丙

0 5　1 2　5　5 3 ｜ 2 5　3 2　5 3 2　1 ｜
九 十 九 朵 大 開 花

丙

0 6 1　3 5　6 1　3 ｜ 2 2 5　3 2　2 1 · ｜
繡 一 個 丫 鬟 來 倒 茶

丙

0 6 1 ｜ 3 5 ｜ 3 5 ｜ 3 ·5 2 3 ｜ 5 3 2 ｜ 1 ｜

繡 一個 梅 香 去 淋 花

己

5 6 ｜ 5 3 ｜ 2 ·3 ｜ 1 6 ｜ 5 3 ｜ 2 ｜ 5 3 ｜ 5 2（5 3 ｜ 2）5 3 ｜

（花開 因得兒喲 情郎 因得兒喲 得兒）三 （得兒）

己　　　　　丙

5 2（5 3 2 ）5 3 ｜ 1 4 5 3 ｜ 2 4 2 1 ｜ 7 1 2 ｜

三 （得兒） 三盆 水 仙

丁

2 1 ｜ 1 7 ·1 2 4 ｜ 1 2 4 7 6 ｜ 5 — ｜

花 （呀）

戊

1 5 6 1 5 6 5 4 2 4 5 ·（6 1 2 1 6 1 6 5 4 2 4 ｜

5 5 1 6 5 4 2 5 ）｜（以下為大致相同之重頭反複）

此曲註為〔武昌調〕，其曲調由甲、乙、丙、丁、戊五種樂句旋律聯綴而成。取其與【譜例 4-1-27】浙江慈溪的〔一匹綢〕相較，兩者的最大差別是四川清音中的〔一匹綢〕並無明

顯的〔鮮花調〕關聯。但我們再細加比較，卻可發現浙江慈溪〔一匹綢〕裡的某些樂句成分，隱隱與四川清音中的〔一匹綢〕有所近似。例如兩者都以樂句甲起始，甲樂句也都落於商音（２）；前者的樂句Ａ、Ｃ、Ｄ、Ｅ分別對映近似於後者的樂句乙、己、丙、丁等。此外在歌詞方面，前者在中間有一段歌詞為「好一朵牡丹花，好一朵牡丹花……」，後者也有一段為「繡一朵牡丹花呀，再繡一朵茉莉花……」。

　　歸納旋律及歌詞的情況來看，筆者懷疑〔一匹綢〕原來曲調應是與〔鮮花調〕無關的〔武昌調〕，但因其歌詞中有一段為「繡一朵牡丹花呀，再繡一朵茉莉花……」，此種歌詞類似〔茉莉花〕，所以在有些地方傳唱時，此處就被改以〔茉莉花〕的歌詞及曲調演唱。又由於〔武昌調〕中有些樂句旋律與落音，也與〔茉莉花〕有些潛在類似性，傳唱一久兩者曲調乃相互影響交融相混，就形成了像浙江慈溪這種也可算是〔鮮花調〕變體的〔一匹綢〕了。

　　以上所舉諸例，只是今日流傳由〔茉莉花〕所衍生的許多歌名中聲名較著者，其中大多也已演成調名。此外還有許多今日已很少流傳但民初以前卻頗流行的此類歌曲，如〔活捉鮮花〕、〔群芳鮮花〕、〔妓女悲傷〕、〔嫖客悲傷〕、〔又桿坐獄〕、〔康小九嘆監〕、〔八仙慶壽〕……等，也都是常以〔茉莉花〕曲調演唱，歌名衍自歌詞的民歌。

三、其他派衍

　　不論「同詞派衍」或「異詞派衍」，都是由歌詞產生的新歌名。在〔茉莉花〕的派衍歌名中，此類歌名確實佔了絕大多

數。不過除此以外，也有極少數的歌名是來自別的原因，其中尤其以〔花鼓曲〕、〔花鼓子〕、〔花鼓頭〕等最為常見。

在乾隆間《綴白裘・花鼓》一劇裡，其花鼓開場相當於花鼓頭部分所唱的曲調就明註為〔仙花調〕，此〔仙花調〕應即〔鮮花調〕諧訛。其後所唱的鮮花套數卻題名為〔花鼓曲〕。可見在當時〔鮮花調〕已被當成花鼓頭使用，而以〔鮮花調〕為〔花鼓曲〕的名稱也已產生。在清代百本張抄本中也有〔花鼓子〕題曰〔鮮花調〕㊷。另外由後代流傳的《花鼓》一劇所用〔花鼓曲〕曲譜，也一樣可以得到證明。如：

【譜例 4-1-29】據民國初年百代唱片記譜的崑劇《打花鼓》中〔花鼓曲〕㊸

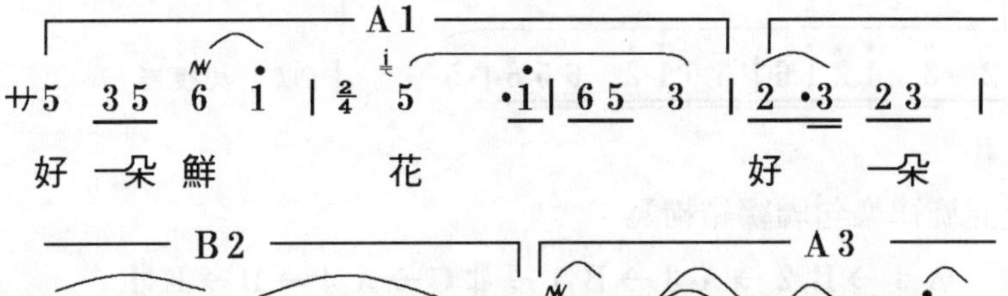

㊷　《北京傳統曲藝總錄》，頁794所載百本堂所編百本張鈔本《岔趣目錄》中所著錄的一支〔花鼓子〕，題曰〔鮮花調〕。另史語所藏 DA -1-006《花鼓子》抄本二種，扉葉亦題《好一朵鮮花》。

㊸　《中國戲曲音樂集成・江蘇卷》，頁661，據民國初年百代唱片公司出版33187號鈷針唱片記譜。

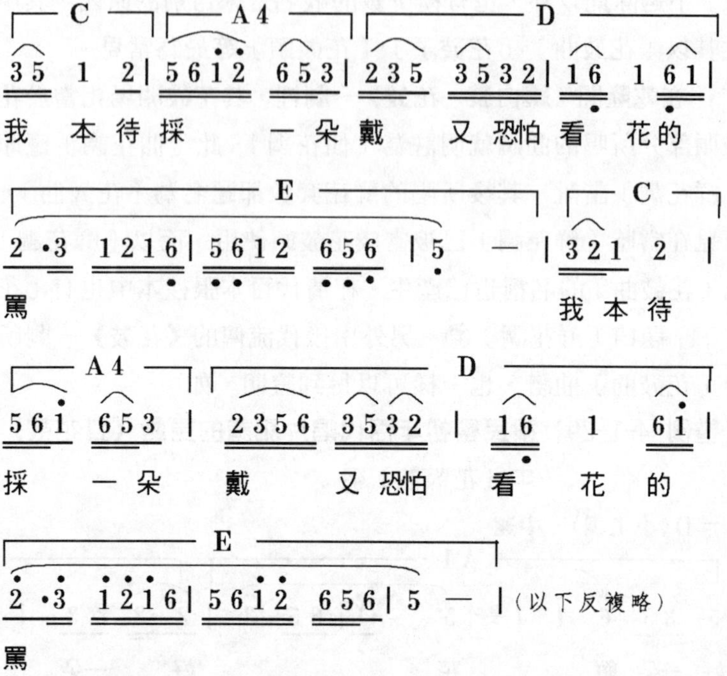

```
　　C　　　　A 4　　　　　　　　　D
⌒　　　　　　⌒　　　⌒　　　　　　⌒　　⌒
3 5　1　2│5 6 1 2　6 5 3│2 3 5　3 5 3 2│1 6　1　6 1│
我　本 待 採　一　朵 戴　又 恐怕 看　花 的
```

```
　　　　　　　　E　　　　　　　　　　　　C
　　　　　　　　　　　　　　　　　　　⌒
2 ·3　1 2 1 6│5 6 1 2　6 5 6　│5　─　│3 2 1　2　│
罵　　　　　　　　　　　　　　　　我 本 待
```

```
　　A 4　　　　　　　　　D
⌒　　⌒　　　　⌒　　　⌒　　　⌒　　　⌒
5 6 1　6 5 3　│2 3 5 6　3 5 3 2│1 6　1　6 1│
採　一 朵　戴　又 恐怕　看　花　的
```

```
　　　　　　　E
2 ·3　1 2 1 6│5 6 1 2　6 5 6│5　─　│（以下反複略）
罵
```

此曲旋律樂句聯綴結構為：

A 1→B 2→A 3→B 1→‖:C→A 4→D→E:‖

與〔茉莉花〕「主流腔系乙型」相同。在歌詞方面，此曲也完全同於〔茉莉花〕典型歌詞。可證此首〔花鼓曲〕即〔茉莉花〕所衍生的別名。

又如以下一首〔花鼓〕，為民初學者李家瑞在北平所買舊抄本中所載曲譜：

【譜例 4-1-30】李家瑞購自北平舊抄本中的〔花鼓〕⑭

---

⑭　《李家瑞先生通俗文學論文集》，頁139。

小工調

┌─────── A 1 ───────┐ ┌─────── A 2 ───┐
六 工 六 伍 仕、 伬 工 伬 仕 四 合、 六 工 六 伍 仕、 伬 工
好 一 朵 鮮 花。 好 一 朵 鮮 花。

┌───────────────── A 3 ───────┐┌─────── B 1 ───────────┐
伬 仕 四 合、 六 六 工 伍 仕 伍 六 工 尺 尺 工 尺 工、 上 尺
花 開 花 卸 落 在 我 家。 本

─C─┐┌A 4─┐ ┌───────── D ─────────┐ ┌───────── E ─────────┐
工 尺 六 五 六 尺 工、 尺 工 尺 上 四 上 尺、 工 上 四 合 四、
待 要 不 出 門 兒 吓。 陪 伴 著 花 兒 睡。

┌─────────── A 1 ───────────┐ ┌─────────── A 2 ───────┐
五 五 六 工 伍 仕 伬 工 伬 上 四 合、 五 五 六 工 伍 仕 伬 工
好 一 朵 茉 莉 花 好 一 朵 茉 莉 花

┌─────────── A 3 ───────┐ ┌───B 1 ──┐ ┌─C─┐┐
伬 上 四 合、 六 六 工 五 五、 合 尺 尺 工 尺 上 尺 工 尺、 六
滿 園 的 花 開。 比 不 上 他 我 有 心 掐

─A 4─┐┌───────── D ─────────┐ ┌───────── E ─────────┐
五 六 工 尺 工、 尺 工 尺 四 工 上 尺、 工 尺 四 合 四（來回翻）
朵 兒 戴 呀。 又 恐 怕 看 花 兒 的 罵。

此曲歌詞即〔茉莉花〕典型歌詞，曲調樂句聯綴也同於〔茉莉

花〕「主流腔系甲型」。

　　至於以〔花鼓頭〕為名的〔茉莉花〕曲調，多為其變體。

在道光 20 年(1840)張椿刊印之《張鞠田琴譜》裡，就收有下

面一首：

【譜例 4-1-31】《張鞠田琴譜》中之〔花鼓頭〕㊺

─────────────

㊺　《中國古代歌曲》，頁145，王迪所譯《張鞠田琴譜》。

1=F $\frac{4}{4}$

┌──────── A 1 ────────┐　┌──── B 2 ────┐

6　6 1　3 5 |　6　6 5 6　5 ·6 5 3 |　5　2　3 6 5　3 6 |

身 背 著 花　鼓　　手 提 著

┌──────────── A 3 ────────────┐

1 ·2 1　─ |　5 6　5 ·6 5 3 5 |　6 1 2　1 2 1 6 5 1 6 5 3 |

鑼　　夫 妻　恩　愛

┌──────── B 1 ────────┐

5 ·6　2　3 6 5　3 6 |　1 ·2　1 ─ |　6　6 5　3　5 6 |

稱　不 離　砣　　滿 面 容 顏

┌── 踩1 ──┐　┌──────── 踩2 ────────┐

1 5　6　6 1 6 1　6 5 |　3 2　5 6　1　2 1 |　6 ·5 6　─ |

笑　　　我 也 會 唱 歌

┌──────── A 3 ────────┐　┌──── B 1 ────┐

5 6　5 ·6 5 3 5 |　6 1 2 1 6　5 1 6 5 3 |　5　2　3 6 5 3 6 |

穿 街　過　巷　兩 腳 走 如

┌──── 踩3 ────┐　┌──── C ────┐

1 ·2 1 ─ |　6 1 2　1 6 5　3 5 6 5 |　3 3 2　1 ·2　3　2 3 |

梭　鬧 市　場 中　那 怕 人 兒 多 我 的

┌─ 踩4 ─┐─ C ──┐── A 4 ──┐──── D ────┐

6 1 2 1 6 5 5 6 5 3 |　2 ·3 5 6 5 6 5 3 |　2 ·3 5 3 6 5 3 6 |

漢 子　哎　我 敲　鼓 來 你

```
                              ┌────── E ──────┐
1 ·21 ·21  61│2 ·3231 21216│5 ·6121 5 6│
打        鑼

      ┌── C ──┐┌── A4 ──┐      ┌── D ──┐
5 ─ 5 · 3│2 ·3  56 53│2 ·3  5  36536│
  嗳    我    敲    鼓    來  你

                    ┌────── E ──────┐
12  1 ·2161│2 ·3  23  12  1216│5 ─ ─ ‖
打        鑼
```

此曲中A、B、C、D、E各樂句旋律近同〔茉莉花〕。其樂句聯綴為：

　　A1→B2→A3→B1→躁1→躁2→A3→B1→

　　躁3→C→躁4→‖:C→A4→D→E:‖

可見應是以〔茉莉花〕「主流腔系乙型」為基調，再加入一些躁句而產生的變調。

　　所以會有〔花鼓曲〕、〔花鼓子〕、〔花鼓頭〕等歌名產生，主要是因為在花鼓曲藝及《花鼓》小戲裡，不但採入了整套鮮花套曲，且以〔鮮花調〕做為開場的花鼓頭。隨著其盛行傳播，人們也常以「花鼓」名稱來概稱其演出的曲調，於是〔花鼓曲〕、〔花鼓子〕、〔花鼓頭〕等由〔鮮花調〕所衍生出的歌名，也就於焉產生。

　　除了以上各類派衍外，由於口傳或記錄時的訛誤，同一歌名也常會產生字面上的諸訛。如由〔茉莉花〕而訛為〔抹梨花〕、〔末麗花〕、〔茉牛花〕、〔苜蓿花〕；由〔雙疊翠〕而訛為〔雙

蝶翠〕、〔雙碟翠〕、〔雙疊碎〕；由〔鮮花調〕而訛為〔仙花調〕、
〔獻花〕……等㊻，這些都只是語音的諧訛，雖會造成歌名辨
識上的困擾，但卻與歌名派衍無關。

㊻　參第五章第二節。

第二節 曲調的變化手法

本節所謂「變化」指曲調產生的各種增減、變化，包括因此而造成的曲調變體。民歌曲調在長期廣泛傳衍過程中會不斷產生各種變化，雖然大多數這種變化不至於完全扭曲該曲調原來的輪廓，但卻也輕重不等的為該曲調帶來許多不同的特徵色彩，有些甚或因此遮蔽了大半的曲調原貌，造成後人辨識的困擾。所以透過變化手法的分析，能更瞭解此民歌的衍變發展。

一、主要變化手法

有關常見的〔茉莉花〕各樂句曲調分析已詳見第二章。本節主要在比較歸納出〔茉莉花〕曲調在流傳中所產生的各種主要變化手法。主流腔系甲型是〔茉莉花〕曲調流傳最廣的類型，且今存最早見於《中國旅行記》所錄的〔茉莉花〕曲譜及《納書盈曲譜》、《九宮大成譜》所收雷同於〔茉莉花〕的〔蓮花落〕曲譜也是此一類型。因此，本節即以此類型作為比較的大致基準，透過各曲譜間的相互比較，來歸納出以下九種〔茉莉花〕曲調在傳衍中產生的主要變化手法：

（一）、擴充

所謂「擴充」指旋律或其時值的擴增加跺。〔茉莉花〕的擴充就其形態而言，有樂句結構內的擴充與樂句結構外的擴充兩種。前者未改變樂句結構，只是在樂句內的旋律有所加跺擴

展；後者則擴展部分已另成獨立於原本樂句結構之外的樂句，形成跺句①。歸納此兩類形態的擴充手法，可以概分為反複、延展與新增三類。

1、反複

反複是一種民歌曲調基本的發展手法，如〔茉莉花〕主流腔系甲型中的Ａ系列各樂句，本身就是由反複手法發展而來。在傳衍時，反複也是曲調擴充極常見的一種手法。在〔茉莉花〕曲調樂句結構裡，後半段的Ｃ→Ａ４→Ｄ→Ｅ常被加以反複，這種手法也可算是一種反複擴充。此外，個別的樂句或樂句中的部分素材也常有反複擴充的增跺出現。如：

【譜例 4-2-1】雲南彌渡牛街地區花燈音樂中的老爺花鼓②

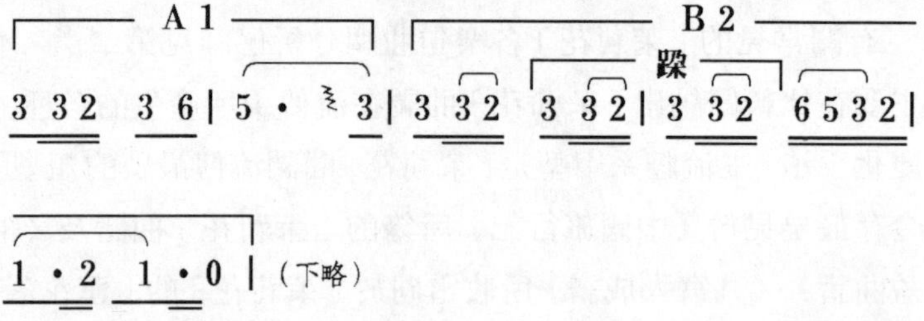

此首花鼓曲的曲調樂句聯綴結構同於〔茉莉花〕主流腔系乙型，應為〔茉莉花〕派衍曲調。在其樂句Ｂ２中，以部分旋律素材作了反複擴充的加跺。又如：

【譜例 4-2-2】甘肅民歌〔茉莉花〕③

---

① 有關樂句結構內擴充與結構外擴充，可參《戲曲音樂研究》，頁235。

② 《雲南花燈音樂・彌渡部分》，頁191。

③ 行政院新聞局：《中華民族歌謠選集》，第6集，頁510。

```
        ┌──── C ────┐ ┌──── 跺句 ────┐
        3 2 1  2    │ 3 2 1  2    │
```

【譜例 4-2-3】貴州大方縣民歌〔八月桂花香〕④

```
        ┌──── C ────┐ ┌──── 跺句 ────┐
        3 2 1  2 ·2  │ 3 2 1  2    │
```

此兩譜例的樂句聯綴結構，前者為〔茉莉花〕主流腔系甲型，後者為〔茉莉花〕主流腔系乙型，兩者都是在 C 樂句之後多了一個幾乎完全相同的反複擴充跺句。又如：

【譜例 4-2-4】浙江寧波市民歌〔武鮮花〕⑤

```
          ┌───── A 4 ─────┐ ┌────── 跺1 ──────┐
（前略）5    16 │ 5 5  5 3 │ 3 1  6 3 │ 5 5  5 3 │

     ┌──────────────────── D ────────────────────┐
     3 1  6 3 │ 5 · · 3 │ 5 5 2  3 5 2 6 │ 1 1  6 │

     ┌──────────────── 跺2 ────────────────┐
     5 2  3 5 2 6 │ 1 1  6 │ 1 1  2 │ 3  5 2 │

     5 2  3 5 2 6 │ 1 1  6 │（下略）
```

此首歌樂句聯綴結構為〔茉莉花〕主流腔系乙型，但在 A 4 與 D 及 D 與 E 之間分別插入了跺句。「跺 1」、「跺 2」都來自其

---

④ 《中國民間歌曲集成・貴州卷》，頁182。

⑤ 《中國民間歌曲集成・浙江卷》，頁329。

前一樂句的變化反複。又如：

【譜例 4-2-5】浙江省慈溪縣民歌〔踏青〕⑥

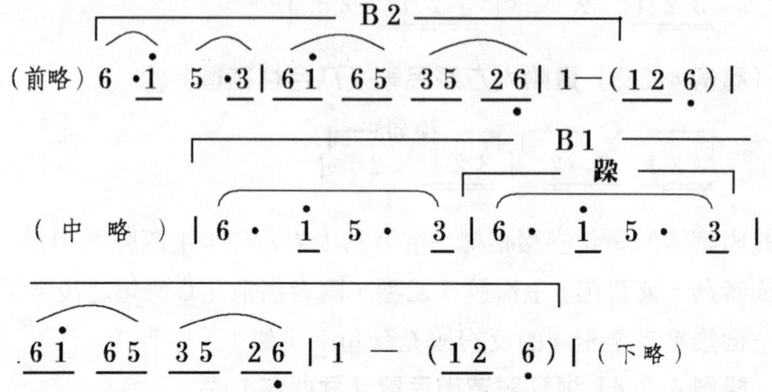

此首歌的樂句聯綴結構為〔茉莉花〕主流腔系乙型。其樂句Ｂ
２與Ｂ１相較，多出了由部分素材反複而來的擴充增跺。

２、延展

所謂「延展」，是以舊曲調為基礎的延伸變化發展。如：

【譜例 4-2-6】《中國旅行記》與河北省南皮縣落子調〔茉莉
　　　　　花〕樂句Ｃ的比較⑦

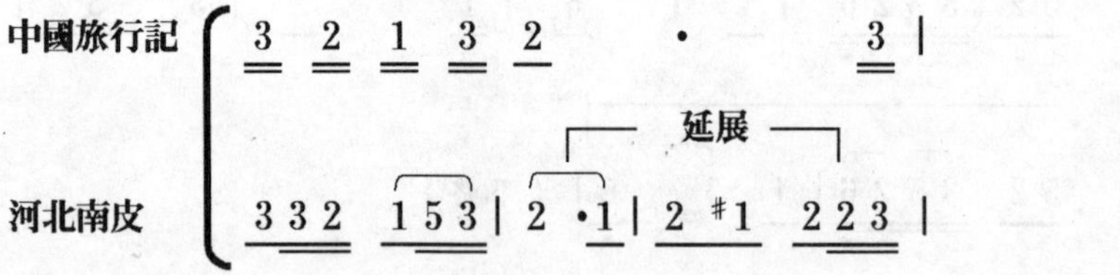

與《中國旅行記》所收〔茉莉花〕相較，此首河北南皮的〔茉

---

⑥　《中國民間歌曲集成・浙江卷》，頁330。

⑦　"Travels in China"，頁316，本節以下引此書者同此，不
　　再出註。《中國民間歌曲集成・河北卷》，頁231。

莉花〕，其樂句Ｃ後段部分多加了一段由前段旋律素材延展而來的小段拖腔旋律。其實這種旋律素材也不一定來自緊鄰的前面，有時前幾樂句的旋律，也可能成為擴充延展的素材。如：

【譜例 4-2-7】江蘇蘇州市民歌〔武鮮花〕⑧

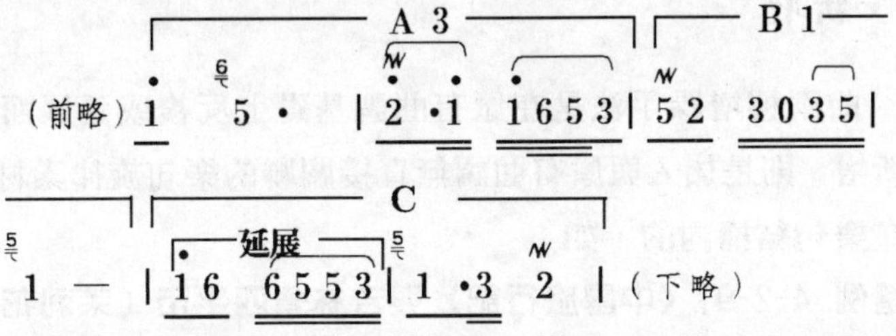

```
              ┌───── A 3 ─────┐   ┌──── B 1 ────┐
                         ⌄               ⌄
(前略) 1   5 ·│ 2 ·1  1 6 5 3│ 5 2  3 0 3 5│

        ┌────────── C ──────────┐
                 延展            ⌄
  1  ─ │ 1 6  6 5 5 3│ 1 ·3  2 │（下略）
```

此首〔武鮮花〕全曲樂句聯綴結構大致為〔茉莉花〕主流腔系甲型。其樂句Ｃ的前段，是據樂句Ａ３的最後一拍擴充延展而來。此外，〔茉莉花〕最常見的擴充是在末句（Ｅ），此種擴充形成終止前的拖腔。如：

【譜例 4-2-8】《中國旅行記》中〔茉莉花〕與雲南民歌〔鮮花調〕樂句Ｅ的比較⑨

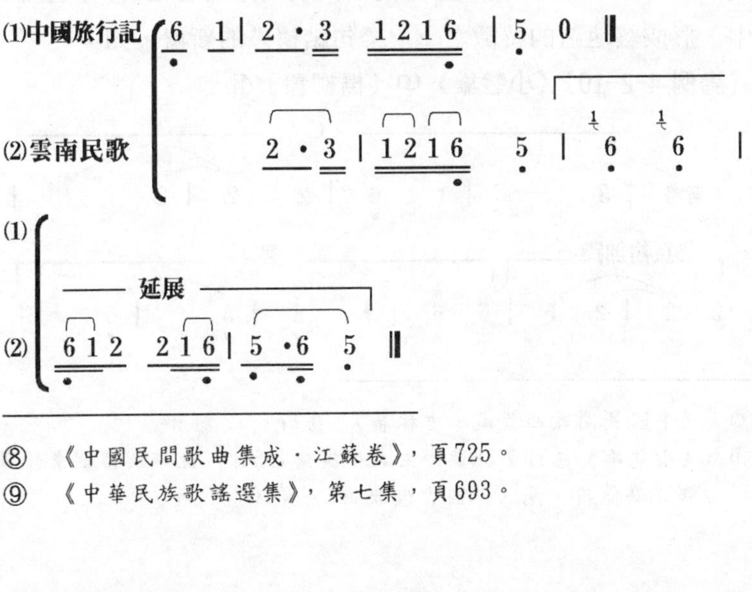

```
(1)中國旅行記 ⌈ 6  1│ 2 ·3   1 2 1 6 │ 5  0 ‖

(2)雲南民歌  ⌊        2 ·3 │ 1 2 1 6   5 │ 6   6 │

(1) ⌈
           ─── 延展 ───
(2) ⌊ 6 1 2  2 1 6│ 5 ·6  5 ‖
```

---

⑧　《中國民間歌曲集成·江蘇卷》，頁725。

⑨　《中華民族歌謠選集》，第七集，頁693。

此首雲南民歌的末句（樂句E），顯然比《中國旅行記》所收〔茉莉花〕多擴充了一段旋律，而此段旋律正是由前面旋律素材中延伸擴展而來，形成婉曲迴轉的拖腔終止。

3、新增

　　前兩種增跺手法是在原有曲調基礎上反複或延展而來。「新增」則是加入與原有曲調無直接關聯的樂句旋律素材。有加在樂句結構內的，如：

【譜例 4-2-9】《中國旅行記》與吉林省四平市〔茉莉花〕中
　　　　　　樂句Ａ1之比較⑩

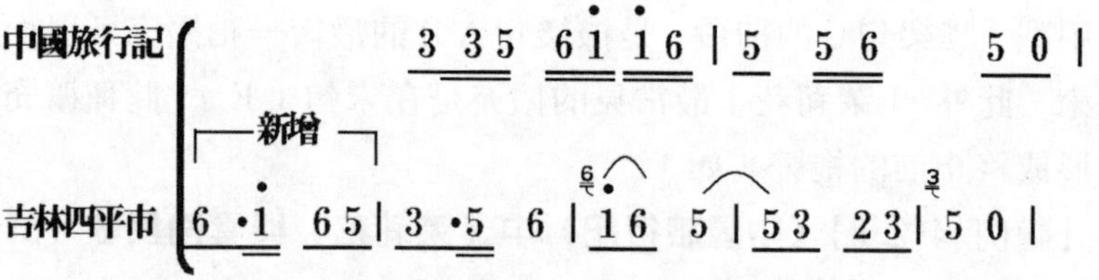

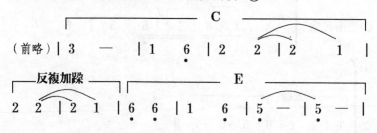

此種樂句Ａ1頭部的新增，常見於河北及東北各地的〔茉莉花〕中，形成該地區的特徵之一。樂句結構外的新增，如：

【譜例 4-2-10】《小慧集》中〔楊柳青〕⑪

⑩　《中國民間歌曲集成・吉林卷》，頁77。
⑪　《小慧集》卷12第38簫卿主人小調譜第5首。此譜例據劉東升譯譜改為簡譜，見《中國古代歌曲》，頁104。

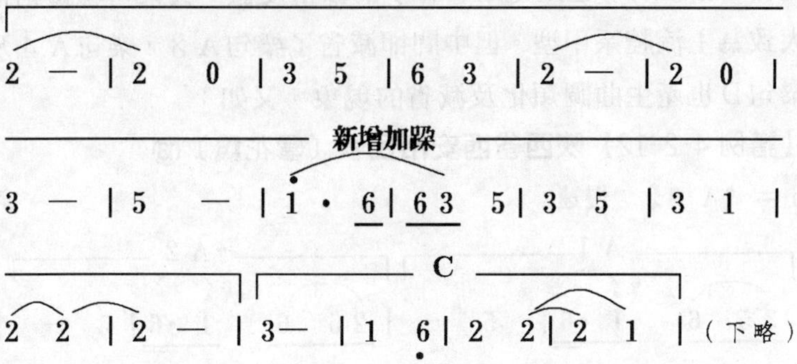

```
        2 — | 2  0 | 3  5 | 6  3 | 2 — | 2  0 |
            ——————— 新增加踩 ———————
        3 — | 5 — | 1· 6 | 63  5 | 3  5 | 3  1 |
                              C
        2  2 | 2 — | 3— | 1  6 | 2  2 | 2  1 |（下略）
```

此曲〔楊柳青〕為〔茉莉花〕曲調的派衍變體，其樂句結構大
致為〔茉莉花〕主流腔系甲型。不過自 C 以下後半截作了反複，
此新增踩句就加在兩後半截反複之間。

（二）、減省

所謂「減省」是指曲調部分結構被省略。此種手法在〔茉
莉花〕變體曲調中頗為常見。如：

【譜例 4-2-11】上海市民歌〔楊柳青〕⑫

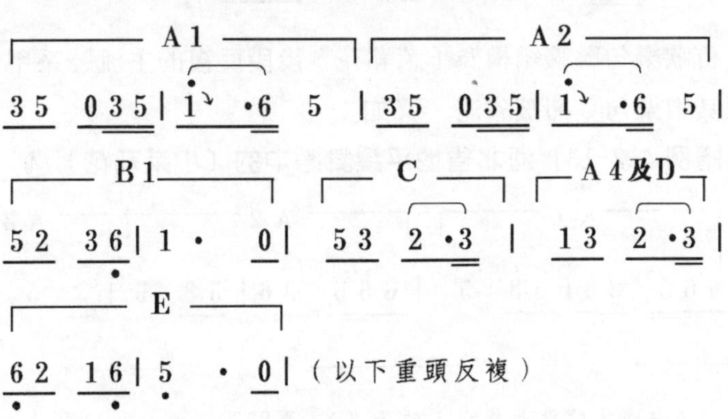

```
        ——— A1 ———        ——— A2 ———
        35  035 | 1· ·6  5 | 35  035 | 1· ·6  5 |
        ——— B1 ———   ——— C ———   — A4及D —
        52  36 | 1·  0 | 53  2·3 | 13  2·3 |
        ——— E ———
        62  16 | 5  ·0 |（以下重頭反複）
```

---

⑫ 《中國民間歌曲集成‧上海卷》，頁566。

此首〔楊柳青〕也是〔茉莉花〕的派衍變體，其樂句聯綴結構大致為主流腔系甲型。但中間卻減省了樂句Ａ３，樂句Ａ４及樂句Ｄ也產生曲調類化及減省的現象。又如：

【譜例4-2-12】陝西省西安市民歌〔雪花飄〕⑬

$1 = {}^\flat A$ $\frac{2}{4}$ **慢速**

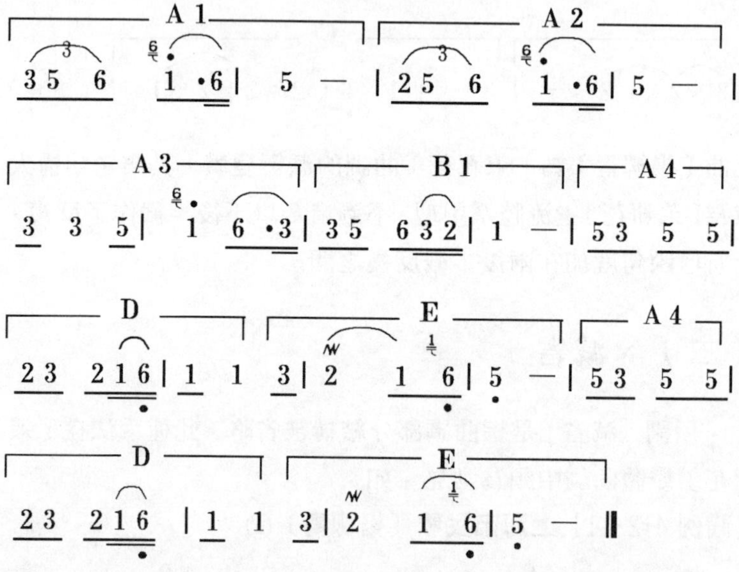

此首歌樂句聯綴結構為〔茉莉花〕後段反複的主流腔系甲型。但其中樂句Ｃ卻被省略。又如：

【譜例4-2-13】河北省地平蹻舞蹈中的〔小茉莉花〕⑭

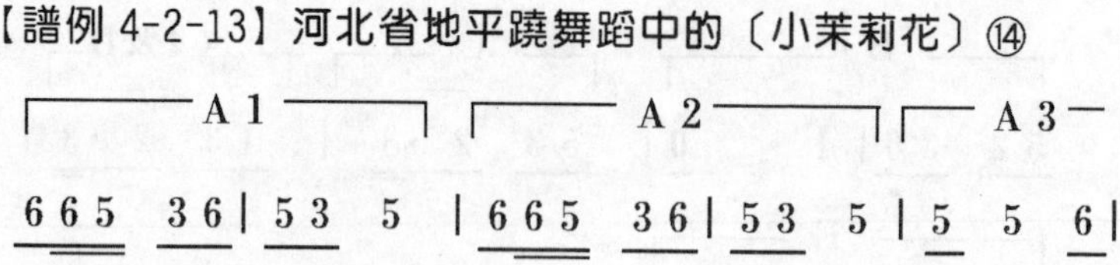

⑬　《中國民間歌曲集成‧陝西卷》，頁803。

⑭　《中國民族民間舞蹈集成‧河北卷》頁514。

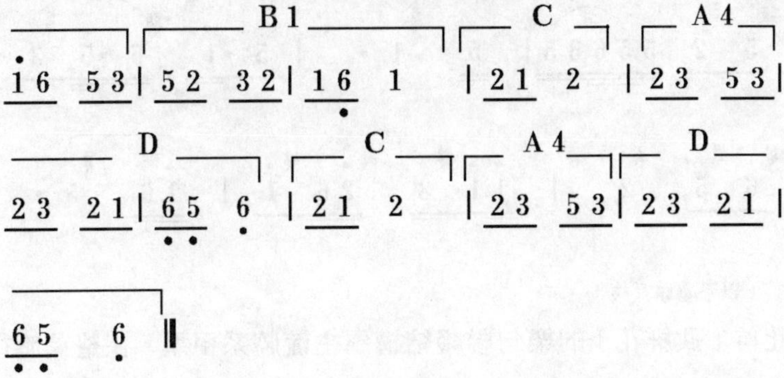

$$
\begin{array}{c}
\text{B 1} \qquad\qquad\qquad\qquad \text{C} \qquad \text{A 4} \\
\underline{1\ 6}\ \ \underline{5\ 3}\ |\ \underline{5\ 2}\ \ \underline{3\ 2}\ |\ \underline{1\ 6}\ \ \ 1\ \ \ |\ \underline{2\ 1}\ \ \ 2\ \ \ |\ \underline{2\ 3}\ \ \underline{5\ 3}\ | \\[4pt]
\text{D} \qquad\qquad\qquad\qquad \text{C} \qquad \text{A 4} \qquad \text{D} \\
\underline{2\ 3}\ \ \underline{2\ 1}\ |\ \underline{6\ 5}\ \ \ 6\ \ \ |\ \underline{2\ 1}\ \ \ 2\ \ \ |\ \underline{2\ 3}\ \ \underline{5\ 3}\ |\ \underline{2\ 3}\ \ \underline{2\ 1}\ | \\[4pt]
\underline{6\ 5}\ \ \ 6\ \ \|
\end{array}
$$

此曲的曲調樂句聯綴結構應屬主流腔系甲型後段反複，但其最末樂句 E 卻被省略，而在樂句 D 就作結，造成全曲轉入低羽音終止。此曲所以被稱為〔小茉莉花〕或與此有關。

（三）、加花

「加花」是指在保持原有骨幹音，且大致不影響旋律結構的基礎上，用各種不同的裝飾音或經過音等把旋律裝飾起來，使其更豐富有變化⑮。如：

【譜例 4-2-14】江蘇省蘇州市民歌〔武鮮花〕⑯

$1 = \text{C}\quad \frac{2}{4}$

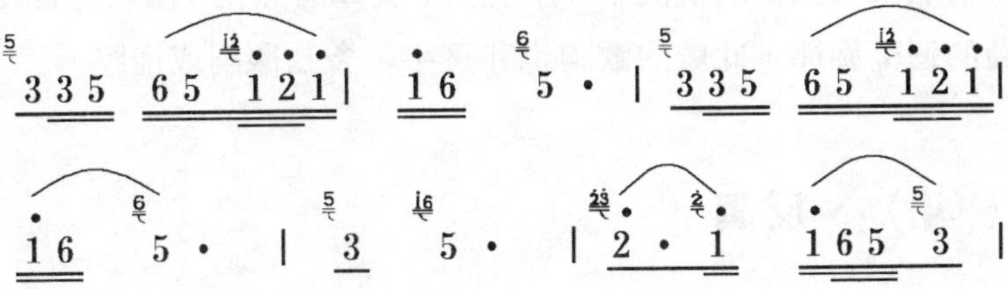

$$
\begin{array}{c}
\underline{3\ 3\ 5}\ \ \underline{6\ 5}\ \ \underline{1\ 2\ 1}\ |\ \underline{1\ 6}\ \ \ 5\ \cdot\ |\ \underline{3\ 3\ 5}\ \ \underline{6\ 5}\ \ \underline{1\ 2\ 1}\ | \\[6pt]
\underline{1\ 6}\ \ \ 5\ \cdot\ |\ 3\ \ \ 5\ \cdot\ |\ 2\ \cdot\ 1\ |\ \underline{1\ 6\ 5}\ \ \ 3\ |
\end{array}
$$

---

⑮　參《中國民族曲式》，頁 49。

⑯　《蘇州民間音樂選集》，下冊，頁 88。

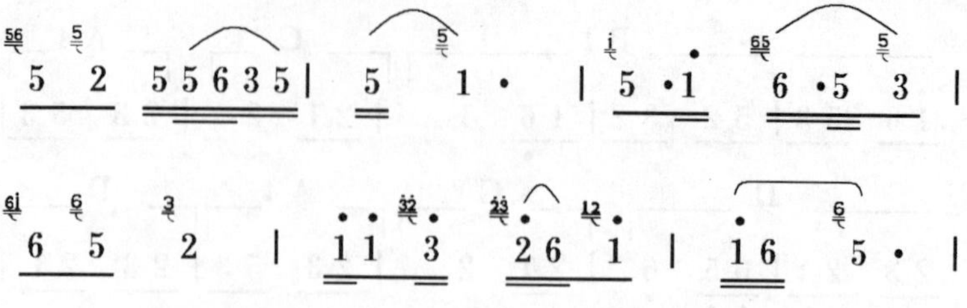

$$5\quad 2\quad 5\,5\,6\,3\,5\ |\ 5\quad \dot 1\cdot\ |\ 5\cdot\underline{1}\quad 6\cdot\underline 5\quad 3\ |$$

$$6\quad 5\quad 2\ |\ \underline{1\ 1}\ 3\quad 2\ \underline 6\ 1\ |\ 1\ 6\quad 5\cdot\ |$$

（以下重頭反複）

此首〔武鮮花〕的樂句聯綴結構屬主流腔系甲型。在整首旋律進行中，以骨幹音為基礎不斷加入各種裝飾音與經過音，此種加花手法，使旋律產生豐富流暢的風格。

　　樂句尾音時值較長時，有時也會以該尾音為骨幹音進行加花。如：

【譜例 4-2-15】江蘇省揚州市揚州清曲中的〔老鮮花〕⑰

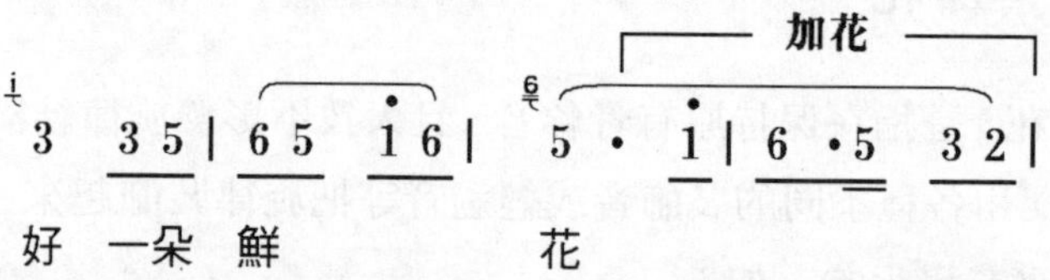

　　　　　　　　　　　　　　　　┌─── 加花 ───┐

$$3\quad 3\ 5\ |\ 6\ 5\quad 1\ 6\ |\ 5\cdot\underline 1\ |\ 6\cdot\underline 5\quad 3\ 2\ |$$

好　一朵　鮮　　　　花

〔茉莉花〕樂句首句（Ａ１）的句末原應落於較長時值的徵音，此首揚州清曲中的〔老鮮花〕，卻以此末尾徵音為骨幹音，在不增加樂句拍值的情況下，作了上下旋律的加花，產生餘音裊裊的迴蕩旋律，此處的歌詞也非實字，多為襯詞或拖腔。

（四）、反調

　　所謂「反調」是樂曲轉換宮調的一種方法，與「正調」相

---

⑰　《中國曲藝音樂集成・江蘇卷・揚州市分卷》，頁73。

對稱，為北方民間音樂中常見的變化手法。主要利用樂器定弦的改變來改變調性，使唱腔旋律呈約略近似的輪廓，但在實際音高上曲末結音卻比「正調」低四度或五度。〔茉莉花〕與〔疊斷橋〕曲調間應有類似正、反調的關聯，而〔茉莉花〕曲調中的「〔疊斷橋〕腔系」實際接近〔反調茉莉花〕。這種變調手法雖增加了後人辨識的困難，但卻使整個旋律產生變化，豐富了聲情色彩，也拓展了曲調發展的空間。有關〔茉莉花〕與〔疊斷橋〕關係的詳細考證見第三章第二節，此處不贅。

　　除了〔疊斷橋〕以外，在以〔茉莉花〕為名，曲調較接近主流腔系的〔茉莉花〕民歌裡，也可找到有部分曲調發生類似「反調」變化的例證。如：

【譜例 4-2-16】浙江省餘姚市民歌〔鮮花調〕⑱

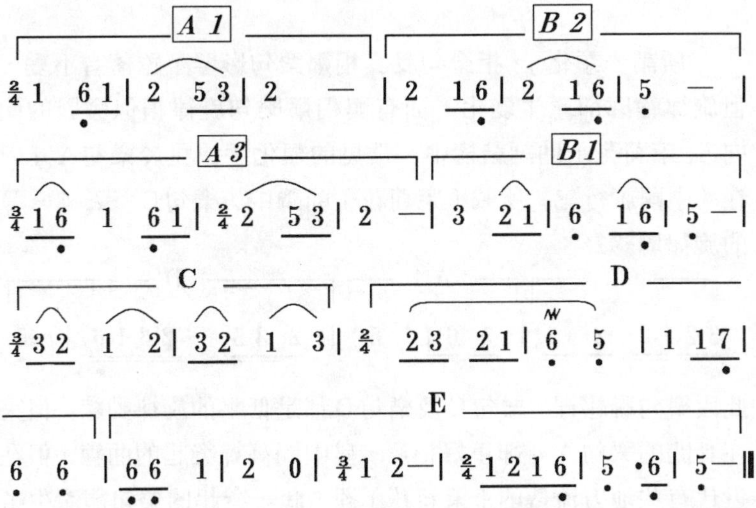

乍看起來【譜例 4-2-16】的後半段（樂句 C → D → E）除了樂句 C 為反複擴充，及樂句 A 4 被減省以外，其餘明顯即〔茉莉

⑱　《中國民間歌曲集成・浙江卷》，頁327。

花〕主流腔系旋律；但其前半段（樂句 $\boxed{A1}$ → $\boxed{B2}$ → $\boxed{A3}$ → $\boxed{B1}$）則似與〔茉莉花〕不同。不過如將此前半段旋律上移四度，成為：

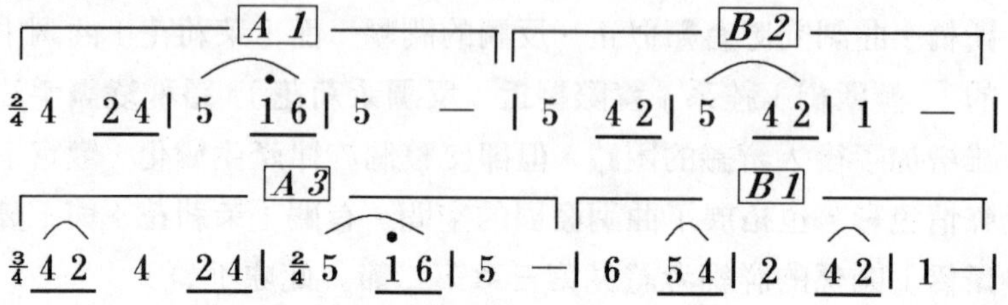

則其旋律輪廓及樂句落音就與〔茉莉花〕「主流腔系乙型」相同。可見此曲的前半段旋律應是已經過反調手法的處理。

（五）、類化

　　所謂「類化」，指樂句受其相鄰樂句影響，雖落音不變，但旋律輪廓卻產生變化，而有與相鄰樂句旋律相似發展的傾向。〔茉莉花〕曲調結構中，常見的類化手法見於樂句 A 4。在《中國旅行記》所載〔茉莉花〕曲調中，樂句 C → A 4 → D 的旋律聯綴為：

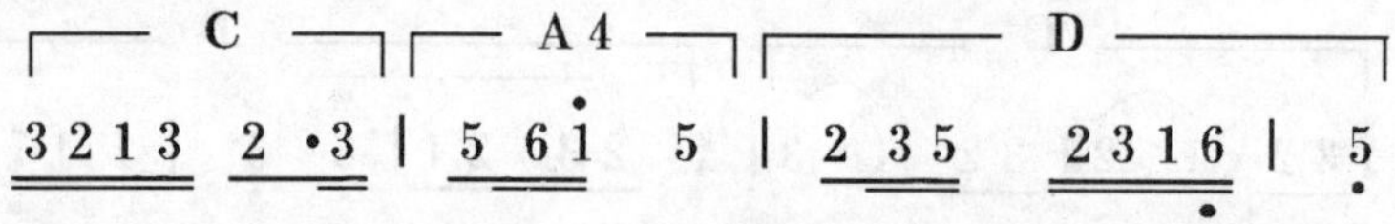

此段樂句聯綴裡，樂句 C 及樂句 D 都是低平的旋律動線，但夾在其間的樂句 A 4 卻正好相反，呈中間高聳突起的曲線。但在近代有些地方流傳的〔茉莉花〕裡，此一突起的樂句卻產生了改變，如以下兩譜例：

【譜例 4-2-17】河北省昌黎縣民歌〔茉莉花〕⑲

----

⑲　《中國民間歌曲集成・河北卷》，頁422。

```
┌───── C ─────┐ ┌── A4 ──┐ ┌────────── D ──────────┐
 6 5  4 3 | 2 ·3 | 5 ·3 | 5 ·3 | 2  3 | 2 ·3  21 | 6 5 | 6 |
  .                                              . .
```

【譜例 4-2-18】安徽黃梅戲中〔鮮花調〕⑳

```
┌──── C ────┐ ┌── A4 ──┐ ┌───────── D ─────────┐
 3 2 1  2  | 2 ·3  5 | 2 ·5  2 3 2 1 | 1 6 6 |
                                      . .
```

限於篇幅只簽錄 C→A4→D 樂句聯綴結構，此兩譜例中的其他 A 系列樂句都仍保持中段高聳突起的特徵，此一特徵在 A4 裡卻明顯消失，變得與其前後樂句一般的矮平。此種情況疑即受到其前後樂句（C 與 D）的影響，而產生了旋律的類化。尤其是【譜例 4-2-18】安徽黃梅戲〔鮮花調〕中樂句 A4「商→角→徵」的矮平化旋律，更成為河南、安徽、湖南、湖北、雲南、甘肅、四川等許多地區〔茉莉花〕的一種共同特徵㉑。

（六）、仿代

「仿代」同「類化」一般也是樂句旋律受曲中其他樂句影響而產生變化，但其變化不僅是旋律有類化傾向，而是整個樂句包括旋律、節奏、落音等都作了模仿代換。在各地傳衍的〔茉莉花〕曲調裡，此種變化多發生在起始雙疊的第二句。該處原應是第一句（樂句 A1）的疊句（樂句 A2），但有時卻以仿同樂句 B1 的樂句 B2 取代，也因此形成第二章第一節分析曲調類型時所稱的主流腔系乙型曲調。如以下兩譜例：

---

⑳ 《中國戲曲音樂集成·安徽卷》，頁1105。
㉑ 參第七章第一、二節。

【譜例 4-2-19】雲南民歌〔鮮花調〕㉒

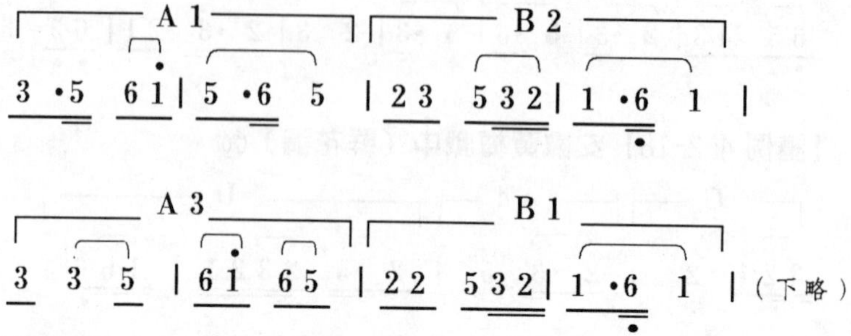

```
        A 1                      B 2
3 ·5  6 1 | 5 ·6  5  | 2 3  5 3 2 | 1 ·6  1 |

        A 3                      B 1
3  3  5 | 6 1  6 5 | 2 2  5 3 2 | 1 ·6  1 | （下略）
```

【譜例 4-2-20】福建省建陽縣茉莉花舞中的〔茉莉花〕㉓

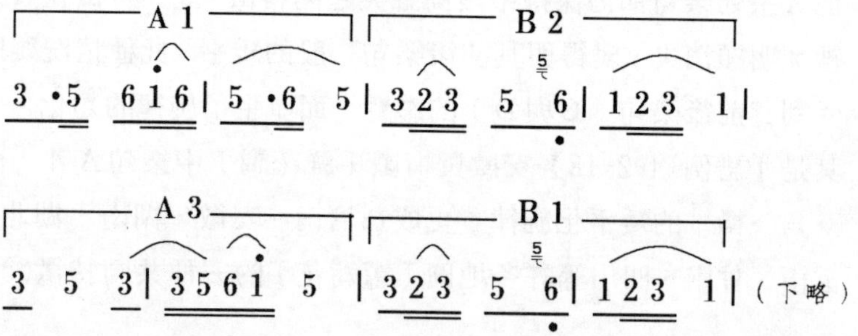

```
         A 1                          B 2
                                   5
3 ·5  6 1 6 | 5 ·6  5 | 3 2 3  5 6 | 1 2 3  1 |

         A 3                          B 1
                                   5
3  5  3 | 3 5 6 1  5 | 3 2 3  5 6 | 1 2 3  1 | （下略）
```

此兩譜例中的樂句Ｂ２在〔茉莉花〕主流腔系甲型中原應是樂
句Ａ２，但因受樂句Ｂ１影響而以與其相近同的Ｂ２取代。此
種改變主要掌握了疊句的特徵，把主流腔系甲型首兩樂句所呈
小波浪式的相疊，擴展成前四樂句（２對２）大波浪的相疊，
以產生另一種較平穩對等的疊句風格。

　　雖然《中國旅行記》所載乾隆時流行的〔茉莉花〕及今日
大部分流傳的〔茉莉花〕都是主流腔系甲型曲調，不過道光年
間流傳的〔茉莉花〕就有主流腔系乙型產生。如台南樂局雅樂

㉒　《中華民族歌謠選集》，第7集，頁693。

㉓　見《福建民間音樂簡論》，頁101。

十三音裡的〔茉莉花〕就是如此。可見此一仿改手法起源很早。

（七）、變旋律

所謂「變旋律」，是指在樂句聯綴結構及各樂句拍值都大致不變的情況下，旋律的進行產生變化。這種變化有些只是以移位的方式作大略輪廓的模進；有些則變化較大且不規則，甚至大幅改變旋律動線，而與原旋律相去甚遠。不過不論旋律如何變化，其樂句的落音卻大多仍不變。移位式的輪廓模進變化如：

【譜例 4-2-21】《中國旅行記》與江蘇省六合縣〔茉莉花〕首兩疊句之比較㉔

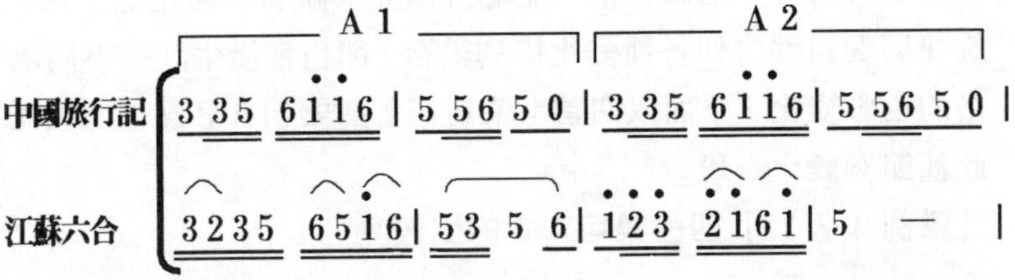

在《中國旅行記》中，樂句Ａ１與Ａ２是完全相同的疊句，其旋律大致呈「3→i→5」的波浪曲線。在江蘇六合民歌中，樂句Ａ１大致與《中國旅行記》相同，但Ａ２就起了變化，由樂句Ａ１的最後一個音「6」帶起，整個旋律上移了約三度，但卻大略仍保持原有波浪形輪廓，而呈「6→3→i」的曲線，最後又落回長時值的徵音終止，使旋律動線產生既變化又統一的效果。

旋律作大幅度變化，以致與原來旋律相差甚遠的，如：

㉔　《中國民間歌曲集成・江蘇卷》，頁726。

【譜例 4-2-22】江蘇揚州民歌〔鮮花調〕中樂句Ａ１㉕

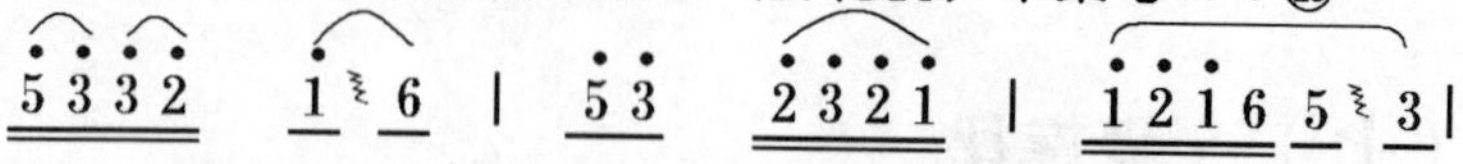

$\underline{5\ 3}\ 3\ 2$　　$\underline{1}\ \overset{\scriptscriptstyle\searrow}{}\ 6$　|　$\underline{5}\ 3$　　$\underline{2\ 3}\ 2\ 1$　|　$\underline{1\ 2}\ \underline{1\ 6}\ 5\ \overset{\scriptscriptstyle\searrow}{}\ 3$　|

此一樂句Ａ１的旋律與典型中央突起的波浪曲線已完全不同,而變成兩階段由高下行的旋律動線。此種大幅的改變使〔鮮花調〕原本面貌幾乎難以辨認。不過雖然如此,其落音仍落於主幹音徵音並未變化㉖。

（八）、換節奏

節奏的改變也是使整個曲調產生變化的重要原因。今日流傳各地的〔茉莉花〕,雖然整體而言在節奏上的變化不大,但由於地方特性、用語習慣、並配合擴充、減省、加花等手法,旋律節奏自然會作各種變化排列組合,卻也會產生許多不同風格的色彩變化。下面以四首〔茉莉花〕的樂句Ａ３為例,以見此種節奏變化一班:

【譜例 4-2-23】四首樂句Ａ３的比較㉗

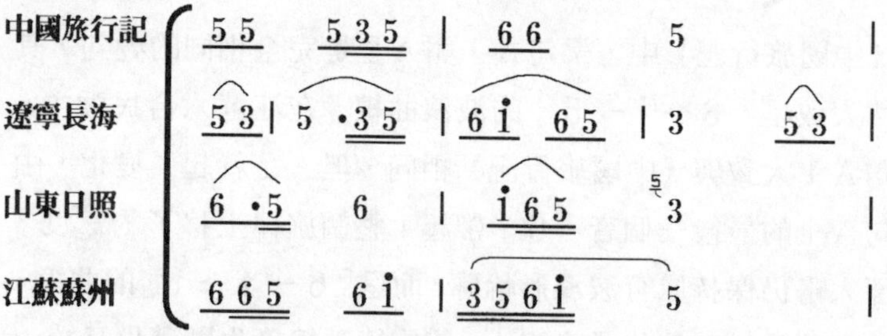

中國旅行記	$\underline{5\ 5}$　$\underline{5\ 3\ 5}$	$\underline{6\ 6}$　　5		
遼寧長海	$\underline{5\ 3}$|5 $\underline{\cdot 3\ 5}$	$\underline{6\ \overset{\smile}{1}}$　$\underline{6\ 5}$	3	$\underline{5\ 3}$	
山東日照	$\underline{6\ \cdot\ 5}$　6	$\underline{\overset{\smile}{1}\ 6\ 5}$　$\overset{5}{3}$		
江蘇蘇州	$\underline{6\ 6\ 5}$　$\underline{6\ \overset{\smile}{1}}$	$\underline{3\ 5\ 6\ \overset{\smile}{1}}$　5		

㉕　《蘇北民間歌曲集》,頁110。

㉖　此樂句最後一音「3」為加花性質的虛腔,其落音實際落於前一音「5」。

㉗　遼寧長海民歌〔茉莉花〕,見《中國民歌》,第3集,頁276。山東日照魯南五大調中〔鮮花調〕,見《漢族民歌概論》,頁237引。江蘇蘇州「姑蘇風光」〔大九連環〕中〔鮮花調〕,見《中國傳統民歌400首》,頁182。

此四例同為〔茉莉花〕的樂句Ａ３，但在節奏上卻各有不同，可見〔茉莉花〕在傳衍中已產生多種節奏變化。

（九）、改落音

歌曲中各樂句結尾的落音，是判斷曲調結構是否相同的一種重要依據。不過民間歌曲在絕大多數樂句落音不變的情況下，也會產生某些樂句改變落音的現象。〔茉莉花〕最末樂句轉高八度進入終結的「高尾」，就也算是一種落音的改變。其樂句Ｄ，更常由低徵音「5̣」改落低羽音「6̣」或宮音「1」，造成此樂句的不穩性。其他樂句改落音的現象雖較少，但也時有所見。如：

【譜例 4-2-24】河北南皮縣落子調〔茉莉花〕的樂句Ａ３㉘

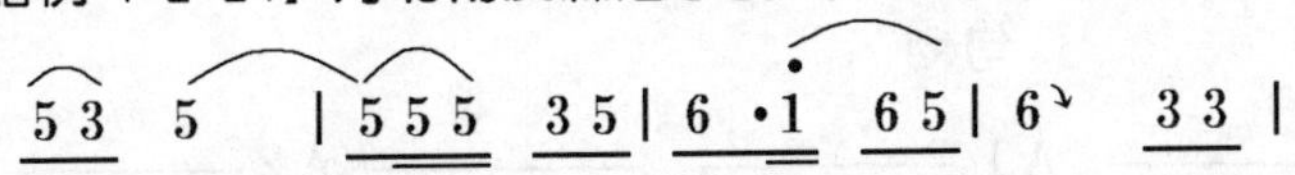

此曲的樂句聯綴結構為主流腔系甲型，其樂句Ａ３應落於徵音「5」，但此曲卻落於羽音「6」㉙。又如：

【譜例 4-2-25】山西省臨汾市民歌〔茉莉花〕的樂句Ｂ２及
　　　　　　　　Ａ３㉚

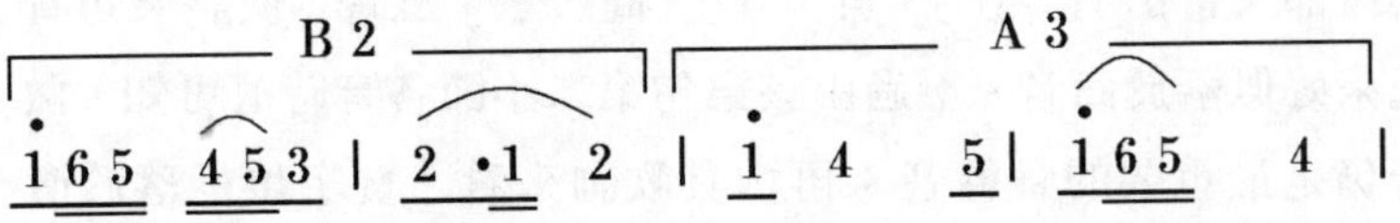

此曲的樂句聯綴結構為主流腔系乙型，其樂句Ｂ２應落於宮音「1」，樂句Ａ３應落於徵音「5」。但此曲卻分別改落於商音

㉘　《中國民間歌曲集成‧河北卷》，頁231。

㉙　最後的兩個角音「3」為加花性質，故實際落於羽音「6」。

㉚　《中國民間歌曲集成‧山西卷》，頁501。

「2」及清角「4」。又如：

【譜例 4-2-26】山西省霍縣民歌〔萱花〕的樂句Ｂ2㉛

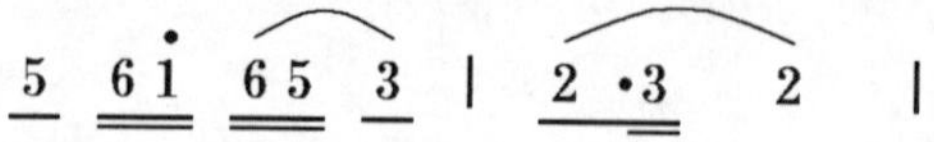

$$\underline{5\ \ \underline{6\overset{\cdot}{1}}}\ \ \overline{\underline{6\ 5}}\ \ 3\ \ |\ \ \underline{2\ \cdot 3}\ \ \ 2\ \ \ |$$

此曲樂句聯綴結構為〔茉莉花〕主流腔系乙型。樂句Ｂ2原應
落於宮音「1」，但此曲卻改落商音「2」。

　　以上所述改落音的手法雖不少，但另有一種情況則須作分
辨說明。即由於民歌演唱常較隨興，所以有些樂句旋律的句
尾，在進入其該有的落音後，常又會順著前後旋律動線的發展
拉扯出其他音來，這些音多只是句末附帶加花式的短拖腔，不
能算是改變落音，如前舉【譜例 4-2-22】即如此。又如：

【譜例 4-2-27】山西五寨縣八大角秧歌中〔茉莉花〕前兩樂
　　　　　　　句㉜

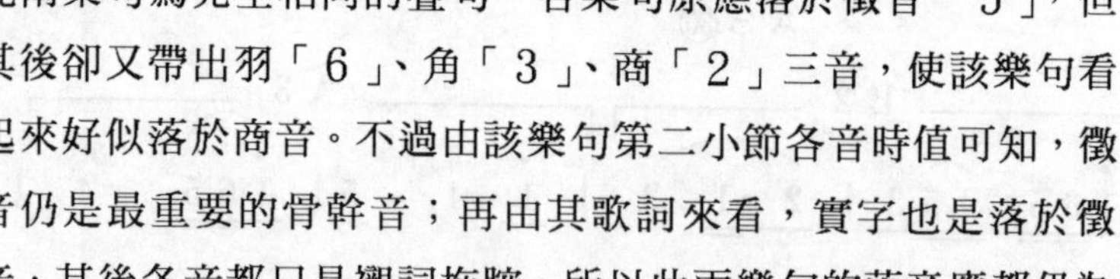

$$\overset{\text{A 1}}{\overline{\underline{5\ 3\ 5}\ \ \overline{\underline{6\ \overset{\cdot}{1}\ 6}}}}\ |\ \underline{5\ \cdot 6}\ \ \underline{3\ 2}\ |\ \overset{\text{A 2}}{\overline{\underline{5\ 3\ 5}\ \ \overline{\underline{6\ \overset{\cdot}{1}\ 6}}}}\ |\ \underline{5\ \cdot 6}\ \ \overline{\underline{3\ 2}}\ |$$

好─朵 茉莉　　花(哈 哈哈) 好─朵 茉莉　　花(哈 哈)

此兩樂句為完全相同的疊句。各樂句原應落於徵音「5」，但
其後卻又帶出羽「6」、角「3」、商「2」三音，使該樂句看
起來好似落於商音。不過由該樂句第二小節各音時值可知，徵
音仍是最重要的骨幹音；再由其歌詞來看，實字也是落於徵
音，其後各音都只是襯詞拖腔，所以此兩樂句的落音應都仍為
徵音「5」。

_____

㉛　《山西民歌》，頁252。

㉜　《中國民族民間舞蹈集成‧山西卷》，頁60。

二、變化原因探討

　　造成以上各種變體曲調的原因很多，歸納之至少有以下幾種：

（一）、地方特性風格

　　中國是個幅員遼闊的國度，各地因長久以來環境、血緣、習慣與風俗等背景的差異，而產生了各自不同的民情特質。此種特質也反映在各地文化中，造成頗具特色的地域文化來。在民間流傳的各類音樂文化，就明顯受到此種特性風格的影響。如三國時阮籍在《樂論》中即云：

> 楚、越之風好勇，故其俗輕死；鄭、魏之風好淫，故其俗輕蕩。輕死，故有火蹈、赴水之歌；輕蕩，故有桑間濮上之曲。各歌其所好，各詠其所為。……故八方殊風，九州異俗，乖離分背，莫能相通，音異氣別，曲節不齊。㉝

明王世貞《曲藻》也云：

> 凡曲：北字多而調促，促處見筋；南字少而調緩，緩處見眼。北則辭情多而聲情少，南則辭情少而聲情多。北力在絃，南力在板。北宜和歌，南宜獨奏。北氣易粗，南氣易弱。㉞

可見地方特殊的文化特質，深切影響著當地所流傳的音樂。〔茉莉花〕是流傳於各地的民歌，自然也受其影響。如：

㉝　《樂論》，《全上古三代秦漢三國六朝文》，頁1313。
㉞　《曲藻》，《中國古典戲曲論著集成》（四），頁27。

【譜例 4-2-28】江蘇六合及河北滄州〔茉莉花〕樂句Ａ１之比較㉟

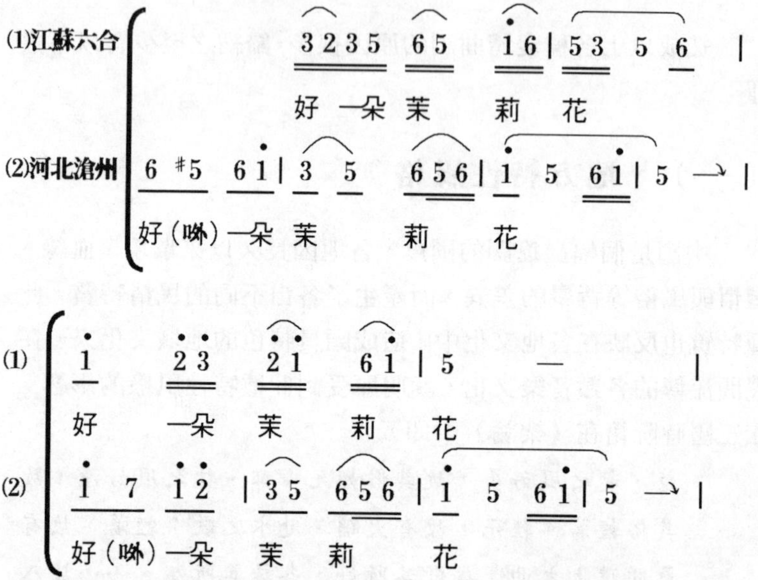

此兩曲同為〔茉莉花〕的樂句Ａ１，但其一流傳於南方江蘇六合，另一則流傳於北方河北滄州一帶。前者以角音起始，旋律幾乎皆為級進，節奏均勻平穩，充分顯現了南方婉約柔美的民情特質；後者除以較高的羽音起始，頭一小節（6 ♯5　6 i̇）為一新增旋律外，旋律進行中也產生了小六度、小七度等大跳音程及切分節奏，明顯反映出的則是北方剛健活躍的民情風格。

（二）、方言語音調值

㉟　《中國民間歌曲集成‧江蘇卷》，頁726。《中國民族民間舞蹈集成‧河北卷》，頁216。

除了習慣、風俗民情等所造成的地域文化特質外,由於民歌的演唱必配以歌詞,所以各地語音調值的不同,也是造成民歌旋律改變的重要原因之一。如嘉靖間所編《廣東通志》裡,就有一則關於潮州府各地因方音不同,所唱歌曲也各具特色的記載:

> (潮州府)語音類閩,其為歌也,海陽音輕雅,潮陽音柔婉,揭陽音勁直。自白沙倡學江門,而人士為江門之歌,其聲高邁。自陽明倡學南贛,而人士為贛州之歌,其聲和緩。㊱

雖然〔茉莉花〕為較接近小調性質的民歌,且以小戲《花鼓》劇中〔鮮花調〕的演唱為重要傳播媒介,以致受到入樂演唱及戲曲因襲承傳的規範,其在各地所唱曲調的變異性不若一般僅靠徒歌單曲流傳的民歌明顯。不過在各地流傳的〔茉莉花〕以地方語音演唱時,仍免不了會受到方音調值的影響而產生一些旋律上的變異。如江蘇徐州方言語音調值為:

【表 4-2-1】㊲

調 類	陰平	陽平	上聲	去聲
調 值	213 低降升 ✓	45 中升 ╱	35 中升 ╱	42 中降 ╲

流傳於江蘇徐州市的〔張生跳粉墻〕(〔鮮花調〕),其樂句A1的旋律及歌詞方音調值的對映情形為:

㊱ 《廣東通志》,卷20《民物志一》,頁540。

㊲ 徐州方言語音調值,見《中國戲曲音樂集成‧江蘇卷》,頁35。

【譜例 4-2-29】㊳

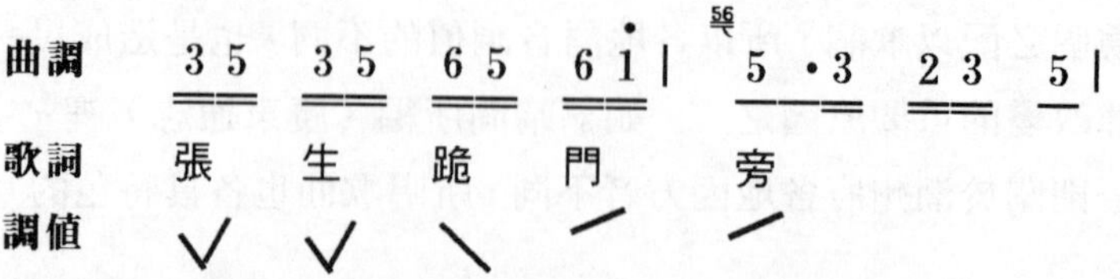

曲調	3 5	3 5	6 5	6 1 |	5 ·3	2 3	5 |
歌詞	張	生	跪	門	旁		
調值	∨	∨	＼	／	／		

此段旋律的進行與方音調值的高低走向大致是吻合的。可見方音調值對其旋律的進行變化，應有一定程度的影響。又如四川成都與重慶方言語音調值為：

【表 4-2-2】㊴

調類		陰 平	陽 平	上 聲	去 聲
調	成都	55 高平 ┐	21 低降 ∨	53 高降 ＼	213 低降升 ∨
值	重慶	55 高平 ┐	21 低降 ∨	42 中降 ＼	214 低降升 ∨

以下譜例為四川清音《西廂扇》裡所唱的〔鮮花調〕：

【譜例 4-2-30】㊵

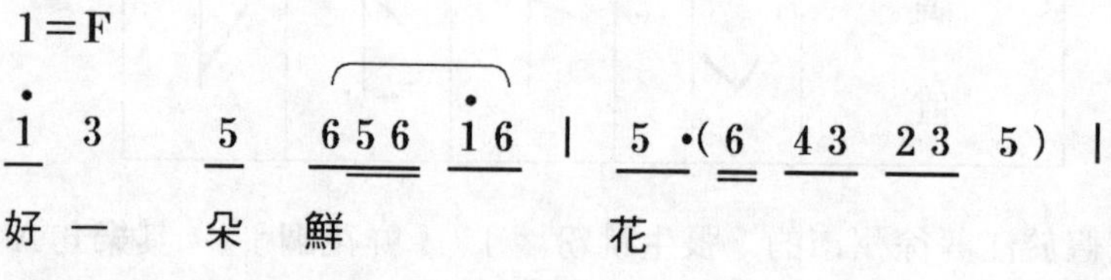

1＝F

1 3	5	6 5 6	1 6 |	5 ·(6	4 3	2 3	5) |
好 一	朵	鮮		花			

㊳　《中國民間歌曲集成・江蘇卷》，頁725。

㊴　四川成都、重慶方言語音調值，參《漢語方言與方言調查》，頁78。

㊵　《中國曲藝音樂集成・四川卷》，頁288。

```
4 •3  23  35  32 | 5 3 2  1(2  7656  1 1) |
好    一朵美鮮    花

1 65  3 •(2  32)  35| 6 5 6  1 2 7 6  5 6 5  4 |
滿    園        花      開

3 •5  2  3 •5  23| 5 •6 3 2  1(2  77656  1 1)|
賽    又  賽    不過它

1 •2  5 3  2 3 1  2(2) | 2 3 2 1  2 3  5 1  6 5 |
奴    本  得      摘      朵

3 2 1 2  3 5  2 3  1| 2 3  6—6 1| 2 •5 3 2 1 6 1(1)|
戴        又恐 怕 看花    人兒 罵

1 •2  3 5  2 1  7 6 | 5 •(6  5 3  2 3  5 5)‖
羊    得兒 咿 得兒    喲
```

此曲雖然儘量保持了〔鮮花調〕原有的旋律輪廓，但在許多地方卻仍反映出四川方音語調的影響。如歌詞中的「好」、「滿」、「恐」等字等都是上聲，在四川話裡語調為「高降」或「中降」，其在旋律進行上後面都接了下行的音。又如歌詞中的「賽」、「又」、「過」、「戴」、「罵」等字都是去聲，在四川話裡語調為「低降升」，所以在旋律進行上後面都直接或間接的接了上行的音。由此可知，方言語調對〔茉莉花〕的影響確是存在的。

（三）、演唱者的詮釋

　　早期民歌詞曲的傳唱，不僅一般人是在聆賞之餘跟著隨口哼唱，連專業演唱者也多非靠曲本，而是以口傳心授方式學會歌曲，因此歌詞或音調上的訛誤變化自然在所難免。除了此種原因造成的變化以外，演唱者於學會歌曲後，由於每人的生活經驗與藝術涵養都不相同，因此即使同一首歌在同一地域、曲種、時代裡，因演唱者的不同，受到其對該歌曲不同詮釋的影響，曲調也會產生不同差異的變化，不過此種差異一般來說多不太大。如【譜例 4-2-31】為兩不同演唱者所唱揚劇《打花鼓》中的「好一朵鮮花」〔老鮮花調〕：

【譜例 4-2-31】㊶

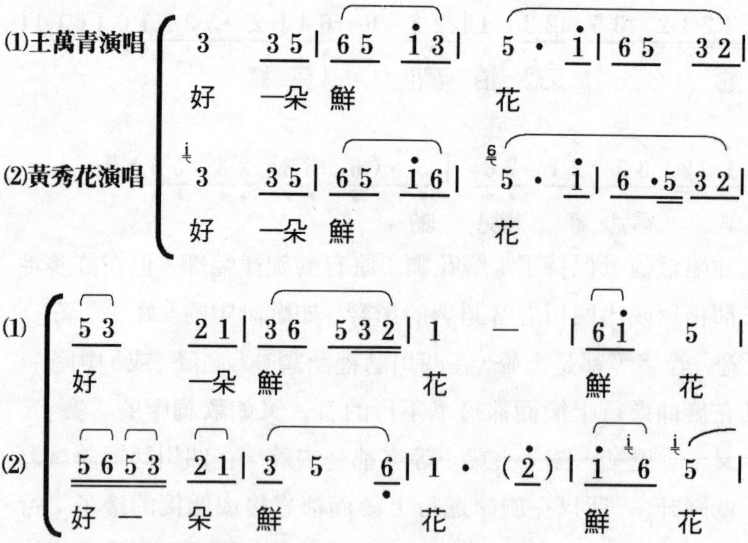

(1)王萬青演唱
```
3    3 5 | 6 5  i 3 |  5 · i | 6 5   3 2 |
好    一朵 鮮   花
```

(2)黃秀花演唱
```
3    3 5 | 6 5  i 6 |  5 · i | 6 · 5 3 2 |
好    一朵 鮮   花
```

(1)
```
5 3    2 1 | 3 6  5 3 2 | 1  —  | 6 i   5 |
好    一朵 鮮   花        鮮   花
```

(2)
```
5 6 5 3   2 1 | 3   5    6 | 1 · (2) | i 6  5 |
好 一 朵 鮮   花            鮮   花
```

㊶　王萬青所唱見《揚劇曲調介紹》，頁69。黃秀花所唱見《中國戲曲音樂集成・江蘇卷》，頁1337。

(1) 0 3 5 | 6 5 i̇ | 6 5 3 2 | 5 3 2 1 |
　　的個　開　　　放　　　　無人

(2) 5 3 5 | i̇ — | 2̇ i̇ 6 5 3 2 | i̇ 3 2 1 |
　　(的個)　開　　　放　　　　別 樣 花兒

(1) 3 6 5 3 2 | 1 — | 6 5 5 3 |
　　不愛　　它　　　　我　欲

(2) 3 5 5 3 2 | 1 · (i̇ 2̇) | i̇ i̇ 2̇ i̇ 6 3 |
　　開不 過它　　　　我(哎) 欲

(1) 2 · 3 | 5 3 i̇ | 6 5 3 2 | 5 3 2 |
　　要　　摘　下　一　枝　戴

(2) 5 2 (2 3) | 5 · 3 i̇ 2̇ | i̇ 6 5 3 | i̇ 3 2 1 |
　　要　　拔　枝　頭　上　戴

(1) 3 6 5 3 2 | 1 2 1 | 0 6 i̇ | 2 · 3̇ |
　　又怕看 花　郎兒　　　郎兒　罵

(2) 3 5 5 3 2 | 1 2 1 | (i̇ 2̇) 6 i̇ | 2 0 3̇ |
　　又怕看 花　郎　　　　郎兒　罵

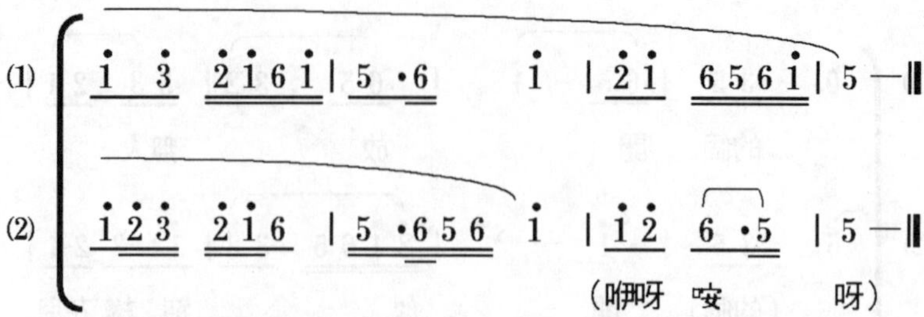

(1)　$\dot{1}$　3　$\dot{2}\dot{1}61$｜5 ·6　　$\dot{1}$　｜$\dot{2}\dot{1}$　656$\dot{1}$｜5 —‖

(2)　$\dot{1}\dot{2}$3　$\dot{2}16$　｜5 ·656　$\dot{1}$　｜$\dot{1}\dot{2}$　6 ·5　｜5 —‖

（咿呀　哎　　　呀）

以此兩人所唱相較，雖然旋律的相似性很高，但在局部地方旋律音程的變化、經過音的增減、節奏的改變等仍有明顯差異，可見演唱者個人的詮釋，也是造成曲調變化的原因之一。

（四）、曲情歌詞需要

　　歌詞是表達民歌情感最重要而直接的媒介。在今日時代歌曲以一調一詞，調隨詞創的詞曲產生方式下，曲調旋律本就專為該詞而生，不但能妥切表達歌詞意涵，其變動也不大。但中國傳統的詩、詞、散曲、民歌等各類音樂文學則非如此，其詞曲的產生常是依調填詞，也就常造成一調多詞的現象。由於新填的歌詞，在曲意上與舊詞有所不同，為了充分表達歌詞內涵，曲調上也就常會調整變化以迎合歌詞。此種情況應也是造成曲調變化的原因。如四川清音裡有一首據〔鮮花調〕另填新詞改編而來的「布谷鳥兒咕咕叫」就是如此：

【譜例 4-2-32】四川清音「布穀鳥兒咕咕叫」〔鮮花調〕㊷

1 = ♭E　$\frac{2}{4}$　中速

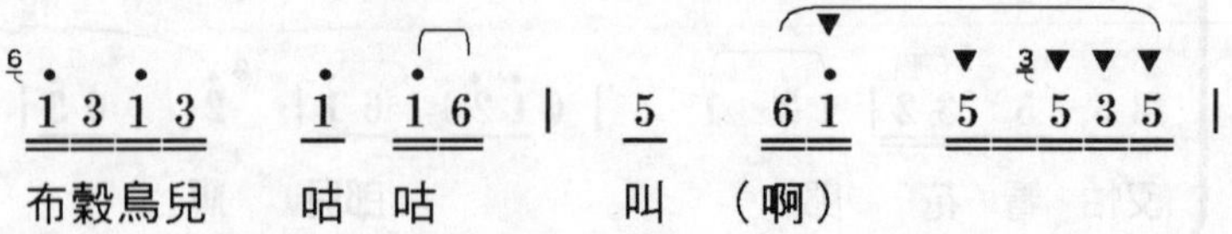

$\overset{6}{\underline{\dot{1}3\dot{1}3}}$　$\dot{1}$　$\underline{\dot{1}6}$　｜5　　$\underline{6\dot{1}}$　$\underline{5\ 535}$　｜

布穀鳥兒　咕　咕　｜叫　　（啊）

㊷　《中國曲藝音樂集成‧四川卷》，頁548。

```
6 5 6 5   6 ·5 2 3 | 5 ·6 3 2   1(1 6 1)| 0 6 1 3 5 6 |
飛出山林 往  南  飄              這邊

1 2 1 6   5 3 5 6 | 3 5 2 3   5 6 3 2   3 2 1(6   5 6 1)|
繞   來  在 那  邊  繞

5 5 3 2 1 2 | 5 3 2 3 5 6 5 3 | 2   3 5   2 3 2 1 | 1 6 0 1 |
鼓起   眼  睛 他在 到(哇)      處(哇)

2 ·5 3 2   1 1 6 1 | 1 ·2 3 5   2 1 6 1 | 5 ·(下略)
瞧(哇)
```

此首歌的歌詞為黃伯亨所作，曲調則為琴師熊青雲據四川清音中的〔鮮花調〕改編變化而來。為了表現歌詞中布穀鳥的輕靈活潑，〔鮮花調〕的旋律被改得跳躍輕快。尤其大量運用了四川清音最具特色的「哈哈腔」（譜中打▼處）⑭，使全曲旋律展現活潑流暢的鮮明特徵，也妥貼適當的表露了新歌詞的情緒意涵。

（五）、曲調自身影響

反複、模進與變化本即音樂創作的基本手法，一首樂曲通

---

⑭ 所謂「哈哈腔」，《中國曲藝音樂集成·四川卷》，頁23云：「哈哈腔，是因演唱有如『哈哈』笑聲的效果而得名的。它具有圓潤靈活、細膩生動、音色豐滿多變等特點，是四川清音獨具特色的演唱技巧。」

常是由幾個原始動機以多次反複、模進與變形的方式擴展組成。在〔茉莉花〕裡，樂句Ａ１、Ａ２、Ａ３、Ａ４間及樂句Ｂ１、Ｂ２間的形成關聯就都如此。

　　實際上不論反複、模進或據原始動機而來的變形，都是一種模仿，彼此間只是模仿近似程度的不同而已。民歌不僅在歌曲中有此種模仿結構；在流傳時於同一歌曲裡的不同樂句間，有時也會產生由習慣性因襲模仿而來的類化作用，使得原本完全不同的樂句相互影響而產生某些相同的特徵。如前文所述的類化、仿代、變旋律、換節奏、改落音……等情況，有些可能即因此而產生。所以曲調自身樂句間的相互影響，應也是造成旋律或節奏變化的原因之一。

（六）、其他民歌影響

　　不僅是同一首民歌曲調自身樂句間會產生相互影響；即使在同一地區流行的各種不同民歌間，有時也會因一起被流傳演唱而產生模仿類化的現象。尤其是曲調旋律本就有部分類似，又被採用於同一地區同一曲種裡演出的曲調間，更容易有此情況產生。如前一節所考浙江慈溪的〔一匹綢〕，就可能是因原本〔武昌調〕中有部分樂句旋律及落音，與〔茉莉花〕存在著潛在的類似性，所以兩者旋律交融影響，而形成此首可算是〔鮮花調〕變體的〔一匹綢〕歌曲。

　　又如流傳於江蘇一帶曲藝、戲曲裡的〔鮮花調〕有所謂〔老鮮花〕與〔新鮮花〕之分。如【譜例 4-2-31】般的曲調，是傳統以來流傳的〔鮮花調〕，目前常被稱為〔老鮮花調〕；另一種則如【譜例 4-2-33】般，是〔老鮮花〕的變體翻新曲調，

有時被稱為〔新鮮花〕或〔獻花〕，但大多時候則被逕稱為〔鮮花調〕㊹。

【譜例 4-2-33】揚劇中的〔鮮花調〕(〔新鮮花〕) ㊺

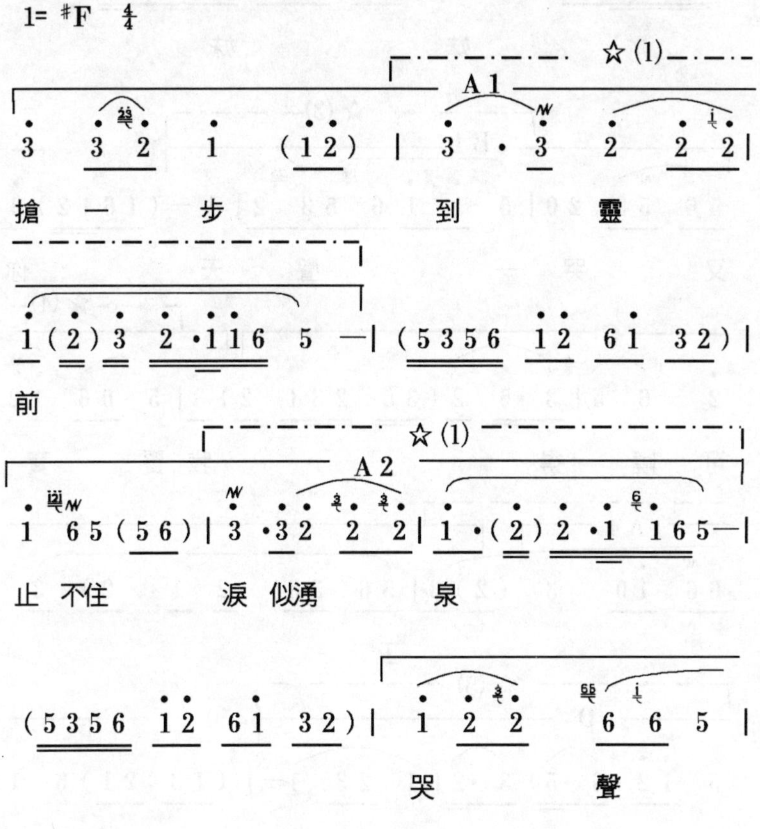
1= #F 4/4
☆ (1)
A 1
搶 一 步 到 靈
前
☆ (1)
A 2
止 不住 淚 似湧 泉
哭 聲

㊹　《揚劇曲調介紹》，頁73云：「〔新鮮花〕一名〔獻花〕，一般速度較慢，多表現悲哀的情節。」《中國曲藝音樂集成・江蘇卷・揚州市分卷》，頁43亦云：〔鮮花調〕(指〔新鮮花〕)是在〔老鮮花〕的基礎上發展變化而來。」

㊺　《中國戲曲音樂集成・江蘇卷》，頁1300。

A 3　　　　　☆(2)

(5 6 1 2 6 1) 3 5 | 1 —(1 2) 2　2 | 2 ·1 6 ·5　3 — |

　　妹　　　　　　妹

　　　　　☆(3)
　　B 1

5 6　5 3　2 0 | 5　1 1 6　5 3　2 | 1 —(1 6 1 2) 3 |

又　哭　一　聲　天　你

　　　　　　　　·—·☆(4)—
　　C

2 — 6　5 | 3 ·5　2 (3 5　2 3 1　2) 3 | 5　0 6　1 2 |

可　曉　得　　　　　　　我　賈　寶

　　A 4

6 6　1 0　　3 (2) 3 | 5 6　5 3　2 (1　2) 3 |

玉

　　　　　☆(5)
　　D

5　1 2　6 ·5　3 ·2 | 1　2 3　1 — | (1 3　2 1) 6　1 |

到 你的 靈　前　來　　　　來 祭

　　　　　　　　　　　E

2 2　0　3 | 1 ·2　2 ·1　6 | 5　·6　1 0 |

奠

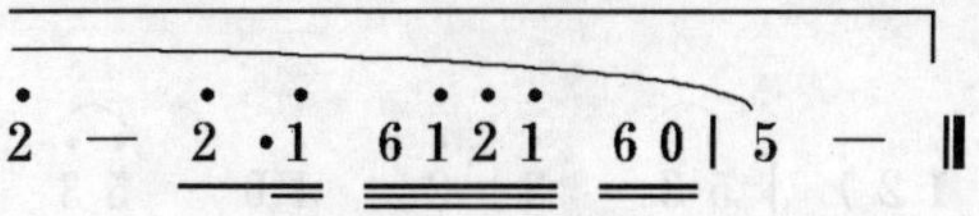

$$2 \quad - \quad \overset{\cdot}{2} \cdot \overset{\cdot}{1} \quad 6\,1\,2\,1 \quad 6\,0 \mid 5 \quad - \quad \parallel$$

此首〔鮮花調〕即〔新鮮花〕，雖在細部旋律上與〔老鮮花〕有很大差別，但由旋律輪廓及落音方面，仍可隱隱看出其樂句聯綴結構為：

$$A\,1 \rightarrow A\,2 \rightarrow A\,3 \rightarrow B\,1 \rightarrow C \rightarrow A\,4 \rightarrow D \rightarrow E$$

可見整首旋律結構是屬於〔茉莉花〕最基本的「主流腔系甲型」。其細部旋律的差異變化是如何產生的呢？這我們可在下面另一首同樣流行於揚州一帶的民歌〔粉紅蓮〕裡找到關聯：

【譜例 4-2-34】揚州清曲中的〔粉紅蓮〕⑯

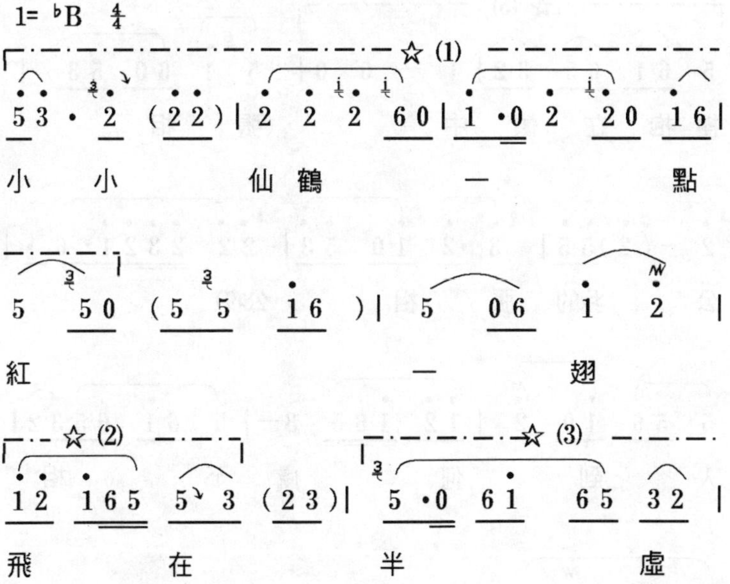

$$1 = {}^\flat\text{B} \quad \tfrac{4}{4}$$

$$\underline{5\,3} \cdot 2 \quad (\underline{2\,2}) \mid 2 \quad 2 \quad \underline{6\,0} \mid 1 \cdot 0 \quad 2 \quad \underline{2\,0} \quad \underline{1\,6} \mid$$

小　小　　仙　鶴　　　一　　　點

$$5 \quad \underline{5\,0} \quad (\underline{5} \quad \underline{5} \quad \underline{1\,6}) \mid 5 \quad \underline{0\,6} \quad 1 \quad 2 \mid$$

紅　　　　　　　一　　　　翅

$$\underline{1\,2} \quad \underline{1\,6\,5} \quad \overset{\curvearrowright}{5} \quad 3 \quad (\underline{2\,3}) \mid 5 \cdot 0 \quad \underline{6\,1} \quad \underline{6\,5} \quad \underline{3\,2} \mid$$

飛　　　在　　　半　　　虛

⑯　《中國曲藝音樂集成·江蘇卷》，頁575。

1 ·（2 16 12）｜5 3　3 2　1 0　5 3｜
空　　　　　　張　生（麼）拿　彈

2 － 2 16 ·｜5 3　3 5　6 1 1 3｜5－（5 5 1 6）｜
打　　紅　娘（麼）來　拿　弓

5　0 6　1 0　2｜1 2　1 6 5　3　（2 3）｜
鶯　鶯　　　小　姐

5 6 1　6 5　3 2｜1 － 0 0｜5 1　6 0　5 3｜
攙抱　在　懷　中　　　（張　相

2 －（2）5 5｜3 ·2　1 0　5 3｜2 2　2 3 2 1 6 ·｜
公　我的　張　相　公哎）

5　5 6　1 0　2｜1 2　1 6 5　3－｜5　6 1　6 5 3 2｜
人　到　何　處 不　相

1 － － 2｜1 － － 0‖
逢

由此首〔粉紅蓮〕裡，可找到許多地方的旋律與前舉〔鮮花調〕
（〔新鮮花〕）有相似之處，尤其是五處虛線範圍內的旋律更為
明顯。為便於比較，除於【譜例 4-2-34】中將兩者近似處分
別以☆(1)、☆(2)、☆(3)、☆(4)、☆(5)標出對應旋律外，現再將之
分別擷取於下，以方便對照比較：

☆ (1)處：

鮮花調	3 · 3	2		2	2		‖
鮮花調	3 · 3	2		2	2		‖
粉紅蓮	5 3 · 2	(2 2)	2	2	2 6 0		‖

鮮花調	1 (2) 3	2 ·1	1 6	5	—		‖
鮮花調	1 ·(2)	2 ·1	1 6	5	—		‖
粉紅蓮	1 ·0 2	2 0	1 6	5	5 0		‖

☆ (2)處：

鮮花調	(1 2) 2 2	2 ·1	6 · 5	3	—			‖
粉紅蓮	1 2	1	6 5 5 3	(2 3)				‖

☆ (3)處：

☆ (4)處：

☆ (5)處：

由此一〔新鮮花〕旋律中摻雜了大量〔粉紅蓮〕旋律素材的情況來看，其旋律的變化，應有受到〔粉紅蓮〕的影響。

　　〔粉紅蓮〕也是一支興起於明代嘉靖年間，長久以來在民間流傳不輟的小曲。在流傳中主要又派衍出〔八段錦〕、〔美哉中華〕、〔桂花黃〕、〔八月桂花遍地開〕等歌名，這些歌名多已形成調名。同時嘉靖間在宮廷教坊裡也已開始流行著一支與〔粉紅蓮〕為變體關聯，被稱為〔玉娥郎〕或〔玉娥兒〕的歌

曲,此一歌曲在明代多以宮廷為其演出舞台,直到入清以後因鼎革更替,朝中難再聆其餘音,改而開始在民間活躍起來,也再派衍出如〔四大景〕、〔紫竹調〕、〔磨豆腐調〕等歌名或調名來⑰。

　　〔新鮮花〕既名為「新」,可知是由〔老鮮花〕改變而來。由相關文獻推斷,其產生時代應在清末或民初以後。雖然尚無法考知實際改編者,但由前文曲譜比對可知,其受到〔粉紅蓮〕(或〔玉娥郎〕)的影響應是可相信的。

(七)、曲藝戲曲影響

　　〔茉莉花〕長久以來即以「好朵鮮花」套數的演出形式存在於鳳陽花鼓及《花鼓》一劇裡,並與此等曲藝、戲曲互為倚重,吸引了更多的愛好者,彼此也因此擴展了流傳的勢力與發展空間。在此種情況下,以民歌小曲形式在民間流傳的〔茉莉花〕,當然也就會受到此等曲藝及戲曲的影響。在長達近五個世紀的時間裡,此一曲調能保持基本上的統整不變,這種以鳳陽花鼓及《花鼓》小戲領導流傳的形勢,應是極重要原因之一。所以就〔茉莉花〕而言,今日一般所見的此一民歌,本身曲調血脈裡應早已摻雜有鳳陽花鼓及曾演出《花鼓》一劇各劇種的潛在因子。不過除此以外,〔茉莉花〕在各地流傳中也不斷被其他各種曲藝或戲曲所採用。由於每一地的曲藝或戲曲,都有其獨具的藝術特質,〔茉莉花〕被採入其中,曲調當然也會再受其影響而產生變化。以下舉同樣流傳於內蒙古的兩首〔張生戲鶯鶯〕來作比較:

---

⑰　參〈〔玉娥郎〕與〔粉紅蓮〕曲牌初探〉及〈民歌〔紫竹調〕探源〉。

　　請先翻見【譜例 7-2-3】內蒙古呼和浩特市民歌〔張生戲鶯鶯〕，其為一般民間流傳的民歌小曲，雖然因受地方特性、方音語調等因素影響，使音階中出現了變宮、變徵，但〔茉莉花〕的旋律輪廓仍很明顯，其樂句聯綴為「主流腔系甲型」。再看以下【譜例 4-2-35】：

【譜例 4-2-35】內蒙古二人台演唱的〔張生戲鶯鶯〕㊽

1＝F　1＝6 8　**慢速**　4/4

```
┌──────────── A 1 ────────────────────┐
  · · ·                 ·   · · ·  ·      ·  · · ·   · · ·
  3 3 3 ↘  0     3 ·2  1 6 0 3 │ 3  5    6  6 5 3   2 3 1 │
  好 一 朵       娥（了）眉  花    （哎 哎咳咳 哎咳咳）
```

```
┌──────────── A 2 ────────────────────┐
  · · ·  ·               ·   · ·      ·      ·  ·
  3 3 3  3  0     3 ·2  1 6 3 │ 3  5   6    ♯4 3   2 3 1 │
  好 一 朵       娥（了）眉  花     （咳咳 哎咳咳）
```

```
┌──────────── A 3 ────────────────────┐
       ·                         · ·        ·   ·  ·
  3 ·6  5  —  ↘ （1 7）│ 3 3 7 （6 7 6 5） 3 5  2 3 1 │
  娥 眉（哎）       開花        （哎咳 哎咳咳）
```

```
┌──────────── B 1 ────────────────────┐
  ·  ·           · · · ·     · ·      ·  ·       · ·   · · ·
  3  7  0    6 5 5 5  6 4 3  2 │ 1 6  1 ·（1 5  1 5 7 6）│
  賽（呀    賽呀麼哪）賽不過（的）它
```

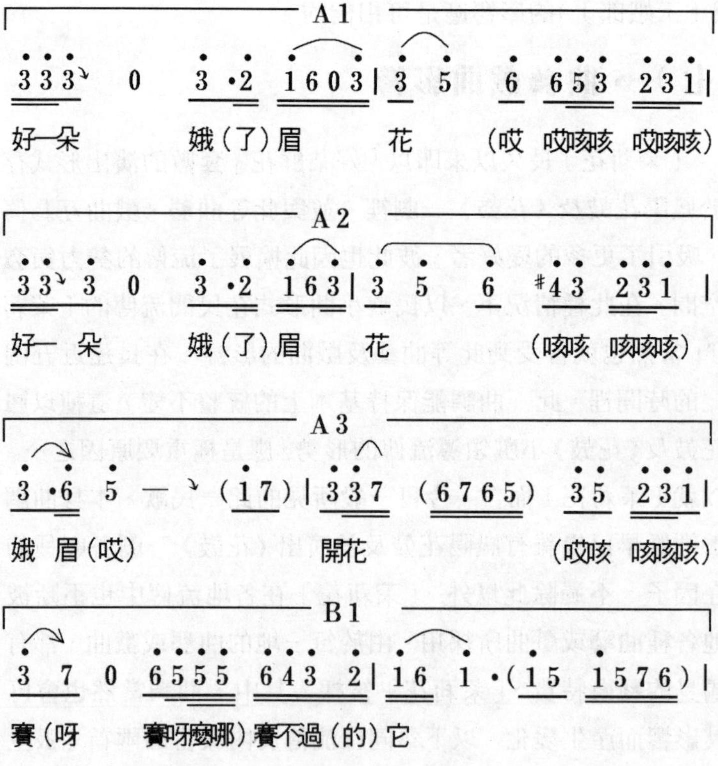

㊽　《中國曲藝音樂集成・內蒙古卷》，頁 474。

此首二人台演唱的〔張生戲鶯鶯〕與【譜例7-2-3】民歌演唱的〔張生戲鶯鶯〕相較，兩者雖同樣流傳於內蒙古呼和浩特市一帶，但在曲調上顯然有很大差異。傳統二人台的演唱，其最大特色是在自由行腔及大量運用襯詞、襯字來填腔潤色，其情況為：

> 藝人常根據不同的師承傳習和創腔能力，在「基本腔」基礎上自由行腔，再度創作，即興發揮。藝人叫「死腔活唱」。其旋律的處理方法有「高打低唱」、「低打高唱」、「夾說帶唱」、「似說似唱」等。為保持腔體的穩定，自由行腔也要符合一定的規律，歸納起來為：演

員在行腔中不管怎樣即興變化，其骨架音、起落音須和基本腔保持一致，其長短尺寸（節拍）須和基本腔保持一致。樂隊伴奏以基本腔為主，可加花變奏，特別要填滿演唱襯字行腔的空白（空拍），做到唱奏配合渾然一體。……藝人在演唱時常即興地增詞減字，并大量地運用襯字、襯詞，以填滿腔體，潤色旋律，形成二人台鮮明的特色。㊾

【譜例 4-2-35】二人台演唱的〔張生戲鶯鶯〕中，各樂句除掉句末所帶襯字虛腔後，落音大致都與一般〔茉莉花〕相同，其樂句聯綴結構應是〔茉莉花〕的「主流腔系甲型」。全曲旋律骨架音及各樂句的落音、長短大體上都未改變，不過大部分樂句卻加入了許多哎、咳的襯詞虛腔，細部旋律也起了極大變化，其所呈現出與同一地區民歌〔張生戲鶯鶯〕的差異，正是二人台曲藝演出的特色。可證此種影響，應也是使〔茉莉花〕產生曲調變化的原因之一。

第五章 〔茉莉花〕歌詞研究

　　除了曲調，歌詞是構成民歌的另一要素，其重要性絕不在曲調之下。曲調可以使人由聽覺去感受民歌的美，歌詞則更進一步讓人由心裡體會民歌的內涵，透過內涵的瞭解，使人落實了對這首民歌的深刻印象。所以歌詞的探究，也是民歌極重要的一環。

　　不過由於同一支民歌曲調，往往具有多種不同的歌詞。一般我們所稱的某首民歌，通常即指曲調與其中某種特定歌詞的組合。今存〔茉莉花〕最早的歌詞，見於乾隆 35 年（1770）刊行的曲集《綴白裘》所收梆子腔《花鼓》一劇裡，該劇於劇中演出花鼓連相時唱了一套〔花鼓曲〕。此〔花鼓曲〕（含〔雜板〕）是由十二段歌詞以重頭形式組成的套曲（以下簡稱此套歌詞為「《綴》本歌詞」）①。由內容、用語、句式結構等各方面來看，後代所傳的〔茉莉花〕歌詞，絕大部分都是與《綴》本歌詞相近同的套曲或其中部分歌段，可見這些歌詞應都出自同源。而《綴》本歌詞，則是此一同源歌詞體系中今存最早的一種。此體系歌詞是〔茉莉花〕流傳最廣的主流歌詞，其中「好

---

① 　《綴》本歌詞，見《綴白裘》，頁2441～2445，以下不再出註。
　該歌詞前九段為〔花鼓曲〕，後三段題〔雜板〕，由句式及後代流傳曲譜來看，〔雜板〕應只是〔花鼓曲〕的板式有了變化。故此〔花鼓曲〕含括〔雜板〕應為重頭式套曲。

一朵茉莉花」及「好一朵鮮花」兩段，更是成為〔茉莉花〕及〔鮮花調〕歌名的直接由來。為便於論述，本書擬稱此一同源的歌詞體系為〔茉莉花〕的「典型歌詞」。本章即針對典型歌詞，首先分析探索其內容，其次歸納其用語與段落的衍變現象，最後則根據各項分析考論結果，提出歌詞來源的蠡測。

第一節　歌詞內容析探

由於《綴》本歌詞是〔茉莉花〕典型歌詞中今存最早的一種歌詞。而且後代流傳的各種版本歌詞雖在用語、段落等方面有時會與其有所出入，但大體上它卻可被視為此類典型歌詞的標準。因此本節即擬先分析探討此一歌詞的內容。其次再擴及其他典型歌詞，以歸納出此歌詞歷來內容發展的趨向類型。

一、《綴》本歌詞內容分析

《綴》本歌詞的十二段內容如下（每段之後筆者於【　】中暫擬其段名簡稱，以便於論述）：

1、好一朵鮮花，好一朵鮮花，有朝的一日落在我家。你若是不開放，對著鮮花兒罵。你若是不開放，對著鮮花兒罵。【「鮮花」段】

2、好一朵茉莉花，好一朵茉莉花，滿園的花開賽不過了他。本待要採一朵帶（戴），又恐怕看花的罵。本待要採一朵帶（戴），又恐怕那看花的罵。【「茉莉花」段】

3、八月裡桂花香，九月裡菊花黃，勾引得張生跳過粉牆。好一個崔鶯鶯，就把那門關兒上。好一個崔鶯鶯，就把那門關兒上。【「跳牆」段】

4、哀告小紅娘，哀告小紅娘，可憐的小生跪在東牆。你若是不開門，直跪到東方兒亮。你若是不開門，直跪到東方兒亮。【「哀告」段】

5、豁喇喇的把門開，豁喇喇的把門開，開開的門來不見了張秀才。你不是我心上人，倒是賊強盜。你不是我心上人，倒是賊強盜。【「開門」段】

6、誰要你來瞧，誰要你來瞧，瞧來瞧去丈夫知道了。親哥哥在刀尖上死，小妹子兒就懸梁吊。親哥哥在刀尖上死，小妹子就懸梁吊。【「懸樑」段】

7、我的心肝，我的心肝，心肝的引我上了煤山。把一雙紅繡鞋，揉得希腦子爛。把一雙紅繡鞋，揉得希腦子爛。【「上山」段】

8、我的哥哥，我的哥哥，哥哥的門前一條河。上搭著獨木橋，叫我如何過。上搭著獨木橋，叫我如何過。【「獨木橋」段】

9、我也沒奈何，我也沒奈何，先脫了花鞋後脫裹腳。這多是為情人，便把那河來過。這的是為情人，就把河來過。【「過河」段】

10、雪花兒飄飄，雪花兒飄飄，飄來飄去三尺三寸高。飄了個雪美人，更比冤家兒俏。【「雪花飄」段】

11、太陽出來了，太陽出來了，太陽出來嬌嬌化掉了。早知道不長久，不該把你懷中抱。早知道不長久，不該把你懷中抱。【「太陽」段】

12、我的嬌嬌，我的嬌嬌，我彈琵琶嬌嬌吹著簫。簫兒口
中吹，琵琶懷中抱。吹來的彈去弦線斷了，我待要續
一根，又恐那傍人來笑。【「續弦」段】

後代其他典型歌詞與此相較，都是此十二段歌詞的增、減或衍
變。由於其中有幾段直接點明《西廂》人名的情節，所以使許
多人覺得〔茉莉花〕的歌詞是在敘述《西廂記》中張生與崔鶯
鶯自由戀愛的故事②。如果如此，那〔茉莉花〕典型歌詞的內
容就是《西廂》情節了。不過事實是如此嗎？我們由全曲各段
所顯現的內容意涵來看，《西廂》情節的聯繫其實並不緊密，
全套歌詞反而呈現了幾個獨立性頗高的主題。因此，以下就將
全曲所呈現獨立主題的情況大別為「詠花主題」、「西廂主題」、
「其他主題」三類，再分別探討每一主題所表達的內容意涵及
其相互間的銜接關聯。

（一）、詠花主題

　　包括「鮮花」段與「茉莉花」段。此兩段都在詠花，用語
詞格也近同，應是複沓而來的歌段。歌詞中並未提及人名，但
所詠的「花」，應帶著隱喻美麗女子的意涵，兩者都由「好一
朵」開始，表達了對美麗女子的歌讚。

　　「鮮花」段的「你若是不開放，對著鮮花兒罵」似在表達
對女子不肯放開情懷接受愛情的不滿與期盼；「有朝的一日落
在我家」一句詞義則似意有所指③。「茉莉花」段則語義較為

---

② 如《漢族民歌概論》，頁235及《吳文化史叢》，頁673等都持此種
　看法。

③ 「鮮花」段用語的可能來源，參本章第三節。

明確，以「滿園的花開賽不過了他」說明了該女子像貌的出眾；由「本待要採一朵帶（戴）」流露出對該女的渴慕慾望；最後的「恐怕看花的罵」則說明了兩人間存在著第三者的約制，此第三者並未明示，可能是父母、兄長或甚至是丈夫。表達了因為受到約制，而產生既愛又怕的矛盾心理。

雖然透過聯想，我們可以推擬此主題所詠的花是喻指《西廂》故事女主角崔鶯鶯，想採花的人是張生，看花的也可以假設是老夫人，一切似乎頗為吻合。不過假若如此，則《西廂》情節中鶯鶯是隨母扶父柩歸葬，途中暫借寓於普救寺西廂；張生也是因遊寺邂逅鶯鶯，傾於其姿色想一親芳澤才暫借住於寺內。所以「鮮花」段「有朝的一日落在我家」的「落在我家」，其詞意與情節就有所扞格。且由用語內容來看，此兩段詠花主題自成一格，與以下各段皆不相同。也因此後代所傳〔茉莉花〕典型歌詞中，此兩段就常被單獨提出演唱，如《中國旅行記》所收的〔茉莉花〕就是如此。

因此，由《西廂》情節來看，此兩段雖透過聯想大致可與下文銜接，但卻仍有出入難合之處。在用語內容及歷來所呈現的形式上，此兩段則頗具獨立趨向，可自成獨立歌詞。

（二）、西廂主題

包括「跳墻」、「哀告」、「開門」三段。此三段不但直接點出《西廂》人名，而且以接近直敘的用語，描述張生跳墻求歡卻遭閉門對待，於是跪於東墻請求紅娘開門。在「你若是不開門，直跪到東方兒亮。」的哀求之後，終於開了門，不過開門後卻沒看到張生。三段間情節連貫接續。是全套歌詞中《西廂》

主題明確的部分。

（三）、其他主題

　　包括「詠花主題」與「西廂主題」以外的七段歌詞。這七段歌詞也如「詠花主題」般未點明人物姓名。依其曲意間關聯，可以再分成以下五組獨立內容：

1、「懸樑」段

　　此段歌詞主要為女子偷情又怕人知的心理表白。其中「丈夫」一詞若將之視為「老夫人」的誤植，則曲意上似符合《西廂》故事情節，所以後代有些典型歌詞就直接作「老夫人」④。不過就民歌小曲的流傳情況而言，雖常有因諧音造成的訛字及特意的改字，但詞義明顯卻被「誤植」的卻不多見。且此類已婚婦人瞞著丈夫在外偷情的歌詞，在其他明清民歌小曲中也不乏見。如萬曆間刊本《徽池雅調》所收以〔劈破玉〕曲調演唱的「杜康」就是如此：

　　　　俏娘兒指定把杜康罵，因合造下酒醉倒我冤家。進門
　　　　來一交兒跌在奴懷上，那管人兒瞧見，幸遇丈夫不在
　　　　家。好色貪杯的冤家，也，把性命兒當作耍。⑤

可見此類內容的歌詞，也有其存在的可能。

　　再由此段與前一段的關聯上看，「開門」段所述是開門後並沒看到張生，也即張生並未進門。可是「懸樑」段卻已在述

---

④　如《雜劇》、Ａpi59-724《打花鼓》抄本、寶文堂《打花鼓》等即如此。
⑤　《徽池雅調》，頁119。

說偷情之事怕被發現。可見兩段間曲意差距極大,直接續合的
程度極低。因此,後代有些典型歌詞在「開門」段後又增入了
幾段接續曲意的歌詞,如瑞林齋《新刻鮮花調》:

> 二次把門開,二次把門開,開開門迎進了張秀才。他
> 那裡躬身禮,奴這裡深深兒拜,咳咳咳一喲咳。(重
> 句)。

> 朝東又拜一拜,朝西又拜一拜,拜來拜去漏(露)出
> 了紅繡鞋。他那裡偷眼看,奴這裡羅裙兒蓋。咳咳咳
> 一喲咳。(重句)。

如此,在曲意的連接上,才能算有較合理的交代。

2、「上山」段

此段歌詞的詞義極不明確,尤其是其第三句中的「煤山」,
是造成整段曲意隱晦的主要關鍵。「煤山」或為「梅山」諧訛,
後代有些典型歌詞改作「靈山」⑥。這些山名被使用於此句中,
或有其後代不易理解的特定時空意含,在此不予臆測。不過由
後兩句「把一雙紅繡鞋,揉得希腦子爛」來看,其與性愛的隱
喻或有關聯。如此則所上的「煤山」也可能為「巫山」之訛?
此外,有些後代流傳的典型歌詞裡,將「把一雙紅繡鞋,揉得
希腦子爛」的「揉」改作「踂」字⑦,甚至也有將整段歌詞改
為:

> 今日我盼心肝,明日我想心肝,哥哥門前有一座小花
> 山。也是為情人,又把那花山攀。⑧

---

⑥　如百本張抄本《好一朵鮮花》、A pi59-724《打花鼓》抄本皆作「靈山」。
⑦　同前註。
⑧　《中國民間歌曲集成‧河北卷》,頁232。

如此則是將段意直接視為登山，以女子登山的艱難來隱喻追求愛情的困難。

由於此種曲意的隱晦不明，後代大部分的典型歌詞都將此段省略。

3、「獨木橋」、「過河」兩段

此兩段歌詞間曲情明顯連續。但與其前、後段相較，曲意的承接程度並不高，可見此兩段具有頗為獨立的內容意涵。以在門前的河流及相通僅靠一條獨木橋，來比喻愛情的隔閡與困難。又由必須脫掉花鞋及裹腳的描述，說明了要過獨木橋的是綁小腳舉步難行的傳統女子，此情況不但繼續強化了克服此隔閡的艱難，也暗示了女子為追求愛情所付出的努力。

雖然在情節上，此兩段或可隱喻橫梗於張生與鶯鶯間的障礙，及鶯鶯為愛情的付出。不過由於歌詞中並未點明人名，曲意又頗具獨立性，因此本非《西廂》故事的可能性也很高。

4、「雪花飄」、「太陽」兩段

此兩段歌詞主要透過雪美人遇太陽的快速溶化，來比喻愛情的難以持久。由飄來的雪美人「更比冤家兒俏」可知此一雪美人應是第三者，此處所述應是第三者介入所產生的感情。由「早知道不長久，不該把你懷中抱」表達了曲中人物對發生此一短暫感情的悔恨。此兩段歌詞與前、後段間的續合程度都很低，而第三者介入此段感情的情節與《西廂》故事也不相符。

在後代所流傳〔茉莉花〕曲調的民歌中，此兩段就常被單獨演唱，歌名就叫「雪花飄」，此歌名甚至也由此演成調名。

此外,「雪花飄」段歌詞也被另一不同曲調的民歌〔九連環〕取用,可證此應為獨立性極高的歌詞⑨。

5、「續弦」段

此段排於全套之末,由彈琵琶與吹簫象徵了兩人原本情感的甜美與合諧,但「弦斷」的隱喻卻顯示了兩人關係的突然中斷。情節也藉此急速走向終止。末尾的雙關語「續弦」,則有兩種可能含意:一種是指想接續此段感情;另一種則想另續他緣。不論何者,此種想法都因惟恐旁人談笑而作罷。

就曲意而言,此段歌詞也可獨立存在。不過就其被置於整套歌詞之末來看,也具有著終結的意圖,使整套曲情在此種矛盾與無奈的心理下落幕。

透過以上內容分析,我們可以得知此套歌詞其實存在著以下兩方面的內容特質:

1、由曲中各段所顯現的內容意涵上看,全套歌詞《西廂》主題的情節銜接並不緊密,甚至有多處在用語、內容意涵等方面難以嵌合,歌詞中存在著多個頗具獨立意涵的主題內容。

2、由全曲情節結構的概略輪廓來看,雖然許多歌段間彼此有所扞格出入,但由對美人的愛慕,到跳牆求愛獲親芳澤,到愛情遭遇困難挫折,最後到情斷分手的整體概略情節,隱隱間似乎仍可感覺出模糊輪廓的《西廂》故事情節。

由此可知,此套歌詞各段間應存在著既分離又統合的內容結構。所以存在此種特質,應與歌詞產生的過程情況有所關聯,有關歌詞來源的探討,另見本章第三節。

---

⑨ 有關《雪花飄》,參第四章第一節。另在嘉慶年間成書的《白雪遺音》卷三,頁703就收有〔九連環〕。

二、歌詞內容發展類型

　　雖然典型歌詞在流傳中一直維持著大致一定的架構，不過大多都同《綴》本歌詞般，其《西廂》情節並不明確。同時在長久以來實際流傳的〔茉莉花〕裡，我們還可以發現有些典型歌詞的內容是在朝向不同的趨向發展，而各不同發展間的主要差別，就在於所表達的內涵與《西廂》主題的關聯。所以根據其發展趨向，我們可以將其分為三大類型：

（一）、隱喻《西廂》型

　　此類歌詞各段中只有少數幾段直接點明《西廂》人名情節，其餘各段不但可分化出幾個獨立性高的小主題，而且也都未明顯表露與《西廂》主題的直接關聯。不過若換由全曲概略的模糊結構來看，全套歌詞卻仍可感受到《西廂》情節的隱約輪廓。此種類型可能直接承襲自《綴》本歌詞，也是後代最常見的類型。如民國 14 年刊行的《湖陰曲初集》中《花鼓》一劇所唱〔花鼓曲〕：

1、【旦唱】〔花鼓曲〕好一朵鮮花，好一朵鮮花，有朝一日落在我家。你若是不開放，對著鮮花兒罵。你若是不開放，對著鮮花兒罵。（唱完打鑼鼓，下做此）

2、【旦唱】八月裡桂花香，九月裡菊花黃，勾引得張生跳過粉牆。好一個崔鶯鶯，就把那門兒關上。好一個崔鶯鶯，就把那門兒關上。（旦做關門勢，付做跳牆勢，跌介）

3、【旦唱】哀告小紅娘，哀告小紅娘，可憐的小生跪在東

牆。你若是不開門，直跪到東方兒亮。你若是不開門，
直跪到東方兒亮。

4、豁喇喇把門開，豁喇喇把門開，開開門來不見了張秀
才。你不是我心上人，到是強盜賊。你不是我心上人，
到是強盜賊。

5、我的心肝，我的心肝，心肝兒引我上了煤山。把一雙
紅繡鞋，揉得希腦子爛。把一雙紅繡鞋，揉得希腦子
爛。

6、我的哥哥，我的哥哥，哥哥的門前隔著一條河。上搭
著獨木橋，叫我如何過。上搭著獨木橋，叫我如何過。

7、雪花兒飄飄，雪花兒飄飄，飄來飄去三尺三寸高。飄
一個雪美人，更比冤家兒俏。飄一個雪美人，更比冤
家兒俏。

8、【丑唱】太陽出來了，太陽出來了，太陽出來姣姣化掉
了。早知道不長久，不該把你懷中抱。早知道不長久，
不該把你懷中抱。

9、【付唱】我的姣姣，我的姣姣，我彈琵琶姣姣吹著簫。
簫兒口中吹，琵琶懷中抱。吹來的彈去，一聲絃斷了，
我要待續一根，又恐旁人笑。⑩

此曲歌詞共九段，與《綴》本歌詞相較，除少了「茉莉花」、「懸
樑」、「過河」三段以外，其餘歌段都相同。在此九段中，也只
有「跳牆」、「哀告」、「開門」三段連續直接點明《西廂》人名
情節，所餘六段都以隱喻方式來聯綴出《西廂》的情節輪廓。

又如清末抄本《清代雜曲集》所收〔鮮花〕一曲，歌詞為：

⑩ 《湖陰曲初集》，頁52。

1、好一朵鮮花，（又），鮮花有朝一日落在奴家。我本當
不出門，對著鮮花兒老。（又）

2、好一朵茉莉花，（又），滿院花香賽不過他。我本當摘
一枝，又怕看花人兒來罵，（又）。

3、八月桂花香，九月菊花黃，勾引張生跳過粉牆。好一
個崔鶯鶯，滑喇喇把門兒關上，（又）。

4、哀告小紅娘，（又），可憐小生跪在門旁。相你若是不
開門，小生跪到東方兒亮，（又）。

5、快喇喇把門開，（又），開開門兒不見人進來。你又不
是奴心腹上人，只恐怕是強盜賊進來，（又）。

6、今日也來瞧，明日也來瞧，瞧來瞧去小哥哥知道了。
你若是再來瞧，小妹子就懸梁兒吊，（又）。

7、我的哥哥，（又），哥哥門前一條沙河。長搭著獨木橋，
叫我如何得過？（又）。

8、你也沒奈何，我也沒奈何，先脫花鞋後脫果（裹）腳。
這才是為情人，才把河兒來過，（又）。

9、雪花兒飄飄，（又），飄來飄去飄得三尺高。飄一個雪
美人，摟在奴懷中抱，（又）。

10、我的姣姣，（又），太陽出來了。太陽一出雪花兒不見
了，早知道路水上夫妻，怎在懷中抱。⑪

此曲與《綴》本歌詞相較，只省掉了「上山」、「續弦」兩段，
其餘歌段也都雷同，也是屬於「隱喻《西廂》型」。

（二）、突顯《西廂》型

---

⑪　《清代雜曲集》，頁52。

除了「隱喻《西廂》型」外，在歷來流傳的典型歌詞中，可以發現有些的《西廂》主題情節不像「隱喻《西廂》型」般模糊，而是以各種方式來強化突顯此一主題，形成以《西廂》為專一明確主題的歌詞，此即「突顯《西廂》型」歌詞。其強化《西廂》主題的方法很多，如河北昌黎縣民歌〔茉莉花〕為：

1、好一朵茉（也）莉花（來哎唉咳嘿嘿嘿哎嘿嘿哎嘿呀啊），好一朵茉莉花（來哎唉咳咳唉咳唉咳唉咳嗯咳唉咳咳呀唉咳咳呀），花（勒哎）開（呀），花（勒哎）謝（呀），全都比不上它（呀，哎咳咳哎咳哎咳也咳哎哎哎哎呀歐歐）。奴有心（那）掐朵花戴（呀啊），又怕（那個）看花人來罵（呀嗯哎哎哎咳哎咳咳呀哎哎咳呀）。

2、八月裡桂花香，九月裡菊花黃，候迎張生跳過了粉壁牆。好一個崔鶯鶯，嘩嘟啦啦把門關上。

3、張生跪在了門旁，張生跪在了門旁，跪在門旁，哀告小紅娘，你若是不開門，一跪跪到東方天亮。

4、嘩嘟啦啦把門開，嘩嘟啦啦把門開，開門不見張秀才，莫非說偷情的人，想來他是妖魔鬼怪。

5、一旁閃出來，一旁閃出來，一旁閃出張秀才，他那裡忙施禮，小奴飄飄而拜。

6、今兒格你來瞧，明日裡也來瞧，瞧來瞧去老夫人知道了，小哥哥刀尖死，小奴我們懸樑而吊。

7、張生跑如梭，張生跑如梭，前面來到小沙河，上搭著獨木橋，好叫我們實難過。

8、好一個無兒奈何，好一個無兒奈何，脫了靴襪越過了小沙河，我看你趕到此，怎麼把沙河過？

9、鶯鶯看得明白，鶯鶯看得明白，瞧見那情郎趙過了小
　　沙河，倘若是著了涼，好叫我們心裡難過。

10、紅娘把話言，紅娘把話言，叫聲公子細聽我來言，回
　　府去修書信，我去下到西廂院。⑫

此歌詞一方面省去了幾段《西廂》主題不明顯的隱喻性歌詞，
另方面又拓增入「一旁閃出來」、「鶯鶯看得明白」、「紅娘把話
言」三段明顯點出《西廂》人名情節的內容來，合計十段歌詞
中就有六段直接述明《西廂》人名，使全曲明確地顯示了《西
廂》主題。

又如河北饒陽縣民間花會時所唱〔茉莉花〕為：

1、好一朵茉莉花，好一朵茉莉花，滿院（那個）開花，
　　俊俏不過它。我有心掐枝栽呀，又恐怕栽花人罵。

2、八月裡桂花香，九月裡菊花黃，勾引張生跳過粉壁牆。
　　好一個崔鶯鶯，又把那門來插上。

3、哀告小紅娘，哀告小紅娘，可憐張生遠離家鄉，你要
　　是不開門來，我就跪到東方亮。

4、嘩啦啦把門開，嘩啦啦把門開，開開門來不見張秀才，
　　要不是投親人來，就是妖魔鬼怪。

5、今日我想哥，明日我盼哥，哥哥門前有道情水河，眼
　　看著獨木橋，奴家我是實實的難過。

6、今日我盼心肝，明日我想心肝，哥哥門前有一座小花
　　山，也是為情人，又把那花山攀。

7、寒冬雪花兒飄，寒冬雪花兒飄，飄來飄去三尺三寸高
　　飄出個雪美人來，倒比這奴家俊俏。

---

⑫　《中國民歌集成·河北卷》，頁420。按：此歌詞除第一段帶也、哎、
　　唉、咳、嘿……等襯詞外，其餘各段雖原書未註明，但應也相同。

8、太陽出來了，太陽出來了，太陽一出雪美人不見了，
　　早知道露水夫妻定然是長久不了，我張生當初不把花
　　牆兒來跳。

9、簫兒口中吹，弦兒彈得高，吹來彈去弦兒斷了，我有
　　心接弦兒唱，又恐怕鄉親恥笑。⑬

此曲與《綴》本歌詞相較，並未拓增新歌段，反而減省了「鮮
花」、「懸樑」、「過河」三段。不過除了原「跳牆」、「哀告」、「開
門」三段明述《西廂》人名情節外，卻又將末尾倒數第二段「太
陽」段末句改成「我張生當初不把花牆兒來跳」，使《西廂》
主題頭尾呼應貫串全曲。又如江蘇徐州市民歌「張生跳粉牆」，
所唱即〔鮮花調〕，歌詞為：

1、【張生】張生跪門旁，張生跪門旁，跪在（那個）門旁
　　哀告小紅娘。你若是（那個）不開門兒來，我就跪到
　　天明亮（昂）。

2、【紅娘】嘩啦啦把門兒開，嘩啦啦把門兒開，開開（那
　　個）門兒來走進（個）張秀才。他那裡（那個）施一
　　禮來，姑娘那裡飄飄拜（哎）。

3、【鶯鶯】今日你來瞧明日你來瞧，瞧來（那個）瞧去爹
　　娘知道了。【紅娘】你若叫你那爹娘逼死，為奴去上
　　吊（噢）。⑭

此曲雖只「哀告」、「開門」、「懸樑」三段歌詞。但此三段中不
僅前兩段歌詞帶有《西廂》人名，甚至三段都明示了張生、鶯
鶯、紅娘的角色演唱，《西廂》情節極為明顯。因為如此，所
以連歌名都直稱「張生跳粉牆」。其突顯《西廂》主題的意圖
極為明確。

---

⑬　《中國民歌集成・河北卷》，頁232。
⑭　《中國民間歌曲集成・江蘇卷》，頁725。

（三）、非《西廂》型

　　此與前一類型正好相反，在所唱歌詞用語裡看不到《西廂》人物，其內容也不受《西廂》的束縛。此類型在戲曲中極少見，大多發生在民歌裡。如浙江天台縣流傳的〔鮮花調〕：

1、好一朵鮮花，好一朵鮮花，鮮花（的）一朵落在我家。我本當偷一朵，瞧她把羅裙遮下了。我本當偷一朵，瞧她把羅裙遮下了。

2、我的嬌嬌，我的嬌嬌，嬌嬌有琵琶又有一支簫。我本當吹個調，又恐別人要談笑。我本當吹個調，又恐怕別人要談笑。

3、彈也彈得好，唱也唱得妙，正好（的）彈唱弦絲又斷了。我本當接起弦，又恐旁人要談笑。我本當接起弦，又恐怕旁人要談笑。

4、花鼓打得好，花鼓打得妙，正好（的）花鼓打也打破了。我本當修起鼓，又恐旁人要談笑。我本當修起鼓，又恐怕旁人要談笑。

5、雪花飄飄，雪花飄飄，飄來飄去積起三尺三寸高。塑一個雪美人，放在懷中抱。塑一個雪美人，放在懷中抱。

6、太陽出來了，太陽出來了，太陽一出來美人不見了。早知道如此，不該空想一陣惹人笑。早知道如此，不該空想一陣惹人笑。⑮

此曲歌段雖有增減，不過仍明顯可看出為〔茉莉花〕典型歌詞

---

⑮　《中國民間歌曲集成・浙江卷》，頁326。

體系。只是用語中有明述《西廂》人名的歌段都被省略，所增出的一段也與《西廂》無關。又如寧夏固原縣民歌〔茉莉花〕為：

1、要插（個）茉莉花，要插（個）茉莉花，茉（呀）莉（的個）開花紅呀麼紅不過它。我有心（者）我有心摘上一朵看，又怕（那）看花的罵（呀）（牧童哥）。

2、要插（個）鮮花，要插（個）鮮花，我把它（的）帶把兒採在（了）我家。我三天（者）我三天不出家，守住（那）鮮花兒採（呀），（牧童哥）。

3、四大（那）名山（呀），四大（那）名山，上山（那個）容易下（呀麼）山（的個）難。把一雙（者）把一雙花繡靴（呀），拐了個稀巴兒爛（呀）（牧童哥）。

4、上河的好香花，上河的好香花，上河（的個）倒比（個）下河（裡）難過。手扳著（者）手扳住獨木（兒的）橋（呀），我從（個）涼水上過（呀）（牧童哥）。

5、嘩喇喇把門開，嘩喇喇把門開，開開（的個）門兒無有（個）人進來。他不是（呀）他不是我心上的人（呀），他是（個）妖魔兒怪（呀）（牧童哥）。

6、唱一個雪花飄，唱一個雪花飄，飄來（的個）飄去飄了三尺三寸高。飄下個（呀）飄下個雪美人（呀），抬來（個）一桶兒水（呀）（牧童哥）⑯

此曲也可看出為典型歌詞體系，只是段數有所省減，剩餘歌段中雖有些作了轉意變化⑰，但歌詞中也不再存有《西廂》主題。此類歌曲由於不受《西廂》束縛，所以內容上可以自由伸衍。

---

⑯ 《中國民間歌曲集成·寧夏卷》，頁168。

⑰ 所謂「轉意」，見本章第二節。

如流行於河北尚義縣的一首「大哥拉弦小妹唱」，其曲調即〔茉莉花〕，歌詞為：

1、一繡一繡花，一繡一繡花，琵琶（那）三弦掛滿了牆。
大哥哥拉起（得）來（呀），小（啦）妹妹開口唱（麼哼哎喲），大哥哥你拉起（得）來（呀）小（啦）妹妹開口唱（麼哼哎喲）。

2、三月裡桃花開，四月裡梨花白，我的丈夫他是一個打牲的。送丈夫出外去打牲，我把小曲唱起來。

3、你給我打著虎，我給你把肉煮，你給我打著狼，我給你熬肉湯，再打那黃羊、野雞、肥雁、野兔，拿它能下酒。

4、紅花落葉，葉子黃，我丈夫不在我當家。我丈夫走了（那）以後再有那歹人來，俺也不讓他。（白：什來？）這就叫將軍不下馬。

5、張生住在花園內，我住在花園外，大街來蹓躂我把那花來愛，梳洗打扮起來再把那花來戴。

6、好一朵臘梅花，好一朵臘梅花，臘梅花開開把一個人愛煞。奴有心掐花來戴，就怕那看花的罵。

7、看花的你不罵，看花的他不罵，你要是不罵俺就把花來扎，那牡丹花頭上戴呀，石榴花俺手裡拿。

8、我手提石榴花，回到我的家，耳聲里聽得有人來叫喊，莫非是我扎花，看花的他把我來罵？

9、好一朵翠屏花，好一朵翠屏花，翠屏花開又把一個人愛煞。奴有心連根去拔呀，就怕它不長芽。

10、好一個愛管娘，好一個愛管娘，情愿我張生跪在了你門旁，你要是不開門，我跪到那東方亮。

11、我頭次把門開，我頭次把門開，開開門來不見一個人影來，只估划是大哥他來呀，不估划他妖魔怪。

12、奴正在上房裡坐，耳忽聽見人喚我，原來走進了丈夫來，我看丈夫他好穿戴，丈夫看我臉蛋白。

13、二次我把門開，二次我把門開，開開門兒走進了丈夫來，大哥哥你在上首坐，小妹妹下還拜。

14、坐著我上拜，坐著我下拜，風擺羅裙露出金蓮來，大哥哥瞟眼來看，小妹妹羅裙蓋。

15、今日俺把你看，明日俺把你看，看來了落得個回來在跟前，咱二人過夜的愛，二一天你把路趕。

16、二人正當行，換上了新衣裳，叫一聲山神土地我們要把路來踩，那山上廟裡搗鐘要把經來念。

17、好一座翠屏山，好一座翠屏山，上山容易下山難。一對對紅繡花鞋穿了一個風絲兒爛，一對對紅繡花鞋穿了一個稀巴兒爛。

18、過了一道沙河，鑽進了沙窩，踢踏了繡鞋後再把裏腳兒來纏，鑽在那水裡要把那脆滑的涼水來涮。

19、搗鐘把經來念，倒有交時緣，我二人跪在廟門前，搗鐘開口，進廟來把那廟門關。

20、唱呀么唱得好，拉呀么拉得好，乒乓三弦蹦斷了，大哥哥你定定弦，小妹妹改改調。⑱

此曲用語結構雖明顯也來自典型歌詞體系，但《西廂》情節已完全被摒棄。歌詞中所提到的張生，只是不固定的姓張某人，不必定指《西廂》故事主角。在曲意的發展方面，更大幅做了

---

⑱　《中國民歌集成‧河北卷》，頁574。

改變擴充，不但與實際生活緊密結合，表現了地域特性，更充分發揮了演唱著豐富的想像空間，使全曲展現出民間文學無限的發展活力。

「非《西廂》型」除了此種長篇以外，如省掉大部分歌段僅摘唱其中某幾段，甚或只唱其中某段的演出形式，只要其歌詞中不顯示《西廂》主題者，應都可歸入此類。

由以上分類可知，典型歌詞在長久流傳下，除《綴》本歌詞的「隱喻《西廂》型」內容外，又有朝向兩個完全相反方向發展的趨向，一種是強化《西廂》主題的「突顯《西廂》型」；另一種則是完全擺脫《西廂》主題，而以無特定人名的敘事歌曲或抒情取向內容存在的「非《西廂》型」。前者多見於戲曲中，後者則幾乎都見於民歌裡，此應與戲曲較重情節，民歌則較抒情、隨興的演出特性有關。

此兩類型之所以存在，大部分應該是來自「隱喻《西廂》型」的衍變，因《西廂》主題不夠明確，欲予強化才產生「突顯《西廂》型」以明確曲情，統一主題；反之也因《西廂》主題之不夠明確，才甘脆揚棄《西廂》情節，形成「非《西廂》型」以擺脫羈纏，擴大曲意發展空間。不過，我們也不能排除此兩類型中，或許也有部分歌曲另有淵源，而不是來自《花鼓》一劇所唱〔花鼓曲〕的可能。

第二節　用語段落衍變

　　歌詞在流傳中產生的變化，主要顯現於句式、內容用語及段落上。在句式方面，〔茉莉花〕典型歌詞大致是五句體，有時末兩句會反複。此五句中前兩句為疊句。各句中除第四句外其餘皆押韻。在劉效祖所用散曲化的〔雙疊翠〕曲牌裡，前兩句為三或四字句，後三句則大致為五字句①。民歌中的〔茉莉花〕與其相較雖大致對應，但顯然襯字較多。此一句式歷來似乎極少發生變化。但在歌詞用語及段落分合方面，變化就繁複多了。

　　在內容用語方面，本節仍以《綴》本歌詞為基準，來探索典型歌詞在流傳中所產生相對性的各種衍變現象。由於典型歌詞主要呈現的是套曲形式，所以這些衍變現象又可分「用語變化」與「段落分合」兩方面來作探討。

一、用語變化

　　分析文獻中在各時空流行的典型歌詞，在用語方面主要可歸納出以下六種衍變現象：

（一）、諧訛

　　指因同音或同聲或同韻等語音方面的相近同，以致造成用字的訛誤。此種現象在民間文學中特別普遍，〔茉莉花〕的情況也如此。如：

---

①　參第三章第一節。

「好一朵茉莉花」的「茉莉花」

　　----或作「木梨花」、「末梨花」、「茉趏花」、「茉梨花」、「茉牛花」等。②

「滿園的花開賽不過了他」的「賽」

　　----或作「曬」。③

「本待要採一朵戴」的「戴」

　　----或作「帶」、「代」等。④

「哀告小紅娘」的「哀告」

　　----或作「愛告」。⑤

「上搭著獨木橋」的「搭」

　　----或作「打」、「答」、「撻」、「踏」等。⑥

（二）、擬語

　　　即模仿原來歌詞的大概意旨，改換成其他用語來表達。也即所用的歌詞用語雖然有別，但彼此間的意義卻大致相同或近同。如：

---

②　「木梨花」見《民歌雜抄》。「末梨花」見《改良鮮花調》，頁1。「茉趏花」見《疊斷橋・鮮花調》，頁1。「茉梨花」見河副作十郎：《清樂曲牌雅譜》，卷1頁5（《日本月琴音樂曲譜》，頁116）。「茉牛花」見《中國民間歌曲集成・遼寧卷》，頁268，建昌縣民歌。

③　見《民歌雜抄》。

④　「帶」，見《綴白裘》，頁2441、《雜劇》、《民歌雜抄》。「代」，見瑞林齋《新刻鮮花調》，頁2、《新刻京都茉莉花》等。

⑤　見《民歌雜抄》。

⑥　「打」，見瑞林齋《新刻鮮花調》，頁3。「答」，見《民歌雜抄》。「撻」見遊春居士：《改良鮮花調》，頁2。「踏」見《小曲譜》。

「滿園的花開賽不過了他」的「賽不過」

    ----或作「比不上」、「怎及得」、「勝不過」、「俊俏不過」、「香也香不過」、「是花抵不住」、「樣樣抵不住的」、「紅呀紅不過」、「數也數著」等。⑦

「本待要採一朵帶（戴）」

    ----或作「我有心掐朵兒帶（戴）」、「我本待來一朵戴」、「奴本當摘一枝代（戴）」、「我本欲將花代（戴）」等。⑧

「又恐怕那看花的罵」的「看花的罵」

    ----或作「管花人來罵」、「栽花人罵」、「傍人罵」、「花神兒罵」等。⑨

「親哥哥在刀尖上死」的「親哥哥」

    ----或作「小情哥」、「俏郎君」、「小哥哥」、「大哥哥」等。⑩

---

⑦ 「比不上」，見《雜劇》。「怎及得」，見《小慧集》，卷12。「勝不過」，見《中國民族民間舞蹈集成·山西卷》，頁60。「俊俏不過」，見《中國民間歌曲集成·河北卷》，頁232。「香也香不過」，見《疊斷橋·鮮花調》。「是花抵不住」，見《中國民間歌曲集成·遼寧卷》，頁261。「樣樣抵不住的」，見《中國民歌》，第3卷，頁275。「紅呀紅不過」，見《中國民間歌曲集成·寧夏卷》，頁577。「數也數著它」，見《中國民間歌曲集成。遼寧卷》，頁263。

⑧ 「我有心掐朵兒帶」，見《雜劇》。「我本待來一朵戴」，見《小慧集》卷12。「奴本當摘一枝代（戴）」，見《疊斷橋·鮮花調》。「我本欲將花代（戴）」，見《新刻京都茉莉花》。

⑨ 「管花人來罵」，見《小慧集》卷12。「栽花人罵」，見《中國民間歌曲集成·河北卷》，頁232。「傍人罵」，見《改良鮮花調》，頁1。「花神兒罵」，見沈鶴書局：《新式時調大觀·初集》，頁5。

⑩ 「小情哥」，見Ａpi59-724《打花鼓》。「俏郎君」，見《戲考》（一），頁459。「小哥哥」，見瑞林齋《新刻鮮花調》，頁3。「大哥哥」，見《中國民間歌曲集成·陝西卷》，頁331。

「勾引得張生跳過粉墙」的「粉墙」

    ----或作「粉壁墙」、「粉白墙」、「花粉牆」、「粉皮花牆」等。⑪

（三）、延義

    指以原有歌詞為基礎，在全段內容不變的架構下，延伸發展出部分新的語詞語義來。如：

「獨木橋」段，前兩句為「我的哥哥，我的哥哥」

    ----遼寧遼陽縣民歌作「今日瞧哥哥，明日瞧哥哥」。河北饒陽縣落子調作「今日我想哥，明日我盼哥」。湖北應城縣民歌作「有心看情哥，有心看情哥」。這些都是由「我的哥哥」所延展出來的歌詞⑫。又如：

「太陽」段，前三句為「太陽出來了，太陽出來了，太陽出來嬌嬌化掉了。」

    ----民國38年出版的《大戲考》所載揚州戲〔鮮花調〕作「太陽出來了，雪美人化掉了，太陽的一去亮月子上多高」。此是將前兩疊句併為一句，以原應為第三句的「雪美人化掉了」作為第二句，然後再根據前兩句的內容主題，衍申發展出「太陽的一去亮月子上多高」這樣具聯想空間的詞句來。⑬

---

⑪ 「粉壁墙」，見《中國民間歌曲集成‧河北卷》，頁232。「粉白墙」，見《中國民間歌曲集成‧陝西卷》，頁331。「花粉牆」，見《中國曲藝音樂集成‧四川卷》，頁288。「粉皮花牆」，見《中國民間歌曲集成‧遼寧卷》，頁262。

⑫ 遼陽民歌，見《中國民間歌曲集成‧遼寧卷》，頁261。饒陽縣落子調，見《中國民間歌曲集成‧河北卷》，頁232。湖北應城民歌，見《中國民歌概論》，頁18引。

⑬ 《大戲考》，頁308。

（四）、改字

指全段歌詞大致相同，其中僅部分字詞被改以不同語義的字詞取代。此種情況有些對歌詞曲意並未造成影響，有些則影響較大，使該句句意或甚至段意都產生改變。前者如：

「鮮花」段，第三句「有朝的一日落在我家」

----《民歌雜抄》、《疊斷橋·鮮花調》作「飄來飄去落在奴家」；《雜劇》作「花開花卸（謝）落在我家」；陝西洛川縣民歌「張生戲鶯鶯」作「開來開去照在我家」。⑭

「跳墻」段第四句：「好一個崔鶯鶯」

----清抄本《打花鼓》作「轉過了崔鶯鶯」。瑞林齋《新刻鮮花調》作「大膽的崔鶯鶯」。河北南皮落子調作「這（也咳）才使崔（也哎哎咳）鶯鶯」。遊春居士：《改良鮮花調》作「恨只恨鶯鶯姐」。⑮

這種改動由於所改都是非關鍵性的字詞，所以對曲意並未造成影響。後者如：

「鮮花」段，第四句「對著鮮花兒罵」的「罵」

----大陸學者錢仁康根據《中國旅行記》所載羅馬拼音及英文意譯歌詞翻譯此字為「樂」；民國19年出版《新式時調大觀初集》作「落」；清末抄本《清代雜曲集》作「老」。⑯

由聲音上來看，「樂」、「落」、「老」三者可能為同一字之諧訛，

---

⑭　《中國民間歌曲集成·陝西卷》，頁331。

⑮　A pi59-724《打花鼓》抄本。瑞林齋《新刻鮮花調》，頁2。《中國民間歌曲集成·河北卷》，頁231。

⑯　〈〔媽媽娘你好糊塗〕和〔茉莉花〕在國外〉，頁202。《新式時調大觀初集》，頁5。《清代雜曲集》，頁52。

但與「罵」相較，不但字義改變且因此字為該句關鍵字，使得整句產生完全不同的曲意。又如：

「懸樑」段，第三句「瞧來瞧去丈夫知道了」的「丈夫」

　　----清抄本《打花鼓》、《雜劇》、寶文堂刻本《打花鼓》等都作「老夫人」；《清代雜曲集》作「小哥哥」；清抄本《小曲譜》則作「人人」。⑰

由整段曲意來看，如依《綴》本歌詞則曲中人物所擔心的是被「丈夫」知道，如此與《西廂》情節就完全不同。但若改為「老夫人」就明顯符合了《西廂》故事。至於「小哥哥」一詞在明、清民歌小曲中一般多指情人或丈夫，所以曲意上近於《綴》本歌詞；作「人人」則曲意所指較廣泛。這些改動都使整段歌詞曲意產生了較大變動。

（五）、套句

　　直接或稍作改變的套用他段歌詞中部分語句，使詞義起了變化。這種變化的產生，常是各段歌詞間融合的結果。如「跳牆」段，《綴》本歌詞作：

　　　　八月裡桂花香，九月裡菊花黃，勾引得張生跳過粉牆。

　　　　好一個崔鶯鶯，就把那門關兒上

山西翼城民歌「好一朵茉莉花」則作：

　　　　八月裡桂花香，九月裡菊花黃，滿院裡長得跳過了影壁

　　　　牆。奴這有心掐枝戴，誠恐怕看花的人兒罵。⑱

此段除前兩句為原來的「跳牆」段外，第四、五兩句都直取自

---

⑰　A pi59-724《打花鼓》清抄本。

⑱　《山西民歌》，頁301。

「茉莉花」段；第三句則是「茉莉花」段與「跳墻」段的綜合體。又如據民國初年百代唱片記譜的崑劇《打花鼓》所唱〔花鼓曲〕裡，「鮮花」段與「茉莉花」段就互相套用，並且融合成一段：

> 好一朵鮮花，好一朵鮮花，滿園的花兒開，賽也賽不過他。我本待採一朵戴，又恐怕看花的罵。我本待採一朵戴，又恐怕看花的罵。⑲

在此段歌詞中，除了前兩疊句「好一朵鮮花，好一朵鮮花」是「鮮花」段外，其餘各句都是「茉莉花」段的歌詞，兩者互相套用融為一段。

（六）、轉意

指雖全段大致用語結構不變，但其中有一句以上歌詞被大幅改變了語義，以致使整段曲意起了轉變。如「續弦」段，末兩句《綴》本歌詞作：

> 我待要續一根，又恐那傍人來笑。

瑞林齋《新刻鮮花調》則作：

> 他那裏（裡）緒（續）絲弦，奴家這裏（裡）另改調。⑳

「續弦」段歌詞以接續斷弦來隱指男子的另娶。《綴》本歌詞所述只是曲中人物想續弦又「恐別人笑」的心理；到了《新刻鮮花調》裡，所述則是女子「他那裡續絲弦，奴這裡另改調」的相對報復心態。兩者在曲意上已起了不同的轉變。又如「茉莉花」段，末兩句《綴》本歌詞作：

---

⑲　　《中國戲曲音樂集成‧江蘇卷》，頁660。

⑳　　瑞林齋：《新刻鮮花調》，頁4。

　　本待要採一朵帶（戴），又恐怕那看花的罵。

廣西彩調〔雪花飄〕中則作：

　　摘一朵頭上戴，賽過南海觀音菩薩。㉑

「賽過南海觀音菩薩」一句與「又恐怕那看花的罵」相較，兩者語義絕然不同，已起了很大變化。又如「鮮花」段末兩句《綴》本歌詞作：

　　你若是不開放，對著鮮花兒罵。

浙江天臺縣民歌〔鮮花調〕則作：

　　我本當偷一朵，瞧她把羅裙遮下了。㉒

此兩句歌詞中，前一句「我本當偷一朵」應是套用「茉莉花」段第四句，只改了其中「偷」字；後一句「瞧她把羅裙遮下了」就完全與《綴》本歌詞不同，曲意產生極大的轉變。又如「獨木橋」段，《綴》本歌詞作：

　　我的哥哥，我的哥哥，哥哥的門前一條河。上搭著獨木橋，叫我如何過。上搭著獨木橋，叫我如何過。

寧夏固原縣所唱的〔茉莉花〕此段則作：

　　上河的好香花，上河的好香花，上河（的個）倒比（個）下河（裡）難過，手扳著（者）手扳住獨木（兒的）橋（呀），我從（個）涼水上過（呀）。㉓

與前舉諸例相較，此段歌詞顯然作了更大的改動。除了仍保留獨木橋的情節外，其餘不論各句用語或曲意上都作了改變。這種改變，不但使歌詞更充滿民間性，也給予了改唱者較自由的發揮空間，使曲情變得更為活躍生動。

㉑　《彩調藝術研究》，頁205。
㉒　《中國民間歌曲集成・浙江卷》，頁326。
㉓　《中國民間歌曲集成・寧夏卷》，頁168。

（七）、改寫

指雖由某些用語痕跡仍可找出其與原曲關聯，但絕大部分的用語、曲意都已作了大幅度的改變。台灣大家耳熟能詳的〔茉莉花〕，就應是此種改寫作品：

> 好一朵美麗的茉莉花，好一朵美麗的茉莉花。芬芳美麗滿枝椏，又香又白人人誇。讓我來將你摘下，送給別人家。茉莉花，茉莉花。㉔

此一歌詞除主題及首兩疊句外，其餘都作了改寫。雖趨於文人化，但用詞仍甚淺顯，且所改能擺脫一般典型歌詞的俚俗味，充滿清新高雅氣息，此種不落俗套的改寫，應是其在台灣能廣被採為音樂教材而普受歡迎的重要原因㉕。

又如道光年間刊行的《張鞠田琴譜》所收「四季鮮花」，其曲調為〔茉莉花〕，歌詞則為：

> 春景兒堪誇，春春景兒最佳，千紅萬紫盡吐奇葩。笑狂蜂浪蝶兒貪戀著鮮花，哪管花兒罵。笑狂蜂的浪蝶兒拈定著花心，任它花兒罵。㉖

此詞雖由主題及末句還可看出來自「茉莉花」段的痕跡，但全曲語意已作了大幅改動，用語顯然也較趨於文人化。

又如流傳於東北的「茉莉花開」，曲調為〔茉莉花〕，其歌

㉔ 康謳所編正中書局版《國民學校音樂課本》，第六冊，附錄歌曲之二，頁22。

㉕ 此首歌詞中「讓我來將你摘下，送給別人家」句，被認為缺乏公德心，後來經作曲家劉德義建議改為「讓我來將你摘下，免被風吹雨打」。見《歌詞之創作及翻譯》，頁37～38。

㉖ 《張鞠田琴譜》，見《中國民間歌曲集成‧江蘇卷》，頁722引。

詞為：

> 南風呀吹動夏日長，茉莉花開滿園香。南風呀吹來香氣
> 遠，惹來蜂呀蝶呀忙。鄉下呀啦大姑娘，大姑娘又愛香
> 來又呀死愛漂亮哎喲喲。鄉呀下那大姑娘啦，大姑娘哎
> 喲死愛漂亮又愛香。㉗

這種歌詞的改動，與原典型歌詞「茉莉花」段間的關聯幾乎已
難以辨識。

由於〔茉莉花〕的受歡迎，除了以上獨段且仍保留詠花主
題的改寫外，也產生了另一種整套改動並且另創主題，但卻仍
可看出其模仿《綴》本歌詞用語架構的改寫作品，如盛行於清
末、民初間的所謂〔武鮮花〕、〔群芳鮮花〕等就是很好的例子。
以下為上海兩宜社刊行《時曲初集》中的「改良潘金蓮戲叔武
鮮花」：

> 好一朵鮮花，好一朵鮮花，奴唱的鮮花另有一家。好一
> 個潘金蓮，獨坐在南樓下。
> 好一個武松，好一個武松，景陽崗山打虎逞英雄。家住
> 在陽穀縣，打虎威名的重。
> 回家看長兄，紫石的街坊，又到衙衙。叫嫂嫂快開門，
> 潘金蓮移步動。
> 雙手把門開，雙手把門開，開開門來二叔你回來。你長
> 兄不在家，街坊去燒餅賣。
> 朔風兒冷颼，朔風兒冷颼，彤雲密布雪下滿街頭。我這
> 裡沽美酒，稍停把二叔候。
> 金蓮把酒篩，金蓮把酒篩，二叔你飲酒且自開懷。不知
> 道二叔來，未曾辦餚和菜。

㉗　《中國民歌全集》，頁207。

武松把酒篩，自己把酒篩，叫一聲嫂嫂你請站開。嫂叔呀不親授，嫂嫂你休見怪。

二叔你自忖，二叔你自忖，自己叔嫂呀認甚麼真。我這裡敬盃酒，那怕傍人談論。

再把酒來篩，再把酒來篩，聞得叔叔好把花煙愛。常言道男子漢，誰不把花來愛。

嫂嫂你好差，嫂嫂你好差，武二的愛酒從不貪花。叫一聲賢嫂嫂，你說那裏話。

二叔你自忖，二叔你自忖，從來的男子最會撇清。你說道不貪花，我卻全然不信。

嫂嫂你好差，嫂嫂你好差，武二的心事亂來如麻。你若是不相信，哥哥回來問他。

休提那冤家，休提那冤家，自己丈夫稱什麼冤家。叫一聲天老爺，倒不如死了罷。

終日不歸家，終日不歸家，耽誤青春怎不埋怨他。提起那風流事，倒不如高樑挂。

悶死了咱家，氣死了咱家，盼望著哥哥怎不回家。你看那嫂嫂吓，羞恥全然不顧。

我也沒奈何，金蓮沒奈何，懷抱叔叔叫聲情哥，快些去脫衣服，和你一床去睡。

怒氣沖鬥牛，怒氣沖鬥牛，氣壞我武二緊縐眉頭。你看那無知嫂，叫我如何放手。

金蓮主意差，金蓮主意差，我本將真心託付與他。誰想他男子漢，只算一場笑話。

吹彈手段高，吹彈手段高，正彈琵琶絃線又斷了。我又要彈新絃，又恐傍人談笑。㉘

㉘ 《時曲初集》，頁3。

此曲主題雖為金蓮戲叔，但頭、尾及中間有多段用語則明顯仿自〔茉莉花〕典型歌詞，可證應是據其改寫而來的作品。這種近乎全段曲意及用語的改寫，使曲情曲意都產生極大的轉變。

二、段落分合

　　〔茉莉花〕典型歌詞並非獨段成曲，而是多段聯綴組合成的套曲。此種套曲雖保有其大致的套曲架構，但因各段內容上相互的連結性不強，所以在流傳中段落的增、減及排列序次的重組等變化就難免會產生。歸納這些分合變化，可以大別為以下三類：

（一）、增段

　　在後代流傳的〔茉莉花〕典型歌詞中，雖有許多的段數等同於《綴》本歌詞，但較其段數增加或減少的卻也不少。所謂「增段」，即指在《綴》本歌詞之外，另再拓展增衍出新的歌詞段落來。依其拓增性質，又可再分出四類：

1、延補式增段

　　此種拓增所產生的新段歌詞，為前段歌詞曲意的延伸，有補充前段曲意的用意。〔茉莉花〕典型歌詞中延補式增段常見於兩處，一處在「開門」段之後。如民初石印本《新刻京都茉莉花》就在該處插增了以下一段：

　　　　我的哥哥，我的哥哥，開開門兒哥哥過去了。我若偷眼
　　　　瞧，又怕旁人將咱笑。

由於《綴》本歌詞中「開門」段只述說了開門後不見張秀才，其後的「懸樑」段所接就是擔心兩人偷情一事會被發現，在曲情的連續上接的並不緊密。所以透過此段歌詞的拓增來延續「開門」段曲意，對開門後張生的進入作了交代。此種交代隨著時代、地域的不同也產生詳略差異及內容的變化。如瑞林齋刊行《新刻鮮花調》就在此處拓增了以下兩段：

1、二次把門開，二次把門開，開開門迎進了張秀才。他那裡躬身禮，奴這裡深深兒拜，咳咳咳一喲咳。（重句）。

2、朝東又拜一拜，朝西又拜一拜，拜來拜去漏（露）出了紅繡鞋。他那裡偷眼看，奴這裡羅裙兒蓋。咳咳咳一喲咳。（重句）。㉙

因為「開門」段中，崔鶯鶯開門後不見張秀才，所以此曲在拓增的兩段中，第一段就安排又開了一次門才把張生迎進來。第二段則進一步描述進門後兩人的相處情況。在陝西洛川縣民歌「張生戲鶯鶯」中，此處所拓增的內容雖也大致相同，但卻增加成三段，描繪得也更細膩：

1、二次把門開，二次把門開，開開了門兒原是張秀才。頭戴上紅纓帽來，身穿上絳色袍。

2、急忙請進來，急忙請進來，桌子板凳一起擺開，大哥哥深施禮來，小妹子深深拜。

3、深深往上拜，深深往下拜，風擺動羅裙露出金蓮來。它那裡偷眼瞧來，奴拿上羅裙兒蓋。㉚

另一處常見延補式增段的地方在「過河」段之後。如陝西洛川民歌「張生戲鶯鶯」中，就延增了一段：

㉙　瑞林齋《新刻鮮花調》，頁2。

㉚　《中國民間歌曲集成‧陝西卷》，頁331。

　　　　過了此河，坐在沙窩，纏一纏裹腳繡鞋倒靸著。這才是
　　　　為情人來，才把那沙窩坐。㉛

這是延續前兩段（「獨木橋」段與「過河」段）的曲意而來。「獨
木橋」段曲意在過河前的思量，「過河」段曲意在過河時的作法，
此延增段則是延續前兩段詞意，描述了過河後的情況。在遊春
居士《改良鮮花調》裡，此處也延增了一段：

　　　　過了這條何（河），在（再）過那邊坡，轉過彎彎不見
　　　　情郎哥。奴本得大聲高叫，又恐怕旁人恥笑。（重句）。
　　　　㉜

此段所增也是過河後情況，但情節就比前例複雜。前例是過河
後只坐在沙窩纏裹腳，為較靜態之描述。此例則以過坡、轉彎、
高叫等使曲情更為活絡生動。

　　另外，在河北昌黎縣所唱的〔茉莉花〕裡，於「過河」段
之後也作了以下延補式增段：

　　　　鶯鶯看得明白，鶯鶯看得明白，瞧見那情郎趟過了小沙
　　　　河，倘若是著了涼，好叫我們心裡難過。㉝

這段曲意也是延續「過河」段而來，不過其前段過河時是脫了
靴襪而非裹腳，所增此段也是說明過河的是男主角而非女主
角。而且所表達的是鶯鶯看著情人過河，擔心其著涼的不忍心
情，與前兩曲例有極大不同。

　　延補式增段大都發生在曲情連貫性不足的兩段之間。由此
也展現了此類歌曲演出者在使情節更緊密，更戲劇化發展方面
所作的努力。

㉛　　《中國民間歌曲集成・陝西卷》，頁331。

㉜　　遊春居士《改良鮮花調》，頁2。

㉝　　《中國民間歌曲集成・河北卷》，頁420。

2、新添式增段

此種拓增所產生的歌詞，與前後段曲意並無延補關係，甚至互相毫無相關。如河南商城民歌「一朵茉莉花」，所唱只有兩段歌詞，第一段為「茉莉花」段，第二段則為：

> 喜鵲喳喳叫，給俺把喜報，姑娘今年就要出閣，樣樣東西準備好（喲），單等那個喜日來到（唻唻唻）。㉞

此段是描述女子欣喜準備出閣的歌詞，與前面「茉莉花」段並無關聯。

又如：福建建陽縣民歌〔茉莉花〕，所唱也只有三段歌詞，其中前兩段為典型歌詞的「茉莉花」段及「跳墻」段，第三段則是：

> 蝴蝶雙雙飛，大地百花香，我的姐姐喲，愛上了情郎，情郎情郎，何日來成雙，何日來成雙。㉟

此段歌詞與其前段相較，看不出有何直接關聯，應也是新添式增段歌詞。

又如在民初上海刊本《新式時調大觀初集》所收「時調文鮮花」裡，共收了十八段歌詞，其中就有以下四段屬於新增歌詞：

1、好一個九連環，好一個九連環，又誰人開得來九連環。他是奴的有情人，雙手與郎腰。

2、忙轉繡房，高點銀燈，等著情郎，這多是為情人，等得奴心嘆。

㉞　《中國民歌》，第4卷，頁148。

㉟　見《福建民間音樂簡論》，頁101引。

3、好一個小冤家，好一個俏冤家，冤家與奴地久天長。我

　　好比賣油郎，獨占把花魁來戲。

4、何日再相逢，何日再相逢，有朝一日不負奴的心。與郎

　　同枕眠，奴也好心歡，夗央（鴛鴦）一對奴的終身，夗

　　央（鴛鴦）一對奴的終身。㊱

此四段歌詞與〔茉莉花〕典型歌詞並不產生關聯，應是新添而
來。由內容來看，這四段也有可能分別來自其他民歌，在此曲
裡才被採入做為組合㊲。

3、複沓式增段

　　此種方式拓增出來的歌詞，是以典型歌詞中某段為模本，
以複沓衍生的方式，產生詞格結構近同，部分用語也類似的新
段歌詞來。在《綴》本歌詞「鮮花」段與「茉莉花」段間，可
能所存在的就是此種關聯。但在後代所傳此類歌詞中，「茉莉花」
段是複沓式增段最常見的模本，「鮮花」段則極少見。這種增段
除少數產生在原來的套曲架構中外，絕大部分都是單段獨力衍
生成曲。由其用語特徵來分，可大別為兩類：

（1）、首句不變的複沓

　　以下這首〔茉莉花〕有三段歌詞，是目前大陸最流行的〔茉
莉花〕代表歌詞：

1、好一朵茉莉花，好一朵茉莉花，滿園花草也香不過它。

　　我有心採一朵戴，看花的人兒要將我罵。

㊱　《新式時調大觀初集》，頁5。

㊲　至少其中「好一個九連環」段就類似另一民歌〔九連環〕歌詞。

2、好一朵茉莉花，好一朵茉莉花，茉莉花開雪也白不過它。
　　有我心採一朵戴，又怕旁人笑話。

3、好一朵茉莉花，好一朵茉莉花，滿園花開比也比不過它。
　　我有心採一朵戴，又怕來年不發芽。

這首歌詞是 1956 年由何仿據江蘇六合、儀徵一帶流行民歌改寫
而來㊲。此三段中第一段應是作為增段模本的「茉莉花」段，
其後兩段則是據此拓增而來的複沓式反複。雖然各段都有部分
變化，不過用語詞格相似，首句更是完全相同。又如在山西聞
喜縣流行的〔茉莉花〕為：

1、好一朵茉莉花，好一朵茉莉花，滿園的花兒賽也賽不過
　　它。奴有心（呀麼）採朵戴（來）戴，只怕看花人兒罵。

2、好一朵茉莉花，好一朵茉莉花，茉莉花開誰也比不過它。
　　奴有心（呀麼）採朵戴（來）戴，又怕旁人將我笑話。

3、好一朵茉莉花，好一朵茉莉花，滿園花開開也開不過它，
　　奴有心（呀麼）採朵戴（來）戴，又怕哥哥埋怨奴家。
　　㊳

由用語來看，此歌詞雖有部分作了改動，但大體上仍是近同於
何仿所改。不過以下這首流傳於山西臨汾市的〔茉莉花〕，雖然
三段歌詞一樣是以「好一朵茉莉花」起始，但在內容上就有極
大差別：

1、好一朵茉莉花，好一朵茉莉花，長成了一日放在奴的家。
　　她（的）若是要出門，就把（個）鮮（呀）花兒插（呀）。

2、好一朵茉莉花，好一朵茉莉花，茉莉花香愛煞小奴家。
　　摘一朵送給我的情郎哥，心裡單想他。

㊲　見〈〔茉莉花〕，從南京唱響全世界〉一文。

㊳　《中國民間歌曲集成·山西卷》，頁501〔茉莉花〕（二）。

3、好一朵茉莉花，好一朵茉莉花，茉莉花甜小蜜蜂繞著它。
　情郎哥是蜜蜂奴家是朵花，願情哥來採花。⑩

顯然這是民間發展衍變出來的另一種首句不變的複沓式歌詞，
與何坊所改應無直接關聯。

（2）、首句改變的複沓

前舉何仿改動的〔茉莉花〕歌詞，是根據以下這首於 1942
年他在江蘇六合、儀征一帶所聽民間藝人演唱的〔鮮花調〕：

1、好一朵茉莉花，好一朵茉莉花，滿園花草也香不過它。
　奴有心採一朵戴，又怕來年不發芽。
2、好一朵金銀花，好一朵金銀花，金銀花開好比勾兒牙。
　奴有心採一朵戴，看花的人兒要將奴罵。
3、好一朵玫瑰花，好一朵玫瑰花，玫瑰花開碗呀碗口大。
　奴有心採一朵戴，又怕刺兒把手縈。⑪

這首歌也是複沓式的三段歌詞，內容也都在詠花，但每段首句
所詠花名卻有了改變，是一首首句改變的複沓式歌詞。這種詠
花內容的複沓式歌詞，其模本多為「茉莉花」段，在演唱時是
以模本歌詞與拓增歌詞相組成套，如前舉諸例即如此。

不過此種歌詞在實際流傳中，又產生兩種情況：一種是演
唱時只留下所延增出來的歌詞，原本以「好一朵茉莉花」為首
句的模本歌詞反而不存；另一種是複沓延增出來的歌詞單段被
獨立演唱。前者如山西朔縣的「採花」：

1、好一枝臘梅花（呀），好一枝臘梅花（呀），滿山山花兒
　把人愛煞（呀），奴有心把花摘（呀），又怕（那個）看

---

⑩　《中國民間歌曲集成‧山西卷》，頁501〔茉莉花〕（一）。
⑪　見〈〔茉莉花〕從南京唱響全世界〉一文。

花的把我來罵。

2、好一束水仙花（呀），好一束水仙花（呀），滿池池花兒看也看不夠它（呀），奴有心把它拿（呀），又怕（那個）別人把我笑話。

3、好一叢馬蘭花（呀），好一叢馬蘭花（呀），滿溝溝花兒香呀香萬家（呀），奴有心兩鬢插（呀），又怕（那個）惹著我的媽。

4、好一朵牡丹花（呀），好一朵牡丹花（呀），滿園園花兒鮮呀鮮又大（呀），奴有心采一朵（呀），送給（那個）我的情郎他。㊷

在此四段歌詞中，已沒有詠茉莉花的首句，但四段卻與《綴》本歌詞中的「茉莉花」段語法詞格相似，可見都是其複沓增加出來的歌詞。後者如河北邯鄲市的〔臘梅花〕，就僅以一段歌詞來演唱：

好一朵臘梅花，好一朵臘梅花，滿園這朵花草（喲），比不上奴（來）家，俺有心掐一朵（呀）戴在頭上，恐怕看花看花人兒罵（哎咳啊哎哎咳啊哎）。俺有心掐一朵（呀）戴在頭上，恐怕看花看花人兒罵（哎咳啊哎哎咳啊哎）。㊸

4、析分式增段

「析分」是由一段歌詞分化成兩段以上的歌詞，由此自然又拓增出歌段來。〔茉莉花〕典型歌詞中析分現象大多發生在「續弦」段。此段《綴》本歌詞作：

㊷ 《中國民間歌曲集成·山西卷》，頁598。

㊸ 《中國民間歌曲集成·河北卷》，頁442。

　　　　我的嬌嬌，我的嬌嬌，我彈琵琶嬌嬌吹著簫。簫兒口中
　　　吹，琵琶懷中抱，吹來的彈去弦線斷了。我待要續一根，
　　　又恐那傍人來笑。

在陝西洛川縣民歌中，此段被析分為以下兩段：

　　1、行來到上房，行來到上房，琵琶三弦掛在兩旁。大哥哥
　　　你彈弦來呀，小妹妹與你唱。

　　2、彈也彈得好，唱也唱得妙，正彈正唱絲弦斷了，大哥哥
　　　你續弦來，小妹妹別改調。㊹

這兩段歌詞雖有部分作了改寫變化，但整體曲意及用語仍明顯
說明是由「續弦」段析分而來。大致是把原來描述彈琵琶吹簫
景況的前半段獨立分出成第一段，再把弦斷的下半段分出成第
二段。今傳於各地的〔茉莉花〕歌詞中，此段有析分情況的多
是如此畫分。如以下河北昌黎縣所唱〔茉莉花〕，雖語意有所延
伸變化，但其畫分也如此：

　　1、忙把琵琶抱，忙把琵琶抱，抱上琵琶唱上一支調。先唱
　　　支《疊斷橋》，再唱一支《馬頭》、《勾調》。（羊得兒呀
　　　得兒喲）。

　　2、彈又彈得好，唱又唱得妙，正好彈唱（啊哨！）弦兒又
　　　斷了。奴本得接起彈，又恐怕詞不合調。（羊得兒呀得
　　　兒喲）。奴本得接起彈，又恐怕詞不合理。（羊得兒呀得
　　　兒喲）。㊺

「續弦」段所以會常發生析分情況，主要原因在《綴》本歌詞
中此段的句式較其他各段有所增衍，如此在實際演唱時曲調也
必隨著產生增衍變化。在後代的流傳中，可能是各段曲調趨於

統整一貫，因此這段歌詞增衍的部分也就被做了合理的處理，析分式增段於焉產生。

（二）、省段

　　整套〔茉莉花〕典型歌詞在民間自然的流傳時，不但會常被拓增入新段歌詞，相反的有些歌詞段落也會被省略。前舉山西朔縣的「採花」及河北邯鄲市的〔臘梅花〕曲例，由於其他各段都被省略，其實就是一種省段現象。在整套典型歌詞中，若大多數歌段都被省略，則剩下來的歌段其實也可以說是被摘取出來演唱的「選段」。

　　在後代留傳的〔茉莉花〕歌詞套曲中，最常被省略的是「上山」段，其次為「續弦」段。反之，最不常被省略的是「茉莉花」段，其次為「跳牆」段、「哀告」段及「開門」段。

　　在常被省略的歌段方面，我們先探查「上山」段。《綴》本歌詞裡此段歌詞為：

　　　　我的心肝，我的心肝，心肝的引我上了煤山。把一雙紅
　　　　繡鞋，揉得希腦子爛。把一雙紅繡鞋，揉得希腦子爛。

由內容來看，此段歌詞內容含意隱晦難明，其後代所傳歌詞在內容上也有極大的變異。由此段與前後曲意的相關性來看，其前段為「懸樑」段，後段為「獨木橋」段，彼此在曲意上更難作銜接。這應是造成此段常被刪減省略的主要原因。

　　「續弦」段，在《綴》本歌詞中為：

　　　　我的嬌嬌，我的嬌嬌，我彈琵琶嬌嬌吹著簫。簫兒口中
　　　　吹，琵琶懷中抱。吹來的彈去弦線斷了，我待要續一根，
　　　　又恐那傍人來笑。

此段雖被置於最末，做為全套歌曲的總結。但在曲意上，與其前面「雪花飄」段及「太陽」段的關聯性並不緊密。加上在句式上此段也有所增衍，此種增衍造成後代常有析分的情況出現。這都是此段在後代常被減省的原因。

在不常被省略的歌段方面，「茉莉花」段所以最不常被省略，應與詠花主題在〔茉莉花〕典型歌詞中的地位有關。雖然由整套歌詞來看，《西廂》故事是此曲各段歌詞中最明顯的主題，但不容否認此曲被稱作〔茉莉花〕、〔鮮花調〕或是〔雙疊翠〕等，都與詠花歌詞有關。再加上詠花歌詞在曲中給人隱喻意含的聯想性，更使其令人印象深刻，成為此曲最重要的代表主題。

在以詠花為主題的兩段歌詞裡，「鮮花」段多存在於戲曲、曲藝裡，民歌中較為少見。「茉莉花」段則不然，不僅與「鮮花」段同樣常被採入戲曲、曲藝的〔花鼓曲〕套曲裡，更是民歌中的寵兒。再加上由其延增產生的複沓式增段歌詞到處流行，使其在整套典型歌詞中的地位更為穩固，這應是其不常被刪減的重要原因。

至於「跳墻」段、「哀告」段及「開門」段。這三段都明顯點明《西廂》主題，是整套典型歌詞中，能維持其《西廂》主題的安定力量。所以除了有些地方所傳完全剔除《西廂》情節的歌詞外，在大部分受《綴》本歌詞影響的此套歌曲裡，這幾段都會存在。

套曲中歌段的能否保留，除以上原因外，還有前文所述「套句」所造成兩歌段的相融合，應也是歌段數目減少的原因之一。

（三）、改序

除增段、省段外，雖然整套的典型歌詞在歷代傳衍時，各段結構大體上都保持固定。但仍有少數在排列順序上卻有所變化。下表為《綴》本歌詞各段的排列順序：

序次	1	2	3	4	5	6	7	8	9	10	11	12
段名	鮮花	茉莉花	跳牆	哀告	開門	懸樑	上山	獨木橋	過河	雪花飄	太陽	續弦

原則上在戲曲中較少發生改序情況，不過仍偶有所見。如民初刊行的《戲考》及寶文堂刊本《打花鼓》，兩者的段數及排序相同，都是：

鮮花（1）→茉莉花（2）→哀告（4）→開門（5）→懸樑（6）→獨木橋（8）→過河（9）→跳牆（3）→雪花飄（10）→太陽（11）㊻

（ ）中數字為對應於《綴》本歌詞的序次，下同。此兩種歌詞都省減了「上山」段及「續弦」段，其餘各段排序大致同《綴》本歌詞。不過原應為第 3 序次的「跳牆」段，卻被改置於「過河」段與「雪花飄」段之間。此種序次的改動，不但無助於《西廂》情節的充實，反而造成「茉莉花」、「哀告」間，及「跳牆」與「過河」、「雪花飄」間更突兀的銜接。所以會有此一改序情況產生，較可能的解釋是由於《綴》本歌詞中明確點明《西廂》

㊻ 《戲考》，頁452。寶文堂《打花鼓》。

情節的段落只集中在第3至第5段，使後面的多段歌詞在曲意上難以聯接，此種把第3段移至第9及第10段間的改動，應可造成《西廂》主題的前後出現，以產生情節貫串的效果。

　　在曲藝及民歌中序次的變動就比較多。如：河北饒陽縣花會歌曲落子調中的〔茉莉花〕為：

茉莉花（2）→跳墻（3）→哀告（4）→開門（5）→獨木橋（8）→上山（7）→雪花飄（10）→太陽（11）→續弦（12）㊼

此曲減省了「鮮花」、「懸樑」、「過河」三段，其餘各段排序也大致同《綴》本歌詞，不過「上山」段與「獨木橋」段的順序卻作了對調。在《綴》本歌詞中，「上山」段是曲意較獨立，與其前後歌段的銜接都不緊密，所以它的序次如被改動對其前後段情節的連續皆無影響；「獨木橋」段與其後面的「過河」段則是曲意明顯相連的兩歌段，在此曲中，由於「過河」段被減省，因此「上山」段被改置於「獨木橋」段之後，對情節也不造成影響。可見此一序次改動的原因，主要應是此曲經刪減三段後，情節連貫越形鬆散，再加上此種序次改動對鄰段曲意的銜接也不產生影響，所以在發揮歌者自由意志的民歌裡，就較容易被隨意改動。

　　又如寧夏固原縣民歌〔茉莉花〕，其各段排序為：

茉莉花（2）→鮮花（1）→上山（7）→獨木橋（8）→開門（5）→雪花飄（10）㊽

此曲在段數上減省了多段，在內容上則是「非《西廂》」型。在剩下的歌段中，不但「鮮花」與「茉莉花」段作了對換，又把

㊼　《中國民間歌曲集成・河北卷》，頁232。

㊽　《中國民間歌曲集成・寧夏卷》，頁168。

原為第 5 序次的「開門」段，調到「獨木橋」段之後。其「開門」段內容用語雖大致同《綴》本歌詞的「開門」段，但其中《西廂》人名已被隱去，所以全曲並無中心主題。因此段數的減省及序次的變動，對全曲曲意的銜接毫不產生影響，再加上它是一首較能以己意演唱的民歌，這應是其序次產生變動的主要原因。

由以上論述可知，雖然在《綴》本歌詞裡《西廂》主題的明確性不足，各段間情節的聯接性也不強，不過可能受到戲曲劇本固定承傳的影響，此一典型歌詞在戲曲中不論增段、減段或改序的變化都較小；在民歌中的〔茉莉花〕雖然多少也受到戲曲影響，不過其變化性就明顯較強，展現了浪漫自由的民間文學風格。

三、衍變原因

〔茉莉花〕在流傳中所以會產生以上各種變化情況，必有其影響原因。探討其主要原因，可以歸納為以下七點：

1、傳唱方式

「口傳心授」是傳統戲曲、曲藝及民歌最主要的傳唱方式。由於口傳，所以全靠學習者的聽力；由於心授，所以要靠學習者的記憶力與領悟力。在這種傳唱條件下，所學內容難免會產生一些出入變化。因此在曲詞上諧訛、擬語、延義、套句……等各種現象也就自然發生。在戲曲中，由於頗重師法傳承，傳授要求較為嚴謹，所以變化也較少。在一般曲藝、民歌裡，由於傳授較為寬鬆，變化幅度也就較大。這在〔茉莉花〕的流衍

過程中，就提供了印證。

2、演出彈性

　　民歌俗曲的演唱藝人，在初習階段雖對演唱的準確性有較高的要求。但在出師實際演唱時，卻也常具有一定範圍即興式的演唱彈性，往往同一人在不同時間演唱就有變化，此種情況在曲調上如此，在歌詞上也常會發生此現象。

3、地域背景

　　〔茉莉花〕流傳於全國各地，隨著各地方言、習慣用語、生活特性及環境景物等的不同，其歌詞也就跟著產生變化。如河北邯鄲市民歌〔臘梅花〕中「俺有心掐一朵」的「俺」；《民歌雜鈔》〔好一朵鮮花〕中「只也沒奈何，拏也是沒奈何」的「只」與「拏」；遼寧建昌縣的民歌〔茉莉花〕作〔茉牛花〕；《改良鮮花調》中「獨木橋」作「柺木橋」；寧夏省固原縣、隆德縣等地稱茉莉花開花是「紅呀紅不過它」……等，都是受到地域背景的影響㊽。

4、有心的改訂

　　隨著不同對象的欣賞或傳唱，民歌俗曲也常會被有心人作一些修訂改動。這些改動，大致可分以下兩類：
　　(1)、內容用語的改訂。也即所謂的「轉語」或「翻案」

㊽　見《中國民間歌曲集成・河北卷》，頁442。《民歌雜鈔》，頁8。《中國民間歌曲集成・遼寧卷》，頁268。《中國民間歌曲集成・寧夏卷》，頁168、577。

○50。這種改訂除有些出自民間藝人外,大多出於中下文人。雖然在傳統文人視戲曲、民歌為「小道」的衛道觀念下,民歌、俗曲、小戲等主要流傳於社會的較低階層。不過由於這類民間文學所表現清純真摯的風格,卻也贏得許多文人私下的喜愛與參與。民間作品一經文人介入,改訂的情況自然無可避免。不過這些改訂,常也因續被傳唱而融入於原來作品中,改訂者也成了民間文學共同創作的一員。「轉語」主要在使語義能更生動貼切,或造成出奇、轉折的效果。前文所述改字、轉意甚至改寫等現象,有許多應即出自此一原因。

(2)、配合押韻的改訂。這是為了使演唱時歌詞能更諧合所作的改訂。如《綴》本歌詞「開門」段,由前四句可知應押皆來韻,但末句「倒是賊強盜」的「盜」則並未諧韻。所以在後代流傳的其他歌詞裡,有些就作了改動。如《清代雜曲集》此句就在後面加了「進來」兩字成「只恐怕是強盜賊進來」以諧韻;清代《打花鼓》抄本、《戲考》等則乾脆把「賊強盜」改成「妖魔怪」,使其能諧韻○51。

5、適應演唱場合

隨著演出場合的不同,演出形式也會產生改變。尤其套曲形式的典型歌詞,在實際演出時為配合演出場合的需求,其演唱段數常也會做彈性的改動。因此段落的增減、複沓式拓增歌段的產生等狀況,都應與此有密切關聯。

○50 所謂「轉語」或「翻案」,即根據舊曲但卻不完全仿照舊曲,而換以另一方式或角度來轉寫曲意。參《明清小曲研究》,頁265～267。

○51 《清代雜曲集》,頁52。A pi59-724《打花鼓》。《戲考》(一),頁459。

6、曲意的合理性

　　雖然在《綴》本歌詞中有其內含的《西廂》主題。可是在後代演唱時，由於此一主題的不夠全面明確，所以就又產生了「突顯《西廂》型」與「非《西廂》型」兩種不同類型的變化發展，其目的主要就在使曲意的發展能合理化。此外，如：「上山」段的常被省略、延補式拓增的產生等，也都與曲意的合理性有密切關聯。可見曲意是否能合理銜接，也是影響其衍變的一種重要原因。

7、戲曲或曲藝的取用

　　除了民歌本身外，戲曲與曲藝是〔茉莉花〕成長發展的另一重要環境。雖然在這種環境中，因體製較固定，變化反而較少。不過有時為配合不同的演出形式或情節，也會作一些改變。如雲南彌渡所流傳的姐妹花鼓裡，配合演出人物，把「好一朵鮮花」改成「兩朵鮮花開」就是一例⑤。

---

⑤　見《雲南花燈音樂·彌渡部分》，頁29。

第三節 歌詞來源試論

　　雖然〔茉莉花〕的曲調可能源自元代以前就已存在的〔蓮花落〕。不過即使如此,我們仍不能說民歌〔茉莉花〕當時已經產生。因為一首民歌的正式誕生,必須同時顧及歌詞與曲調的結合。今日我們所稱的〔茉莉花〕歌詞,多是指其典型歌詞,尤其是其中前兩段以詠花為主題的歌詞。那〔茉莉花〕典型歌詞最早期的內容到底如何?其產生的時間又在何時?這些都值得我們進一步去探討。

一、來源說法質疑

　　由於〔茉莉花〕典型歌詞中有多段內容為《西廂記》中情節,所以有學者認為此套典型歌詞原應是唱元雜劇《西廂記》故事,後來因反覆唱其中「好一朵茉莉花」段歌詞,才被命名為〔茉莉花〕。甚至因此而推論出民歌〔茉莉花〕是由戲曲演化而來的俗曲。如王友三主編的《吳文化史叢》提到江蘇民歌〔茉莉花〕時即云:

> 本來它唱的是元雜劇《西廂記》中的故事,又稱〔張生戲鶯鶯〕,後來在傳唱中脫離了西廂故事,反覆演唱以「好一朵茉莉花」為起興的一段,調名命名為〔茉莉花〕。……江蘇民歌〔茉莉花〕是從戲曲、散曲演變成俗曲、流行歌曲的一種典型。①

---

① 《吳文化史叢》,下冊,頁673。

這種說法是把《花鼓》劇中所唱整套〔花鼓曲〕（即「好朵鮮花」套數）歌詞看成是此曲最早的內容形式。也即當《花鼓》一劇產生時，此套〔花鼓曲〕才同時被創作出來；而此套〔花鼓曲〕產生時最早的內容也把它界定在唱《西廂記》故事，由此才會有再推演出民歌〔茉莉花〕是從戲曲演變而來的結論。事實是否如此？由於今存此一民歌的民間歌詞都在乾隆以後②，要追考其早期產生時詳細情況有其困難。不過針對此一說法，我們卻可發現與事實應有出入，理由為：

1、由本書第三章第一節的考證，知〔茉莉花〕在明代又稱〔雙疊翠〕，且至遲在明萬曆 17 年（1589）以前〔雙疊翠〕就已被文人劉效祖採用做為填詞的散曲曲牌；而且其所以稱為〔雙疊翠〕，也應與首兩疊句為「好一朵鮮花」或「好一朵茉莉花」的詠花歌詞有關。如此，則在劉效祖採用〔雙疊翠〕以前，「詠花」主題歌詞中至少有一段就應已產生並在民間流行，其時代當在隆慶、萬曆之間。《花鼓》一劇改自《紅梅記》，《紅梅記》為明周朝俊所撰，據《中國古代戲曲家評傳》所考，《紅梅記》的問世當在 1605～1609 年（萬曆 33 至 37）之間③。《花鼓》既是改自《紅梅記》，其時間應在《紅梅記》產生之後，所以最早也在萬曆 33 至 37 以後才有此齣戲產生。既然至遲在明萬曆 17 年（1589）以前就有演唱「詠花」主題歌詞的〔雙疊翠〕存在，則萬曆 33 年以後才產生的《花鼓》劇中所唱〔花鼓曲〕，其中「詠花」主題歌詞就不是新創。

---

② 在此以前雖在劉效祖《詞臠》、嗤嗤道人所撰小說《警寤鐘》等文獻裡有〔雙疊翠〕，但皆為文人仿作歌詞，非民間流傳原詞。

③ 見《中國古代戲曲家評傳》，頁431。

2、在《綴白裘‧花鼓》劇中〔花鼓曲〕的十二段內容裡，明確點明《西廂記》情節的只有第三、四、五段，其餘在字面上都看不出與《西廂記》有直接關聯，有些歌段間甚至有極明顯的詞意差距。其前兩段以詠花為主題的歌詞，雖然有人認為所云的「花」是在隱指《西廂記》女主角崔鶯鶯④，但這也只是一種聯想。我們由歌詞表面上來看，此兩段也有其獨立性，不一定要與其後的三段《西廂》情節相連。而且乾隆時傳到西方被收錄在《中國旅行記》裡的〔茉莉花〕即僅有此兩段詠花歌詞，後代各地流傳的歌詞中有許多也如此；甚至還有一些是雖不只此兩段，但其內容卻為完全屏棄西廂情節的「非《西廂》型」歌詞。此外，在後代流傳的「其他主題」各歌段中，「雪花飄」段常被獨立演唱；而另一稱為〔九連環〕的民歌也將「雪花飄」段收在其套曲歌段裡。雖然〔九連環〕產生的時間應較晚，不過該段歌詞的獨立性，由此可見一般⑤。以上種種情況，都說明了〔花鼓曲〕中有許多歌段在產生時應有其獨自意含，不一定是以《西廂》為主題。

3、在《綴白裘‧花鼓》劇的〔花鼓曲〕中，緊接於第三、四、五段明顯《西廂記》情節的歌詞之後，於第六段「懸樑吊」歌詞第三句卻云「瞧來瞧去丈夫知道了」。以《西廂記》情節論，此處所稱應是「老夫人」才對而不是「丈夫」。雖然後代有許多

曲本此句作「老夫人」⑥，但此可能是為使歌詞意義合理化所作的修改，因為今存最早《花鼓》版本的《綴白裘》裡此處所作為「丈夫」。如不是誤植，那顯然證明了此段歌詞可能來自另一首小曲，而非《西廂》主題套曲中原來的成員。

　　以上三點說明了〔花鼓曲〕中所有歌段應該不是同時產生，也不是所有歌段都是在表現《西廂》主題；而詠花主題中至少有一段在舞台上的《花鼓》一劇誕生前，就應已存在。如此，則《花鼓》劇中〔花鼓曲〕整套歌詞應不是此曲最早的內容形式，民歌〔茉莉花〕也不是從戲曲演變而來。

　　既然民歌〔茉莉花〕不是源自戲曲，那後代流傳的此套典型歌詞是如何形成的？由於文獻缺乏，大多數歌段產生的先後已難以查考，不過至少對「詠花」主題兩歌段間的先後問題，我們仍能透過以下考查獲得瞭解。

二、詠花段之先後

　　在隆慶、萬曆間〔雙疊翠〕流行時，「詠花主題」的歌詞應已產生，此一主題的歌詞在後代所傳典型歌詞裡包括有「鮮花」與「茉莉花」兩歌段。由用語形式上此兩歌段的近同程度，可以證明兩者應來自同一歌段的複沓，只是在複沓時歌詞內容作了某些變化而已。既然是複沓而來，此兩歌段就有了誰為原歌段，誰為複沓而來歌段的問題。此由以下四點查索，可以窺其大概：

　　1、《紅梅記》中，花鼓夫婦曾經唱了劉希夷的「白頭吟」

---

⑥　如史語所傳斯年圖書館藏俗曲《張生戲鶯鶯·新刻鮮花調》、《新刻京都茉莉花》、《雜劇》等皆如此。

詩：

> 洛陽城東桃李花，飛來飛去落誰家？洛陽女兒惜顏色，
> 行逢落花長歎息。今年花落顏色改，明年花開復誰在？
> 已見松柏摧為薪，更聞桑田變成海。古人無復洛城東，
> 今人還對落花風。年年歲歲花相似，歲歲年年人不同。
> 寄言全盛紅顏子，須憐半死白頭翁。此翁白頭真可憐，
> 伊昔紅顏美少年。公子王孫芳樹下，清歌妙舞落花前。
> 光祿池邊開錦繡，將軍樓閣畫神仙。一朝臥病無相識，
> 三春行樂在誰邊？今年花似去年好，去年人到今年老。
> 始知人老不如花，可惜落花君莫掃。宛轉蛾眉能幾時，
> 須史鶴髮亂如絲。但看古來歌舞地，惟有黃昏鳥鵲哀。
> ⑦

此詩主旨雖在感今傷昔嘆年華之易逝，但其中「花」是很重要的主題媒介，以花來貫串全詩。此與〔花鼓曲〕前兩段的詠花主題有其相似性。其次在歌詞用語方面，「白頭吟」前兩句為「洛陽城東桃李花，飛來飛去落誰家」，《綴白裘‧花鼓》所唱〔花鼓曲〕「鮮花」段的前三句為「好一朵鮮花，好一朵鮮花，有朝的一日落在我家」。此兩者用語之間，存在著部分的近似。尤其是「有朝的一日落在我家」一句，後代所傳有些《花鼓》曲本裡的用語更為相近，如道光間《小慧集》所收即作「飄來飄去落在我的家」、崇本堂刻本《疊斷橋‧鮮花調》作「飄來飄去落在奴家」。現將四者比較於下：

白頭吟	飛來飛去落誰家
綴白裘	有朝的一日落在我家
小慧集	飄來飄去落在我的家
疊斷橋‧鮮花調	飄來飄去落在奴家

⑦　見《紅梅記》，卷下，第二十齣「秋懷」。

此種以花為主題及歌詞用語上的近同，如果不是一種巧合，那就顯示了〔茉莉花〕典型歌詞中的「鮮花」段，應與戲曲《紅梅記》有著某種牽連。

2、「鮮花」段歌詞云：「好一朵鮮花，好一朵鮮花，有朝的一日落在我家。」在《西廂記》情節中，鶯鶯是隨母扶父柩歸葬，途中暫借寓於普救寺西廂；張生則是因遊寺邂逅鶯鶯，想一親芳澤才暫借住於寺內。也即鶯鶯所寓並非張生家中，可見「鮮花」段語義與《西廂記》情節並不相符。

在《紅梅記》中，女主角昭容與其母投居姨媽家，其表弟曹悅慕其容色，於託母提親不成後，想盡辦法要討好她。昭容所住為曹悅家，「鮮花」段歌詞如由曹悅立場來唱，與詞義正相符合。可見此段歌詞內容意含應較近於《紅梅記》情節。

3、由今存各種歌詞文獻來看，「鮮花」段多存在戲曲裡，民歌中較為少見；即使在民歌中有「鮮花」段，也多不居首段，而被置於「茉莉花」段之後。「茉莉花」段則多見於民歌中，在戲曲裡較常被省略；戲曲裡未被省略的「茉莉花」段，也都不居首段，而被置於「鮮花」段之後；尤其是民歌中僅獨立一段者多為「茉莉花」段，極少「鮮花」段。可見長久以來在戲曲中是以「鮮花」段為主，而「鮮花」段也較被局限在戲曲裡。在民歌中則以「茉莉花」段為主。

4、在後代流傳「詠花主題」的歌詞裡，有些是由原兩歌段（「茉莉花」段與「鮮花」段）相融套用而來的歌段。此種歌段絕大多數都是「鮮頭茉裏」的歌詞。所謂「鮮頭茉裏」是指其歌詞的頭兩疊句雖為「好一朵鮮花」，但第三句以後卻轉而為「茉莉花」段的用語內容。如：

好一朵鮮花，好一朵美鮮花，滿園花開賽又賽不過它。
奴本得摘朵戴，又恐怕看花人兒罵，（羊得兒呷得兒
喲）。（四川清音《西廂扇》）⑧

好一朵鮮花，好一朵鮮花，滿園的花兒開賽也賽不過
他。我本待采一朵戴，又恐怕看花的罵。我本待采一朵
戴，又恐怕看花的罵。（民初百代唱片所錄《花鼓》）
⑨

此種歌段多見於戲曲或曲藝裡，且其原有的兩段「詠花主題」
多僅剩此一段。相反的，以「好一朵茉莉花」為頭兩疊句，第
三句起接「鮮花」段用語內容的情況卻極少見。可見即使在戲
曲或曲藝裡，「茉莉花」段還是有其一定勢力。

　　5、在後代流傳典型歌詞中，「鮮花」段本身很少再衍化出
複沓式增段歌詞。「茉莉花」段則剛好相反，本身常又衍化拓增
出許多複沓式歌詞來，如江蘇六合、河南商城、山西聞喜……
等地所唱〔茉莉花〕都如此⑩。可見「茉莉花」段顯然比「鮮
花」段具有更強的複沓拓增能力。

　　以上五點證據，說明了「茉莉花」段本身複沓拓增的能力
較強，也較常見於民歌中，不過在戲曲裡也有其一定的勢力。「鮮
花」段則複沓拓增能力較弱，其流傳多局限於以《花鼓》情節
為主的戲曲或曲藝裡，其產生也應與《紅梅記》情節有關。

　　因此，「詠花主題」中的原始歌段應該是「茉莉花」段，

---

⑧　《中國曲藝音樂集成・四川卷》，頁288。
⑨　《中國戲曲音樂集成・江蘇卷》，頁660。
⑩　《中國民間歌曲集成・江蘇卷》，頁726。《中國民間歌曲集成・
　　河南卷》，頁552。《中國民間歌曲集成・山西卷》，頁501。

此歌段至遲在萬曆 17 年（1589）劉效祖採用〔雙疊翠〕曲牌填詞以前應已產生。而「鮮花」段則是據「茉莉花」段拓增而來的歌段，其產生應在《花鼓》一劇誕生以後，是配合《紅梅記》情節改編而來的歌詞。

三、歌詞形成推測

　　根據前述考證及相關文獻呈現情況，以下嘗試對後代所傳〔茉莉花〕典型歌詞的形成過程，分析其可能並提出推測和說明：

　　在明隆慶、萬曆間，民歌〔雙疊翠〕已經產生，當時的主要歌詞應較接近後來的「茉莉花」段。不過此處所指的「茉莉花」段應是一種概稱，除一般「茉莉花」段外，也可能是「鮮頭茉裏」的歌段。由於此民歌曲調本即源自〔蓮花落〕，所以也常被採用於以賣藝乞食為主如花鼓、連相的曲藝表演裡。

　　花鼓的演出主要可分賣藝乞食、特殊演出、搭棚唱演、戲館演出四種類型⑪。此四種類型雖似乎代表著花鼓發展過程的四個階段，不過經過了長期演變，到了明末清初間此四類型的演出幾乎已是同時在民間併行流傳。此時原來所演唱的小曲內容早已不合所需，於是新編或由其他民歌改調而來的歌段就被吸收採入⑫，套曲的雛型在此時應已形成。

　　花鼓的躍登舞台，應是促其情節戲劇化的主要動力。為了強化戲劇情節，此時民間藝人就將花鼓藝人賣藝所遇艱辛編為

---

⑪　有關花鼓流傳的發展類型，詳見第六章第二節。

⑫　所謂「改調」是取句式大致相類的歌詞，改以其他曲調演唱。此為明清散曲及民間歌曲中極為常見的手法。

情節搬上舞台，其中當然也採入了原在民間花鼓曲藝中即已流行的歌曲。又因為當時《紅梅記》正盛極一時，其中又插有打花鼓的情節。所以就在此一劇前冠上《紅梅記》中曹悅戲婢情節，藉其聲譽以廣招睞。

在冠上《紅梅記》情節之後，為了要使情節有所連貫，「茉莉花」段也被作了部分修改。修改內容主要在配合「白頭吟」用語及《紅梅記》中曹悅戀慕昭容的情節，將歌詞的部分內容改為「有朝的一日落在我家」，如此就形成了後來的所謂「鮮花」段。後代大多數戲曲中的《花鼓》劇，也就以「鮮花」段替代了「茉莉花」段。不過因為在此以前已習於將「茉莉花」段用於套曲首段，所以後代在只演唱此套曲而不牽帶劇情的民間表演裡多因襲此一傳統，只採「茉莉花」段而無「鮮花」段。甚至在戲曲《花鼓》劇中的此套歌詞也受其影響，有些就兼融併收了「茉莉花」段，形成了如《綴白裘》等後代許多戲曲曲本中都兼有「鮮花」及「茉莉花」兩歌段的情況。

經過「鮮花」段的修改以後，《花鼓》劇中「好朵鮮花」套數（〔花鼓曲〕）的內容結構至此才能算真正固定，成為後代〔茉莉花〕典型歌詞的標準楷模。

以上是根據今存文獻分析所作的推測，實際情形當待續作查考。此外，在康熙年間《百戲竹枝詞》載云：

> 鳳陽婦人多工者，又名秧歌，蓋農人賽會之戲。其曲有「好朵鮮花」套數，鼓形細腰，若古之搏拊然。

詞云：

> 賽會時光趁踏青，記來妾時鳳陽城；秧歌爭道鮮花好，腸斷冬冬打鼓聲。⑬

---

⑬ 《百戲竹枝詞》，《清代北京竹枝詞》，頁161。

此秧歌所指即鳳陽花鼓，其中已提及鳳陽婦人唱「好朵鮮花」
套數，此「好朵鮮花」當指「鮮花」段或「鮮頭茉裏」的歌段。
既言「套數」，所唱至少應已是典型套曲歌詞的雛型。由此則可
證明至遲在康熙以前，此套歌詞雛型已經存在。

第六章　歷代〔茉莉花〕流傳考

　　〔茉莉花〕流傳的時間不但長久，流傳的地域也非常廣泛。要瞭解其興衰衍化，除了由所存歌詞、曲譜去探索外，歷代文獻中的相關記載，也是極重要依據。本章即以文獻相關記載為主，配合前文有關論述，來考查此一民歌的流傳軌跡。由於〔茉莉花〕在其源起及發展的各階段過程中，與某些曲藝及戲曲有極密切關聯，其中《花鼓》一劇，更是〔茉莉花〕滋長發展的重要功臣。所以有關這些曲藝或戲曲的記載，也成了探索〔茉莉花〕流傳不可或闕的重要文獻。以下即綜合所有資料，分期試作探述。

第一節　明末以前——醞釀與產生期

　　在明末以前，可資直接查考〔茉莉花〕流傳情況的文獻並不多。不過由第三章考證，知〔茉莉花〕曲調可能來自「蓮花落」；由後來《花鼓》一劇的流傳及相關記載，也可知「花鼓」是它發展的大本營。所以由這些曲藝的發展及其與〔茉莉花〕曲調關聯的探討，也可大略描繪出〔茉莉花〕在明末以前的流傳軌跡。

一、與蓮花落關聯

　　蓮花落源於隋末唐初佛教宗教活動中的「落花」，在唐代又叫「散花」。當時目的是在宗教的捐助募化，可是在宋人所編《五燈會元》、《羅湖野錄》裡就有丐者唱蓮花落的記載，可知此時蓮花落已成為乞丐的一種行乞演唱形式①。

　　元代以後，此種演唱更為流行，在元人雜劇中就有許多記載，如石君寶《李亞仙花酒曲江池》裡：

　　　　【末云】父親，你孩兒這一去……去時荷葉小如錢，回
　　　　來必定蓮花落。【孤云】孩兒也，休著老夫盼望你那一
　　　　年春盡一年春。②

關漢卿《杜蕊娘智賞金線池》裡：

　　　　【卜兒】好運好運，卑田院裡趕趁。你要嫁韓輔臣這一
　　　　千年不長進的，看你打蓮花落也。【正旦】他怎肯教「一
　　　　年春盡又是一年春」。③

鄭庭玉《布袋和尚忍字記》裡：

　　　　……無計所奈，唱些〔蓮花落〕：「咱一年家春盡……」，
　　　　兀的不天天轉，地地轉，我倒也…。④

張國賓《相國寺公孫汗衫記》裡：

　　　　……身上單寒，肚中饑餒，這一座高樓必是一家好人
　　　　家。沒奈何我唱些兒〔蓮花落〕討些兒飯喫。【做唱科】

────────────

① 　以上參《中國曲藝史》，頁231。《中國乞丐史》，頁196。
② 　《李亞仙花酒曲江池》，第1折，頁4325。
③ 　《杜蕊娘智賞金線池》，第1折，頁4971。
④ 　《布袋和尚忍字記》，第6冊，楔子，頁2721。

「一年家春盡一年家春，哩哩蓮花」。天轉地轉，我倒也…。⑤

此四種元雜劇所載蓮花落，除了在《李亞仙花酒曲江池》裡是以語讖暗喻方式，為劇中主角後來流落唱挽歌乞食留下伏筆以外，其餘都直接以蓮花落做為丐者乞食的演唱。值得注意的是，此四種蓮花落記載，所唱都是以雷同「一年家春盡一年家春」的歌詞開始，而明傳奇《繡襦記》中所唱〔蓮花落〕，也就是此種歌詞。此種歌詞內容在分詠四季，故又有「四季蓮花落」之稱。明成祖朱棣御製《諸佛名經》及《名稱歌曲》兩書中就收有以〔四季蓮花落〕為名的佛曲二百五十四支，可見是當時最盛行的一種〔蓮花落〕⑥。此種〔蓮花落〕應也是元明時丐者乞食所唱主要歌曲之一。一直到清乾隆年間，在曲集《霓裳續譜》卷五所收一首「揚子江心」裡的〔蓮花落〕歌詞，也是此一類型⑦，可見自元迄清都有其相承的傳統。

在曲調上，目前雖乏元、明間曲譜文獻可作確證，但由此種一脈承襲的情況來看，乾隆間《九宮大成南北詞宮譜》及《納書楹曲譜》所錄《繡襦記》中的〔蓮花落〕，與《繡襦記》成書時其中〔蓮花落〕所唱的曲調間，除同一戲齣曲本的傳襲關聯外，此種〔蓮花落〕本身自成定式的傳承發展，也增加了其間承襲的可能。由前文曲譜比較知《九宮大成南北詞宮譜》及《納書楹曲譜》所錄《繡襦記》中〔蓮花落〕的曲調近同於〔茉莉花〕，由此以推，〔茉莉花〕曲調源頭出自《繡襦記》中〔蓮花落〕，甚至上溯到元代〔蓮花落〕的可能是存在的。

---

⑤ 《相國寺公孫汗衫記》，第5冊，頭折，頁2257。

⑥ 參《戲曲小說叢考》，頁647。

⑦ 《霓裳續譜》，頁245。

二、與花鼓關聯

　　由清代以後盛行的《花鼓》一劇，及相關文獻的記載可知，花鼓是與〔茉莉花〕關聯最深，影響也最遠的一種曲藝演出形式。但是在明代，有關此種花鼓的記載並不多，時代也多在萬曆以後。

　　如在周朝俊所撰《紅梅記》傳奇的第十九齣「調婢」和第二十齣「秋懷」裡，就有打花鼓的演出。《紅梅記》的此處情節，是在演述女主角昭容與其母盧夫人，為擺脫丞相賈似道糾纏，避居揚州姨媽家。但其表弟曹悅卻有意於她，並央母親向姨娘提親。盧夫人知姪兒愚魯無知，委婉拒絕。曹悅卻不死心，先在花園中調戲昭容婢女朝霞，於朝霞機警逃下後，適有打花鼓的經過，曹悅叫住試聽後，要其到昭容前演唱，企圖以此討好，結果花鼓的演唱卻反而勾起昭容心愁。在此段曲文及說白中，曹悅叫花鼓試聽的一段經過為：

　　　　（內打花鼓，介）（丑叫，介）（雜扮，男子、一婦人，打鑼鼓上）【丑】你是那裡人？【雜】鳳陽人。【丑】你打一通我聽。【唱】緊打鼓，慢篩鑼，聽我唱個動情歌，唱得不好休貪賞，唱得好時討賞多。（鼓一通）【丑笑】妙妙妙，還有什麼曲？【雜】有有有的，「上之回」、「白頭吟」、「烏夜啼」都是古曲……。⑧

此種演出與後代由鳳陽男女兩人分持鑼鼓，開場先唱「緊打鼓，慢篩鑼……」的鳳陽花鼓表演，在形式上已完全相同。可見這種花鼓演出的形式，在當時已經形成。

---

⑧　《新刊出相點板紅梅記》，下卷，第19、20齣。

　　後代此種花鼓演出的曲本，最早見存於乾隆間曲集《綴白裘》所收《花鼓》一劇裡。在此劇中於花鼓出場前，加有一段曹悅調戲朝霞的情節，可證此劇與《紅梅記》有著極密切的關聯。周朝俊的生卒年代約在萬曆 8 年至天啟 4 年以後（約 1580～1624 後），其撰作《紅梅記》的時間，據學者考證應在萬曆 33 至 37 年（1605～1609）之間⑨。由此可證，此時不但此種花鼓的名稱已經產生，而且其演出定式也已形成。

　　又如在明代另一作家范文若所撰《花筵賺》傳奇第四齣裡，也可找到花鼓的演出。該劇演太原人溫嶠，其貌不揚，但能詩善賦。因思慕表妹碧玉，又擔心相貌不為表妹所喜，故邀其友謝幼興想去偷香竊玉，兩人塗朱傅粉扮成花鼓夫婦，到碧玉所在花園門前唱花鼓。以下為他們演唱花鼓的部分情況：

> 【生】……我們且把鼓兒打起來。（鼓，唱，介）緊打鼓兒，慢篩鑼，聽我唱個動情歌，唱得不好休貪賞，唱得好時討賞多。（鼓，介）……【生、小生唱】江邊姐兒洗紅紗，清水照見滿頭花，千人見了千人喜，萬人見了萬人誇。（鼓一通）【丑笑，介】到有些趣！（奪鼓打介）【旦長吁，介】……便這乞兒，那一個豐姿俊逸，飄飄欲仙，豈是乞兒行徑。⑩

---

⑨　《中國古代戲曲家評傳》，頁431。執筆者洪柏昭認為：「《紅梅記》的創作，據王稚登序，在屠隆《曇花記》、《彩毫記》之後；且序中有『緯真逝後，四明絕響，今後有周生，則緯真不能擅美於江南矣』之語，似乎還是在屠隆逝世後才寫的。屠隆卒於1605年，那麼《紅梅記》的問世，當在1605～1609之間。」按：西元1605～1609即萬曆33～37年。

⑩　《花筵賺》，上卷，第4齣。

此劇所扮花鼓演出也是男女兩人，開場也唱「緊打鼓兒，慢篩鑼……」與《紅梅記》中花鼓演出相同，可見所演也是鳳陽花鼓。劇中於唱完花鼓後，因溫、謝兩人豐姿俊逸，所以碧玉懷疑其「豈是乞兒行徑」，這句話說明了當時打花鼓的身分，是被看成和乞丐相同的。此由後來甥兒溜兩發現情況有異，要侍女扶碧玉入內，溫嶠意圖撞入，溜兩追打，並懷疑道：「咦！你是個乞兒，敢是這等放肆？」⑪也可得到證明。范文若生於萬曆15 年(1587)，死於崇禎 11 年(1634) ⑫。其撰作《花筵賺》的時間雖不明，但由其生卒年代來看，應也在萬曆、天啟之間。由此，不但更加證明花鼓盛行於萬曆間，也說明了當時的「打花鼓」是一種「乞兒行徑」。與「蓮花落」相較，兩者的演唱都為了乞食糊口，演唱者也都是三餐不繼的乞兒。概言之兩者其實是乞兒藉以乞食糊口的不同演唱方式而已。因此其相互間演唱曲調的取用與交融是很容易產生的。這可能就是造成〔茉莉花〕與〔蓮花落〕間曲調近同的原因。

由今存直接有關花鼓的文獻，雖只能證實在萬曆時花鼓曲藝已在流行。但在許多記載裡，卻告訴我們鳳陽花鼓就是一種「秧歌」。如清順治三年進士(1646)魏裔介就有一首「秧歌行」云：

> 鳳陽婦女唱秧歌，年年正月渡黃河。北風吹雪沙撲面，
> 鼕鼕腰鼓自婆娑。衣衫襤褸帕在首，自言出門日已久。
> 前年壽州無雨澤，今歲泗州決河口。……我唱秧歌度歡
> 年，完卻官租還種田。南來北往如飛雁，如此艱辛實可
> 憐。⑬

---

⑪　《花筵賺》，上卷，第4齣。
⑫　參《中國古代戲曲家評傳》，頁450。
⑬　《清詩紀事‧順治朝卷》，頁1669。

此詩所述鳳陽婦女擊腰鼓的表演應即花鼓，而其所唱的就是秧歌。康熙間李聲振的《百戲竹枝詞》「打花鼓」條也註云：

> 鳳陽婦人多工者，又名「秧歌」，蓋農人賽會之戲，其曲有「好朵鮮花」套數，鼓形細腰，若古之搏拊然。

詞云：

> 賽會時光趁踏青，記來妾時鳳陽城；秧歌爭道〔鮮花〕好，腸斷冬冬打鼓聲。⑭

此條記載不但明言「打花鼓」又名「秧歌」，而且其所唱代表歌曲就是「好朵鮮花」套數。在乾隆間曲集《霓裳續譜》卷七裡也有兩首歌曲，其一為「鳳陽歌來了」：

> 【數岔】鳳陽歌來了。(呀呀喲)……酒醉飯飽就唱〔秧歌〕。【秧歌】緊打鼓，慢篩鑼，消停慢來孤唱歌。古人名兒有幾段，將來我唱請聽著。日頭出來紅似火，聽我唱個饞老婆……

其二為「鳳陽鼓鳳陽鑼」：

> 【秧歌】鳳陽鼓，鳳陽鑼，鳳陽人兒唱〔秧歌〕……。⑮

此兩首歌曲也都明言鳳陽花鼓所唱的就是〔秧歌〕。此種關聯，在後代南、北各地花鼓及秧歌的演出形式裡，也可看出來。周貽白《中國戲曲發展史綱要》即云：

> 打花鼓的表演形式，基本上和跳秧歌是一個路子，不過在北方叫作「秧歌」，在南方則名之為「花鼓」……。質言之，打花鼓和跳秧歌都屬農村演唱民歌小曲的原始

---

⑭　《百戲竹枝詞》，頁161。

⑮　《霓裳續譜》，頁344、346。

形態，在南方以器樂為主，名之為「打花鼓」，在北方
則以歌唱和動作為主，故稱「跳秧歌」。⑯

花鼓既然與秧歌有如此密切關聯，那在萬曆間花鼓盛行以前，
「花鼓」之名也許尚不普遍，但其演唱歌曲就存在於秧歌表演
中的可能性是很高的。在《帝鄉紀略》裡有一條關於秧歌的記
載：

泗州……插秧之時，遠鄉男女，擊鼓互歌，頗為混俗。
⑰

泗州在明代屬鳳陽府。所以這種「擊鼓互歌」的秧歌，民初學
者李家瑞即認為「當是最初期的鳳陽花鼓」⑱。

除了秧歌中的可能流傳外，在乾隆間趙翼《陔餘叢考》裡，
有一條「鳳陽丐者」云：

江蘇諸郡每歲冬必有鳳陽人來，老幼男婦成行逐隊，散
入村落間乞食，至明春二、三月間始回。其唱歌則曰：
「家住盧州并鳳陽，鳳陽原是好地方，自從出了朱皇
帝，十年到有九年荒。」以為被荒而逐食也。然年不荒
亦來行乞如故。《蚓庵瑣語》云：「明太祖時，徙蘇、松、
杭、嘉、湖富民十四萬戶以實鳳陽，逃歸者有禁，是以
托丐潛回省墓探親，遂習以成俗，至今不改。」理或然
也。⑲

此記載中的「家住盧州并鳳陽，鳳陽原是好地方……」即《綴
白裘・花鼓》中所演出的〔鳳陽歌〕，此首歌雖未必出於明代（詳

---

⑯　《中國戲曲發展史綱要》，頁521。

⑰　見《李家瑞先生通俗文學論文集》，頁116引。

⑱　同前註。

⑲　《陔餘叢考》，卷41，頁16。

下文），但明初鳳陽民眾「被荒而逐食」的記載卻值得重視。明太祖時徙江南民十四萬戶以實鳳陽的記載，也見於《明史‧食貨志》⑳，其移民「托丐潛回省墓探親，遂習以成俗」的說法，不但在《陔餘叢考》「鳳陽丐者」條有記載，在雍正時安徽建德人李干齡的《禁游民議》裡也有述說：

> 伏見鳳陽、壽縣及其接界州縣歷來積習之游民，每至秋末冬初，收獲既畢，則封其室廬，攜其妻子，備籠擔，挑鍋釜，越州逾縣，百十成群，以乞丐為事。居宿亭廟，遍歷鄉村，又或以花鼓歌唱為取討錢米之謀。直至來歲初夏麥熟，始相負載提攜而歸。㉑

不論是「被荒逐食」還是「潛回省墓探親」，這些鳳陽人自明初以來，就以乞兒身份到處流竄的情形應是事實。他們用來「取討錢米之謀」的演出，不論是以「花鼓」、「秧歌」或其他名目，也應很早就已存在。

---

⑳　《明史》，卷77，志第53，頁813，云：「明初，嘗徙蘇、松、嘉、湖、杭民之無田者四千餘戶，往耕臨濠，給牛、種、車、糧以資遣之，三年不征其稅。……復徙江南民十四萬於鳳陽。」蔣仁法〈常錫劇考略〉，《毗陵曲壇掇錄》，頁89云：「《明史‧食貨志》載：洪武三年（1370）六月，朱元璋對中書省太守李善長說：『臨濠（鳳陽）吾鄉里，兵革之後，人煙稀少，田土荒蕪。天下無田耕種窮民不少，若于富庶處取數十萬戶于濠州鄉村居住，給予耕牛穀種，使之開墾其田，永為己業，數年之後，豈不富庶。』于是名將周德興即從常州府、蘇州府等地『徙江南民十四萬實鳳陽』，并派常州府江陰侯吳良督之。」按：此一記載更詳，但不知出何版《明史》？待考。

㉑　《禁游民議》，見《中國戲曲‧安徽卷》，頁19引自道光《建德縣志》卷19藝文。

三、可能的流傳軌跡

　　綜合以上所考及有關文獻，我們可以摹繪出〔茉莉花〕在明代可能的流傳軌跡如下：

　　〔茉莉花〕的曲調可能源自元代或明初就已在流傳的〔蓮花落〕。由於明初以來，鳳陽一帶連年荒旱，居民四處逃荒，沿途賣藝乞食。此時家鄉原來習唱的歌曲小調及秧歌、蓮花落、連廂、三棒鼓等各種演出形式㉒，就被互相取用融合，逐漸形成後來花鼓演出的形式。而原來蓮花落中的曲調，自然也被移植融入秧歌花鼓的演唱裡，成為其重要的一種曲調。而此一曲調的同源變調〔疊落金錢〕，也可能在嘉靖三十四年（1555）以前即已產生，並被採用於宣卷裡㉓。

　　以上所述只是〔茉莉花〕曲調可能的來源與其初期流傳情況。正式〔茉莉花〕歌曲的誕生，應在其曲調與歌詞結合以後。由第三章第一節的考證，知至遲在隆慶、萬曆間，此一曲調就以〔雙疊翠〕名稱出現，而且「好一朵鮮花」或「好一朵茉莉花」的歌詞應已產生，此時才能算是此一歌曲的正式誕生，而〔雙疊翠〕名稱，是目前所知此一歌曲最早的歌名㉔。由其被文人劉效祖採為填詞曲牌，而且據以創作出二十首作品來看，此一曲牌是極受劉氏喜愛及肯定的。

㉒　《留青日札》，頁352「三棒鼓」條云：「今吳越婦女用三棒上下擊鼓，謂之三棒鼓。江北鳳陽男子尤善……。」可見三棒鼓也是明代鳳陽流行的一種曲藝。

㉓　〔疊落金錢〕與〔茉莉花〕關聯參第三章第三節。

㉔　〔雙疊翠〕與〔茉莉花〕關聯參第三章第一節。

在《綴白裘‧花鼓》中，除演唱的〔花鼓曲〕即「好朵鮮花」套數外，花鼓夫婦上場所唱的開場曲(即〔花鼓頭〕)，其曲調就是〔仙花調〕(即〔鮮花調〕)。在明代萬曆間傳奇《紅梅記》及《花筵賺》裡的花鼓演出，所唱內容雖無「好朵鮮花」套數，但兩者的開場曲都是「緊打鼓兒，慢篩鑼……」，此種開場形式近同《綴白裘‧花鼓》中以〔仙花調〕(〔鮮花調〕)演唱的花鼓頭「身背著花鼓，手提著鑼……」，可見這種開場所唱花鼓頭自明代以來已成為花鼓演出的定式，歌詞形式近同，曲調也疑有所傳承。所以在萬曆間花鼓表演興起時，此一曲調的〔花鼓頭〕演唱可能已存在。一直到明末，我們在太倉(一作吳江)畫家顧見龍所繪《花鼓子》圖裡，仍可見到此種花鼓的演出㉕，可知此一曲藝的流傳一直未嘗稍歇，而〔鮮花調〕的曲調，也就隨著流傳至各地。

㉕ 參《李家瑞先生通俗文學論文集》，頁121～122；及《鳳陽古今》，頁194。按：「顧見龍」李家瑞文誤作「顧貝龍」，今逕正。

第二節　清初至乾隆間——興盛期

　　自明隆慶、萬曆間此一民歌以〔雙疊翠〕名稱正式誕生以後，隨著花鼓曲藝的演出可能就已在流傳。不過當時的流傳猶如水源細流，雖被文人劉效祖採以填詞，但並未引起其他文人群起效尤，在民間也未造成大量盛行，所以並沒激起太大的浪花。到了清初，此一歌曲不但未隨明代的覆亡而衰微，反而在戰亂之後的太平榮景中急速興起，迸射出令人耀目的光輝來。造成此一形勢的最大功臣，很明顯的就是花鼓表演。此外，除了另以〔鮮花調〕名稱興起流行外，也衍生出〔疊斷橋〕這支特殊的變調曲牌來，共同開創出璨爛的生命篇章。

一、藉由花鼓的流傳

　　清初〔茉莉花〕興起的情況，康熙間《百戲竹枝詞》裡的「打花鼓」條，是最直接而重要的記載：

註云：

　　　　鳳陽婦人多工者，又名「秧歌」，蓋農人賽會之戲。其曲有「好朵鮮花」套數，鼓形細腰，若古之搏拊然。

詞云：

　　　　賽會時光趁踏青，記來妾時鳳陽城；秧歌爭道〔鮮花〕好，腸斷冬冬打鼓聲。①

此記載不但說明了「鮮花」歌名及由多段歌詞組成的「好朵鮮

_____

① 《百戲竹枝詞》，頁161。

花」套數當時已經產生，而且此一歌曲已成為花鼓表演最受歡迎的招牌曲。此種「秧歌爭道〔鮮花〕好」的場面，就是促使〔茉莉花〕得以躍登舞台發出耀眼光芒的主要動力。此記載所云打花鼓唱「好朵鮮花」套數的情況，由乾隆間曲集《綴白裘・花鼓》及後代所傳許多《花鼓》曲本裡，都可得到印證。所以有關當時花鼓演出的記載，也就成為探查〔茉莉花〕流傳情況的重要線索。

在乾隆以前，打花鼓就已大致發展出以下四種演出類型：

1、賣藝乞食的花鼓

此應是最早期的花鼓演出方式，萬曆間《紅梅記》、《花筵賺》中花鼓情節的演出就是此種類型。在清初至乾隆間，有關此種形式的花鼓演出記載很多，除前舉順治三年進士（1646）魏裔介「秧歌行」、雍正時安徽建德李千齡的《禁游民議》、乾隆間趙翼的《陔餘叢考》等所載外，又如清初周鯤在宮中畫京都人物時，有一幅打花鼓圖，所繪即兩鄉下夫婦，夫打小鑼，婦擊兩頭鼓的演出。圖上題詞云：

> 婆娑鼓舞宛邱風，燕趙爭誇跕屣工，更有鳳陽還戶私返
> 故鄉中，結束鎮相同。

圖後附有劉景晨所題詩云：

> 城東唱罷復城西，小鼓輕鑼各自攜，不重饑寒重離合，
> 苦夫妻是好夫妻。②

在乾隆十年（1745）左右成書的《宦遊筆記》裡，也有以下記載：

> 江南廬、鳳一帶⋯⋯有一種能出外營生，散行各省，到

---

② 見《李家瑞先生通俗文學論文集》，頁121引。

> 春時鄉鄰結伴，著青布襖，至人家鑼鼓唱曲，名曰「打
> 花鼓」。所得錢米，歸以養其家。積久成習，遂至桑間、
> 濮上，混入煙花。其中略有姿色者，頗能修飾，到處哄
> 觀，填塞街路，此真傷風敗俗一大端也。今地方官亦知
> 禁斥，稍稍潛避，然其俗非此不足以謀生，逐去又來，
> 畏法不至者，不過十分之一而已。③

此種花鼓表演方式，經常為夫妻兩人，著青布襖，多甚襤褸，
帕巾褡頭，至人家鑼鼓唱曲藉以乞食，是最常見也是最樸實的
花鼓演出方式。

2、特殊演出的花鼓

　　長久以來民間流傳的各種民俗節慶活動、社火賽會等，不
但匯聚了人潮，也一直是各種表演最佳的演出場合。在此場合
中的各種表演形式，為求吸引觀眾，自然無不各展所長，競炫
其能。前舉《百戲竹枝詞》所云「賽會時光趁踏青……秧歌爭
道鮮花好……」說明了所記載的即是「賽會」時的花鼓表演，
而「好一朵鮮花」一曲的演出就是吸引眾人目光，為人爭道稱
好的招牌歌曲。在節慶、賽會等活動中，花鼓除了靠「鮮花」
一曲引人外，有時在演出的人員組合、服裝、甚至演出形式上
都會產生變化。如康熙32年(1493)編纂的《燕九竹枝詞》裡，
收有多首在京師白雲觀見到鳳陽花鼓演出的歌詠，其中陳于王
所詠為：

　　　小兒花鼓鳳陽調，士女週遭拍手笑……。

袁啟旭所詠為：

---

③　《宦遊筆記》，卷18，頁945「女耕」條。

> 秧歌初試內家裝，小鼓花腔唱鳳陽……。

柯煜所所詠為：

> 秧歌小隊鬧春陽，轂擊肩磨不暇狂……。④

由所云「秧歌初試內家裝」可知，在節慶賽會中演出的有些花鼓表演，其服裝已有了改變，不再是襤褸的青布襖，而是模仿起宮廷流行的「內家裝」來。所提及的「小兒花鼓」及「秧歌小隊」，在吳仲雲《養古齋叢錄》所引《毛西河詩話》裡有一段記載：

> 康熙乙丑元夕，南海子大放燈火，臣民縱觀於行殿外……別有四兒，花裲褲，杖鼓拍板，作秧歌小隊，穿星戴燄，破箱而出……。⑤

可知此種「秧歌小隊」組成人員已不是夫妻，而是由小兒所組成的花鼓隊伍，服裝和演出方式也有了變化。在乾隆間曲集《霓裳續譜》所附乾隆五十五年(1790)為高宗八旬壽典祝壽的演出曲本裡，有一曲「花鼓獻瑞」，其歌詞如下：

> 身背花鼓，手提鑼，誠心祝壽朝見活佛，齊唱萬壽歌。（重）。進了京都，兩腳快加梭。逢人開口問，皇會何處說。著前去瞧瞧心爽樂，御路擁簇人煙也應多。擁擠攢肩無數笙歌，我的天呵！哩囉嗹嗹哩囉。
>
> ○緊打鼓，慢篩鑼，慢唱無疆太平歌。祝壽言詞誦一遍，列位雅靜請聽著。
>
> ○好一個豐收年，（重），君又樂來民又安。聖明君慶萬壽，纔把那皇會來辦。（重）。鼓樂聲喧，（重），各樣的

---

④　《燕九竹枝詞》，頁5、6、9。

⑤　《養古齋叢錄》，卷13，頁158。

景致列在兩邊。萬壽山捧壽桃，卻是白猿獻。（重）。好
個劉海仙，（重），行行步步撒金錢。腳踹著金蟾子，又
把那丹來獻。（重）。瑞芝瑤草鮮，（重），一望無邊那裏
看得完。果真是昇平世，今日纔得見。（重）。雅靜無人
言，（重），忽聽一陣細樂聲喧。擁護著仁聖君，後掌著
龍鳳扇。（重）。我這裏跪平川，（重），跪拜磕頭在壽筵
前。都祝著聖明君，纔把那佛來念。（重）。⑥

此一祝壽曲本錄有多種不同曲藝的演出歌詞，絕大部分都改編
自該曲藝的民間演出⑦。「花鼓獻瑞」一曲，開始的花鼓頭「身
背花鼓，手提鑼……」，就改自以下《綴白裘‧花鼓》中的花鼓
頭〔仙花調〕（即〔鮮花調〕）：

〔仙花調〕身背著花鼓（淨持鑼跳上）【旦】手提著鑼，
夫妻恩愛並不離他。【合】咱也會唱歌，穿州過府兩腳
走如梭。逢人開口笑，宛轉接嘔歌。【貼】風流子弟瞧
著我，戲耍場中那怕人多，這是為錢財沒奈何。漢子吓！
（淨作坐身勢回看貼介）噯！【貼】哩囉嗹唱一個嗹哩
囉，哩囉嗹唱一個嗹哩囉。⑧

「好一個豐收年……」也應改自《綴白裘‧花鼓》中的鮮花套
數〔花鼓曲〕「好一朵鮮花……」。可見此曲只是就民間流傳的
打花鼓歌詞，改動一些配合慶典的應景字詞內容而已，其所演
唱的曲調應仍是〔鮮花調〕。此曲在歌詞之後，另附有演出註記
云：

---

⑥　《霓裳續譜》，頁429。

⑦　參《霓裳續譜研究》，頁248～275。

⑧　《綴白裘》6編，頁2441。

右小人八名，扮鳳陽女式，穿手藍布衫、彩褲，扞巾搭頭，四鑼四鼓。

後場：笙、笛、琵琶、絃子、鼓板。⑨

由「小人八名」知演出者應為小兒，人數多達八人，四人打鼓，四人打鑼。所扮是鳳陽女，服裝雖同於一般賣藝乞食的藍布衫（青布襖），但卻配上「彩褲」，此外還加入了後場的樂器伴奏。此種節慶、賽會等場合的花鼓演出，不但使花鼓增添了活力變化，也使演唱的招牌歌曲〔鮮花調〕受到更多人的青睞與讚賞。

3、搭棚唱演的花鼓

在乾隆間松江府華亭（今上海一帶）人錢學綸所撰《語新》裡，有一則記載：

> 花鼓戲，不知始何時。其初乞丐為之，今沿城鄉搭棚唱演，淫俚歌謠，醜態惡狀，不可枚舉。初村夫村婦看之，後則城中具有知識者，亦不為嫌。其至頂冠束帶儼然視之，殊可大噱。余今年五十有四，當二十歲外，猶未聞也。或曰興將二十餘年。或云某村作戲，寡婦再醮者若干人；某鄉唱演，婦女越禮者若干輩。後生子弟，著魔廢業，演習投劈，甚至染成心疾，歌唱發顛，可見為害於俗匪細。年來賢宰牧雖屢嚴禁，迄弗能絕，良可痛恨。⑩

此記載所云「沿城鄉搭棚唱演」，已非「其初乞丐為之」的賣藝乞食形態，而是於各地定點搭棚演出，類似民間野臺戲的表演。

---

⑨ 《霓裳續譜》，頁430。

⑩ 《語新》，頁121。

此形態已是一種戲劇的舞臺演出，雖據錢氏所云此種花鼓戲的興起應在乾隆初、中期左右，但松江府距鳳陽較遠，錢氏的記載只能說明一地所見，在此以前的花鼓主要流傳區如北京、安徽、蘇北甚至蘇州等地，此種演出形態應都早於此。

4、戲館演出的花鼓

在康熙 32 年(1493)編纂的《燕九竹枝詞》裡，除前文所舉陳于王等人在京師白雲觀的歌詠外，還有一位文人陸又嘉也作了以下詠和：

　　　　早春戲館換新腔，半雜秧歌侑客觴。⑪

此所指的秧歌，也應是鳳陽花鼓。此記載說明了在康熙年間，花鼓已進入北京的戲館裡演出。戲館演出的花鼓，演出者多已非真正的鄉下夫婦，而是優童扮演這些角色。由《百戲竹枝詞》「打花鼓」條所載當時正盛行唱「好朵鮮花」套數的花鼓來看，戲館中此時演出的花鼓，不但所唱重要內容也應是「好朵鮮花」套數，而且由於戲劇《花鼓》的受歡迎，使其所演此種小曲套數也更盛行於民間賽會的花鼓表演裡。

《綴白裘‧花鼓》一劇是正式的舞臺曲本，由於其中有曹悅戲婢的情節，所以一般都認為其應出自前文所舉明代的《紅梅記》。不過取《綴白裘‧花鼓》演出內容與《紅梅記》中打花鼓情節比較可知，《綴白裘‧花鼓》所唱〔花鼓曲〕(即「好朵鮮花」套數)在《紅梅記》中是沒有的。此一演唱內容的早期雛型應來自民間原即流行的花鼓表演，不過要搬上舞臺成為戲劇，就必須注重情節，而《紅梅記》的流行在當時正如日中天

---

⑪　《燕九竹枝詞》，《清代北京竹枝詞十三種》，頁7。

⑫，其中又有打花鼓的情節，正是最好的寄托題材。所以只要稍加修飾，並配合《紅梅記》在前面附上一段曹悅戲婢的情節，就成了《綴白裘·花鼓》及後代流傳的此種《花鼓》劇情⑬。因此，《花鼓》一劇雖摻有《紅梅記》部分情節，但其正式編成應在清初左右。在《花鼓》劇中，除演唱「好朵鮮花」套數外，也唱了一首〔鳳陽歌〕。其歌詞為：

> 說鳳陽，話鳳陽，鳳陽元(原)是好地方。自從出了朱皇
> 帝，十年到有九年荒(打鑼鼓介)。大戶人家賣田地，小
> 戶人家賣兒郎。惟有我家沒有得賣，肩背鑼鼓走街
> 坊……⑭

此歌言詞中充滿對明太祖的指責意味，可見應非出自明人。周貽白《中國戲曲發展史綱要》即云：

> 「自從出了朱皇帝，十年到有九年荒」，實為對朱明王
> 朝的一種指責，當時的鳳陽花鼓恐怕也不敢那麼唱。這
> 只有在改朝換代之後才會眾口流傳。⑮

此外，也有傳說認為這首歌詞是李自成起義軍攻占鳳陽之後才傳唱起來，含有動員貧苦農民揭竿而起的意思⑯。不論如何，〔鳳

---

⑫　《中國古代戲曲家評傳》，頁430引《民國鄞縣通志》云：「明末
　　自四川至嶺外，幾無處不唱其《紅梅花》傳奇者。」按：《紅梅
　　花》即《紅梅記》。
⑬　筆者疑《花鼓》一劇後段公子調戲花鼓婦的情節，與同時的另一
　　齣劇《連相》有所關聯。
⑭　《綴白裘》，6編，頁2439。
⑮　《中國戲曲發展史綱要》，頁520。另〈鳳陽花鼓發生的社會背景〉
　　一文，頁81註4中也認為此種花鼓「或發生於明亡以後，在明室
　　存在時，恐難這樣唱。」
⑯　參《中國大百科全書·戲曲、曲藝卷》，頁75「鳳陽花鼓」條。

陽歌〕於明末清初間才產生是可確定的。《花鼓》劇中既收有此
首〔鳳陽歌〕，也可做為此劇應是編於清初左右的證明。

　　《綴白裘》所錄《花鼓》一劇為梆子腔，是屬於非崑曲系
統的地方聲腔。另在乾隆間曲集《納書楹曲譜》裡，也收有一
齣崑曲的《花鼓》⑰。其全劇情節大致雷同於《綴白裘·花鼓》，
但其「調婢」部分，所用曲牌及歌詞都與崑曲《紅梅記》相同；
《綴白裘·花鼓》則將曲牌改為〔梆子腔〕，歌詞也作了部分省
略與變化。兩者最大差別在花鼓表演時所唱的歌曲，《綴白裘·
花鼓》所唱主要為〔鳳陽歌〕及〔花鼓曲〕；《納書楹曲譜》裡
的《花鼓》，所唱則是「意沉沉」等四首小曲。由於《納書楹曲
譜·花鼓》演唱的內容較接近明代花鼓演出時隨意演唱小曲的
情況。所以此種崑腔的《花鼓》劇，其產生的時間應也極早，
時代當也在清初左右。其與梆子腔《花鼓》何者為先，今已不
易查考。不過自梆子腔《花鼓》一出後，戲曲中的《花鼓》定
於一尊，崑曲系統《花鼓》無法與梆子腔系統《花鼓》匹敵，
很快就成絕響。此由後代所傳《花鼓》曲本幾乎全為梆子腔系
統可為證明。

　　梆子腔《花鼓》一劇的產生，對〔茉莉花〕的流傳而言，
是極重要的里程碑。因為自此以後，隨著《花鼓》一劇在各地
舞臺上一遍遍的演出中，「鮮花」的歌詞與曲調也不斷地被演
唱，不斷的在流傳。同時也因為被採入劇本中，使歌詞、曲調
都產生了定式作用，早期的演唱內容、曲調等，也就較能被保
存下來。在乾隆 50 年(1785)安樂山樵所撰《燕蘭小譜》卷 3
花部裡，就有宜慶部施興兒演唱《花鼓》的歌詠：

───────────────
⑰　《納書楹曲譜》，補遺卷4，頁2323～2330。

腰鼓聲圓若播鼗，臨風低唱月輪高，玉容無限婆娑影，
不是狂奴興亦豪。

註云：

是日演《花鼓》甚佳。⑱

在乾隆60年(1795)楊米人所撰《都門竹枝詞》裡，也有劇場中
演出《花鼓》的記載：

同樂軒中樂最長……《滾樓》一齣最多情，《花鼓》、《連
相》又《打更》……。⑲

透過此種舞臺《花鼓》劇的演出，〔茉莉花〕的詞、曲從此更被
廣泛傳揚，深植於民間。

二、其他方面的流傳

除了以花鼓為傳播主力外，在其他各類文獻資料中，也可
找到〔茉莉花〕的流傳足跡。如清初嘻嘻道人所撰小說《警寤
鐘》裡有一曲「美人十勝」，就是由〔雙疊翠〕曲牌組成，全曲
分十段，現舉其前三段於下：

美人雲鬢　一勝

俺的親，（又），繞繞青絲似綠雲。髮髻兒，挽得多風韻。
懶戴珠金，懶戴珠金，時花斜插鬢傍輕。到晚來，怎禁
得狂風陣。

美人蛾眉　二勝

俺的乖，（又），一線新蟾畫不來。笑與顰，搃是添人愛。
曉傍粧臺，曉傍粧臺，兩灣細柳付多才。淡與濃，全在
你調螺黛。

---

⑱　《燕蘭小譜》，卷3，頁30。
⑲　《都門竹枝詞》，頁21。

美人星眸　三勝

俺的嬌，（又），臨去秋波那一瞧。暗垂情，覷殺人年少。
顧我魂銷，顧我魂銷，傳情只在眼兒稍。睡矇矓，更有
千般俏。⑳

此一歌詞其實每段是由兩支〔雙疊翠〕組成。此與劉效祖《詞
臠》取用〔雙疊翠〕的情況相符，可見一段兩支的組合應為當
時所習用。由此歌詞用語的文人化，也可知劉效祖並非唯一採
用〔雙疊翠〕曲牌填詞的文人；而且自隆慶、萬曆以來，此一
調名的流傳一直未嘗中輟。

　　由第三章第二節考證，還有一支稱為〔疊斷橋〕的曲牌，
不但與〔茉莉花〕為變調關聯，而且兩者的曲調、歌詞與名稱
也常交互混用。有關此曲牌最早的文獻記載，也見於康熙間《百
戲竹枝詞》裡，其「霸王鞭」條註云：

　　徐、沛伎婦，以竹鞭綴金錢，擊之節歌，其曲名〔疊斷
　　橋〕，甚動聽。行每覆蓋藍帕髻，作首粧。

詞云：

　　窄樣春衫稱細腰，蔚藍首帕髻雲飄，霸王鞭舞金錢落，
　　惱亂徐州〔疊斷橋〕。㉑

由此記載至少可以看出以下三點：

1、〔疊斷橋〕為「霸王鞭」表演的代表歌曲。

2、此一表演來自蘇北的徐州、沛縣一帶。

3、此一表演流行於康熙年間。

「霸王鞭」後來由於常見於「連廂」表演裡，成為其演出的重

---

⑳　《警寤鐘》，卷1，第3回，頁1351。

㉑　《百戲竹枝詞》，頁159。

要特徵之一，所以「連廂」也被稱為「霸王鞭」㉒。不過在清初毛奇齡《西河詞話》所載遼金時的連廂情況、毛氏所撰《擬連廂詞》及劉廷璣《在園曲志》所記當時的「連廂」表演裡，都沒有舞霸王鞭的演出㉓。此外，在《綴白裘》所收《上街》《連相》，及《霓裳續譜》所附乾隆五十五年(1790)高宗八旬祝壽所演出的「連相武曲」裡也是如此。所以連廂之採用霸王鞭，雖可能也源自徐、沛伎婦的霸王鞭演出，但實際興起應是嘉慶以後的事㉔。在乾隆以前，我們可以在《霓裳續譜》所附高宗祝壽演出的另一曲「蓮花生瑞」裡，找到使用霸王鞭的記載，此曲在歌詞後有演出註記云：

　　　　右小人六名。扮村女式，霸王鞭、四塊玉、結子。㉕
此曲既名「蓮花生瑞」，且在歌詞中云「蓮花落為本，慶祝當今」，其所用樂器裡也有蓮花落常用的「四塊玉」，可見所演出的是蓮花落㉖。壽曲中此一演出樂器中加入霸王鞭的蓮花落，疑即早期的「金錢蓮花落」。「金錢蓮花落」為蓮花落的一種，此種蓮花落主要流傳於魯北。《百戲竹枝詞》「霸王鞭」條所載，舞霸王鞭唱〔疊斷橋〕的演出者是「徐、沛伎婦」，「徐、沛」指江

㉒ 如《中國音樂詞典》，頁8，「霸王鞭」條云：「民間歌舞，漢族地區流行較廣……亦稱打蓮廂、花棍舞、金錢棒等」。頁62，「打連廂」條云：「即霸王鞭」。

㉓ 《西河詞話》，頁582。《擬連廂詞》，見《毛西河全集》。《在園曲志》，頁291。

㉔ 《綴白裘》，11集外編，頁4501～4518。《霓裳續譜》，頁426。另參《霓裳續譜研究》，頁264。

㉕ 《霓裳續譜》，頁438。

㉖ 《百戲竹枝詞》，頁161，「蓮花落」條載云：「乞兒曲名。以竹四片，搖之以為節，號『四塊玉』。」

蘇北部的徐州與沛縣,在地緣上與山東正相臨近;且〔疊斷橋〕
與〔鮮花調〕為變調關聯,而〔鮮花調〕曲調疑出自〔蓮花落〕。
所以《百戲竹枝詞》「霸王鞭」條所記載的演出,或與山東的金
錢蓮花落也有其關聯。

　　〔鮮花調〕與〔疊斷橋〕不但為變調關係,且兩者在歌名
上也常相混用。由《百戲竹枝詞》「打花鼓」條及「霸王鞭」條
所載,知演唱「鮮花」一曲的花鼓婦來自安徽鳳陽;演唱〔疊
斷橋〕的伎婦則來自蘇北的徐、沛。安徽鳳陽與江蘇徐、沛間,
在地理位置上正相緊鄰,若以較大地域畫分,此兩地甚至可算
同一地區。〔鮮花調〕與〔疊斷橋〕既然都來自此一地區,則使
人懷疑〔疊斷橋〕調名產生的地點,就在鳳陽、徐、沛一帶;
而其產生的時間,則應在比《百戲竹枝詞》稍早的明末清初間。
在中研院史語所藏有一本清代〔鮮花調〕曲本,其封面上兼題
〔疊斷橋〕,而刊刻此曲本的「崇本堂」,其地點就在安徽㉗。
此最少證明了早期在安徽一帶,〔疊斷橋〕與〔鮮花調〕的名稱
確是被相混用的。

　　由以上考證,我們可以推擬出一條〔鮮花調〕與〔疊斷橋〕
當時可能的流傳路線:即〔疊斷橋〕曲調及調名產生後,雖在
曲調上與〔鮮花調〕已有顯著差別,但由於常用歌詞仍是「好
朵鮮花」套數,與〔鮮花調〕又有變調關聯,所以常與〔鮮花
調〕名稱相混用。後來隨著不同曲藝使用主稱牌名及曲調的偏
好,兩者逐漸分清界線。〔鮮花調〕由鳳陽花鼓往北傳到北京,
往南往揚州、蘇南等地傳播。〔疊斷橋〕曲牌則由徐州霸王鞭伎
婦往北傳到北京及山東一帶。兩者雖會戰於北京,且各有勝場,

㉗　《疊斷橋・鮮花調》,史語所藏號:A DA-2-027。

但在南方則多受鳳陽花鼓影響，山東一帶則多受徐州霸王鞭影響。在康熙年間山東淄川蒲松齡所撰的俚曲，如《學究自嘲》、《慈悲曲》、《禳妒咒》、《磨難曲》、《翻魘殃》、《姑婦曲》、《蓬萊宴》、《富貴神仙》……中，就 採用了大量的〔疊斷橋〕曲牌，但卻完全不用〔鮮花調〕調名，這或許就是當時此種情況的具體反映㉘。就今日各地〔茉莉花〕的流傳情況來看，主流腔系〔茉莉花〕南北皆有，而〔疊斷橋〕系〔茉莉花〕則集中於北方，應也可做為此種說法的證明。

在乾隆以前有關〔茉莉花〕的流傳，還必須一提的是乾隆 58 年（1793）隨英王喬治三世所派遣馬嘎爾尼（George Macartney）使節團來華的約翰‧巴勞（John Barrow）。在他所撰 "Travels in China"（《中國旅行記》）一書裡就收有由另一使節團員惠納（J. C. Huttner）採錄的歌曲〔茉莉花〕。此書雖出版於西元 1804 年（嘉慶 9 年），但因歌曲的採錄是在使節團來華期間，所以實際上的時間應在乾隆 58 年（1793）左右㉙。此書所錄〔茉莉花〕包括羅馬拼音歌詞、英文意譯歌詞及曲譜。其所題〔茉莉花〕為此曲今存最早的〔茉莉花〕歌名，其曲譜也是今存最早的〔茉莉花〕樂譜。由其羅馬拼音歌詞來看，應是採錄自廣州一帶㉚。由於此種機緣，也播下了後來〔茉莉花〕在西方傳揚發展的種子，成為西方人士眼中中國民歌的主要代表。

㉘　見《清初鼓詞俚曲選》、《聊齋全集》、《蒲松齡集》。

㉙　參〈〔媽媽娘你好糊塗〕和〔茉莉花〕在國外〉，頁202。〈〔茉莉花〕等民歌西傳歐洲二百年考〉，頁186〜188。《中西音樂交流史稿》，頁126。

㉚　〈〔媽媽娘你好糊塗〕和〔茉莉花〕在國外〉，頁203即云：「從原書的羅馬字拼音歌詞來看，希特納（按：即惠納）可能是在廣州記錄這首民歌的。」

三、興起原因探討

　　雖然〔茉莉花〕一曲在明代隆慶、萬曆間早已正式誕生，但卻潛隱不顯，一直到清初才異軍突起，成為亮麗耀眼的曲壇明星。探其原因，除清初社會、政治及各類曲藝、地方聲腔等時代整體背景所造成的因素以外，就〔茉莉花〕本身而言，至少可能有以下幾點原因：

　　1、歌詞的增編與演出形式的變化。

　　〔茉莉花〕的「鮮花」或「茉莉花」段歌詞在隆慶、萬曆間雖應已產生，但當時可能只有一段或兩段歌詞。一直到明末清初間《百戲竹枝詞》所云「好朵鮮花套數」才以套數形式出現。此種套數應即《綴白裘・花鼓》所載以「好一朵鮮花」起始，並增編入多段「西廂」為中心主題的整套歌詞。此種增編不但豐富了演出內容，也因《西廂》情節的加入，配合了連廂式的模擬、打岔等表演變化，更增加了此一演出的新奇性與可看性，由此大受歡迎，一躍而為人人爭道稱讚的花鼓表演。

　　2、躍登舞台，使演出成為定式。

　　由《紅梅記》及《花筵賺》所載花鼓演出情節可知，當時演出花鼓的形式是以「緊打鼓，慢篩鑼……」開場，其後所接唱的歌曲可自由取用。但到了清代，由於鮮花套數大受歡迎，加上此種演出內容、形式被搬上舞臺，正式成為劇本，使此種演出內容產生定式作用，成了以後花鼓演出曲本的圭臬，很少再被變動。

　　3、〔疊斷橋〕的產生與發展。

　　〔疊斷橋〕產生後，隨著徐、沛伎婦霸王鞭的演出，也開

啟了其流傳的坦途。因〔疊斷橋〕與主流腔〔茉莉花〕間不但
存在著變調關聯，且兩者在典型歌詞（即「好朵鮮花」套數）及
歌名上也常相融混，廣義的說〔疊斷橋〕就是一種〔茉莉花〕。
所以〔疊斷橋〕的產生等於為〔茉莉花〕的流傳增入了一支生
力軍，兩者併肩發展，擴展了更多的流傳空間。此由今存〔茉
莉花〕有主流腔系與〔疊斷橋〕系兩大類型，可以得到證明。

第三節　嘉慶以後——承衍期

　　經過清初至乾隆間的興盛流傳，嘉慶以後此一流傳趨於平緩。但在穩定的承襲中，卻也衍生出不少的別稱歌名及變調來。此時除各地民歌中的流傳外，《花鼓》一劇仍是重要的流傳媒介。此外，由約翰‧巴勞（John　Barrow）等人傳到西方的〔茉莉花〕，也在國外開花結果，散放出誘人的芬芳。

一、藉由花鼓的流傳

　　由嘉慶到民國，不論在梆子腔、崑曲或平劇裡，《花鼓》一劇始終是曲壇常演劇目。由於此一流傳的《花鼓》劇，其劇本變化始終不大，而其所以引人主要也在所唱小曲及謅白、身勢等。尤其「鮮花」套數的演唱一直被當成主唱歌曲。所以每次《花鼓》的登場，就等於是又一次〔鮮花調〕的演出。民初鈍根在《戲考‧打花鼓》劇本介紹中所云此劇「純以〔仙花〕小調及謅白、身勢見長」就說明了這種情況①。由今存大量演出記載及曲本的流傳，也可獲得印證。

（一）、演出的記載

　　自嘉慶以降歷經清廷衰亡、民國誕生，一直到抗日以前，舞臺上《花鼓》一劇的演出始終未曾稍衰。由以下諸記載，可見其流行之一般：

---

①　《戲考》（一），頁452。

嘉慶8年(1803)小鐵笛道人所撰《日下看花記》裡，載有六位擅演《花鼓》劇伶人②：

【表6-3-1】

姓　名	籍　　貫	戲　班
二林	安徽懷寧	春　臺
百福	安慶	三　慶
福壽	揚州	三　慶
慶福	吳邑	金　玉
寶珠	直隸天津	雙　慶
銀官	無錫	四　喜

此六位伶人分屬五個戲班，其中就包含了當時「四大徽班」裡的三個班，可見此劇在當時的流行及受到的重視③。

嘉慶11年(1806)眾香主人所撰《眾香國》裡，載有三位擅演《花鼓》一劇的伶人④：

【表6-3-2】

姓　名	戲　班
管慶林	三　慶
吳天林	三　和
陳二林	春　臺

道光17年(1837)蕊珠舊史所撰《長安看花記》裡，有春臺部伶人小蟾演《花鼓》的記載⑤。

同治12年小遊仙客所撰《菊部群英》裡，有十位伶人擅演《花鼓》一劇⑥：

---

② 《日下看花記》，頁61、62、70、85、97、100。
③ 所謂「四大徽班」據《夢華瑣簿》所載為春臺、三慶、四喜、和春四個戲班。見《夢華瑣簿》，頁349。
④ 《眾香國》，頁1023、1027、1034。
⑤ 《長安看花記》，頁321。
⑥ 《菊部群英》，頁479、483、485、488、495、500、501。

【表6-3-3】

姓　名	籍貫	戲　　班	劇種及角色	所扮人物
蕙蘭	冀州	三慶、四喜	崑旦	婆子
曹福壽	本京	雙貴、聞德、譙國	崑旦	婆子
鳳玲	本京	三慶	崑旦兼花旦	漢子
金保	本京	三慶	崑旦兼花旦	婆子
四十兒	本京	四喜	花旦兼崑旦、青衫	婆子
曹春山	安徽	四喜	崑老生	浪子
玉福	本京	四喜	崑旦	婆子
如雲	蘇州	四喜	崑旦兼青衫	婆子
度雲	本京	四喜	崑旦兼花旦	婆子
多雲	本京	四喜	丑兼鬍子生、崑生	漢子

　　撰於光緒 12 年(1886)的《鞠臺集秀錄》及也應撰於清末的《新刊鞠臺集秀錄》裡，有以下諸伶演《花鼓》的記載⑦：

【表6-3-4】

姓　名	籍貫	戲班	劇種及角色	所扮人物	出　　　處
金寶	蘇州	四喜	崑旦	婆子	鞠臺集秀錄
桐雲	順天	四喜	崑旦	婆子	鞠臺集秀錄
藕香	順天	四喜	崑旦	婆子	鞠臺集秀錄
長壽	順天	四喜	崑旦	婆子	鞠臺集秀錄
翠雲	順天	四喜	崑旦	婆子	鞠臺集秀錄
黛雲	順天	四喜	丑	忘八	鞠臺集秀錄
菊蘭			崑旦		新刊鞠臺集秀錄
蘭仙			丑		新刊鞠臺集秀錄
藕香			花旦		新刊鞠臺集秀錄
麗生		四喜兼三慶	小生兼丑及淨		新刊鞠臺集秀錄

---

⑦　《鞠臺集秀錄》，頁630、632、644、645、646。《新刊鞠臺集秀錄》，頁653、656、659。

羅癭公所撰《菊部叢譚》中，有梅蘭芳向德霖學唱《花鼓》
的記載：

> 喬慧蘭、陳德霖皆善演《打花鼓》。德霖嘗告蘭芳謂：「爾
> 欲學《花鼓》，京師惟我能教，此外無第二人。」蘭芳
> 既從德霖學會此戲，終未嘗演。⑧

無名氏所撰《戲簿》收錄光緒、宣統年間北平戲班演出劇
目中，有天慶、三慶、同慶、承平、長春、玉成六個班曾演出
《打花鼓》一劇⑨。在周明泰接續《戲簿》，編至民國二十年（1931）
以前的戲班演出劇目裡，收有以下演出《花鼓》一劇的資料⑩：

【表6-3-5】

時 間(民國)	地 點	戲 班	演 出 者	備 註
5年4月4日	廣德樓	志德坤社	九月菊、鮮靈芝、趙來雲	夜戲
6年8月5日	廣興樓		粉菊花（後改名高秋蘋）	白天
7年2月17日	第一舞台	桐馨社	賈璧雲	夜戲
7年6月15日	第一舞台	桐馨社	賈璧雲	夜戲
8年4月6日	新明戲院	雙慶社	諸如香	白天
8年7月24日	三慶園	中興社	九陣風	白天
8年9月30日	第一舞台		林顰卿	義務夜戲
10年8月3日	三慶園	斌慶社	小桂花	白天
10年8月14日	三慶園	雙慶社	九陣風	夜戲
11年8月26日	華樂園	慶興社	朱琴心	白天
11年10月4日	吉祥園	雙慶社	朱琴心	白天
11年12月10日	開明戲院	松慶社	林顰卿、鄧蘭卿	夜戲
13年5月18日	新明劇場	全慶社	黃顰豔	夜戲
13年8月20日	三慶園	慶麟社	馬硯秋	坤班夜戲

---

⑧ 《菊部叢譚》，頁797。
⑨ 《戲簿》，《五十年來北平戲劇史料‧前編》，頁9、68、73、242、
　246、292。
⑩ 《五十年來北平戲劇史料後編》，頁618、638、652、661、686、
　692、698、737、738、766、770、774、812、818、825、841、
　844、847、859、867、877、884、897、904、924、951、956、
　964、969、984。

13年11月24日	華樂園	和勝社	朱琴心、馬富祿	白天
14年5月29日	華樂園	和勝社	朱琴心	白天
14年6月25日	三慶園	春慶社	黃潤卿	白天
14年8月21日	三慶園	又興社	金碧豔	白天
15年2月5日	新明戲場	忠慶社	金碧豔	夜戲
15年6月5日	城南遊園	崇雅社	胡振聲	白天
15年6月5日	城南遊園	崇雅社	雲飄香	坤班夜戲
15年12月31日	慶樂園	普慶社	高秋蘋	夜戲
16年4月6日	開明戲院	慶生社	高秋蘋	夜戲
16年11月4日	華樂園	春福社	芙蓉草	白天
17年1月8日	開明戲院	協慶社	小翠花	夜戲
18年1月19日	中和戲院	協慶社	小翠花、馬富祿	夜戲
19年3月11日	開明戲院		趙豔霞	夜戲
19年5月22日	吉祥戲院	春生社	芙蓉草	白天
19年9月29日	開明戲院	共和社	趙豔霞	夜戲
20年1月3日	開明戲院	永勝社	小桂花	夜戲
20年8月14日	第一舞台	延年社	鄒劍佩	白天，男女合演

在周明泰所編此一由嘉慶至民國以後演出劇目中，就有 31 次演出《花鼓》的記錄。由時間來看，由民國 5 年至 20 年間，幾乎不斷都在演出。演出的戲班有 22 班；伶人也多達 23 人。同時不論白天、夜戲或坤班、男女合演等，都有《花鼓》一劇的演出。可見在北京曲壇，《花鼓》的演出一直到民國二十餘年還是流行不輟。

此種流行不僅見於北方，在南方也是如此。如咸豐年間玉魷生《海陬冶遊附錄》所載優人李吟香最擅演的徽戲中就有《花鼓》一劇⑪。另據《南北皮黃戲史述》云，清末至本世紀四十年代，活躍于滬上和杭、寧、蘇、錫、常以及武漢等沿長江各

---

⑪　《海陬冶遊附錄》，頁443。

大中城市的南派京劇著名坤伶中，擅演《打花鼓》一劇的也有張文豔、金少梅、林雅琴、劉琴心、雲豔霞等人⑫。

　　民國 20 年（1931）6 月 9 日至 11 日間，上海聞人杜月笙為慶祝家祠落成，在上海請來南北名伶同臺共演堂會戲，此為中國京劇史上前所未有最盛大的南北名伶大會串。在此三天所演劇目中，《花鼓》一劇就有以下兩次演出：

　　1、6 月 9 日。由華慧麟、蕭長華、馬富祿三人，在祠內臺演出《打花鼓》。

　　2、6 月 11 日。由彭文豔、馬麗雲、葛華卿、劉斌昆四人，在祠外臺演出《雙打花鼓》。⑬

此次演出不但盛況空前，而且非常成功，《花鼓》一劇的演出也極獲佳評。如在當年 6 月 17 日《商報》上所登邱仲元所撰劇評「上海社祠觀戲記」中就云：

　　　　……轟動全滬名票華慧麟女士之《打花鼓》，蕭長華、

　　　　馬富祿飾公子及王八，穿扦打渾，博得掌聲不少。⑭

此種盛況證明了《花鼓》一劇的流傳並不隨時間而衰微，反而越傳越盛。而「鮮花」一曲，也就隨著長傳不衰。

（二）、曲本的流傳

　　今存《花鼓》一劇最早的曲本，就是乾隆 35 年（1770）《綴白裘》六編所收的《花鼓》。其後在乾隆間《納書楹曲譜》裡，也收有一齣《花鼓》，但此一曲本所唱花鼓內容並非「鮮花」，

---

⑫　《南北皮黃戲史述》，頁401～409。

⑬　同前註，頁484~485。

⑭　同前註，頁488。

而且此後也未再見其他同類曲本留傳，疑此為早期所留曲本，乾隆以後已不再流行。今存嘉慶以後的《花鼓》曲本，幾乎都屬於《綴白裘‧花鼓》一劇的梆子腔系統。

今存收有整齣《花鼓》或其中〔鮮花調〕花鼓頭及「鮮花」套數的曲本很多，如道光 24 年(1844)稿本《張鞠田琴譜》裡，就有〔花鼓頭〕詞與譜，其曲調即〔鮮花調〕⑮。中研院史語所傅斯年圖書館所藏俗曲裡，也藏有許多清代到民國間的此種《花鼓》曲本，如：《雜劇》(抄本，藏號：4-6-3 700 34)中收有《花鼓》的詞與譜；《打花鼓》(抄本，與《滑油山》合抄，藏號：A pi59-724)；《花鼓》(抄本，藏號：A k24-248)；《打花鼓》(抄本，藏號：A Pn9-121)；《打花鼓》(抄藏車王府曲本，藏號：A DA-1-003)；《花鼓子》(抄本，DA-1-006)；《打花鼓》(抄本，藏號：A Sup751)；《打花鼓》(寶文堂刊本，藏號：A DA-1-004)……等。

除前舉史語所藏《花鼓》中有部分為民國以後曲本外，在民國四年(1915)出書，十四年(1925)出齊的《戲考》、民國 14 年(1925)鮑筱齋所撰《湖陰曲初集》、民國 15 年(1926) 許志豪、凌善清所編《戲學彙考》等曲集裡，都收有《打花鼓》劇本⑯。此外，清末民初留聲唱片興起時，《打花鼓》一劇也被灌製成唱片留傳。如民初百代唱片錄有由當時有江南第一名旦之稱馮子和的演唱⑰；高亭唱片錄有潘雪豔的演唱；蓓開唱片錄有葉慧麟、周五寶的演唱；勝利唱片錄有金碧蓮、劉坤華的演唱……等，可見當時《打花鼓》一劇所受的歡迎⑱。

---

⑮　參《中國古代歌曲》，頁145譯譜。
⑯　《戲考》，《戲考大全》(一)，頁452～461。《湖陰曲初集》，頁51
　　～54。《戲學彙考》，卷之八，戲曲編，旦角劇本。
⑰　見《中國戲曲音樂集成‧江蘇卷》，頁660～663所記譜。
⑱　見第18版《大戲考》，頁170、172、176。

二、其他方面的流傳

　　嘉慶以後，除了舞臺上《花鼓》的流傳，在一般民歌小曲及其他曲藝、戲曲裡，〔茉莉花〕與其變調〔疊斷橋〕不但承繼了乾隆以前的趨勢作更普及的流傳，也不斷各自繼續衍生出許多新的歌名、調名及變調來。以下可再分嘉道間及咸豐以後兩階段考述：

（一）、嘉、道間

　　嘉慶、道光年間，〔鮮花調〕承襲前代主要往南的流傳走向，不但已普遍流傳於南方，而且也已渡海來到臺灣。在道光間臺南樂局雅樂十三音裡，就有〔末麗花〕一曲，由曲譜可知其曲調是屬於〔茉莉花〕主流腔系乙型，可見〔末麗花〕即〔茉莉花〕諧訛⑲。

　　在道光28年（1848）邗上蒙人所撰以揚州一帶為背景的《風月夢》小說裡，有一段酒宴行令的情節，所下的令是「一個《水滸》人綽號，一句四書，一句《六才》」。當輪到其中一個叫魏璧的少年行令時，有以下一段敘述：

> 眾人催著魏璧說令……魏璧道：「托塔天王每日五更清晨起，勾引張生跳過粉墻。」眾人笑道：「魏兄弟，你要罰多少？」魏璧道：「我并未說錯，因何要罰？『托塔天王』是晁蓋的綽號，『每日五更清晨起』難道不是句書？『勾引張生跳過粉墻』難道張生不是《西廂》上

人？」賈銘道：「魏兄弟，你不必強辯了！晁蓋不在天

罡、地煞正傳之內，然而尚係《水滸》人，還可將就。……

這『勾引張生跳過粉墙』是那唱〔鮮花〕上的，并非《六

才》詞句，又該罰一大杯。」⑳

所云「勾引張生跳過粉墙」正是〔鮮花調〕鮮花套數歌詞中的
一句，魏璧顯然受〔鮮花〕歌曲影響，才會有此令語。由此也
反映了當時〔鮮花〕一曲的流行已深植人心。

　　道光 17 年(1837)貯香主人所撰《小慧集》中，收有一首
〔鮮花調〕曲譜，其曲調屬〔茉莉花〕主流腔系甲型。在同書
裡，還收有一首〔楊柳青青〕。由比對可知，〔楊柳青青〕曲調
應是主流腔系〔鮮花調〕的變調㉑。由於其歌詞與〔鮮花調〕
典型歌詞完全不同，所以〔楊柳青青〕應是〔鮮花調〕的異曲
變調。在此首歌曲的歌詞中，有一段為「清早起，失落一枚針」，
因此後代此一歌曲又有〔一枚針〕或〔玉美針〕等別稱㉒。

　　除了產生〔楊柳青青〕、〔一枚針〕等異詞變調以外，在道
光 21 年(1841)二石生所撰《十洲春語》裡，有一則妓院競尚小
曲的記載：

　　　院中競尚小曲，其所著者有……〔武鮮花〕……諸調，

　　　和以絲竹如衆，風花軟狎雨鶯柔，頗覺曼迴蕩志。㉓

據後代所傳〔武鮮花〕曲譜知，其曲調同於主流腔系〔鮮花調〕，
但其歌詞內容則非〔鮮花調〕的鮮花套數，而是另一以金蓮調

---

⑳　《風月夢》，第7回，頁47。

㉑　《小慧集》，卷12，第38蕭卿主人小調譜。

㉒　有關〔楊柳青青〕與〔一枚針〕曲譜分析比較，見第四章第一節。

㉓　《十洲春語》，頁5533。

叔為內容的歌詞。由此可知，在道光年間〔鮮花調〕已衍生出
與其為異詞同調關係的〔武鮮花〕歌曲來。

在〔疊斷橋〕方面，此一調名主要流行於北方，其雖興起
於清初，早期也常與〔鮮花調〕相混用。不過後來因被各種曲
藝及戲曲吸收取用，逐漸與〔鮮花調〕的名稱及鮮花歌詞分離，
發展出自己曲調的流衍系統來。如在貯香主人所撰《小慧集》
裡所收一首〔紅繡鞋〕，經曲譜比對其曲調即商調式〔疊斷橋〕，
可見此一〔紅繡鞋〕應即〔疊斷橋〕別名㉔。又如在道光年間
臺南樂局雅樂十三音裡，也有一首〔葡萄架〕，其曲調即徵調式
〔疊斷橋〕，所題〔葡萄架〕應也是〔疊斷橋〕別名㉕。由此也
可知〔疊斷橋〕主要流行區雖在北方，但其同調別名卻在道光
以前已傳到臺灣。此外，〔疊斷橋〕也常被採為牌子曲的中段曲
牌。如在嘉慶年間北京抄本《馬頭調雜曲集》、戴全德《西調小
曲》中，都收有以〔馬頭調〕為頭、尾，中間夾有〔疊斷橋〕
的牌子曲㉖。在有嘉慶 9 年(1804)序的俗曲集《白雪遺音》裡，
除也收有這種夾用〔疊斷橋〕的〔馬頭調〕牌子曲外，也收有
〔起字呀呀喲〕等以其他曲牌為頭、尾，中間夾用〔疊斷橋〕
的牌子曲，就因為時常被夾用於牌子曲中段，所以後來又產生
了〔穿心調〕的別名㉗。

㉔　《小慧集》，卷12，第38簫卿主人小調譜。譯譜參《中國古代歌
　　曲》，頁103。

㉕　見《中國音樂史‧樂譜篇》，頁384移錄。

㉖　《馬頭調雜曲集》，見傅惜華：《白蛇傳集》，頁7。《西調小曲》，
　　見《中國俗文學史》，頁452。

㉗　如：《白雪遺音》，卷1，頁500；卷3，頁728等。

（二）、咸豐以後

同治六年（1867）刊本《杭俗遺風》有以下一條記載：

> 杭州吹鼓手之吹嗩吶，能令鼻中轉氣，不使其聲斷續。
> 如行會、行花轎、行喪事之長吹是也。再如人家開弔，
> 早間打頭二鼓不甚久長，惟打晚鼓吹有一、二時之久。
> 先徐後疾，吹出各樣調頭。最後如小調中之〔九連環〕、
> 〔鮮花調〕、〔鬧五更〕、〔十八摸〕之類，無不一一吹
> 出，真一技之獨能也。㉘

在開弔場合嗩吶所吹的調頭，如〔九連環〕、〔鬧五更〕、〔十八摸〕等都是當時最流行的曲調，〔鮮花調〕也被採入其中，充分反映了當時〔鮮花調〕在杭州一帶的流行㉙。

在同治 7 年（1868）江蘇巡撫丁日昌「查禁淫詞唱本目」中列有〔文鮮花〕、〔武鮮花〕、〔活捉鮮花〕、〔戲叔鮮花〕等曲名。光緒 15 年（1889）余治《得一錄》所收查禁的「各種小本淫褻灘頭唱片名目單」裡，也有〔武鮮花〕與〔好一朵鮮花〕。透過這些官府的查禁令，也為所查禁的民歌留下了當時流行的見證㉚。

光緒末年曾樸所撰《孽海花》裡，有一段寫當時名妓賽珍珠（彩雲）嫁為公使夫人後，在國外無聊唱曲的情節：

㉘　《杭俗遺風》，頁5259。

㉙　有關〔九連環〕、〔十八摸〕等民歌流傳情況，可參〈清代小曲〔九連環〕曲牌考述〉及〈民歌〔十八摸〕曲調源流初探〉兩文。

㉚　見《元明清三代禁毀小說戲曲史料》，頁124、125、258。

彩雲聽了……道：「別胡說，這會兒悶得很，有什麼玩兒呢？」阿福指著洋琴道：「太太唱小調兒，我來彈琴，好嗎？」彩雲笑道：「唱什麼調兒？」阿福道：「〔鮮花調〕。」彩雲道：「太老了！」……。㉛

此段對話，反映了當時民眾對「鮮花」一曲的心態。由「太老了！」可知對此一由來已久的歌曲，已有些失去了新鮮感。不過由彩雲問要唱什麼調兒時，阿福最先想到的就是〔鮮花調〕來看，此一歌曲在當時各種流行小曲中，必是頗為突出而受歡迎的。

清末民初間〔茉莉花〕及其衍生歌曲仍盛傳不輟，此情況由今日留存當時的曲本裡也可得到證明。在中研院史語所傅斯年圖書館所藏俗曲裡，就有大量此類曲本。如《好一朵鮮花》（百本張抄本，微卷 NF432）；《改良鮮花調》（又名《合州鮮花調》，刻本，微卷 NF409）；《新刻鮮花調》（又名《張生戲鶯鶯鮮花調》，瑞林齋刻本，藏號：A DA-2-027）；《新刻京都茉莉花》（石印本，藏號：A DA-1-009）；《改良鮮花調》（廣州以文堂刊本，藏號 A J21）；《時調文鮮花》（石印本，藏號 A DA-1-002）；《小曲譜》（抄本，藏號 A Tc12-168)中有「鮮花」與「金蓮戲叔鮮花調」；《北京小曲百種》（史語所抄藏車王府曲本，藏號 A Th2-006、A Th3-008、A Th3-009）中有「妓女悲傷鮮花調」、「三國五更鮮花調」、「康小九嘆監鮮花調」；《新編特別時調山歌》25 集（上海普通書局刊本，藏號 A DA-1-001）中有「時調文鮮花」與「時調武鮮花」；《最新口傳名家時曲精華時調指南》第 16 集（上海廣記書局刊本，藏號 A Tc15-197）中有「鮮花調」；《最新時調

㉛　《孽海花》，第14回，頁145。

大觀》6 六集(上海時新書局刊本，藏號 A Tc16-205)中有「鮮花調」；《時調大觀》(中國第一書局刊本，藏號 A Tc 19- 235)中有「鮮花調」；《彈唱小曲》列集(上海沈鶴記書莊刊本，藏號 A Tc19-234) 中有「新出群芳鮮花」；《時調初集》(上海兩宜社刊本，藏號 A TC13-173)中有「改良潘金蓮戲叔武鮮花」；《諸調工尺譜》(上海天寶書局刊本，藏號 A Pi76-926)中有〔鮮花調〕工尺譜；《工尺大全》(上海慶記書局刊本，藏號 A Pi75-921)中有〔鮮花調〕工尺譜；《工尺五種》(上海蔣春記刊本，藏號 A pi75-920)中有〔鮮花調〕絲竹譜……等，都是收有此一民歌的曲本。

　　除了以上所述在民歌小調中的流傳外，道、咸以後〔鮮花調〕、〔雙疊翠〕、〔茉莉花〕或〔花鼓子〕等調名，也逐漸被各種曲藝或戲曲採入做為其牌子曲或聯曲體的曲牌。此種情形雖不如〔疊斷橋〕般盛行，但隨著時代的推移，也越來越常見。如道咸間安徽定遠人方濬頤所編《曉風殘月》俗曲集裡有一首「冬景」，曲牌題為〔碧波玉穿心〕，其所穿的心就是〔雙疊翠〕㉜。又如中研院史語所傅斯年圖書館所藏清末抄本牌子曲裡，除〔疊斷橋〕是最常見的採用曲牌外，在《北探親》、《鋸大缸》、《探親相罵》、《倒翻講》、《望兒樓》……等曲目裡，也都出現了〔鮮花調〕或〔花鼓子〕曲牌㉝。在清末民初頗為盛行的南昌清音「東湖十景」，即以〔鮮花調〕做為其聯曲體的首支曲牌㉞。在民國 36 年(1947)排印的河南鼓子曲集《鼓子曲存》裡，

㉜　《曉風殘月》，頁28。
㉝　見中研院史語所傅斯年圖書館藏俗曲微卷NF428、431、432等。
㉞　參〈清光緒十年至十八年間上海曲壇概況及書場經營方式〉，頁61。在中研院史語所傅斯年圖書館藏攀香山房藍絲欄抄本裡，也收有《東湖十景》，藏號A Tc9-160。

〔茉莉花〕、〔雙疊翠〕已是經常被採用的牌名㉟。甚至在臺灣北管小曲裡，也普遍而大量的採用了〔雙疊碎〕(即〔雙疊翠〕)，如「六月飛霜」、「王婆罵雞」、「出塞」、「打番」、「奇逢」、「店會」、「花判」、「金印歸家」、「南柯山」、「思凡」、「思夫」、「思秋」、「思潘」、「秋江別」、「赴會」、「迫休」、「烏盆」、「追韓信」、「掃墳」、「望西樓」、「殺惜」、「華容道」、「漁家樂」、「鬧朝」、「繡褥記」、「勸友」等聯曲體小曲裡都有此一曲牌㊱。

　　民國三十年以後，雖然《花鼓》一劇漸少被演出。不過此一民歌還是琅琅流傳於人口。而且其曲調已化成各種調名及變體，完全融入各種民間器樂、舞蹈、曲藝、戲曲中，成為其重要的養分成員。如東北二人轉、拉場戲、龍江劇、山西九蓮燈、八大角秧歌、翼城琴書、陝北道情、陝北說書、洛川老秧歌、陝西曲子、陝西二人台、陝西關中秧歌、榆林小曲、韓城秧歌、陝西鼓吹樂、寧夏小曲、甘肅曲子戲、新疆曲子劇、山東柳子戲、呂劇、五音戲、北京曲劇、北京單弦、河北評劇、滄州落子、地平蹺、河北西調、湖北荊州花鼓戲、湖北文曲戲、襄陽小曲、長陽南曲、湖北小曲、江漢絲弦、江西南昌清音、河南越劇、河南曲劇、濮陽秧歌、河南曲子、河南花鼓、湖南絲弦、湘劇、安徽梨簧戲、文南詞、湖陰曲、黃梅戲、安徽曲劇、嗨子戲、廣西彩調劇、師公戲、四川曲劇、川劇、四川清音、四川盤子、四川燈戲、南坪彈唱、青海平弦戲、雲南壯劇、昆明曲劇、雲南花燈劇、貴州琴書、江蘇昆劇、揚劇、丹劇、蘇劇、蘇州彈詞、揚州清曲、揚州道情、鹽城牌子曲、鹽城道情、清淮小曲、海州牌子曲、徐州琴書、啷噹、花鼓傘、四人花鼓、滬劇、浙

㉟　《鼓子曲存》，見《西廂記說唱集》，頁157、161、166、175引錄。
㊱　參《傳統音樂輯錄・北管卷・細曲集成》及《北管小曲》。

江紹劇、婺劇、甬劇、浙東鑼鼓、廣東漢樂、粵劇、客家山歌
劇、福建大腔戲、閩劇、福建北路戲、南詞戲、臺灣北管……
等都有其行蹤，可見其已成為全國各類表演形式重要的一支血
脈成員㊲。而其在流傳中所衍出的新別名及變調牌名也難以勝
數。常見的如〔雪花飄〕、〔張生戲鴛鴦〕、〔小重樓〕、〔一點油〕、
〔臘梅花〕……等。每一個牌名或變調都繼續各自在努力茁長，
使這支歷經四、五百年的老曲調，不但未見衰頹，反而更加充
滿了生命力，繼續向未來唱奏出更豐富更燦爛的樂章。

三、國外的流傳

　　自乾隆末年英國使節團成員惠納（J.C.Huttner）及約翰・
巴勞（John　Barrow）等人把〔茉莉花〕帶到西方以後，此首
民歌的薪傳也延續到國外，在異國的環境土壤中，繼續吐露其
芬芳，不但被視為中國民歌的主要代表。而且也與西方音樂文
化融合，成為西方音樂家創作的重要取材。有關此首民歌在西
方的流傳，在錢仁康〈〔媽媽娘你好糊塗〕和〔茉莉花〕在外國〉、
王爾敏〈〔茉莉花〕等民歌西傳歐洲二百年考〉、陶業兵《中西
音樂交流史稿》、羅基敏《浦契尼的杜蘭朵》等論著中都有論述，
其中錢文最為詳細。現據這些論著並參考相關資料略做以下概
述。

　　乾隆末年來華向高宗祝壽的英國使節團回到歐洲以後，在
西元 1804 年（嘉慶 9 年）巴勞的《中國旅行記》一書出版以前，

㊲　　參《中國戲曲音樂集成》、《中國曲藝音樂集成》、《中國民族民間
　　舞蹈集成》、《中國民族民間器樂曲集成》、《中國民族民間舞蹈集
　　成》、《中國曲藝志》、《中國戲曲志》已出版之各地卷；及《中國
　　戲曲劇種大辭典》、《中國戲曲劇種手冊》、《臺灣風俗誌》，頁245。

使節團的另一成員惠納就已在倫敦發布刊印過〔茉莉花〕㊳。
此一刊印的〔茉莉花〕今雖已不存，但據巴勞在《中國旅行記》
中記載，惠納出版的此一〔茉莉花〕，是以「加上了引子、尾聲、
伴奏和歐洲音樂一切精練的技巧」的面貌刊印於倫敦，這應是
今日所知最早公開呈現在西方人眼中〔茉莉花〕的面貌。

　　1804 年巴勞的《中國旅行記》也在倫敦出版，其所錄〔茉
莉花〕與惠納的差別主要在不加裝飾，完全以本來的面目載錄。
此書出版後，隔一年（1806）就出第 2 版，可見此書在當時應是
頗受歡迎，其對後來〔茉莉花〕在西方的流傳影響也很大。

　　自此以後，〔茉莉花〕不斷被西方有關中國音樂的書籍所
採錄。如德國卡爾・恩格爾（1818—1882）在 1864 年（同治 3 年）
所著《最古老的國家的音樂》；丹麥安德烈・彼得・貝爾格林
（1801—1880）在 1870 年（同治 9 年）所編《民間歌曲和旋律》第
10 集；波希米亞裔德國人奧古斯特・威廉・安布羅斯（1816—
1876）在 1883 年（光緒 9 年）所著《音樂史》；英國布隆和莫法特
在 1901 年（光緒 27 年）合編的《各國特性歌曲和舞曲》；美國夫
羅倫斯・赫德孫・博茨福德在 1922 年（民國 11 年）所編《各族
人民民歌集》；美國梅布爾・格林等人在 1937 年（民國 26 年）
所編《各國歌曲集》等書裡，都採用或引錄了〔茉莉花〕㊴。

　　1884 年（光緒 10 年），比利時人阿理嗣（Aalst, Jules A.
van）撰作出版了《中國音樂》（Chinese music）一書。這本書應
是十九世紀末和二十世紀初在西方所能見到有關中國音樂最詳
盡的書，也是當時西方學者參考最多的資料。其中也收有「鮮

㊳　《中國旅行記》一書，王爾敏〈《茉莉花》等民歌西傳歐洲二百年
　　考〉，頁188以為初版於1805年。不過據史語所傅斯年圖書館所藏該
　　書初版本，其出版年代應是1804年。
㊴　參〈《媽媽娘你好糊塗》和《茉莉花》在國外〉，頁203、204。按：因
　　此文並未註明西人外文姓名，故本書參引此文處亦未加註外文姓名。

花」一曲的工尺譜及五線譜譯譜⑩。

　　除了前述惠納在倫敦所發布刊印的〔茉莉花〕，曾做了一些加工修飾以外，此一民歌曲調也被西方作曲家視為改編或創作的極佳素材。如英國作曲家格蘭維爾・班托克在 1911 年（民國元年）出版的《各國民歌一百首》裡，就把〔茉莉花〕的鋼琴伴奏編成一首二部卡農，同時他在 1909 年（宣統元年）也曾寫成《兩首中國歌曲》，其中〔茉莉花〕就是以這首民歌為基礎寫成⑪。

　　使〔茉莉花〕進入歌劇殿堂，進而達到藝術顛鋒，在國外放出耀眼光茫的是浦契尼（Giacomo Puccini）。他在《杜蘭朵》（《TURANDOT》）一劇中，即以〔茉莉花〕做為女主角杜蘭朵公主的音樂主題，不斷以各種方式隨著杜蘭朵的出場而烘托環繞，貫串主宰了全劇的情節氣氛。浦契尼所採〔茉莉花〕曲調的來源並非是巴勞的《中國旅行記》，也不是阿理嗣的《中國音樂》，而是其曾任意大利駐中國領事的友人法西尼公爵（Barone Fassini）由中國帶回的一個音樂盒。因為音樂盒只有旋律沒有歌詞，所以對浦契尼來說其採用此一曲調來表現杜蘭朵公主，應與鮮花歌詞沒有關聯⑫。雖然只是曲調上的採用，不過由於《杜蘭朵》一劇的流行，使〔茉莉花〕不再只是西方人眼中距離遙遠又充滿著神秘色彩的中國民歌，而是西方歌劇中人人喜愛的詠唱調。隨著該劇在各地的演出，〔茉莉花〕的旋律也傳遍了全世界，連帶的使整首〔茉莉花〕，也成為一支眾人矚目的世界級民歌。

---

⑩　參《中西音樂交流史稿》，頁 256。
⑪　參〈《媽媽娘你好糊塗》和《茉莉花》在國外〉，頁 203、204。
⑫　參《浦契尼的杜蘭朵》，頁 167、168。

　　有關〔茉莉花〕在國外的情況，除了西方的流傳以外，在隔鄰日本中的發展，也值得我們注意。由於地域的相鄰，日本自古以來一直是受到中華文化薰陶極深的國家，中國音樂也斷續的在傳往日本。到了明末，曾在明朝為官的魏元琰，因逃避戰亂渡海流寓日本。魏氏精通音律，就將明代音樂傳到日本，並有《魏氏樂譜》傳世㊸。其後明、清民間音樂的流往日本更為頻繁，且在日本造成某種程度的流行，這些音樂因來自中國明代或清代，所以被稱為明樂、清樂或明清樂，又因其伴奏樂器主要為月琴，故又被稱為月琴音樂。清代中葉以後，在日本更有許多曲本刊刻流傳，如日本學者波多野太郎，就收藏有 53 種此類曲本㊹。在其所藏這 53 種曲本裡，經筆者統計其中 40 種有〔茉莉花〕或其相關歌名的歌曲。現將此 40 種曲本情況列表於下㊺：

【表 6-3-6】

曲 本 名 稱	年　　　　　代	所收〔茉莉花〕相關歌名
清唱	文化(1804～1817，嘉慶9～22年)間	林梨花
花月琴譜	天保二年（1831，道光11年）跋	含艷曲、雙碟翠
清朝俗歌譯	天保 8 年(1837，道光17年)序	雙蝶翠
月琴詞譜	萬延庚申（1860，咸豐10年）刊	含艷曲、雙碟翠
聲光詞譜	明治 5 年(1872，同治11年)跋	茉梨花、武鮮花、雙蝶翠

㊸　參〈魏氏樂譜管窺〉，頁149。

㊹　參〈月琴音樂史略暨家藏曲譜提要附景印《清朝俗歌譯》、《月琴詞譜》、《清樂曲牌雅譜》〉，頁1～12。

㊺　同前註，頁13～27。按：所收曲名雖多諧訛，為存其真仍依原名列出。

月琴樂譜	明治 10 年(1877，光緒 3 年)刊	林梨花、武鮮花、雙蝶翠
聲光詞譜	明治 10 年(1877，光緒 3 年)刊	茉梨花、武鮮花、茉梨花裏、雙蝶翠
清樂曲牌雅譜	明治 10 年(1877，光緒 3 年)刊	含艷曲(茉梨花)、武鮮花、雙蝶翠
花月餘興	明治 10 年(1877，光緒 3 年)刊	林梨花、武鮮花、雙蝶翠
清風雅譜	明治 11 年(1878，光緒 4 年)刊	茉梨花、雙蝶翠
清樂秘曲私譜	明治 11 年(1878，光緒 4 年)刊	雙蝶翠
大清樂譜	明治 13 年(1880，光緒 6 年)刊	林梨花、雙蝶翠、鮮花調
西秦樂意譜	明治 14 年(1881，光緒 7 年)刊	林梨花
月琴はや覺	明治 15 年(1882，光緒 8 年)刊	茉梨花
絲竹遒琴	明治 16 年(1883，光緒 9 年)刊	林梨花
清樂詞譜	明治 17 年(1884，光緒 10 年)刊	武鮮花、林梨花
清樂詞譜	明治 17 年(1884，光緒 10 年)刊	武鮮花
洋峨樂譜	明治 17 年(1884，光緒 10 年)刊	林梨歌、林梨花裏、武鮮花、雙蝶翠
增補改定清風雅譜	明治 17 年(1884，光緒 10 年)刊	茉梨花、雙碟翠
弄月餘音	明治 18 年(1885，光緒 11 年)刊	茉莉花、茉梨花裏
清風雅唱	明治 21 年(1888，光緒 14 年)刊	武鮮花、雙碟翠
清樂意譜	明治 21 年(1888，光緒 14 年)刊	林梨花
月琴雜曲清樂の刊	明治 21 年(1888，光緒 14 年)刊	茉梨花、雙蝶翠
抱月雅唱	明治 22 年(1889，光緒 15 年)刊	林梨花、武鮮花

雅俗必攜月琴自在	明治22年(1889，光緒15年)刊	茉莉花
清樂獨習之友	明治24年(1891，光緒17年)刊	茉梨花
清風雅唱	明治25年(1892，光緒18年)刊	雙碟翠
清風雅唱	明治25年(1892，光緒18年)刊	茉梨花
清樂十種	明治26年(1893，光緒19年)刊	茉梨花
清樂橫笛獨習	明治26年(1893，光緒19年)刊	茉梨花、雙碟翠
清風雅譜月琴獨稽古	明治26年(1893，光緒19年)刊	林梨花、雙蝶翠
明笛清笛獨案內	明治26年(1893，光緒19年)刊	林梨花
清風詞譜	明治26年(1893，光緒19年)刊	茉梨花、雙碟翠
明清樂之琴	明治27年(1894，光緒20年)刊	茉梨花、雙蝶翠
月琴胡琴明笛獨案內	明治30年(1897，光緒23年)刊	茉梨花
清笛雜曲集	明治33年(1900，光緒26年)刊	茉梨花
明笛清笛獨稽古	未詳	茉莉花
月琴曲譜	未詳	茉梨花、雙碟翠
松風彈琴	未詳	茉梨花
西秦樂意調	未詳	林梨花

雖然這些曲本都在嘉慶以後，但由〔茉莉花〕在這些曲本中高達75.5%的收錄率，說明了其在日本月琴音樂中也是極受歡迎的一首民歌。

　　由以上考述可知，〔茉莉花〕不但在本國是一支源遠流長越傳越盛的民歌，而且在國外不論西方或東洋，也都能展現無比的魅力，隨著其傳衍綻放，也為全世界人類的心靈帶來無比的芬芳。

第七章　各地〔茉莉花〕探述

　　由前文考論可知，就歷史過程而言，在長久流傳中，〔茉莉花〕不斷繁衍變化，其曲調不但渙化出多種不同別名繼續在流傳，而且也已被許多曲藝、戲曲、舞蹈、器樂……等表演形式吸取採入，成為其營養的一員。這些顯赫的流傳史，說明了〔茉莉花〕是一首經久耐傳，越陳越香的民歌曲調。既如此，那今日在中國各地的流傳情況又如何？不同地方所流傳的〔茉莉花〕彼此間是否會產生一些變化差異？這些也值得我們續作探討。

第一節　各地流傳概況

　　雖然全國只要有漢族居住的地區大部分都可見到〔茉莉花〕曾經或正在流傳的足跡。不過就今日的流傳情況來看，各地流傳盛衰的差別很大。有些地區〔茉莉花〕被視為主要民歌代表之一，除民歌以外，在當地曲藝、戲曲、舞曲、器樂曲等各種演出形式裡都少不了其蹤跡；有些地區以〔茉莉花〕為名的民歌已很少見，改化成其他歌名在流傳；有些則在民歌中幾已不見流傳，只在戲曲、曲藝等其他演出形式裡尚可見其血脈。

　　大致來說，〔茉莉花〕在中國各地是呈東盛西衰的情勢在

流傳，而南北又以江蘇省為中心向兩端呈放射性發展，往北則〔疊斷橋〕腔系與主流腔系併行，有些個別地區〔疊斷橋〕腔系甚至有凌駕主流腔系之勢；往南則幾乎皆為主流腔系天下。在西南方的雲南一帶，則產生〔疊斷橋〕腔系與主流腔系交融的獨特現象。

在流傳各地〔茉莉花〕的曲調差異方面，由於民歌曲調在各地形成差異的原因很多，除了變調以外，影響最大的一般認為是各地方言的腔調與流行於當地傳統音樂的音調①。尤其前者更為許多學者重視，有關研究自八十年代以來便受到許多學者重視，而產生了多種不同地方色彩區的畫分法。不過這些畫分各有其詳略優劣，難以獲得共識②。而且因為〔茉莉花〕主要寄存於戲曲、曲藝裡流傳，所受到各地方言的影響不如一般民歌大，所以方言區的畫分與〔茉莉花〕實際流傳的差異情況並未完全相符。因此，本節除約略參考方言區外，主要依據各地流傳〔茉莉花〕的盛衰及其差異情況，由北而南以流傳情況大致接近的相鄰數省為單位，分述各地流傳概況③：

一、黑龍江、吉林、遼寧

今日東北三省的漢族居民，是由遼代阿保機時期（907～626）開始，就從幽、燕地區陸續移入的漢人，他們都使用共同的東北方言，所以在漢族民歌方面，彼此始終保持著大同小異的關聯，同時也與河北東北部諸縣民歌保持許多相似之處

---

① 見〈民歌旋律地方色彩的形成及色彩區的畫分〉，頁108。
② 見〈漢族民歌音樂方言區及其畫分〉，頁10～12。
③ 以目前大陸所分各省為基礎單位作合併畫分。

④。此三省〔茉莉花〕流傳的盛衰程度大致相當，且都以主流腔系與〔疊斷橋〕腔系兼容並蓄的形態存在。在《中國民間歌曲集成・黑龍江卷》所收四首以〔茉莉花〕為名的民歌中，主流腔系有一首，〔疊斷橋〕腔系有三首；在《中國民間歌曲集成・遼寧卷》所收八首〔茉莉花〕中，主流腔系與〔疊斷橋〕腔系各占四首；在《中國民間歌曲集成・吉林卷》所收五首〔茉莉花〕裡，主流腔系有三首，〔疊斷橋〕腔系有兩首，可見此兩種類型在東北的不同地域中雖互有盛衰，但都存在著相當的流傳勢力⑤。

在曲調上，主流腔系多為甲型，起音常為羽音（6），首兩疊句（樂句Ａ1、Ａ2）的前一小節為新增擴充，旋律多保持在徵音以上的較高音域，且樂句末尾於落徵音後，常帶有下行經角音到商音，再反轉角音回徵音的加花短拖腔。如：

【譜例7-1-1】

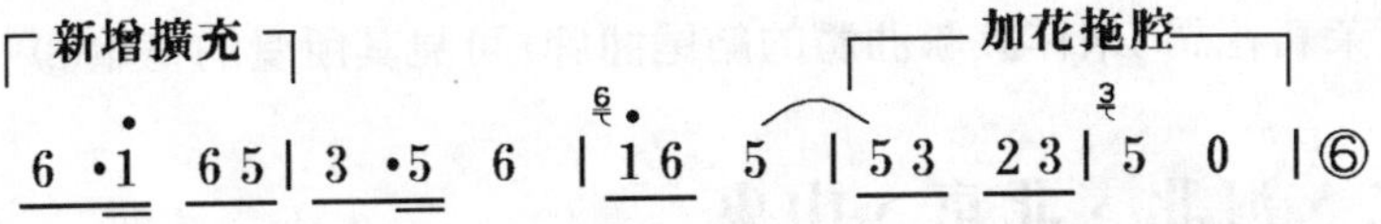

在〔疊斷橋〕腔系裡，同一曲中常有部分樂句作結構內部的宮調轉換或其他增衍變化，所以較不穩定，同時尾段也多帶「蛤蟆韻」。

---

④　見《中國民間歌曲集成・吉林卷》，頁18。

⑤　見《中國民間歌曲集成・黑龍江卷》，頁233～237。《中國民間歌曲集成・遼寧卷》，頁261～268。《中國民間歌曲集成・吉林卷》，頁77～81。

⑥　見《中國民間歌曲集成・吉林卷》，頁77，四平市、白城市流傳的〔茉莉花〕。其他如遼寧省遼陽、長海；吉林省吉林市郊區；黑龍江省齊齊哈爾市、林口縣習翎鎮等地所唱〔茉莉花〕大致都類此。參《中國民間歌曲集成・遼寧卷》，頁261、267；《中國民間歌曲集成・吉林卷》，頁79；《中國民間歌曲集成・黑龍江卷》，頁233、238。

　　在歌詞採用方面，除了以「茉莉花段」單段演唱外，內容多為「隱喻《西廂》型」。主流腔系的歌詞中常帶「啦」、「呀」、「啊」、「哪」、「得兒」等襯詞，〔疊斷橋〕腔系則又加上如「呀啊啊哎咳哎咳喲」、「哎咳哎咳嗯啊哎咳喲」、「啦嗯啊嗯啊哎哎呀哎哎呀嗯哎哎哎呀呀咿呀」等長襯詞，使曲趣更趨活潑生動。另外，也有如【譜例 4-1-6】所舉〔茉莉花開〕，為據〔茉莉花〕典型歌詞大幅改寫的作品。

　　在曲名或調名方面，多稱為〔茉莉花〕，即使在曲藝或戲曲中也極少稱〔鮮花調〕。另在有些地區也有〔小重樓〕、〔小同樓〕、〔四重樓〕等別稱或變調⑦。

　　〔茉莉花〕曲調也被採用在東北二人轉、拉場戲、龍江劇等戲曲或曲藝裡。如二人轉的小帽音樂中，〔茉莉花〕就是常用的曲牌。在拉場戲的《寒江》劇裡，〔茉莉花〕不僅被採為該聯曲體套曲的首支曲牌，而且又以稱為〔小同樓〕的〔緊板茉莉花調〕來作該聯曲體的結尾曲牌，可見其所受的倚重⑧。

二、河北、北京、山東

　　此三地〔茉莉花〕的流傳皆頗強勢，不過比較起來河北、北京一帶應較山東為盛。其各地皆存在著主流腔系與〔疊斷橋〕腔系兩者流傳勢力大致相當的局面。

---

⑦　如黑龍江省克山縣、遼寧省遼陽縣、大連市等都有〔小重樓〕；黑龍江省雙城縣有〔小同樓〕；遼寧省凌海市有〔四重樓〕等。參《中國民間歌曲集成・黑龍江卷》，頁255、頁254；《中國民間歌曲集成・遼寧卷》，頁142～144。

⑧　參《中國戲曲音樂集成・黑龍江卷》，頁545、615、639。《中國戲曲志・遼寧卷》，頁122。

在曲調上主流腔系也以甲型較多。起音常為羽音（6），
首兩疊句（樂句Ａ１與Ａ２）前一小節亦為新增擴充，旋律多
保持在徵音以上的較高音域，這些特徵與東三省大致相同。不
過其首二疊句末尾加花拖腔則有所不同，且常以切分節奏處
理。如：

【譜例 7-1-2】

$$\dot{6}\,\dot{1}\ \ 65\mid 35\ \ 6\dot{1}\mid \dot{1}\ \ 5\ \ 6\dot{1}\mid 5\ \ -\ \mid \ ⑨$$

全曲音階雖以五聲音階為主，但也常見加入變宮或清角的六聲
或七聲音階。在〔疊斷橋〕腔系裡，同一曲中常有部分曲調產
生同調異腔或其他增衍變化，尾段也多帶「蛤蟆韻」。

在歌詞方面，內容以「隱喻《西廂》型」與「突顯《西
廂》型」並重。歌詞中也常帶如「也」、「那」、「呀」、「啦」、「咿」、
「怎麼」等各種襯詞，〔疊斷橋〕腔系另加如「來哎唉咳嘿嘿
嘿哎嘿嘿哎嘿呀啊」或「啦哼呱哼呱哼哼哼呱呱呱哎咳喲啊哎
喲外哎」等長襯詞。

在曲名或調名方面，也以〔茉莉花〕為主。〔鮮花調〕名
稱則見於如北京單弦、北京曲劇、京劇等曲藝或戲曲裡。此外
又有〔大西廂〕、〔臘梅花〕、〔大哥拉弦小妹唱〕、〔蛤蟆調〕、〔三
國五更〕、〔妓女悲傷〕、〔小重樓〕等同曲別名或同調異詞的曲
名或調名⑩。

---

⑨ 見《中國民間歌曲集成·河北卷》，頁232，饒陽縣流傳的〔茉莉
花〕。其他如河北南皮、昌黎、滄州落子等也類此。參《中國民
間歌曲集成·河北卷》，頁231、422、《中國民族民間舞蹈集成·
河北卷》，頁216。

⑩ 參《中國民間歌曲集成·北京卷》，頁421；《中國民間歌曲集成·
河北卷》，頁241、247、442、574、653、247、599等。

在山東柳子戲、臨淄東路肘鼓子、五音戲、北京京劇、曲劇、單弦、河北滄州落子、地平蹺、十不閑……等戲曲、曲藝或民間舞蹈裡都採用了〔茉莉花〕曲調⑪。

三、內蒙古、山西、陝西

此三地〔茉莉花〕以山西、陝西兩省的流傳最強勢，內蒙古則稍次。在內蒙古一帶主流腔系與疊系流傳份量大致相當；但在山西、陝西一帶則主流腔系勢力已強於疊系；而在主流腔系中，其甲、乙兩型流傳勢力則大致相等。

在曲調上，起音常為徵音（5）。主流腔系甲型首兩疊句也與東北三省及河北等地有別，其前一小節多無新增擴充，末尾落徵音之後，則多帶下行經角（3）、商（2）音的加花短拖腔。如：

【譜例 7-1-3】

$$\underline{5\ 3\ 5}\quad \underline{6\ 1\ 6}\ \ |\ \ \underline{5\ \cdot\underset{\cdot}{6}}\ \ \underline{3\ 2}\ \ |\ ⑫$$

主流腔系乙型，其樂句Ｂ2落音常有由宮音（1）改落商音（2）的現象。如：

---

⑪　參《中國戲曲音樂集成・山東卷》，頁791、918；《中國戲曲劇種大辭典》，頁921；《中國戲曲音樂集成・北京卷》，頁693、1581；《中國民族音樂大系・曲藝音樂卷》，頁66。按：所指包括〔茉莉花〕的各種同調異名，以下各地同此。

⑫　見《中國民族民間舞蹈集成・山西卷》，頁60，為流傳於五寨縣八大角秧歌中的〔茉莉花〕。其他如內蒙古呼罕浩特市、山西聞喜縣、朔縣、定襄縣、陽高縣、霍縣、陝西洛川縣、澄城縣等地皆類此。參《中國民間歌曲集成・內蒙古卷》，頁1290；《中國民間歌曲集成・山西卷》，頁501、598、885；《山西民歌》，頁172、252；《中國民間歌曲集成・陝西卷》，頁331、800。

【譜例7-1-4】

$\underline{5\overset{\bullet}{6}\overset{\bullet}{1}}$ $\underline{5\;6\;4\;3}$ ｜ $\underline{2\;2\;3}$ 　2 ｜⑬

所用音階雖仍以五聲為主，但也有帶清角（4）或變徵（♯4）、變宮（7）或閏音（♭7）的六聲或七聲音階，其中尤以帶清角的最常見。這些非五聲音階的〔茉莉花〕中，有些有以清角（4）代角（3）及低閏音（♭7̣）代低羽（6̣）的現象⑭。

　　在歌詞方面，「隱喻《西廂》型」與「突顯《西廂》型」兼具；在山西則常見由「詠花段」增衍而來的複沓式增段⑮。歌詞中常帶「呀」、「來」、「唉喲」等襯詞，但也有較特別帶「哈哈」的⑯。

　　在曲名或調名方面，仍以〔茉莉花〕為主，其他常見有〔張生戲鶯鶯〕、〔跳粉墻〕、〔囉梅花〕（或〔落梅花〕）、〔採花〕、〔萱花〕、〔雪花飄〕、〔雪美人〕、〔一點油〕、〔三國鬧五更〕等同曲別名或同調異詞的曲名或調名；〔鮮花調〕及〔雙疊翠〕的名稱也偶有所見⑰。

---

⑬　見《山西民歌》，頁301，為西山翼城流傳的〔茉莉花〕。其他如山西臨汾、霍縣等地也類此。參《中國民間歌曲集成・山西卷》，頁501《山西民歌》，頁252。

⑭　如【譜例7-2-10】山西臨汾〔茉莉花〕即如此。

⑮　如山西聞喜縣、臨汾市、朔縣等地皆流傳有由「詠花段」增衍而來的複沓式增段歌詞，見《中國民間歌曲集成・山西卷》，頁501、598。

⑯　歌詞帶「哈哈」襯詞的有五寨縣八大角秧歌所唱〔茉莉花〕，見《中國民族民間舞蹈集成・山西卷》，頁60。

⑰　各曲名參《中國民間歌曲集成・內蒙古卷》，頁1290、1292；《中國曲藝音樂集成・內蒙古卷》，頁474；《中國民族民間舞蹈集成・山西卷》，頁60；《中國民間歌曲集成・山西卷》，頁478、598、《山西民歌》，頁172、252；《中國曲藝音樂集成・陝西卷》，頁353～355、745、821；《中國民間歌曲集成・陝西卷》，頁331、350、446、803等。另陝西榆林小曲中有〔鮮花調〕，見《中國曲藝音樂集成・陝西卷》，頁636。山西晉城市郊及高平、沁水和陵川等縣的「九蓮燈」（俗稱耍燈或跑燈）中有〔雙疊翠〕，見《中國民族民間舞蹈集成・山西卷》，頁911。

　　在內蒙古二人台、山西八大角秧歌、冀城琴書、山西八大套、九蓮燈、陝西關中秧歌、陝北道情、陝西曲子、榆林小曲、陝北說書、韓城秧歌、漢調二簧、洛川老秧歌、陝西鼓吹樂……等戲曲、曲藝或民間舞蹈、民族器樂曲裡，都有此一曲調，甚至連山西五臺山的寺廟音樂裡，也採用了〔茉莉花〕[18]。

四、寧夏、甘肅、青海、新疆

　　在〔茉莉花〕的流傳盛衰情況上，寧夏不若山西、陝西，而甘肅、青海、新疆則又明顯呈現由東往西遞衰之勢。在此四省地區，〔茉莉花〕的主流腔系較疊系活躍，且多為甲型。

　　在曲調上，起音常為徵音（5）。全曲結尾旋律於落調式主音徵音（5）後，多不加拖腔。此外，受到地方曲調苦音的影響，部分旋律以清角（4）音代角（3）音的現象頗為普遍，也因此常形成帶清角的六聲音階[19]。

　　在歌詞方面，常見「隱喻《西廂》型」、「非《西廂》型」，及由「詠花段」增衍而來的複沓式增段。歌詞中常帶「個」、「呀」、「的」、「者」、「那」或「嘞」、「子」、「哎」等襯詞。在寧夏固原、隆德等縣所唱「詠花段」歌詞中將茉莉花開「白呀白不過它」唱為「紅呀麼紅不過它」[20]，此應與地方所見茉莉花之花種有關。明田藝蘅《留青日札》云：

[18]　參《中國曲藝音樂集成・內蒙古卷》，頁474；《中國民族民間舞蹈集成・山西卷》，頁60、911；《中國民族音樂大觀》，頁401；《民族器樂》，頁388；《中國戲曲志・陝西卷》，頁122、289；《中國曲藝音樂集成・陝西卷》353～355、636、745、1023、1078、1486；《中國民族民間舞蹈集成・陝西卷》，頁956；《中國民族民間器樂曲集成・陝西卷》，頁1414；《中國古代音樂史簡述》，頁453。

[19]　如寧夏固原縣的〔茉莉花〕即如此。參【譜例7-2-4】。

[20]　參《中國民間歌曲集成・寧夏卷》，頁168、577。

茉莉又有一種紅者，但無香耳。㉑

寧夏所見應即此種茉莉花，此種歌詞更突顯了民歌的地方特色。

在曲名或調名方面，民歌中多稱〔茉莉花〕；在曲藝、戲曲及其他少數民歌中則出現有〔九蓮花〕、〔雪花飄〕、〔一點油〕、〔春工謠〕等同曲異名或同調異詞的曲名或調名㉒。

在寧夏鹽池道情、寧夏小曲、甘肅玉壘花燈、新疆曲子劇、青海平弦戲⋯⋯等戲曲或曲藝裡，都採用了此一曲調㉓。

五、江蘇、上海、浙江

江蘇、浙江一帶為〔茉莉花〕流傳最盛地區，就全國各地域流傳情況來看，此地區也居於樞紐地位。其〔茉莉花〕曲調除了極少數為疊系或其變體外，幾乎都是主流腔系的天下㉔。而主流腔系中，甲型與乙型的流傳勢力則大致相當。

在曲調上，主流腔系起音常為角音（3）或徵音（5），尾段常為高尾，江蘇一帶所帶末尾拖腔通常較長，浙江地區則較簡短。乙型的樂句Ｂ２常改落商音（2）。在揚州及其附近地區，又有〔老鮮花〕與〔鮮花調〕之分。所謂〔老鮮花〕曲調即一般的主流腔系〔茉莉花〕，而其所謂〔鮮花調〕又稱〔新

㉑　見《留青日札》，卷之33，頁619。

㉒　參《中國戲曲志・寧夏卷》，頁248；《中國戲曲志・甘肅卷》，頁306；《中國戲曲音樂集成・新疆卷》，頁458；《中國民間歌曲集成・寧夏卷》，頁246。

㉓　參《中國戲曲志・寧夏卷》，頁248；《中國曲藝音樂集成・寧夏卷》，頁432；《中國戲曲志・甘肅卷》，頁306；《中國戲曲音樂集成・新疆卷》，頁458；《中國戲曲志・青海卷》，頁40。

㉔　疊系僅見於蘇北徐州市、浙江泰順縣等極少縣市。參《中國民間歌曲集成・江蘇卷》，頁935；《中國民間歌曲集成・浙江卷》，頁470。

鮮花〕（一名〔獻花〕），則是在〔老鮮花〕的基礎上，受到〔粉紅蓮〕等其他曲調影響變化而來的新曲調。其旋律雖產生一些變化，但全曲的曲調輪廓及樂句聯綴結構卻並未改變，還是可清楚辨識出來㉕。不論〔老鮮花〕或〔新鮮花〕，也不論甲型或乙型，流傳此地區的曲調幾乎皆為五聲音階。

　　在歌詞方面，流傳最廣的是「詠花段」及由其增衍而來的複沓式增段，其次則為「突顯《西廂》型」。這些〔茉莉花〕歌詞多僅帶「呀」、「的」等短襯詞，或甚至不帶任何襯詞。

　　在曲名或調名方面，除了有部分地區稱〔茉莉花〕、〔張生跳粉墻〕、〔張生戲鶯鶯〕、〔好一朵鮮花〕等及蘇北一帶有稱〔雙疊翠〕者外，大部分地區的民歌或曲藝、戲曲裡都稱〔鮮花調〕。又因為此地區的〔茉莉花〕曲調常被填以其他歌詞，在曲調上也常產生各種變化，所以不斷衍生出如〔武鮮花〕、〔文鮮花〕、〔玉美針〕（〔一枚針〕）、〔楊柳青青〕、〔踏青〕、〔船歌〕、〔漁婦怨〕、〔比比誰的幹勁高〕、〔二月龍抬頭〕、〔半鮮花〕、〔前雪花〕等大量同曲異名或同調異詞的曲名或調名㉖。此外，〔鮮花調〕與其他六種民歌曲調聯綴成〔大九連環〕演唱的《姑蘇風光》一曲，也是極受歡迎㉗。

　　在江蘇崑劇、蘇劇、揚劇、滬劇、揚州清曲、鹽城牌子

㉕　有關〔新鮮花〕與〔粉紅蓮〕關係及分析，參第四章第二節【譜例4-2-33】及【譜例4-2-34】之比較。

㉖　參《中國曲藝音樂集成・江蘇卷》，頁560、559；《中國民間歌曲集成・江蘇卷》，頁768、925；《中國民間歌曲集成・浙江卷》，頁328、329；《江蘇南部民間戲曲說唱音樂集》，頁270；《中國漁歌選》，頁164；《蘇州民間音樂選集》，下冊，頁67；《中國民族民間器樂曲集成・浙江卷》，頁1123。

㉗　見《中國民間歌曲集成・江蘇卷》，頁714〜719。

曲、鹽城道情、清淮小曲、蘇州彈詞、海州牌子曲、嘟噹、徐
州琴書、蓮湘花鼓、花鼓傘、浙江紹劇、甬劇、浙東板頭絲竹
樂、浙江吹打樂、浙東鑼鼓……等戲曲、曲藝或民間舞蹈、器
樂曲裡都採用了此一曲調㉘。

六、河南、安徽

　　雖然康熙間《百戲竹枝詞》裡就有鳳陽婦人擅演「好朵
鮮花」套數的記載。不過到了近代,〔茉莉花〕在安徽流傳的
勢力卻不若江蘇。在地域上,安徽、河南雖介於河北與江蘇間,
其所流行的〔茉莉花〕難免會受到兩者的影響,不過在曲調類
型上大致應較近於江蘇,也是以主流腔系為主。而主流腔系
中,甲型與乙型的流傳勢力則大致相當。

　　在曲調上,主流腔系多五聲音階,起音為角音(3)、徵
音(5)、羽音(6)者皆有。其樂句Ａ4有矮平化現象,常變為
由商音(2)經角音(3)到徵音(5)的旋律,如:

【譜例 7-1-5】

$$\underline{2 \cdot \underline{3} \quad \underline{5} \quad \overset{\scriptscriptstyle 3}{\underline{5}}} \mid ㉙$$

此種「商→角→徵」的旋律模式,除流傳於此地區成為其旋律
重要特徵之一外,也見於湖南、湖北、雲南、甘肅、四川等其
他部分地區。

㉘　參《蘇劇音樂選》,106;《中國曲藝音樂集成・江蘇卷》,頁556、
　　936、978、1013、1625、1786;《中國民族民間舞蹈集成・江蘇
　　卷》,頁78、360;《中國民族音樂大觀》,頁402;《中國戲曲音樂
　　集成・江蘇卷》,頁600、1300;《蘇州彈詞曲調彙編》,頁170;
　　《滬劇音樂簡述》,頁419;《中國民族民間器樂曲集成・浙江卷》,
　　頁253、1123、1428;《中國戲曲劇種大辭典》,頁459;《民族器
　　樂》,頁504;《說唱常用曲調集》,頁280。
㉙　見《中國民間歌曲集成・河南卷》,頁552。

　　在歌詞方面，較常見的是「茉莉花」段的單段演唱及省段的「隱喻《西廂》型」唱詞。歌詞中有時帶「哪」、「個」、「呃」、「唦」、「唻哎喲」等襯詞。

　　在曲名或調名方面，在民歌中多稱〔茉莉花〕、〔一朵茉莉花〕、〔雙疊翠〕、〔八月桂花香〕、〔張生偷情〕等；在曲藝及戲曲中則多稱〔雙疊翠〕及〔鮮花調〕。此外，在安徽嗨子戲中雖也有稱〔茉莉花調〕的曲牌，但實際上其曲調卻與〔茉莉花〕不同，而是近似另一稱為〔五更調〕的民歌，應為〔茉莉花〕同名異實的曲牌⑳。

　　在河南豫劇、河南越調、河南曲劇、河南曲子、河南花鼓、十不閒、濮陽秧歌、安徽梨簧戲、安徽黃梅戲、安徽曲劇、文南詞、湖陰曲……等戲曲或曲藝、舞蹈中都採用了此一曲調㉑。

七、江西、福建

　　此一帶〔茉莉花〕的流傳勢力又弱於河南與安徽。所傳曲調皆屬主流腔系，雖甲型與乙型兼具，不過以乙型較為常見。

　　在曲調上，大多為五聲音階，但有些流傳於福建的〔茉莉花〕則於末尾拖腔時加入清角或變宮，而形成六聲音階㉒。起音常為角音（3），尾句多為高尾並帶拖腔。

---

⑳　有關安徽嗨子戲〔茉莉花調〕參【譜例2-3-1】。

㉑　參《中國戲曲音樂集成・河南卷》，頁356；《中國戲曲劇種大辭典》，頁642、650、978、987；《中國曲藝音樂集成・河南卷》，頁127、570、679；《中國民族民間舞蹈集成・河南卷》，頁82；《中國戲曲音樂集成・安徽卷》，頁743、1105、1859。

㉒　如閩西長汀縣〔鮮花調〕末尾拖腔即帶清角音，見《中國民間歌曲集成・福建卷》，頁798。閩劇中的〔茉莉花〕末尾拖腔有時也帶變宮音，見《福建民間音樂簡論》，頁390引。

　　在歌詞方面，多「詠花段」單段及省段的「隱喻《西廂》型」唱詞。歌詞偶夾有「那個」、「呀」、「唉喲」等襯詞。

　　在曲名或調名方面，不論民歌、民間舞蹈、曲藝、戲曲裡，多稱為〔茉莉花〕或〔鮮花調〕。

　　在江西南昌清音、贛南採茶戲、福建莆仙戲、閩劇、福建大腔戲、北路戲、南詞戲、閩北建陽縣茉莉花舞等都採用了此一曲調㉝。

八、湖北、湖南

　　〔茉莉花〕在此兩省的流傳大多見於曲藝、器樂曲及戲曲裡，民歌中較為少見㉞。其曲調多屬主流腔系，甲型及乙型都有，且兩者流傳勢力也大致相當。

　　在曲調上，多為五聲音階，起音常為角音（3）。樂句A4大部分有「商→角→徵」的矮平化現象，全曲結尾於落音之後多不帶拖腔或只帶短拖腔。以〔雪花飄〕為名者，其樂句B多改落商音（2）㉟。

　　在歌詞方面，多為〔雪花飄〕單段演唱，在湖北應城縣所唱民歌〔有心看情哥〕裡則為省段的「非《西廂》型」。歌詞中偶夾有「那個」、「哎喲」等襯詞。

㉝　參《民間說唱藝術選集》，頁409；〈芳香四溢的茉莉花〉，頁68引；《華東戲曲劇種介紹》第2集，頁100；《福建民間音樂簡論》，頁390；《中國戲曲劇種大辭典》，頁723、731、746。

㉞　如在《中國民間歌曲集成・湖北卷》中只收一首〔鮮花調〕；在《中國民間歌曲集成・湖南卷》中則未收錄〔茉莉花〕或其同調異名之相關歌曲。

㉟　如湖北長陽南曲、恩施揚琴、說鼓子、湖北吹打樂牌子鑼中〔雪花飄〕之樂句B皆改落商音。見《中國曲藝音樂集成・湖北卷》，頁260、392、1108；《中國民族民間器樂曲集成・湖北卷》，頁734。

在曲名或調名方面，最常用的是〔鮮花調〕，其次為〔雪花飄〕、〔茉莉花〕及〔有心看情哥〕等。

在湖北荊州花鼓戲、遠安花鼓戲、湖北文曲戲、湖北小曲、長陽南曲、恩施揚琴、襄陽小曲、說鼓子、湖北吹打樂牌子鑼、江漢絲弦、武當山道教音樂要曲、湖南湘劇、湖南絲弦……等戲曲、曲藝或器樂曲裡都採用了此一曲調㊱。

九、廣東、廣西

此一地域流傳的〔茉莉花〕也較常見於民間舞蹈及曲藝、戲曲裡，一般民歌中較少見。曲調皆主流腔系，甲型與乙型兼具，不過以甲型為流傳主流。

在曲調上，多為五聲音階，起音常為角音（3）或羽（6）音。全曲末尾於落徵音後，常帶拖腔，有時更再衍展出一段旋律，此段旋律隨曲而異，所配歌詞常以襯詞為主或全為襯詞，形成一段極長的拖腔，此種現象常見於廣西的採茶歌裡。如：

【譜例7-1-6】㊲

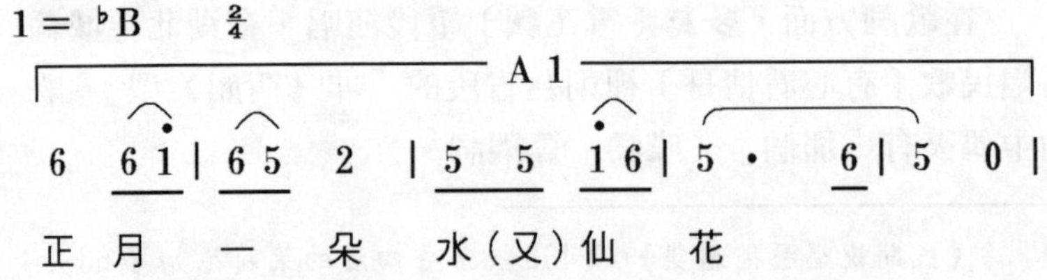

1 = ♭B 2/4

A 1

6 61 | 65 2 | 5 5 | 16 | 5 · 6 | 5 0 |

正 月 一 朵 水（又）仙 花

㊱ 參《中國戲曲劇種大辭典》，頁1106、1162、1189、1215；《中國曲藝音樂集成・湖北卷》，頁58、260、392、434、1108；《中國民族民間器樂曲集成・湖北卷》，頁734、1313、1528；《中國曲藝志・湖南卷》，頁245。

㊲ 《中國民間歌曲集成・廣西卷》，頁545。

$$\overline{\text{A 2}}$$

| 6 | 6̂1̇ | 6̂5̇ | 2 | 6 | 5 | 1̇̂6 | 5 · 6 | 5 · 3̇ |

（好　好）一　朵　水（又）仙　花

$$\overline{\text{A 3}}$$

| 3̂5̇ | 2̂3̇ | 5 | 3̂5̇ | 6̇5̇ | 6̂1̇ | 5̇ | 5 | 3̂2̇ | 1̂2̇ |

鮮　花（呀）　出　　在　（呀）出　在

$$\overline{\text{B 1}}\quad\overline{\text{C}}\quad\overline{\text{A 4}}$$

| 3 | 3̂2̇ | 1 | 1 | 3 | 3 | 1̂3̇ | 2 | 2 | 3 | 5 | 6̂1̇ |

我　的　家（呀）哥（呀）本　帶（呀）水（又）仙

$$\overline{\text{D}}\quad\overline{\text{E}}$$

| 5̇6̇ | 5̇3̇ | 2 | 3 | 2̂3̇ | 2 | 1 | 3 | 2 | 1̂6̇ |

花　　　小　妹　雙　雙（的）落　　花

$$\overline{\text{C}}\quad\overline{\text{A 4}}$$

| 5 | 5 | 3̇3̇ | 3̇1̇ | 2 | 2 | 3̂5̇ | 6̂1̇ | 5̇6̇ | 5̇3̇ |

園（呀）落呀落花　園（呀）落　花　園

$$\overline{\text{D}}\quad\overline{\text{E}}$$

| 2 | 3 | 2 | 1 | 6̇ | 3 | 2̇3̇ | 1̇6̇ | 5 | 5 |

手　提　羅　裙　抱　　花　　回　（呀）

| 2 | 5 | 5 | 2̂3̇ | 5 | 5 | 2̇1̇ | 2̇3̇ | 5 | — |

抱　花（咿　　嗬）回　（呀）抱呀　抱花　回

衍展

5　5　｜ 5 3　2 3 ｜ 5　　3 5 ｜ 6　　5 3 ｜ 2　　2 ｜

（嗬　嗬　　嗬　嗬嗬　嗬　　嗬嗬　咿　呀　嗨　　嗨

3　3 2 ｜ 1 2　6 1 ｜ 2　2 ｜ 1 2　3 5 ｜ 2 3　2　｜ 2　— ‖

哎　呀　咿　嗬　嗨　嗨　咿呀嗬　嗨　嗨）

此曲為流傳於廣西白縣採茶歌中的〔正月一朵水仙花〕（〔小落花園〕）。其歌詞不但改自〔茉莉花〕的「詠花段」，而且由分析可知曲調也即〔茉莉花〕。但其曲調於樂句 E 落徵音之後，卻又衍生出「抱花咿嗬……」一段以襯詞為主的旋律來，最後並以拖腔結束。又如廣西欽州採茶中〔錢鞭舞曲〕、玉林採茶中〔中落花園〕、〔打杯舞曲〕等，都是取自〔茉莉花〕，也都有此種現象，可見已成為其重要特色㊳。

　　在歌詞方面，多「雪花飄段」或「詠花段」複沓式增段而來的單段歌詞。歌詞常帶「呀」、「啦」、「哪哎喲」等襯詞，末尾有擴衍者則另增加如「耶哪嗬了嗨」、「哪呃道哪呃哝嗬嗨呀哎呀」……等其他襯詞。

　　在曲名或調名方面，除〔鮮花調〕、〔雪花飄〕、〔茉莉花〕以外，又派衍出〔正月一朵水仙花〕（〔小落花園〕）、〔中落花園〕、〔錢鞭舞曲〕、〔打杯舞曲〕等同曲別名或同調異詞的曲名。相反的，在此一帶地區也有少數曲調有別於〔茉莉花〕，但其調名卻稱為〔鮮花調〕或〔茉莉花〕的歌曲。如在流行於合浦、北海等地的民間歌舞「耍花樓」裡，就有稱為〔鮮花調〕

㊳　見《中國民族民間舞蹈集成・廣西卷》，頁514、554、555。

的調名；在粵劇小曲裡也有稱為〔茉莉花〕的曲牌，此兩者的
曲調都與主流腔系〔茉莉花〕有極大差異，應與〔茉莉花〕為
同名異實的歌曲㊴。

在廣西彩調、師公戲、欽州採茶、玉林採茶、廣東梅縣
山歌劇、民間舞蹈鯉魚化龍、器樂曲廣東漢樂……等戲曲、曲
藝、舞蹈或器樂曲裡都採用了此一曲調㊵。

十、四川、貴州

此兩省的〔茉莉花〕多見於曲藝中，民歌裡很少見。如
在《中國民間歌曲集成・四川卷》中就完全未收〔茉莉花〕及
其同調異名的歌曲；在《中國民間歌曲集成・貴州卷》裡，雖
收有兩首，但並不稱〔茉莉花〕或〔鮮花調〕，而稱〔望郎小
調〕和〔八月桂花香〕㊶。曲調皆主流腔系，甲、乙兩型皆具，
但所見多為乙型。

在曲調上，五聲、六聲與七聲音階都有。旋律也隨曲藝
與地域方音的不同有其差異。如在四川清音裡，隨此一曲藝所
具「高降型旋律線」的特徵，而產生以下由高宮起音以切分節
奏下行至角音的起頭樂句：

㊴ 「耍花樓」中〔鮮花調〕，見《中國民間歌曲集成・廣西卷》，頁
551。粵劇小曲中〔茉莉花〕，見《中國戲曲音樂集成・廣東卷》，
頁607。按：粵劇中〔茉莉花〕首兩句旋律似〔疊落金錢〕，但其
後差異極大，是否與主流腔系〔茉莉花〕有所關聯仍待查考，本
書暫歸為不同曲調。

㊵ 參《彩調藝術研究》，頁205；《中國戲曲志・廣西卷》，頁286；《中
國民族民間舞蹈集成・廣西卷》，頁514、554、555；《中國戲曲
音樂集成・廣東卷》，頁2083；《中國民族民間舞蹈集成・廣東卷》，
頁218；《廣東漢樂三百首》，頁169、170。

㊶ 見《中國民間歌曲集成・貴州卷》，頁97、182。

【譜例7-1-7】㊷

$$\dot{1}\quad 3\quad 5\quad \underline{6\,5\,6}\quad \underline{\dot{1}\,6}\ |\ 5\cdot(\underline{6}\quad \underline{4\,3}\quad \underline{2\,3}\quad 5)\ |$$

此現象與方音有關，在人口多來自甘肅、陝西一帶的南坪彈唱裡就無此種特徵㊸。此地區在曲調上較明顯的共同特徵，就是不論在四川或貴州，我們都可以找到許多樂句Ｃ反複擴充的〔茉莉花〕曲調㊹。

　　在歌詞方面，除以「茉莉花段」或「雪花飄段」單段演唱者外，也有全套鮮花套數的，所唱則多為「隱喻《西廂》型」歌詞。曲中有時夾有「哇」、「哎」、「呀哈」、「嘟喂」、「啊啊呃」、「羊得兒呷得兒嘟」、「嘟嗬呷兒嘟呷嘟」等各種不同襯詞。特別值得一提的是，在四川清音裡有一首由黃伯亨作詞，李月秋演唱的〔布穀鳥兒咕咕叫〕，其曲調即為琴師熊青雲由〔鮮花調〕改編而來。由於曲調活潑流暢，演唱時又運用了四川清音最有特點的潤腔手法「哈哈腔」，充分生動的表達了輕靈歡愉的氣息，使此曲備受矚目，不但成為頗受歡迎的曲目，也對其後四川清音的音樂創作產生了積極的影響㊺。

㊷　四川清音的「高降型旋律線」特徵，參《中國曲藝音樂集成・四川卷》，頁28。譜例見同書，頁288。

㊸　四川清音所唱〔茉莉花〕所受方音影響，參第四章第二節【譜例4-2-30】。

㊹　如《中國曲藝音樂集成・四川卷》，頁302、303所收兩首派衍自〔茉莉花〕的〔一枝針〕；《中國民間歌曲集成・貴州卷》，頁97、182所收〔望郎小調〕及〔八月桂花香〕皆如此。

㊺　〔布穀鳥兒咕咕叫〕，見《中國曲藝音樂集成・四川卷》，頁23、548。所謂「哈哈腔」，據同書頁23云：「哈哈腔，是因演唱有如『哈哈』笑聲的效果而得名的。它具有圓潤靈活、細膩生動、音色豐滿多變等特點，是四川清音獨具特色的演唱技巧。」

　　在曲名或調名方面，除〔茉莉花〕與〔鮮花調〕外，又有〔刺梅花〕、〔望郎小調〕、〔八月桂花香〕、〔布穀鳥兒咕咕叫〕、〔一枚針〕等同曲異名或同調異詞的曲名或調名㊺。

　　在川劇、四川曲劇、四川盤子、燈戲、四川清音、南坪彈唱、貴州琴書……等戲曲及曲藝裡，都採用了此一曲調㊼。

十一、雲南

　　〔茉莉花〕的主流腔系曲調與〔疊斷橋〕腔系曲調，彼此有變調關聯，所以在許多地方〔疊斷橋〕腔系曲調也被稱為〔茉莉花〕。不過反之，稱主流腔系曲調為〔疊斷橋〕的情況，卻只見於雲南，其曲調類型則多為主流腔系乙型。〔茉莉花〕在雲南的流傳，多見於花燈音樂的花鼓表演裡，尤其是彌渡一帶的花燈音樂及花燈劇裡最為盛行。

　　在曲調上，多為五聲音階。起音常為角音（3），不過部分地區有慣以高宮（ｉ）起音者㊽。彌渡一帶此一曲調的樂句Ａ３常有由低羽（6̣）或宮音（1）低起的現象。如：

【譜例 7-1-8】㊾

　　6̣　1　｜1　2　｜3　—　｜$\overset{\text{6̣}\bullet}{1}$　6̲5̲　｜

㊺　〔刺梅花〕及〔一枚針〕，參《中國曲藝音樂集成・四川卷》，頁302、303、1405；

㊼　參《中國戲曲劇種大辭典》，頁1429、1438；《中國民族音樂大觀》，頁359、399、460；《中國曲藝音樂集成・四川卷》，頁548、1404。

㊽　如彌渡密祉地區即多以高宮（ｉ）起音。

㊾　見《雲南花燈音樂・彌渡部分》，頁122。

【譜例 7-1-9】(50)

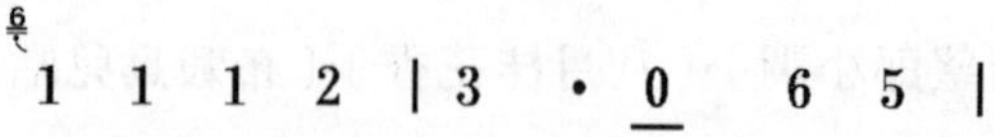

樂句C，則普遍有反複擴充的現象。尾句(樂句E)常於落音(5̣)之後，又衍出一段變自前面樂素的高八度拖腔，而轉落於徵音(5)，形成高尾終止。如：

【譜例 7-1-10】(51)

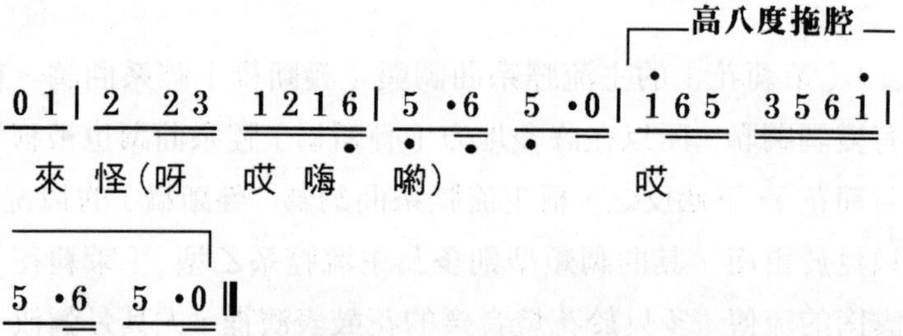

在歌詞方面，常見以「鮮花」段單段，或與「雪花飄」段、「太陽」段結合的演唱。歌詞中除一般常見的「呀」、「哎」、「呀哎嗨喲」、「哎哎㖷嗨」」等襯詞外，彌渡一帶又常夾入「嘍」襯字，形成頗具特色的唱腔。

在曲名或調名方面，最常用的是〔疊斷橋〕，其次為〔鮮花調〕。

在雲南許多地區的花燈劇目中都有《打花鼓》一劇，其中所唱〔茉莉花〕主流腔系的曲調就多被稱為〔疊斷橋〕。此外，在昆明曲劇、雲南壯劇……等戲曲裡，則都採用了〔鮮花調〕的名稱(52)。

---

(50)　《雲南花燈音樂・彌渡部分》，頁29。
(51)　同前註，頁32。
(52)　參《中國戲曲志・雲南卷》，頁111、190；《中國戲曲劇種大辭典》，頁1491、1504。

　　除了以上各區以外，尚有西藏及臺灣未予列入。〔茉莉花〕
主要流傳於漢人地域，據 1990 年人口普查資料統計，全西藏
219.6 萬人口中，藏族人口就有 209.67 萬，占西藏人口的 95
％以上，此外還有門巴族、珞巴族、回族、蒙古族、怒族等，
漢族僅 8.08 萬人，僅佔全西藏人口的 3.7%左右，比例非常
少，所以不予論列㊼。至於臺灣，雖然如道光年間臺南樂局的
雅樂十三音裡收有〔末麗花〕（即〔茉莉花〕）；大正 10 年（民
國 10 年，1921）日人片岡巖所撰《臺灣風俗誌》提及北管樂
大曲歌名中有〔鮮花調〕；今存早期北管細曲曲本中多帶有〔雙
疊翠〕曲牌……等，都說明早期〔茉莉花〕也在臺灣流傳㊔，
但自民國四、五十年間許多版本的國小音樂課本採取雷同《中
國旅行記》所收〔茉莉花〕曲調的〔茉莉花〕作教材以後，所
傳唱幾乎皆已一統為此一曲調，所以也不再多作贅述。

　　以上所述為各該地區的流傳情況及大致上的共同特徵，
實際上若詳作比較，在曲調的細部情況方面則是極其複雜的。
有時同一地區常就會有多種不同風格的曲調同時在流傳。如東
北〔茉莉花〕的曲調（如【譜例 7-2-1】）與江南是有極大差距，
但在吉林省舒蘭縣卻流傳有以下一首〔茉莉花〕：

【譜例 7-1-11】㊕

1= ♭A

3 ·3 3 5　6 5 6 1｜5 3　5　　6｜1 ·1　2 3　2 1 6｜

好 一朵　茉 莉 花　　　　　好（啦）一朵 茉 莉

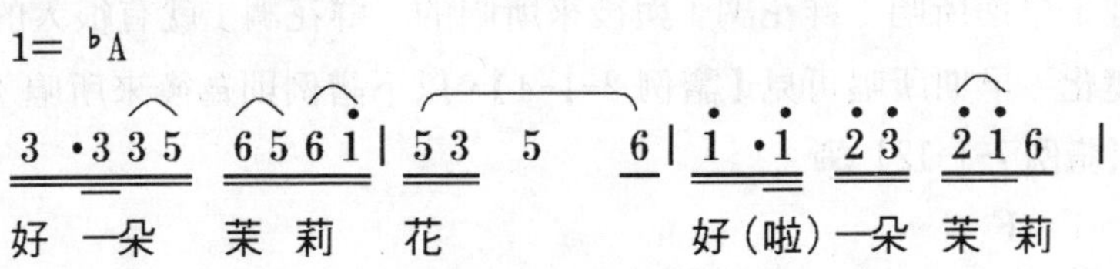

㊼　參《中國歌謠集成・西藏卷》，前言，頁1。

㊔　見《中國音樂史・樂譜篇》，頁385；《臺灣風俗誌》，頁245；《傳
　　統音樂輯錄・北管卷・細曲集成》中每一聯套幾乎都採用〔雙疊
　　翠〕曲牌。

㊕　見《中國民間歌曲集成・吉林卷》，頁81。

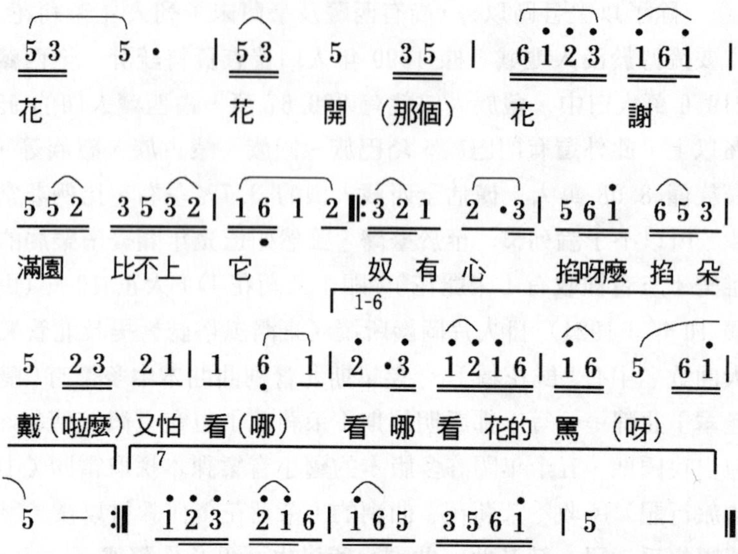

$$\widehat{5\ 3}\quad 5\cdot\ |\ \widehat{5\ 3}\quad 5\quad 3\ 5\ |\ \overset{\cdots}{6\ 1\ 2\ 3}\quad \widehat{1\ 6\ 1}\ |$$

花　　　花　開（那個）花　謝

$$\widehat{5\ 5\ 2}\quad 3\ 5\ \widehat{3\ 2}|\ \widehat{1\ 6\ 1}\quad 2\ \|:\ \overset{.}{3}\ 2\ 1\quad 2\cdot 3\ |\ 5\ 6\ \overset{.}{1}\quad \widehat{6\ 5\ 3}\ |$$

滿園　比不上　它　　　奴有心　掐呀麼　掐朵

$$\overset{1-6}{\rule{1.5em}{0.4pt}}$$

$$\overset{.}{5}\quad 2\ 3\quad 2\ 1\ |\ 1\quad \overset{.}{6}\quad 1\ |\ 2\cdot 3\quad \widehat{1\ 2\ 1\ 6}|\ \overset{.}{1\ 6}\quad 5\quad \overset{.}{6\ 1}\ |$$

戴（啦麼）又怕　看（哪）　看哪　看花的　罵　（呀）

$$\overset{7}{}$$

$$5\quad -\quad \|:\ \overset{\cdots}{1\ 2\ 3}\quad \widehat{2\ 1\ 6}|\ \widehat{1\ 6\ 5}\quad \overset{.}{3\ 5\ 6\ 1}\ |\ 5\quad -\quad \|$$

　　此首〔茉莉花〕旋律反而近同於江蘇六合縣流傳的〔茉莉花〕（見【譜例7-2-8】），而與其他東北流傳的〔茉莉花〕風格有很大差異。此種情況的產生，應與居民的遷徙移動有所關聯。

　　此外，在同一地方同一曲種的發展過程中，前後所演唱的〔茉莉花〕曲調也往往會有所不同。如在四川清音《西廂扇》裡，早期所唱〔鮮花調〕與後來所唱的〔鮮花調〕就有很大的變化。早期所唱可見【譜例2-1-4】，以下譜例則為後來所唱：

【譜例7-1-12】㊏

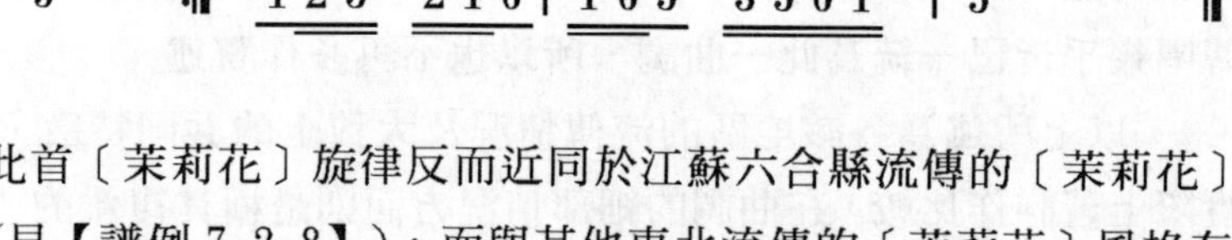

1＝F

$$\overset{.}{1}\ 3\quad 5\quad \widehat{6\ 5\ 6}\ \overset{.}{1\ 6}\ |\ 5\cdot(6\quad 4\ 3\quad 2\ 3\quad 5)\ |$$

好一　朵　鮮　　　花

――――――――――――

㊏　《中國曲藝音樂集成・四川卷》，頁288。

好　　一朵美鮮　花

滿園　　　　花　　　開

賽　又賽　不過它

奴　本　得　　摘　　朵

戴　　　又恐怕看花　人兒罵

羊　得兒咿　得兒喲

兩譜例相較，可以發現至少有以下三點變化：

　　1、早期《西廂扇》所唱起音為角音近似江南的旋律，但後來的《西廂扇》起音則改為高宮（ｉ），以四川清音所獨具「高降型旋律線」的唱法，由高宮起音以切分節奏下行至角音。

　　2、早期為五聲音階，後來則成為帶兩變聲的七聲音階。

　　3、早期所唱樂句Ａ４為具「商→角→徵」矮平化現象的

旋律，與湖南、湖北、雲南、甘肅、四川等部分地區所唱相近；後來演唱的樂句Ａ４則於徵音（5）之後又增加「高宮（i）→羽（6）→徵（5）」的旋律，改換了矮平化的形象。

這些現象說明了各地流傳的〔茉莉花〕雖有其大致的共同特徵，但其局部所包含的複雜變化，卻也是一直存在的。

第二節　各地曲調分析舉例

歷來探討音樂風格的不同，常是根據地域來畫分。尤其南、北的大別分類，更能清楚看出這種差異。如明王世貞《曲藻・序》云：

> 曲者……大抵北主勁切雄麗，南主清峭柔遠。①

《曲藻》云：

> 凡曲：北字多而調促，促處見筋；南字少而調緩，緩處見眼。北則辭情多而聲情少，南則辭情少而聲情多。北力在絃，南力在板。北宜和歌，南宜獨奏。北氣易粗，南氣易弱。②

王驥德《曲律》亦云：

> 南詞主激越，其變也為流麗；北曲主伉慨，其變也為樸實。惟樸實故聲有矩度而難借；惟流麗故唱得宛轉而易調。③

這種由於南北地方不同，造成整體風格差異的說法，雖是就南、北曲而言，卻也適用於民歌。

一首民歌由於被傳唱於各地，受到地域音樂特性、方言用語及生活習慣等影響，逐漸會產生一些改變，此種改變使該民歌變得鄉土化，也披上了一層地方的色彩。因此各地的〔茉莉花〕，在曲調大體結構輪廓上雖有其頗強勢的統一性，但若予以細部比較，卻可發現其間確實存在著繁複細微的曲調差異。此

---

① 《曲藻》，頁25。
② 同前註，頁27。
③ 《曲律》，頁56。

種地域的差異，通常在相鄰近的縣市間就有所區分。

　　就全國大地域來看，區別最明顯的是南、北之間的差異。其次在東、西之間，也有其特徵上的明顯差異。這種地域的差異，在前一節各地域的概況論述中已有大致說明。以下僅就各地流傳的主流腔系〔茉莉花〕中，例舉十五種（甲型九種、乙型六種）較具各地風格的曲調，逐一進行分析，以見各地〔茉莉花〕曲調差異之一班。

以下譜例及曲調分析凡例為：

　　1、譜例包括〔茉莉花〕及其同調異名。

　　2、歌詞有多段者只錄一段。

　　3、曲調有多次全曲反複者，只錄最後一次。

　　4、曲譜不包括樂器演奏之前奏與尾奏。

　　5、百分比統計以四捨五入法算到小數點後一位。

　　6、裝飾音另別出計次。

一、甲型譜例分析

▲【譜例 7-2-1】遼寧省長海縣民歌〔茉莉花〕④

1＝D　²/₄　慢速

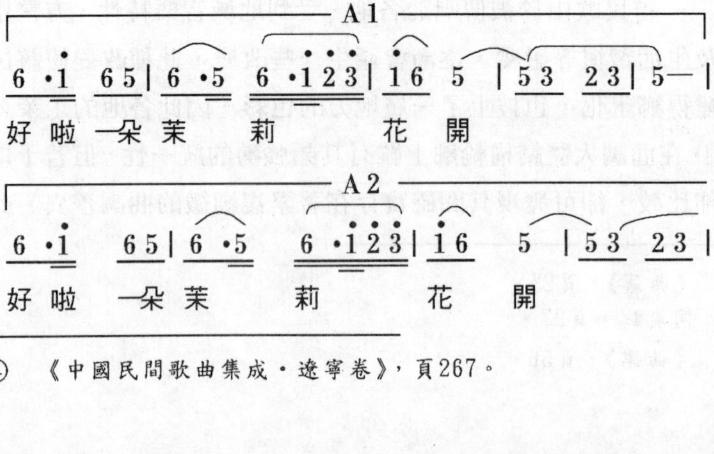

```
━━━━━━━━━━━━━ A 1 ━━━━━━━━━━━━━
 6 ·1   6 5 | 6 ·5   6 ·1 2 3 | 1 6   5 | 5 3   2 3 | 5— |
 好 啦   一朵 茉     莉   花       開
```

```
━━━━━━━━━━━━━ A 2 ━━━━━━━━━━━━━
 6 ·1    6 5 | 6 ·5    6 ·1 2 3 | 1 6    5 | 5 3   2 3 |
 好 啦    一朵 茉      莉    花      開
```

④　《中國民間歌曲集成・遼寧卷》，頁267。

┌─── A3 ───────────────────────┐┌────────┐
5 0 | 5 3 | 5 · 3 5 | 6 1 | 6 5 | 3　5 3 | 2 ·3 2 2 |
滿　　園　　花　　　開（呀）數　　就

┌── B1 ──────────────┐┌─── C ─────────┐
3 5 | 3 2 | 5　1 | 2 1 | — | 1 6 | 5 3 | 2 · 3 |
數　　著　它（呀）　　　　奴得兒 有　心　就

┌──── A4 ─────────┐┌──── D ──────────┐
5 0 | 6 1 6 5 | 3　5 3 | 2 ·3 2 1 | 1 5 | 6 | 0 1 |
掐　　枝兒　　戴呀　又怕哪個　看　花　的

┌──────── E ──────────────────────────┐
2 ·　3 | 1 2 1 6 | 5 6 1 2 | 6 5 3 2 3 | 5 — ‖
罵　（哎）

（一）、音域：5 —— 3（大十三度）

（二）、調式：徵調式

（三）、曲型：主流腔系甲型高尾

（四）、音階：五聲音階

（五）、拍值：

音　階	5	6	1	2	3	5
出現拍值	½	1½	4½	6¾	9	16¾
拍值所佔百分比	0.9%	2.6%	7.8%	11.7%	15.7%	29.1%
裝飾音出現次數	0	0	0	0	0	0

音　　階	6	$\dot{1}$	$\dot{2}$	$\dot{3}$	總計
出現拍值	9¼	5¼	3	1	57½
拍值所佔百分比	16.1%	9.1%	5.2%	1.7%	100%
裝飾音出現次數	0	0	0	0	0

（六）、結束音型：上行小三度落調式主音徵（5）

（七）、曲調特徵說明：

　　1、旋律以級進為主。

　　2、起音為羽音（6）。

　　3、以調式主音徵音（5）所佔拍值最長，其次依序為羽音
　　　　（6）、角音（3）、商音（2）、高宮（ｉ）等。

　　4、首兩疊句（Ａ１與Ａ２）前一小節為新增擴充，旋律多
　　　　在主幹音徵音（5）之上，最高並達高角（3̇），末尾於
　　　　落徵音後，有下行經角音到商音，再反轉角音回徵音
　　　　的加花拖腔處理，形成高亢悠揚的樂段。

　　5、尾句（Ｅ）為高尾，且帶長拖腔。

▲　【譜例 7-2-2】河北省南皮縣民歌〔茉莉花〕⑤

1＝D　²⁄₄　中速稍慢

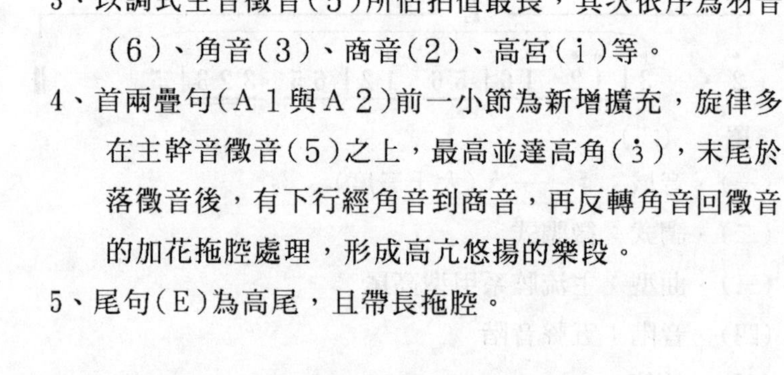

⑤　《中國民間歌曲集成・河北卷》，頁231。

A2　　　　　　　　　　　　　A3

3 5 | 6 5 6 | 1 5 6 | 5 → | 5 3 5 | 5 5 5 | 3 5 |

茉　莉　花　　　　　滿　院　　（怎麼）

B1

6 ·1 6 5 | 6 ↘ 3 3 | 2 ♯1 2 2 | 3 5 3 2 | 1 · 2 |

開（也）　花　（也咳）比（也）不　上　　它

C

1 — | 3 3 2 1 5 3 | 2 · 1 | 2 ♯1 2 2 3 | 5 3 5 |

奴（哎咳）有　心　掐（也　哎哎咳）朵

A4　　　　　　　　　　　D

6 6 3 | 5 5 ↘ | 2 ·3 2 2 1 | 2 5 | 6 | 6 0 | 6 1 |

戴（哎咳也咳）又　恐　怕（那個）看　花　　人兒

E

2 · 3 2 | 1 ·2 7 6 | 5 ·6 1 7 | 6 5 3 5 6 1 |

罵

5 · 6 1 | 5 · 0 ‖

（一）、音域：5 —— 3（大十三度）

（二）、調式：徵調式

（三）、曲型：主流腔系甲型高尾

（四）、音階：六聲音階

（五）、拍值：

音　　階	5.	6.	1	#1	2	3	5
出現拍值	½	1½	4¾	1	7½	6½	18¾
拍值所佔百分比	0.9%	2.5%	8.1%	1.7%	12.7%	11.0%	31.8%
裝飾音出現次數	0	0	0	0	0	1	1

音　　階	#5	6	7	1.	2.	3.	總計
出現拍值	½	8¾	1½	5	2½	¼	28
拍值所佔百分比	0.9%	14.8%	2.5%	8.5%	4.2%	0.4%	100%
裝飾音出現次數	0	0	0	1	0	0	3

（六）、結束音型：下行完全四度落調式主音徵（5）

（七）、曲調特徵說明：

1、旋律以級進為主，但亦間有多處下行大跳。

2、起音為羽音（6）。

3、以調式主音徵音（5）所佔拍值最長，其次依序為羽音（6）、商音（2）、角音（3）、高宮（i）等。

4、首兩疊句（A1與A2）前一小節為新增擴充，疊句尾段皆為切分節奏。

5、樂句A3改落羽音（6）。

6、多處帶下滑腔與漣音。

7、帶清宮（#1）、清徵（#5），但皆為經過音性質，且皆介於上方半音的兩同音間。

8、樂句C有擴充拖腔。

9、尾句為高尾，且帶長拖腔。

▲【譜例 7-2-3】內蒙古呼和浩特市民歌〔張生戲鶯鶯〕⑥

1=ᵇE 1=100 2/4

```
     ┌──────── A 1 ────────┐        ┌─────────────────┐
                              #4
  5 5 6   1·2 7 6 | 5 ·6   3 2 | 5 5 6   1·2 7 6 |
  三月裡 桃  花    放(咳 咳咳) 三月裡 桃  花

   ┌──── A 2 ────┐              ┌──────── A 3 ────────┐
        #4
  5 ·6   3 2 | 3   5 |   1 | 7 6 5   #4 3 2 |
  放(咳 咳咳) 勾 引   (這) 張  生

   ┌──────── B 1 ────────┐              ┌──── C ────┐
  3 ·5 3 2   3 ·5 3 2 | 1 ·6   1 | 3 2 1   2 ·3 |
  跳  過 粉 壁   牆        惹 惱 了

  ┌ A 4 ┐    ┌──────── D ────────┐
  5   1 3 | 2 ·3   2 3 2 1 | 2 1   6 | 1 | 2 ·3   1 2 6 |
  崔 鶯 鶯(呀)嘩 啦啦 把  門  關 上(呀 嗯 哎

  ┌──── E ────┐
  5 ·1   6 5 #4 | 5 — ‖
  喇 哎 一個 月兒 圓)
```

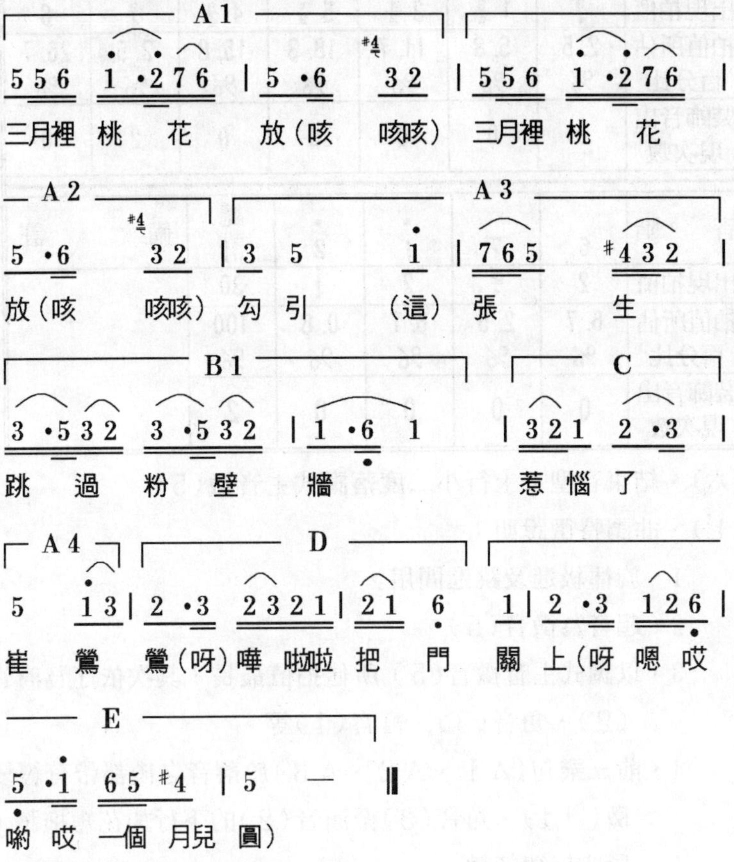

(一)、音域：5̣——2̇（完全十二度）

(二)、調式：徵調式

(三)、曲型：主流腔系甲型高尾

(四)、音階：七聲音階

---

⑥ 《中國民間歌曲集成‧內蒙古卷》，頁1290。

（五）、拍值：

音　階	5•	6•	1	2	3	♯4	5
出現拍值	$\frac{3}{4}$	$1\frac{3}{4}$	$3\frac{1}{2}$	$5\frac{1}{2}$	$4\frac{3}{4}$	$\frac{3}{4}$	8
拍值所佔百分比	2.5%	5.8%	11.7%	18.3%	15.8%	2.5%	26.7%
裝飾音出現次數	0	0	0	0	0	2	0

音　階	6	7	•1	•2	總計	備　　註
出現拍值	2	$\frac{3}{4}$	2	$\frac{1}{4}$	30	
拍值所佔百分比	6.7%	2.5%	6.7%	0.8%	100%	
裝飾音出現次數	0	0	0	0	2	

（六）、結束音型：上行小二度落調式主音徵（5）

（七）、曲調特徵說明：

1、旋律級進及跳進間用。

2、起音為徵音（5）。

3、以調式主音徵音（5）所佔拍值最長，其次依序為商音（2）、角音（3）、宮音（1）等。

4、前三樂句（A1、A2、A3）於落音之後都帶有經變徵（♯4）、角音（3）至商音（2）的下行加花短拖腔，形成旋律特徵。

5、雖因旋律所帶變徵（♯4）及變宮（7）音數很少，拍值也極短，大致仍保存五聲音階的主體架構，但變徵及變宮的適時出現，頗具地域的特徵。

▲【譜例 7-2-4】寧夏省固原縣民歌〔茉莉花〕⑦

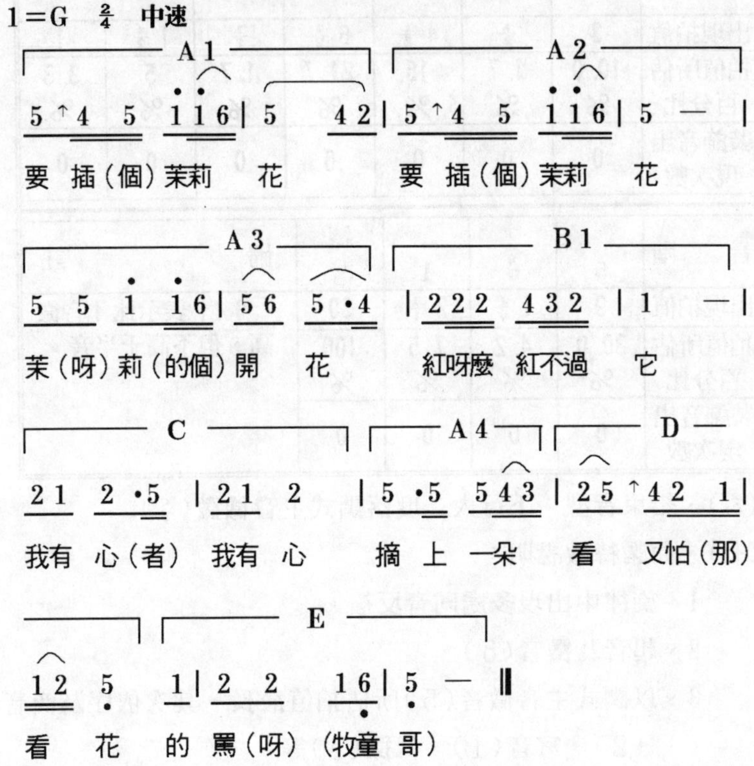

1＝G $\frac{2}{4}$ 中速

（一）、音域：5——i（完全十一度）

（二）、調式：徵調式

（三）、曲型：主流腔系甲型

（四）、音階：六聲音階

（五）、拍值：

---

⑦ 《中國民間歌曲集成·寧夏卷》，頁168。

音　　階	$\underset{\bullet}{5}$	$\underset{\bullet}{6}$	1	2	3	4	↑4
出現拍值	3	$\frac{1}{2}$	$4\frac{1}{2}$	$6\frac{1}{2}$	$\frac{1}{2}$	$1\frac{1}{2}$	1
拍值所佔百分比	10.0%	1.7%	15%	21.7%	1.7%	5%	3.3%
裝飾音出現次數	0	0	0	0	0	0	0

音　　階	5	6	$\overset{\bullet}{1}$	總計	備　　　　　註
出現拍值	9	$1\frac{1}{4}$	$2\frac{1}{4}$	30	「↑4」表示比4音微高，但不高于半音。
拍值所佔百分比	30.0%	4.2%	7.5%	100%	
裝飾音出現次數	0	0	0	0	

（六）、結束音型：下行大二度落調式主音低徵（$\underset{\bullet}{5}$）

（七）、曲調特徵說明：

　　1、旋律中出現多處同音反複。

　　2、起音為徵音（5）。

　　3、以調式主音徵音（5）所佔拍值最長，其次依序為商音
　　　　（2）、宮音（1）、低徵（$\underset{\bullet}{5}$）等。

　　4、旋律中角音（3）很少，清角（包括4及↑4）卻不少，
　　　　且由旋律進行情況來看，有以清角（4）代角（3）的現
　　　　象，頗具地域特徵。

　　5、樂句C有反複擴充。

　　6、出現多處完全四度（5 $\dot{1}$ 間，及25間)的跳進音程。

　　7、樂句D落低徵音（$\underset{\bullet}{5}$）。

　　8、尾句落調式主音低徵（$\underset{\bullet}{5}$）終止後，不再另帶拖腔。

▲【譜例 7-2-5】甘肅省民歌〔茉莉花〕⑧

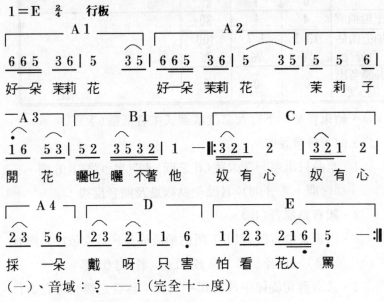

1＝E 2/4 　**行板**

A1 — A2

6 6 5　3 6｜5　　3 5｜6 6 5　3 6｜5　　3 5｜5　5　6｜

好一朵 茉莉 花　　好一朵 茉莉 花　　茉 莉 子

A3 — B1 — C

1 6　5 3｜5 2　3 5 3 2｜1 — ‖:3 2 1　2　｜3 2 1　2｜

開 花　曬也曬不著他　奴 有 心　奴 有 心

A4 — D — E

2 3　5 6｜2 3　2 1　1　6　｜1　2 3　2 1 6｜5　 — :‖

採 一朵 戴呀只害 怕看 花人 罵

(一)、音域：5 —— 1（完全十一度）

(二)、調式：徵調式

(三)、曲型：主流腔系甲型後段反複

(四)、音階：五聲音階

(五)、拍值：

音　階	5̣	6̣	1	2	3	5
出現拍值	2	1¼	4¾	5¾	5	6¾
拍值所佔百分比	6.7%	4.2%	15.8%	19.2%	16.7%	22.5%
裝飾音出現次數	0	0	0	0	0	0

音　　階	6	$\overset{\cdot}{1}$	總計	備　　　　註
出現拍值	4	½	30	
拍值所佔百分比	13.3%	1.7%	100%	
裝飾音出現次數	0	0	0	

（六）、結束音型：下行大二度落調式主音低徵（5̣）

（七）、曲調特徵說明：

　　　1、全曲只出現一次大跳（6 2間）、四次小跳（3 6間，5
　　　　2間，1 3間）其餘全為級進及同音反複。

　　　2、起音為羽音（6）。

　　　3、以調式主音徵音（5）所佔拍值最長，其次依序為商音
　　　　（2）、角音（3）、宮音（1）、羽音（6）等。

　　　4、首兩疊句旋律中段突起不明顯；落音之後又帶有下行
　　　　角音（3）再回徵音（5）的加花短腔。

　　　5、樂句Ｃ有反複擴充。

　　　6、樂句Ａ4有「商→角→徵」的矮平化現象。

　　　7、尾句直接落調式主音低徵（5̣）終止，不帶拖腔。

▲【譜例7-2-6】陝西省洛川縣民歌〔張生戲鶯鶯〕⑨

⑨　《中國民間歌曲集成‧陝西卷》，頁331。

```
┌──────── A 3 ────────┐  ┌──────────── B 1 ────────────┐
   5   3    5 | 6 1 6  5 3 | 5 2  3 5 3 2 | 1      1 ‖
```

上　了　　　　樓　　台　　遇見了張　秀　　才　　（呀）

```
┌── C ──┐ ┌── A 4 ──┐┌──────── D ────────┐
  2 1  2  2 | 5    6 5 | 2  2  3 5 3 2 | 1 2  6      1 ‖
```

遇見　那（呀）張　　秀　　才（呀）小　奴家　魂　不

```
┌──────── E ────────┐
  2    1 6 | 5     5   ‖
```

在　　　　　　　（呀）

（一）、音域：$\underset{\cdot}{5}$——$\dot{1}$（完全十一度）

（二）、調式：徵調式

（三）、曲型：主流腔系甲型

（四）、音階：五聲音階

（五）、拍值：

音　　階	$\overset{\cdot}{5}$	$\overset{\cdot}{6}$	1	2	3	5
出現拍值	2	1½	3¾	5¼	4½	7¼
拍值所佔百分比	7.1%	5.4%	13.4%	18.8%	16.1%	25.9%
裝飾音出現次數	0	1	0	0	0	0

音　　階	6	．1	總計	備　　　　註
出現拍值	3	3/4	28	
拍值所佔百分比	10.7%	2.7%	100%	
裝飾音出現次數	0	0	1	

（五）、結束音型：下行大二度落調式主音低徵（5̣）

（六）、曲調特徵說明：

1、以級進為主。

2、起音為徵音（5）。

3、以調式主音徵音（5）所佔拍值最長，其次依序為商音
　　（2）、角音（3）、宮音（1）、羽音（6）等。

4、前三樂句（A1、A2、A3）於落音之後帶有下行至
　　角音（3）傾向的加花短拖腔，形成旋律重要特徵。

5、尾句落調式主音低徵（5̣）終止後，帶有一拍以低徵音
　　（5̣）「呀」演唱的短拖腔。

▲【譜例 7-2-7】湖北襄陽小曲〔鮮花調〕⑩

1＝E　2/4　1＝80　中速

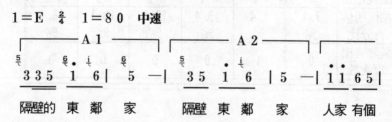

---

⑩　《中國曲藝音樂集成‧湖北卷》，頁434。

┌A3┐ ┌─── B1 ───┐ ┌─ C ─┐┌─ A4 ─┐ ┌─ D ─┐

5 3 | 2 2 3 2| 1 — | 3 1 2 | 1 3 5 | 2 3 2 1|

大姐 二九 十八 她比奴 小兩 歲懷中

┌────── E ──────┐

6 1 1 1| 3 2 1 6| 5 — ‖

抱 娃 娃

(一)、音域：5——i（完全十一度）

(二)、調式：徵調式

(三)、曲型：主流腔系甲型

(四)、音階：五聲音階

(五)、拍值：

音階	5.	6.	1	2	3	5
出現拍值	2	3/4	5	3 3/4	5 1/4	6 3/4
拍值所佔百分比	7.1%	2.7%	17.9%	13.4%	18.8%	24.1%
裝飾音出現次數	0	1	0	0	0	4

音階	6	1.	總計	備註	
出現拍值	1 1/2	3	28		
拍值所佔百分比	5.4%	10.7%	100%		
裝飾音出現次數	2	2	9		

(六)、結束音型：下行大二度落調式主音低徵（5）

(七)、曲調特徵說明：

1、帶有許多前倚音，形成旋律重要特徵。

2、起音為角音（3）。

3、以調式主音徵音（5）所佔拍值最長，其次依序為角音
（3）、宮音（1）、商音（2）等。

4、樂句D落宮音（1）。

5、尾句落調式主音低徵（5）終止後，不再另帶拖腔。

▲【譜例 7-2-8】江蘇省六合縣民歌〔茉莉花〕⑪

1＝ᵇE　²⁄₄　中速稍快

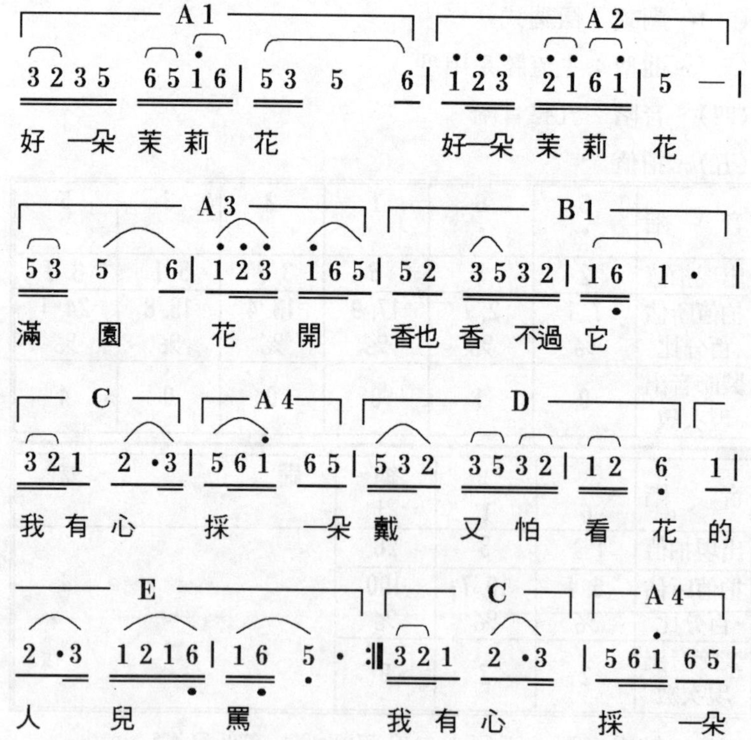

⑪　《中國民間歌曲集成‧江蘇卷》，頁726。

```
            ┌───── D ──────┐      ┌──┐        ┌─┐    ⌒     ⌒
      ⌒       ⌒                ⌒          ⌒ ⌒   ⌒ ⌒ ⌒
    5 3 2   3 5 3 2  |   1 2   6  |  1  |  2  ·3   1 2 1 6 |
                              ·
    戴      又 怕      來   年        不    發
```

```
            ┌───── E ──────────┐
      ⌒ · ·   · · ·  ·
    5 6 1 3   2 1 6 1 | 5  ─   ‖
```

芽

（一）、音域：$\underset{.}{5}$ —— $\overset{.}{3}$（大十三度）

（二）、調式：徵調式

（三）、曲型：主流腔系甲型後段反複高尾

（四）、音階：五聲音階

（五）、拍值：

音　階	5 ·	6 ·	1	2	3	5
出現拍值	$1\frac{1}{2}$	$2\frac{3}{4}$	5	6	$4\frac{1}{4}$	$11\frac{1}{2}$
拍值所佔百分比	3.6%	6.5%	11.9%	14.3%	10.1%	27.4%
裝飾音出現次數	0	0	0	0	0	0

音　階	6 ·	1 ··	2 ··	3 ··	總計
出現拍值	$4\frac{1}{4}$	$3\frac{3}{4}$	2	1	42
拍值所佔百分比	10.1%	8.9%	4.8%	2.4%	100%
裝飾音出現次數	0	0	0	0	0

（五）、結束音型：下行完全四度落調式主音徵（5）

（六）、曲調特徵說明：

1、加入許多經過音，形成以級進為主的柔婉旋律。

2、起音為角音（3）。

3、以調式主音徵音（5）時值最長，其次依序為商音（2）、
　　宮音（1）、角音（3）、羽音（6）等。

4、首兩樂句雖亦為疊句，但第二句（A2）為第一句（A1）
　　的變化反複。

5、後半段反複。反複後轉高尾落調式主音徵音（5）終止，
　　帶長拖腔。

▲【譜例 7-2-9】浙江省天台縣民歌〔鮮花調〕⑫

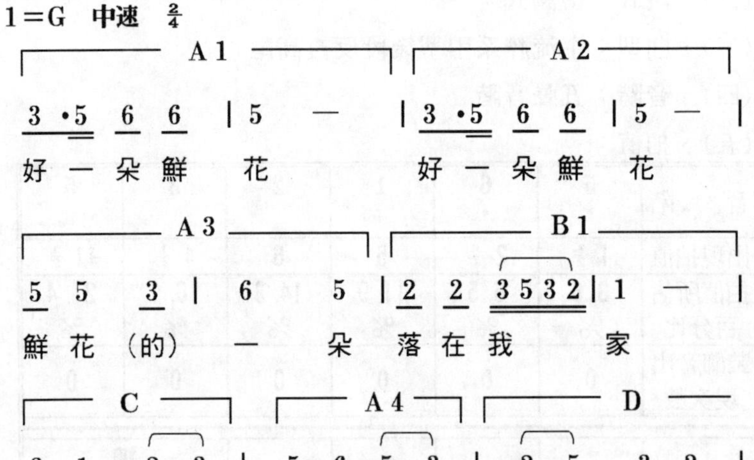

1＝G　中速　2/4

⑫　《中國民間歌曲集成・浙江卷》，頁326。

```
        ┌── C ──┐      ┌──── A 4 ────┐        ┌── D ──┐
        3  1   2  3  |  5  6  5  3  |   2  5   3  2  |
        我  本  當     偷  一  朵       瞧     她  把

              ┌──────────── E ────────────┐
        1  5   6  1  |  2 ·3   1  6  |  5   —   ‖
        羅     裙     遮     下     了
```

（一）、音域：5̣——6（大九度）

（二）、調式：徵調式

（三）、曲型：主流腔系甲型後段反複

（四）、音階：五聲音階

（五）、拍值：

音　　階	5̣	6̣	1	2	3	5	6	總計
出現拍值	5	2	6	5¾	7	10¼	4	40
拍值所佔百分比	12.5%	5.0%	15.0%	14.4%	17.5%	25.6%	10.0%	100%
裝飾音出現次數	0	0	0	0	2	0	0	2

（六）、結束音型：下行大二度落調式主音低徵（5̣）

（七）、曲調特徵說明：

1、音域較小，以級進為主。

2、起音為角音（3）。

3、以調式主音徵音（5）所佔拍值最長，其次依序為角音
　　（3）、宮音（1）、商音（2）、低徵（5̣）等。

4、後半段反複，且各音多為八分音符，節奏平穩。

5、尾句直接落調式主音低徵（5̣）終止，不帶拖腔。

二、乙型譜例分析

▲【譜例 7-2-10】山西省臨汾市民歌〔茉莉花〕⑬

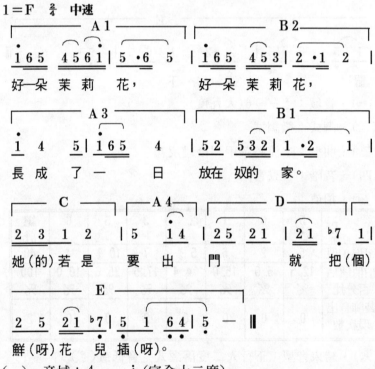

1＝F　²⁄₄　中速

（一）、音域：４ —— i（完全十二度）

（二）、調式：徵調式

（三）、曲型：主流腔系乙型

（四）、音階：七聲音階

（五）、拍值：

⑬　《中國民間歌曲集成·山西卷》，頁501。

音　　階	4・	5・	6・	♭7・	1	2
出現拍值	½	2½	½	1½	4½	6
拍值所佔百分比	1.7%	8.3%	1.7%	5.0%	15.0%	20.0%
裝飾音出現次數	0	0	0	0	0	0

音　　階	3	4	5	6	1・	總計
出現拍值	1	3	6½	1¼	2¾	30
拍值所佔百分比	3.3%	10.0%	21.7%	4.2%	9.2%	100%
裝飾音出現次數	0	0	0	0	0	0

(六)、結束音型：上行大二度落調式主音低徵（5̣）

(七)、曲調特徵說明：

1、為帶有（4）及（♭7）兩變聲的七聲音階。

2、起音為高宮（i）。

3、以調式主音徵音（5）所佔拍值最長，其次依序為商音
　　（2）、宮音（1）、清角（4）、高宮（i）等。

4、出現多次由高宮（i）高起後，直接或快速經羽音（6）、
　　徵音（5）下行至清角（4）的大跳音程或旋律動線，形
　　成旋律重要特徵。

5、樂句Ｂ2改落商音（2）。

6、有以清角（4）代角（3），及以低閏音（♭7̣）代低羽（6̣）
　　的現象。

▲【譜例 7-2-11】河南省商城縣民歌〔一朵茉莉花〕⑭

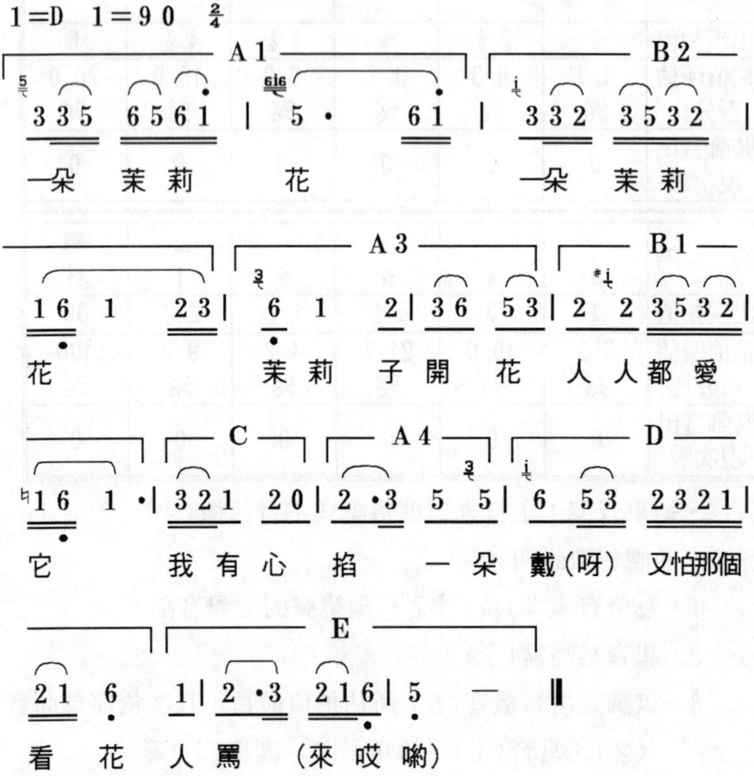

1=D　1=90　2/4

$$\overset{5}{3} \; 3 \; 5 \; 6 \; 5 \; 6 \; 1 \; | \; 5 \cdot \quad 6 \; 1 \; | \; 3 \; 3 \; 2 \; 3 \; 5 \; 3 \; 2 \; |$$

一朵　茉莉　　花　　　　一朵　茉莉

$$\underline{1 \; 6} \; 1 \; \; 2 \; 3 \; | \; 6 \; 1 \; \; 2 \; | \; 3 \; 6 \; 5 \; 3 \; | \; 2 \; 2 \; 3 \; 5 \; 3 \; 2 \; |$$

花　　　茉莉　子開　花　人人都愛

$$\natural 1 \; 6 \quad 1 \cdot 3 \; 2 \; 1 \; | \; 2 \; 0 \; | \; 2 \cdot 3 \; 5 \; 5 \; | \; 6 \; 5 \; 3 \; 2 \; 3 \; 2 \; 1 \; |$$

它　　我有心摘　一朵　戴（呀）又怕那個

$$2 \; 1 \; 6 \quad 1 \; | \; 2 \cdot 3 \; 2 \; 1 \; 6 \; | \; 5 \quad — \; \|$$

看　花　人罵　　（來哎喇）

（一）、音域：5 —— i（完全十一度）

（二）、調式：徵調式

（三）、曲型：主流腔系乙型

（四）、音階：五聲音階

（五）、拍值：

---

⑭　《中國民間歌曲集成・河南卷》，頁552。

音　　階	5.	6.	1	♯1	2	3
出現拍值	2	2½	5¼	0	5¾	5
拍值所佔百分比	7.3%	9.1%	20.9%	0%	20.9%	18.2%
裝飾音出現次數	0	0	0	1	0	2

音　　階	5	6	1˙	總計	備　　註
出現拍值	4¼	1¾	½	27½	
拍值所佔百分比	15.5%	6.4%	1.8%	100%	
裝飾音出現次數	1	2	3	9	

（五）、結束音型：下行大二度落調式主音低徵（5.）

（六）、曲調特徵說明：

　　1、以級進為主。

　　2、起音為角音（3），但帶有前倚音徵音（5）。

　　3、以商音（2）及宮音（1）所佔拍值最長，其次依序為角
　　　　音（3）、徵音（5）、低羽（6.）等。

　　4、樂句Ａ３有由低羽（6.）低起的現象。

　　5、樂句Ａ４有「商→角→徵」的矮平化現象。

　　6、樂句Ａ１及Ｂ２的落音，尾段都帶有級進上行的加花
　　　　小拖腔。

　　7、帶有多處倚音。其中有一處使用了 ♯1 的倚音。

　　8、第四、五、八、十二小節為切分節奏。

　　9、尾句直接落調式主音低徵（5.）終止，不帶拖腔。

▲【譜例 7-2-12】安徽黃梅戲中〔鮮花調〕⑮

1＝♭B　中速

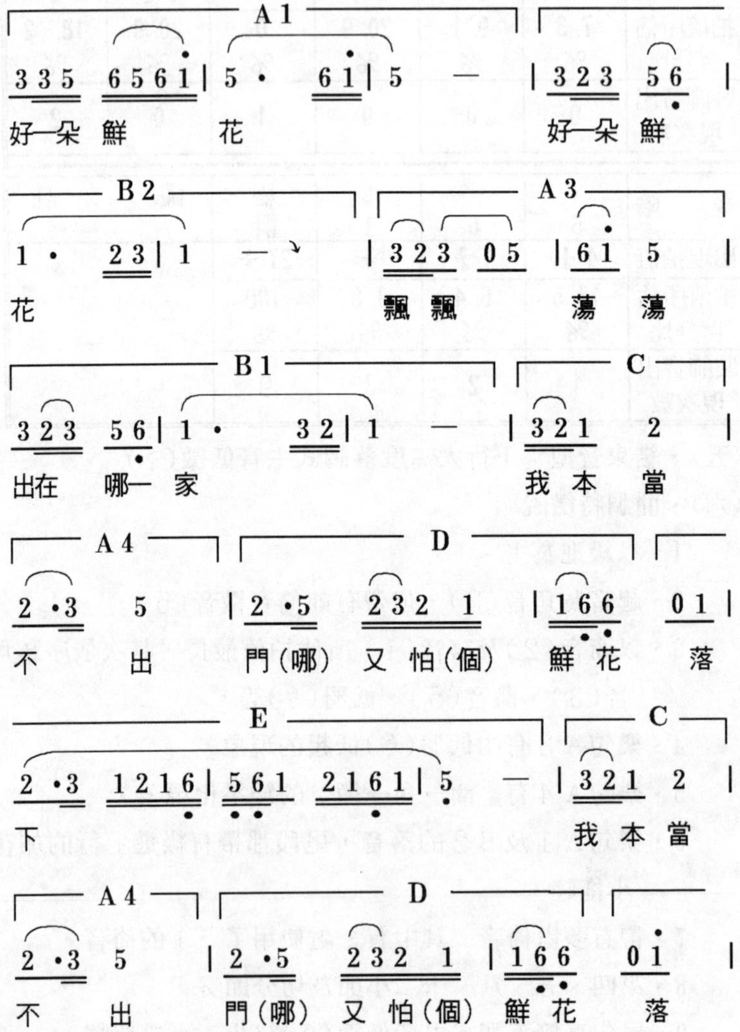

⑮　《中國戲曲音樂集成・安徽卷》，頁1105。

$$\overline{\quad\quad\quad E \quad\quad\quad}$$

$$2 \quad \cdot 3 \quad \underline{1\ 2\ 1\ 6} \mid \underline{5\ 6\ 1} \quad \underline{2\ 1\ 6\ 1} \mid 5 \quad - \quad \|$$

下

（一）、音域：$\underset{.}{5}$ —— $\overset{.}{3}$（大十三度）

（二）、調式：徵調式

（三）、曲型：主流腔系乙型後段反複高尾

（四）、音階：五聲音階

（五）、拍值：

音　　階	$\underset{\cdot}{5}$	$\underset{\cdot}{6}$	1	2	3	5
出現拍值	$2\frac{1}{4}$	$3\frac{1}{4}$	11	9	$5\frac{1}{4}$	$11\frac{1}{4}$
拍值所佔百分比	4.6%	6.7%	22.7%	18.6%	10.8%	23.2%
裝飾音出現次數	0	0	0	0	0	0

音　　階	$\overset{\cdot}{6}$	$\overset{\cdot}{1}$	$\overset{\cdot}{2}$	$\overset{\cdot}{3}$	總計
出現拍值	2	3	$1\frac{1}{4}$	$\frac{1}{4}$	$48\frac{1}{2}$
拍值所佔百分比	4.1%	6.2%	2.6%	0.5%	100%
裝飾音出現次數	0	0	0	0	0

（五）、結束音型：下行完全四度落調式主音徵（5）

（六）、曲調特徵說明：

　　1、以級進為主。

　　2、起音為角音（3）。

　　3、以調式主音徵音（5）所佔拍值最長，其次依序為宮音
　　　　（1）、商音（2）、角音（3）等。

4、樂句Ａ４有「商→角→徵」的矮平化現象。

5、樂句Ａ１及Ｂ２的落音，尾段都帶有級進上行的加花
　小拖腔。

6、樂句Ｂ１及Ｂ２中有下行小七度（5→6̣）的大跳音程。

7、尾句為高尾，且帶拖腔。

▲【譜例 7-2-13】浙江省開化縣民歌〔鮮花調〕⑯

1＝ᵇB　中速

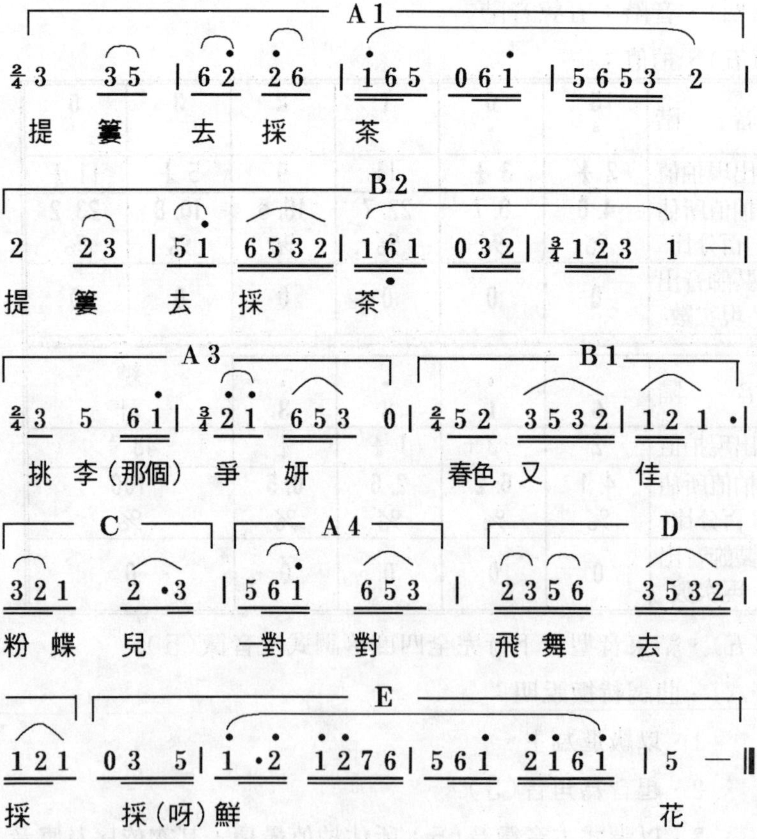

⑯　《中國民間歌曲集成・浙江卷》，頁327。

（一）、音域：$\underset{\cdot}{5}$——$\overset{\cdot}{2}$（完全十二度）

（二）、調式：徵調式

（三）、曲型：主流腔乙型高尾

（四）、音階：六聲音階

（五）、拍值：

音　　階	$\underset{\cdot}{6}$	1	2	3	5	6
出現拍值	$\frac{1}{4}$	6	6	$6\frac{3}{4}$	$8\frac{1}{4}$	4
拍值所佔百分比	0.7%	16.0%	16.0%	18.0%	22.0%	10.7%
裝飾音出現次數	0	0	0	0	0	0

音　　階	7	$\overset{\cdot}{1}$	$\overset{\cdot}{2}$	總計	備　　註
出現拍值	$\frac{1}{4}$	$3\frac{3}{4}$	$2\frac{1}{4}$	$37\frac{1}{2}$	
拍值所佔百分比	0.7%	10.0%	6.0%	100%	
裝飾音出現次數	0	0	0	0	

（五）、結束音型：下行完全四度落調式主音徵（5）

（六）、曲調特徵說明：

 1、雖為帶變宮（7）的六聲音階，但變宮只出現一次，且僅以極短的時值出現於尾句拖腔中，因此全體旋律架構仍近於五聲音階。

 2、起音為角音（3）。

 3、以調式主音徵音（5）所佔拍值最長，其次依序為角音（3）、商音（2）及宮音（1）等。

 4、樂句Ａ１及Ｂ２落音後都帶有加花拖腔。

 5、在樂句Ａ１、Ｂ２、Ａ３、Ａ４、Ｄ的落音前都為連

續兩個四分之一拍時值的音符，形成特殊節奏。如樂句A 1的：

$\dot{1}65$

樂句A 2的：

$16\underset{\cdot}{1}$

6、樂句D落宮音。

7、尾句為高尾，且帶拖腔。

▲【譜例 7-2-14】福建省建陽縣民歌〔茉莉花〕⑰

1=C $\frac{2}{4}$ 中速

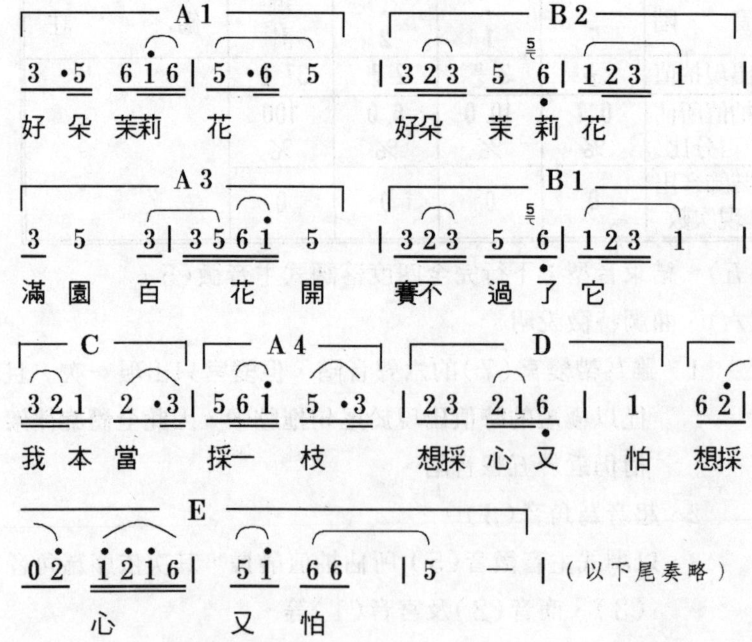
A1
B2
好朵茉莉花
好朵茉莉花
A3
B1
滿園百花開
賽不過了它
C
A4
D
我本當採一枝
想採心又怕
想採
E
心又怕
（以下尾奏略）

⑰ 《中國民間歌曲集成．福建卷》，頁1110。

（一）、音域：$\underset{\cdot}{5}$——$\overset{\cdot}{2}$（完全十二度）

（二）、調式：徵調式

（三）、曲型：主流腔系乙型

（四）、音階：五聲音階

（五）、拍值：

音　　階	$\underset{\cdot}{6}$	1	2	3	5	6
出現拍值	$1\frac{1}{2}$	$4\frac{3}{4}$	$2\frac{3}{4}$	$5\frac{1}{4}$	9	$3\frac{1}{4}$
拍值所佔百分比	5.1%	16.1%	9.3%	17.8%	30.5%	11.0%
裝飾音出現次數	0	0	0	0	2	0

音　　階	$\overset{\cdot}{1}$	$\overset{\cdot}{2}$	總計	備　　　　　註	
出現拍值	$1\frac{3}{4}$	$1\frac{1}{4}$	$29\frac{1}{2}$		
拍值所佔百分比	5.9%	4.2%	100%		
裝飾音出現次數	0	0	2		

（六）、結束音型：下行大二度落調式主音徵（5）

（七）、曲調特徵說明：

　　1、以級進為主。

　　2、起音為角音（3）。

　　3、以調式主音徵音（5）所佔拍值最長，其次依序為角音
　　　　（3）、宮音（1）、羽音（6）等。

　　4、樂句Ｂ１及Ｂ２中有下行小七度（5→$\underset{\cdot}{6}$）的大跳音程。

　　5、樂句Ｄ落宮音。

▲【譜例 7-2-15】雲南省民歌〔鮮花調〕⑱

$1 = D \frac{2}{4}$

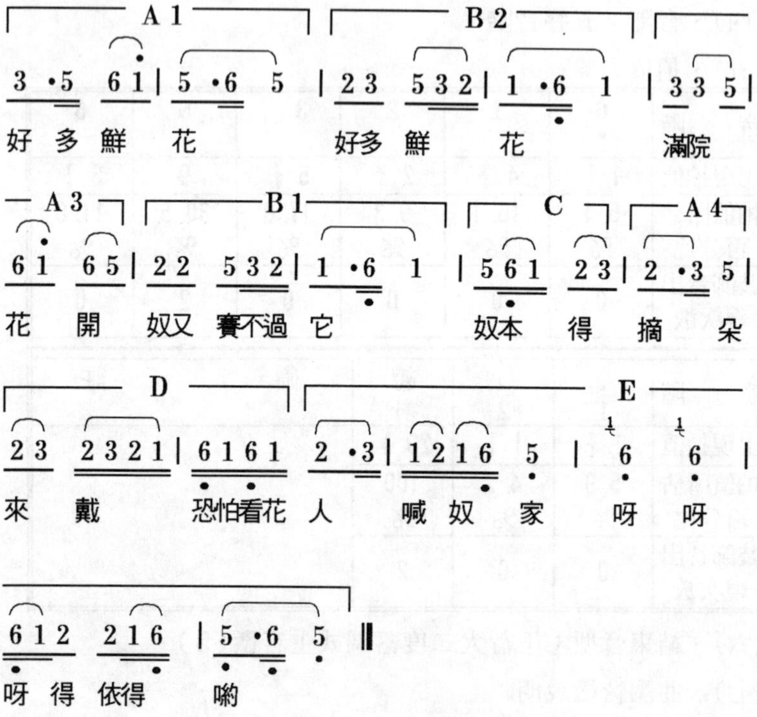

```
      ┌────── A 1 ──────┐  ┌────── B 2 ──────┐  ┌──────┐
      ╭─╮       ╭─╮     ╭──╮    ╭──╮     ╭──╮         ╭──╮
  3 ·5  6 1  │ 5 ·6  5 │ 2 3  5 3 2 │ 1 ·6  1 │ 3 3 5 │
  好 多  鮮 花    好 多  鮮  花    滿院
```

```
  ┌── A 3 ──┐    ┌──── B 1 ────┐       ┌──── C ────┐ ┌─ A 4 ─┐
  ╭─╮                  ╭──╮            ╭──╮            ╭──╮
  6 1 · 6 5 │ 2 2  5 3 2 │ 1 ·6  1 │ 5 6 1  2 3 │ 2 ·3 5 │
  花  開  奴又 賽不過 它    奴本  得  摘 朵
```

```
  ┌───── D ─────┐  ┌──────────────── E ────────────────┐
  ╭──╮  ╭────╮      ╭──╮  ╭────╮            ✓      ✓
  2 3  2 3 2 1 │ 6 1 6 1 │ 2 ·3 │ 1 2 1 6  5 │ 6 │ 6 │
  來  戴   恐怕看花 人  喊奴 家  呀  呀
```

```
  ╭──╮      ╭──╮      ╭──╮
  6 1 2  2 1 6 │ 5 ·6  5 ‖
  呀 得 依得   喲
```

（一）、音域：<u>5</u> —— i（完全十一度）

（二）、調式：徵調式

（三）、曲型：主流腔系乙型

（四）、音階：五聲音階

（五）、拍值：

---

⑱　《中華民族歌謠選集》，第7集，頁693。

音　階	5̣	6̣	1	2	3	5
出現拍值	2¾	4¼	5½	6¼	5	5½
拍值所佔百分比	8.6%	13.3%	17.2%	19.5%	15.6%	17.2%
裝飾音出現次數	0	0	2	0	0	0

音　階	6̇	1̇	總計	備　　　　　註	
出現拍值	1¾	1	32		
拍值所佔百分比	5.5%	3.1%	100%		
裝飾音出現次數	0	0	2		

（五）、結束音型：下行大二度落調式主音低徵（5̣）

（六）、曲調特徵說明：

　　1、以級進為主。

　　2、起音為角音（3）。

　　3、以商音（2）所佔拍值最長，其次依序為徵音（5）及宮
　　　　音（1）、角音（3）等。

　　4、有多處樂句末段為 ×‧× × 節奏。

　　5、樂句Ａ4有「商→角→徵」的矮平化現象。

　　6、樂句Ｄ落音在低羽（6̣）及宮音（1）間迴盪，有落音不
　　　　穩現象。

　　7、尾句帶以「呀呀呀得依得喲」演唱的長拖腔。

第八章 結論

　　歷來學者從事民歌小曲研究，大部分就某一時代或某一地域著手，其所探討的內容，雖能含括該時代或地域各種民歌的概況與特色。但就民歌的發展而言，通常是源遠流長的。不僅跨越不同時代，也廣泛流傳至各地域；不僅各民歌間有其發展通則，各首民歌自身也有其獨具的發展特質與繁衍歷程。因此若欲詳究民歌的發展流變，則改換以民歌自身的發展為研究主軸的研究方式，應是彌補前諸研究不足的一種方法。本書即在此種理念之下寫成，所以在以〔茉莉花〕的源起發展為探索主軸，分別考其曲調、歌詞與傳衍各方面情況以後，本章則以前文所考為據，歸納探討其盛行原因、對後代影響及傳衍規律等，以作全書總結。

第一節 〔茉莉花〕盛行的原因

　　在多如牛毛的民歌小曲間，〔茉莉花〕得以出類超群，甚至獨立鰲頭，成為中國民歌的主要代表，探其原因至少有以下四點：

1、旋律平穩悠美動人

　　〔茉莉花〕為起承轉合的四句體，其旋律架構平穩規律。在細部樂句結構上，樂句Ａ１、Ａ２、Ａ３、Ａ４以完全複沓或變化複沓的形態重複出現，穩定了整個樂曲，也賦予人熟悉的親切感。而此樂句系列所呈現波狀起伏的旋律曲線，也使旋律產生悠揚迭盪的效果。

　　此外，旋律中段樂句Ｃ的出現，使曲調產生轉折，為全曲帶來變化色彩。最後又轉入樂句Ｅ，以與樂句Ａ隱合呼應的旋律終曲。尤其在末尾所常附加的拖腔，更使旋律宛轉迴蕩餘音嬝嬝，讓人回味無窮。

　　此一動人旋律，在實際演唱時常為多段歌詞的重頭形式，在一遍遍的反複演唱下，自然更能浸沁人心，成為人人耳熟能詳的曲調。

2、歌詞多元富想象空間

　　整套〔茉莉花〕典型歌詞，其內容是多元的，包含有「詠花」、「西廂」及「其他」三大類主題，每一主題又可再分出多段歌詞。這些歌詞除了以整套方式被演出外，也常以單段或只取其中部分歌段的方式來演出。所以演出內容可以分化多端，提供了多種不同面貌歌詞的演唱可能，也符合了各種不同場合的演出需求。

　　尤其是「詠花主題」及「其他主題」中的各段歌詞，其隱喻含蓄的表現手法，更讓人產生許多想象空間，使人在意有所指或猜測好奇心理下，樂於歌詠其篇章。

3、多重交叉的傳播形態

　　除了在民歌中的流傳外,〔茉莉花〕更以蓮花落、花鼓、連廂、梆子腔、昆曲、平劇……等多種曲藝及戲曲為共生體。其曲調不但被溶入成為曲藝、戲曲的新血,有些更是詞、曲兼採的完整保留了其民歌形式。

　　如此隨著該曲藝、戲曲的流傳,〔茉莉花〕也就到處流播發展,不但促進了此一民歌的流傳,反過來也使該曲藝、戲曲更受歡迎,形成民歌、曲藝、戲曲多重管道的交叉流傳。

　　此種傳播形態,應是〔茉莉花〕得以長盛歌壇最主要的原因。

4、國內國外的因緣際合

　　〔茉莉花〕自乾隆末年被英國使節團成員惠納(J.C.Huttner)及約翰・巴勞（John Barrow）等人帶到西方以後,其優美的旋律很快吸引了洋人,成為他們心目中這東方神秘國度音樂的重要代表。

　　後來名音樂家浦契尼由其友人法西尼公爵自中國帶回的音樂盒裡聽到了此首曲調,而將之採為歌劇《杜蘭朵》裡中國公主杜蘭朵的音樂主題,乃使〔茉莉花〕更登入西洋歌劇殿堂,在國際樂壇中放射出耀人的光芒。

　　反觀中國國內,在無數同樣盛傳的中國本土民歌裡,〔茉莉花〕要拔萃出類原本並不容易。可是由於其除了具有國內其他流行民歌同樣的優勢外,又添加了國外極高的流傳聲望,此種聲望在國人「引以為傲」的心理下,快速提升了它的地位。此種種因緣際合的流傳形勢,應也是近幾十年來〔茉莉花〕仍被廣為傳唱,甚至躍居中國民歌代表地位的重要因素。

第二節　〔茉莉花〕對後代的影響

　　此一民歌對後代影響的層面極為廣泛，舉要言之至少就有以下幾點：

1、成為中國民歌的主要代表

　　一方面由於〔茉莉花〕在國內廣受歡迎，長久以來一直盛傳不衰。另方面因為《中國旅行記》、《最古老的國家的音樂》、《民間歌曲和旋律》、《各國特性歌曲和舞曲》、《各族人民民歌集》、《各國歌曲集》、《中國音樂》……等大量西方書籍都收錄或轉載了此首民歌①。再加上〔茉莉花〕又被浦契尼採用做為《杜蘭朵》歌劇的音樂主題，使此曲更是揚威國際，在國內、國外都塑造了極高的知名度，無形中自然成為中外人士眼中中國民歌的主要代表。

　　此種情況在一些需要演奏中國代表性歌曲的特殊場合裡，可以獲得證明。如民國 86 年 9 月 8 日李登輝總統率代表團訪問友邦巴拿馬，該國於總統府舉行國宴款待時，演奏的歌曲即有〔茉莉花〕②。

　　又如 1997 年 6 月 30 日午夜 11：30 左右，在香港主權移交典禮上，〔茉莉花〕就成了中共軍樂隊的主要演奏曲目之一。而隔日在香港舉行的回歸慶典晚會上所演出由譚盾作曲的《交響曲一九九七》裡，也以民歌〔茉莉花〕旋律的反復出現來突

---

① 　有關〔茉莉花〕在西方的傳播，參第六章第三節。
② 　見中央通訊社1997年9月9日所發新聞稿。

顯此歷史時刻的中國情懷③。

　　又如民國 87 年 5 月 20 日《中國時報》第 22 版有下面一則關於日本名歌星「恰克與飛鳥」中的恰克在上海舉行個人演唱會的記載：

> 日本「恰克與飛鳥」中的恰克日前在上海舉辦他的個人演唱會，演唱會上他獻唱一曲〔茉莉花〕，並獲得歌迷的熱烈歡呼。……他說，他曾經請多位中國通為他挑選一首中國人普遍喜愛的本土歌曲，結果〔茉莉花〕雀屏中選。

以上例證都說明〔茉莉花〕已普遍被視為中國民歌的主要代表，其代表性已獲得國內、外極高的共識。

2、成為各種表演形態的血脈營養

　　由於〔茉莉花〕長久以來就與花鼓、連相、昆曲、平劇等曲藝及戲曲相互共生依存，並隨其流傳於全國各地。在廣泛而強勢的傳播下，其曲調自然比其他民歌更容易為各地方戲曲、曲藝、舞蹈、器樂等表演形態所採用。因此時至今日，〔茉莉花〕不僅盛行於民歌，其曲調也早已化身溶入於各地的各種演出形式裡，成為其重要的血脈營養。此種情況，由第六章第三節及第七章第一節的論述，就可獲得證明。

---

③　此作品亦於 7 月 5 日晚在北京人民大會堂演出，見《人民日報》，1997 年 6 月 15 日第 4 版。另於 1998 年 3 月在美國紐約曼哈坦林肯中心音樂廳也有演出，見中央通訊社 1998 年 3 月 13 日所發新聞稿。

3、成為音樂創作及改編的素材

　　民間音樂常是音樂家音樂創作的重要取材來源，蒲契尼的
《杜蘭朵》就是一個著名的例證。在《杜蘭朵》裡，〔茉莉花〕
被浦契尼採為主角杜蘭朵公主的音樂主題，在其對此旋律作各
種巧妙的拆解變化後，不但仍清楚保留著〔茉莉花〕的旋律特
徵，而且隨著劇情的發展適時出現，貼切生動的突顯了杜蘭朵
的主題，這已不僅是直接的取用，而是成為其音樂創作的素材。

　　又如 1985 年香港中樂團邀請作曲家關迺忠指揮兩場為青
少年學生演出的音樂會，關氏為了能使香港的的青少年學生對
中國的民族樂器有所了解，特別寫了一首名為《管弦絲竹知多
少》的國樂合奏曲，其旋律就是以〔茉莉花〕為主題素材，透
過巧妙的變奏手法，分成五個大段配以旁白成功的介紹了國樂
隊裡的各式樂器。

　　又如 1992 年 7 月作曲家黃友棣以清代女詩人朱景素所寫
詩為內容，創作了長笛獨奏敘事曲《樂韻飄香》，其中第二主題
就以〔仙花調〕（鮮花調）及〔雙飛蝴蝶〕為音樂素材，來表現
曲意中的鮮花與彩蝶④。

　　此外，它更被大量改編成各類型音樂演出形式。如就合唱
而言，較常見的版本至少就有村谷達也、史惟亮編曲的兩聲部
合唱，楊兆禎、劉德義、李永剛、黃友棣編曲的三聲部合唱，
林聲翕編曲的四聲部合唱…等多種⑤。

---

④　參《樂教流芳》，頁63。
⑤　村谷達也所編，見《兒童歌曲精華》，頁223。史惟亮所編，見《古
　　今中外音樂潮流》，頁53。楊兆禎所編，見《合唱歌曲精華》，頁60。
　　劉德義所編，見《合唱歌曲選集》，第2集，頁103。李永剛所編，見
　　《國民中學音樂科教科書》，頁91。黃友棣所編見《黃友棣合唱新歌
　　曲集》，頁144。林聲翕所編曲名為「水仙花」，曲調即〔茉莉花〕。

就器樂曲而言，編曲作品更不計其數。如張鷹編配的國樂合奏曲，是配以笛、改革嗩吶、高胡、二胡、中胡、加鍵笙、琵琶、揚琴、中阮、革胡、低音革胡、大小木魚、大小鼓等樂器⑥；江南絲竹樂裡民間樂人所編配的則為曲笛、簫、笙、琵琶、揚琴、箏、二胡、中胡、低胡等樂器⑦；邱家麟編配的節奏樂器合奏曲，是配以直笛、口琴、鐵琴、木琴、口風琴、手風琴、三角鐵、鈴鼓、小鼓、大鼓、風琴、鋼琴等；同為節奏樂器合奏，陳芳信所編配的樂器則為口風琴、手風琴、鐵琴、木琴、風琴、鋼琴、定音鼓等⑧。

又如長笛家賴英里在民國87年9月巡迴音樂會裡，將〔茉莉花〕改編成爵士音樂來演奏；在金革唱片公司發行，曾獲1998年金曲獎最佳流行音樂演奏獎的「中國交響世紀」CD裡，由加拿大華裔作曲家姜小鵬編曲的〔茉莉花〕，則融合中西樂器，以古箏和鋼琴為主奏來演出〔茉莉花〕。諸如此類的改編作品，雖非直接成為創作素材，卻也提供了音樂家許多改編揮灑的空間。

4、成為音樂會常演的曲目

在兩岸及海外各類大、小型音樂會裡，〔茉莉花〕都是演出極頻繁的曲目。在台灣如民國81年11月國際著名的薩克斯風演奏家肯尼吉來台，演出曲目中即有〔茉莉花〕⑨。民國82年5月31日晚，西班牙籍世紀男高音多明哥在台北中正紀念堂

---

⑥ 見《輕音樂集》（二），頁41～46。

⑦ 見《江南絲竹》（二），頁58～66。

⑧ 見邱家麟：《學校器樂指導教材》，頁145。陳芳信：《節奏樂演奏集》（2），頁13。

⑨ 見《聯合報》，1992年11月13日第21版。

國家音樂廳前廣場，與在場群眾一起合唱民歌〔茉莉花〕⑩。
民國83年8月11日，李總統接見南韓小天使藝術團，該團獻
唱曲目中有〔茉莉花〕⑪。民國86年5月22日薩克斯風演奏
家肯尼吉第二度來台，演奏會上再次以一曲〔茉莉花〕風靡全
場⑫。

　　尤其是民國87年，可能是受到9月張藝謀導演歌劇《杜
蘭朵》在紫禁城演出影響，據筆者所知該年至少就有以下幾場
在音樂會或特殊場合有〔茉莉花〕的演出：

　　1月18日下午三時，在板橋林家花園「方鑑齋」所舉行紀
念林衡道先生逝世週年音樂會，由亞太弦樂四重奏演奏，曲目
中有〔茉莉花〕⑬。

　　9月17日，李總統接見廣青合唱團時，該團獻唱兩首合唱
曲，其中一首即〔茉莉花〕⑭。

　　9月18日起，長笛家賴英里在台北、台中、高雄、台南的
四場巡迴音樂會，改以爵士版演奏〔茉莉花〕。

　　10月26日，由杜黑、杜明遠所指揮的台北愛樂室內合唱
團在新舞臺演出的「現代合唱啟示錄」音樂會裡演唱陳怡編曲
的〔茉莉花〕合唱曲。

　　11月1日，由台北市政府舉辦慶祝台灣光復五十三週年及
九九重陽敬老節，在台北市政府廣場舉行的「台北·和平曼波
——千人管弦樂團」戶外音樂會裡，由聲樂家湯慧茹、吳文修

---

⑩　見《聯合報》，民1993年6月1日5版。
⑪　見1994年8月11日中央通訊社新聞稿。
⑫　見《中央日報》，民國86年5月23日第24版。
⑬　見1998年1月15日中央通訊社新聞稿。
⑭　見1998年9月17日中央通訊社新聞稿。

演唱民歌〔茉莉花〕⑮。

　　12月4日，在國家音樂廳所舉行「第一零一次定期音樂會范宇文獨唱會」裡，演唱曲目有〔茉莉花〕。

　　在大陸舉行的音樂會裡，〔茉莉花〕也極為常見。如1995年4月底至5月初間，美國華盛頓薩克斯管四重奏團到南京、深圳、北京演出時，演出曲目裡有〔茉莉花〕⑯。1995年12月31日晚，在北京音樂廳舉辦的中國首次年夜音樂會裡，也有〔茉莉花〕⑰。1996年12月15、16兩日，由中國中央民族樂團、日本音樂集團、韓國國立國樂管弦樂團聯合組成的亞洲樂團，在北京海淀劇院和北京音樂廳舉行中日韓民族音樂會，演奏曲目中也有〔茉莉花〕⑱。

　　由於〔茉莉花〕被視為中國民歌的主要代表，所以不論兩岸華人或華僑在海外演出音樂會時，〔茉莉花〕更常成為不可或缺的曲目。如1991年2月14日美國芝加哥市政府文化局為迎接中國農曆年到來在市政府廣場舉行中國音樂表演，演奏曲目中有〔茉莉花〕⑲。同年10月16日晚，由來自中華民國、香港和中國大陸的弦樂演奏家組成的西海岸室內樂團，在加州阿罕布拉市第一浸信會教堂舉行首次公演，曲目中有〔茉莉花〕⑳。1994年8月台北文山合唱團到法國、奧地利等地舉行演唱時，所唱也有〔茉莉花〕㉑。1995年3、4月間，蘇文慶室內

---

⑮　見1998年10月20日中央通訊社新聞稿。按：原訂10月24日演出，後因雨延至11月1日。

⑯　見1995年5月7日《人民日報》。

⑰　見1995年12月30日《人民日報》第6版。

⑱　見1996年12月8日《人民日報》第4版。

⑲　見1991年2月15日中央通訊社新聞稿。

⑳　見1991年10月18日中央通訊社新聞稿。

㉑　見1994年8月8日及8月16日中央通訊社新聞稿。

樂團在美國、瓜地馬拉、薩爾瓦多、尼加拉瓜、哥斯大黎加等
地舉行巡迴公演，曲目中有國樂合奏〔茉莉花〕㉒。同年 6 月
底，師大音樂系女聲合唱團到美國洛杉磯加州大學、愛荷華州
立大學、威斯康辛大學訪問演唱，所唱也有〔茉莉花〕㉓。1996
年 6 月 8 日，美國榮星兒童合唱團在加州艾罕布拉市第一浸信
會舉行第一屆演唱會，演唱曲目包括了〔茉莉花〕；該團於 1997
年 6 月 7 日在南巴沙迪納市教堂舉行第二屆年度公演，並於 6
月 13 日起前往波士頓紐約和華府訪問演出一周，所演曲目中也
有〔茉莉花〕㉔。1997 年 9 月大陸的中央民族樂團到日本東京、
日立、橫須賀等地，與日本“黎明”女聲合唱團同台演出〔茉
莉花〕㉕。1998 年 3 月 11 日晚，大提琴家馬友友與譚盾在美
國紐約曼哈坦林肯中心音樂廳合作演出譚盾編曲的《交響曲一
九九七》，在音樂會中由美國男、女兒童合唱團演唱融合中國民
謠〔茉莉花〕㉖。

　　事實上歷年來〔茉莉花〕在海內外各類型音樂會中被演出
的次數已無法計數，可見此一民歌在音樂會所受的歡迎及其影
響的深遠。

5、成為有聲出版品常見曲目

　　除了音樂會的現場演出外，〔茉莉花〕也常被灌錄成錄音
帶、ＣＤ等有聲出版品，大量普及的傳播流行。幾乎所有標榜

㉒　見1995年3月18日中央通訊社新聞稿。
㉓　見1995年6月17日中央通訊社新聞稿。
㉔　見1996年6月1日及1997年5月17日中央通訊社新聞稿。
㉕　見1997年10月18日《人民日報》第7版。
㉖　見1998年3月13日中央通訊社新聞稿。

中國民歌系列的有聲出版品，都會收錄此首歌曲。例如以出版中國音樂 CD 聞名的香港雨果製作有限公司，其所錄製出版品裡至少就有以下數種收錄了〔茉莉花〕：

《紅色經典》，（中國管弦樂及小品），編號 HRP 7187A。由薛偉演奏小提琴，許忠演奏鋼琴。

《燕趙故事》，（鮑元愷炎黃風情管弦樂曲，中國管弦樂及小品），編號 HRP 7176-2。麥家樂指揮佛羅內斯交響樂團演出。

《梁祝》，（三角琴合奏團系列），編號 HRP 7116-2。俄羅斯三角琴合奏團演出。

《春山採茶》，（中國吹管樂），編號 HRP 7106-2。朱文昌獨奏，王甫建指揮中央音樂學院民族樂團演出。

《太陽出來喜洋洋》，（中國民歌少年合唱），編號 HRP 773-2。上海楊浦少年藝校合唱團演唱，謝亞鷗鋼琴，王永吉指揮上海音樂學院民族樂團演出。

《瞧情郎》，（中國民歌合唱），編號 HRP 783-2。胡炳旭指揮中央民族樂團及合唱團演出，其中〔茉莉花〕由付慧勤、張平領唱。

《茉莉花》，（江蘇民歌），編號 HRP 7159-2。夏雲飛指揮上海民族樂團及愛樂管弦樂團伴奏，其中〔茉莉花〕由靳小才獨唱。

《初一到十五》，（奇異果（新音樂）系列），編號 KG 1005-2。杜沖笛子、排簫領奏，姜小鵬合成器、編曲及指揮。

此外，其他唱片公司發行的有聲出版品裡，〔茉莉花〕也是最常見的曲目。如：

金革唱片公司發行，曾獲 1998 年金曲獎最佳流行音樂演奏獎的「中國交響世紀」，編號 JCD 2101-JCD 2112，有由加

拿大華裔作曲家姜小鵬編曲的〔茉莉花〕。

　　拿索斯國際（遠東）唱片公司 "NAXOS INTERNATIONAL(FAR EAST)" 發行，《自由飛翔》，（香港兒童合唱團），（《馬可勃羅》中國音樂系列），編號 HKC-8.001。唐少偉、陳韻雅、韋特、岳利指揮香港兒童合唱團演唱，曲目中有民歌〔茉莉花〕。

　　風潮有聲出版有限公司，《山上的孩子》，（東方的天使之音系列專輯），編號 TCD-52015。北京天使合唱團演唱，其中有河北民歌〔茉莉花〕。此 CD 曾獲第九屆金曲獎非流行音樂作品類（出版獎部分）最佳兒童樂曲（故事）唱片獎。

　　ONDINE 公司發行，韻順唱片有限公司代理，《迪爾貝之歌》，編號 ODE-812-2，其中收錄〔茉莉花〕。

　　滾石唱片公司發行，《茉莉花》，（中國民歌名曲集），編號 MP-2009。由王永吉指揮上海樂團管弦樂隊演奏，曲目中有〔茉莉花〕。

　　滾石唱片公司發行，《石信之--彩雲追月》，編號 MP1001。曲目中有〔茉莉花〕。

　　搖籃唱片有限公司發行（中國唱片廣州公司授權），《中國民歌經典 CD》，編號 CRCD-95100。收有由成方圓演唱的江蘇民歌〔茉莉花〕。

　　福茂唱片出版社發行，《中國民歌合唱精選》，編號 61033。由王志信指揮中央民族樂團合唱隊演出，所唱〔茉莉花〕為河北昌黎民歌。

　　沙鷗音樂公司發行，《民歌 111》，編號 NT-120。收有民歌〔茉莉花〕。

　　麗歌唱片廠股份有限公司發行，《懷念國語老歌》(7)，編號 AKS-0198。收有閻荷婷所唱〔茉莉花〕。

　　麗歌唱片廠股份有限公司發行，《群星會》，編號
KAK-1702B。收有闇荷婷所唱〔茉莉花〕。

　　金企鵝唱片音樂帶有限公司發行，《鳳飛飛--金賞輯》
(3)，編號 GPC-5063。收有鳳飛飛所唱〔茉莉花〕。

　　金企鵝唱片音樂帶有限公司發行，《國語老歌精選》(5)，
編號 HK-145。收有《茉莉花〕。

　　弘揚視聽有限公司發行，《巨星專輯》黃金珍藏版第 24 卷，
編號 OE-7024。收有龍飄飄所唱〔茉莉花〕。

　　仁雅股份有限公司發行，《國語歌曲精華》(10)，編號
JDVC-010。收有〔茉莉花〕。

　　光美唱片有限公司發行，《古箏演奏》(4)，編號
KMCD3014 。收有古箏演奏曲〔茉莉花〕。

　　光美唱片有限公司發行，《笛子演奏》(1)，編號
KMCD3021。收有笛子演奏曲〔茉莉花〕。

　　保佳音文化事業有限公司發行，《曹玉榮二胡》(4)民謠
篇，編號 PGMCD-9084。收有演奏曲〔茉莉花〕。

　　諦聽文化有限公司發行，諦聽中國(三)憶兒時，編號
SFCD2007。曲目中收有〔茉莉花〕。

　　中國唱片廣州公司發行，《中國民族歌曲經典》，編號
SL-533。收有由周靈燕演唱的江蘇民歌〔茉莉花〕。

　　中國華藝音像實業有限公司出品，潮州市新樂影音公司印
刷發行，《中國民歌》第 3 集，編號 AD-1003。收錄有〔茉莉花〕。

　　北京出版社發行，《放風箏》，(中國民歌薈萃之一)，編號
8071-BY075。收有由霍豔梅所唱江蘇民歌〔茉莉花〕。

　　江蘇音像出版社發行，《江蘇民歌》，編號 JH-0385。收有
由庄如珍演唱的江蘇民歌〔茉莉花〕……等。

此外，〔茉莉花〕也被採錄為電影主題曲。如由王冠雄、張艾嘉主演，曾獲民國 69 年金馬獎最佳男主角獎的抗日電影《茉莉花》，即以《茉莉花》為片名，也以民歌〔茉莉花〕做為其主題曲之一。

5、成爲音樂教育常用的教材

在音樂教育方面，這首人人耳熟能詳又極具代表性的民歌，也成為經常被採用的音樂教材。如以國小音樂教育為例，據筆者所知政府遷台後至遲在民國 44 年 1 月初版，46 年 11 月五版，由康謳所編台北正中書局出版的《國民學校音樂課本》第六冊裡，就採編有民歌〔茉莉花〕㉗。民國 54 年左右，隨著音樂科課程標準的修訂，出版了大批不同版本的國小音樂課本。其中如張錦鴻、吳文貴編台灣書店版；李志傳、林福裕編立達出版社版；陳金雀編新新文化出版社版；陳榮賜編良友書局版；羅慶蘭編廣音堂書局版；康謳編翰墨林出版社版；柯子權編勝利出版公司版……等國民學校音樂課本裡，都編入了〔茉莉花〕㉘。

民國五十七年延長國民教育為九年，並公布「國民小學暫行課程標準」，音樂課本由國立編譯館統一編輯，此後在統編本的《國民小學音樂》課本裡，除了採編〔茉莉花〕為歌曲教學

㉗　見康謳：《國民學校音樂課本》，第六冊，附錄，歌曲之二，頁22。
㉘　張錦鴻、吳文貴編：《音樂課本》，高年級第7冊，頁25。李志傳、林福裕編：《國民學校音樂課本》，第6冊（第五學年下期用），頁13。陳金雀：《國民學校音樂課本》，第8冊（六年級下冊），頁11。陳榮賜：《國民學校音樂課本》，五年下期，頁13。羅慶蘭：《國民學校音樂課本》，第8冊（六下），頁14。康謳：《國民學校音樂課本》，頁21。柯子權：《國民學校適用音樂》，頁13。

外，也由作曲家李永剛將之改編做為器樂合奏教材㉙。民國80年左右，國小音樂課本開放民間編輯審定本，〔茉莉花〕仍被多家採入。如台聯版第七冊(六上)補充歌曲裡編有將〔茉莉花〕與〔孟姜女〕組合的歌曲；康和版第七冊(六上)則編有由龔明賜編曲的器樂合奏曲〔茉莉花〕……等㉚。

除了正規學校的教材以外，在民間各種樂器的練習教材裡，〔茉莉花〕也是頗受青睞的曲調。如黃得瑞《古箏專輯》、徐燕雄《古箏彈法》、張弓《古箏彈奏指南》、梁金賢《箏韻曲集》、韋宛伶《最新實用古箏教本》、董榕森《南胡教本》、徐鉅才《實用洞簫教本》、江永生《洞簫彙編》、王世襄《現代尺八獨習—篠笛》、張文山《樹葉笛吹奏法》、馬水龍《給兒童與青少年----中國民歌鋼琴小品集》、李武男《藝音豎琴名曲集》、李亦華《口琴吹奏法》……等中西各類樂器教本裡，都改編採用〔茉莉花〕做為樂器練習的教材㉛。

㉙　參國立編譯館編《國民小學音樂》歷年修訂各版本。

㉚　台聯版《國民小學音樂》，第7冊(六上)，頁58。康和版《音樂》，第7冊(六上)，頁45～47。

㉛　見《古箏專輯》，頁118。《古箏彈法》，第2集，頁28。《古箏彈奏指南》，頁42。《箏韻曲集》，頁29。《最新實用古箏教本》，頁200。《南胡教本》，第1冊，頁75。《實用洞簫教本》，頁26。《洞簫彙編》，頁50。《現代尺八獨習—篠笛》，頁37。《樹葉笛吹奏法》，頁53。《給兒童與青少年--中國民歌鋼琴小品集》，頁24。《藝音豎琴名曲集》(1)，頁61。《口琴吹奏法》，頁12。

第三節　〔茉莉花〕的傳衍規律

　　明清民歌的流傳變化繁複多端，只有掌握其傳衍規律才能深入探索其衍化變遷。〔茉莉花〕的源流發展雖有其獨特的背景與歷程，不過它也是整體明清民歌大環境裡的一份子，它源遠流長又盛行不衰頗具代表地位的流傳軌跡，相當程度的反映了小調類明清民歌的傳衍狀況。綜合其流傳情況，大致可歸納出以下四點傳衍規律：

1、由簡而繁

　　由傳衍過程來看，〔茉莉花〕不論在歌名、曲調或歌詞各方面都是由簡而繁不斷在分化派衍，形成樹枝狀多端變化發展的派生結構。

　　如就曲調而言，就有由同曲變調分衍而來的主流腔系與〔疊斷橋〕腔系，及雖非同曲但曲調來自同源的〔疊落金錢〕、〔鬧五更〕等腔系，這些腔系不但來自同一來源，且其各自又都再繼續派生發展出各種歌名與變調來。

　　在歌詞方面也是如此，由詠花歌詞的產生，再增附衍生為整套「鮮花套數」歌詞。不但整套歌詞不斷再衍生出如〔大哥拉弦小妹唱〕般的歌詞，而且其中部分歌詞也又再繼續以延補、新添、複沓、析分等方式衍生發展出新的歌詞①。

---

① 延補、新添、複沓、析分等方式參第五章第二節。

2、由融混而獨立

由各種變調產生的過程來看，其產生初期常會有歌名及歌詞甚至曲調與原來歌曲相融混的現象，但隨著發展茁壯，此一變調逐漸脫離母體獨立，界線乃漸分明。

〔茉莉花〕主流腔系與〔疊斷橋〕腔系間關係就是如此。早期的〔疊斷橋〕曲調，不論其歌名或歌詞都常與〔茉莉花〕相混。其後因曲調的表面特徵與〔茉莉花〕明顯有別，又受到許多曲藝、戲曲的青睞，乃逐漸擺脫與〔茉莉花〕的糾葛，發展出具有自己品牌特色如〔穿心調〕、〔紅繡鞋〕、〔尼姑下山〕、〔滿舟〕……等的歌名及歌詞來。

3、變異與統整兼顧

由曲調或歌詞結構來看，若細加辨識各地所流傳的〔茉莉花〕，不論在曲調或歌詞方面，彼此間都存有著許多的變異，這些變異突顯了各地或各曲種中〔茉莉花〕的特色，也為〔茉莉花〕的生命帶來新血活力。但相反的在變異中卻也強勢的襲取了原有的基因與習性，使變異有了範圍局限，保持了統整的大體架構。

如在曲調方面，不但不同地域流傳的〔茉莉花〕各有其特色，甚至同一地區也常就有多種不同風格的曲調同時在流傳。但不管如何變異，其中絕大部分我們還是可以由其樂句結構輪廓清楚看出其為〔茉莉花〕。

在歌詞方面也如此，雖各地的〔茉莉花〕常以單段、省段或增段的方式在流傳，產生了許多的變異。但由這些歌詞，卻

仍明顯可看出其為來自典型歌詞套數，有其統整的歌詞內涵。

4、獨力與共生並存

　　由傳衍形態來看，除了以民歌方式獨立發展外，大多數的小調類民歌會被曲藝或戲曲採用。有些只取其調，有些則詞、調兼採。前者曲調融入曲藝、戲曲，成為其血脈成員，不但為曲藝、戲曲注入新血，也為此一曲調的流傳帶來別種生機；後者則與該曲藝或戲曲彼此相互倚仗，不但繁榮了該曲藝、戲曲，也為己身的流傳拓展出另一片天空。

　　〔茉莉花〕就是此種流衍規律極為明顯的例證。它存在著兩條並行的傳衍軌跡。一條是在民歌小調中的獨力發展；另一條則是依附於曲藝或戲曲裡，並與其相輔相成，在共生共榮中不斷茁壯發展。此一民歌之所以能長盛不衰，獨力與共生並存的流傳環境，應是極重要的原因。

主要參考書目

一、古籍文獻

(一)、曲集

鄭庭玉：《布袋和尚忍字記》，《全元雜劇・初編》，臺北：世界書局，民國51年6月初版，據脈望館就于穀峰本校息機子本景印。

關漢卿：《杜蕊娘智賞金線池》，《全元雜劇・初編》，臺北：世界書局，民國51年6月初版，據柳枝集本景印。

張國賓：《相國寺公孫汗衫記》，《全元雜劇・初編》，臺北：世界書局，民國51年6月初版，據脈望館鈔校內府附穿關本景印。

石君寶：《李亞仙花酒曲江池》，《全元雜劇・初編》，臺北：世界書局，民國51年6月初版，據顧曲齋藏板景印。

鄭之珍：《新編目連救母勸善戲文》，明萬曆10年新安鄭氏高石山房刊本。

周朝俊：《新刊出相點板紅梅記》，明萬曆間廣慶堂刊本。

范文若：《花筵賺》，《全明傳奇》，《中國戲劇研究資料》，第1輯，臺北：天一出版社，民國72年出版。

玩花主人編選，錢德蒼續選：《綴白裘》6編，《善本戲曲叢刊》第5輯，臺北：臺灣學生書局，民國76年11月景印初版。

鮑筱齋：《湖陰曲初集》，北京：擷華印書局，民國14年秋9月刊印。

無名氏：《打花鼓》，清抄本，與《滑油山》合抄，有朱筆點訂。
　　史語所傅斯年圖書館藏號：A pi59-724。

無名氏：《打花鼓》，車王府曲本，史語所傅斯年圖書館藏號：A
　　DA-1-003。

無名氏：《打花鼓》，打磨廠東口寶文堂刻本・史語所傅斯年圖
　　書館藏號：A DA-1-004。

無名氏：《花鼓》，清抄本，史語所傅斯年圖書館藏號：A
　　K24-248。

吳下健兒撰述，鈍根編輯：《戲考》，《戲考大全》，上海：上海
　　書店，1990年12月第1版。

許志豪、凌善清編：《戲學匯考》，《戲學全書》，上海：上海書
　　店：1993年2月第1版。

梅花館主：《大戲考》，上海：大聲無線電唱機行，民國38年2
　　月第18版。

無名氏：《京劇大戲考》，臺北：文化圖書公司，民國82年8月再
　　版。

劉效祖：《詞臠》，《飲虹簃所刻曲》，臺北：世界書局，民國56
　　年12月再版。

無名氏：《樂府群珠》，臺北：世界書局，民國57年11月再版。

程萬里：《大明春》，《善本戲曲叢刊・第1輯》，臺北：臺灣學生
　　書局，民國73年7月景印初版。

黃文華：《詞林一枝》，《善本戲曲叢刊，第1輯》，臺北：臺灣學
　　生書局，民國73年7月景印初版。

襲正我：《摘錦奇音》，《善本戲曲叢刊・第1輯》，臺北：臺灣學
　　生書局，民國73年7月景印初版。

熊稔寰：《徽池雅調》，《善本戲曲叢刊》，第1輯，第7冊，臺北：

臺灣學生書局，民國73年7月據明萬曆間福建書林燕石居主
人刻本影印。

凌濛初：《南音三籟・譚曲雜劄》，《善本戲曲叢刊》第4輯，臺
北：臺灣學生書局，民國76年11月出版。

謝伯陽：《全明散曲》，山東濟南：齊魯書社，1994年3月第1版。

毛奇齡：《擬連廂詞》，《毛西河全集》，清康熙間李塨等刊本。

劉階平：《清初鼓詞俚曲選》，臺北：正中書局，民國57年5月臺
初版。

路大荒編：《聊齋全集》，臺北：進學書局，民國59年8月影印初
版。

路大荒：《蒲松齡集》，上海：上海古籍出版社，1986年4月新1
版。

無名氏：《絲絃小曲》，《善本戲曲叢刊》，臺北：臺灣學生書局，
民國76年11月景印初版。

顏自德：《霓裳續譜》，《明清民歌時調集》，上海：上海古籍出
版社，1987年9月新1版。

華廣生：《白雪遺音》，《明清民歌時調集》，上海：上海古籍出
版社，1987年9月新1版。

方濬頤：《曉風殘月》，《方忍齋所著書》，第21冊，《明末未刊稿
彙編初輯》，臺北：聯經出版社，民國65年7月初版。

無名氏：《民歌雜抄》，清抄本。

無名氏：《小曲譜》，抄本，史語所傅斯年圖書館藏號：A
Tc12-168。

無名氏：《疊斷橋・鮮花調》，清崇本堂刻本。史語所傅斯年圖
書館藏號：A DA-2-027。

無名氏：《好一朵鮮花》，清百本張抄本，史語所傅斯年圖書館

藏微卷NF432。

無名氏:《花鼓子二種》,清抄本,史語所傅斯年圖書館藏號:
　　DA -1-006。

桂湖遊春居士:《改良鮮花調》(又名《合州鮮花調》),清末民
　　初間刻本。史語所傅斯年圖書館藏,微卷NF409。

無名氏:《張生戲鶯鶯・新刻鮮花調》,瑞林瑞林齋刻本,史語
　　所傅斯年圖書館藏號:A DA-2-027。

無名氏:《新刻京都茉莉花》,民初石印本,史語所傅斯年圖書
　　館藏號A DA1-009。

無名氏:《鮮花調》,廣州:以文堂機器板,出版年月不詳,史
　　語所傅斯年圖書館藏號:A J21。

無名氏:《東湖十景》,攀香山房藍絲欄抄本,史語所傅斯年圖
　　書館藏號:A Tc9-160。

無名氏:《北京小曲百種》,史語所抄藏車王府曲本,藏號:A
　　Th2-006。

無名氏:《新式時調大觀・初集》,上海:沈鶴記書局,民國19
　　年4月出版。

無名氏:《彈唱小曲・列集》,上海:沈鶴記書莊,出版年月不
　　詳,史語所傅斯年圖書館藏號:A Tc19-234

無名氏:《時曲初集》,上海:兩宜社,出版年月不詳,史語所
　　傅斯年圖書館藏號:A TC13-173。

無名氏:《時調大觀・八集》,上海:上海全球書局,出版年月
　　不詳,史語所傅斯年圖書館藏號:A TC14-181。

無名氏:《新編特別時調山歌・廿五集》,上海:普通書局,出
　　版年月不詳,史語所傅斯年圖書館藏號:A DA-1-001。

無名氏:《時調大觀》,上海:中國第一書局石印本,史語所傅

斯年圖書館藏號：A Tc19-235。

無名氏：《最新口傳名家時曲精華時調指南・十六集》，上海：
　　廣記書局石印本，出版年月不詳，史語所傅斯年圖書館藏
　　號：A Tc15-197。

中國第一書局：《新鮮歌唱大觀》，上海：世界書局，民國12年
　　出版，史語所傅斯年圖書館藏號：A Tc19-233。

傅惜華：《西廂記說唱集》，臺北：明文書局，民國70年12月初
　　版。

傅惜華：《白蛇傳集》，臺北：明文書局，民國70年12月初版。

無名氏：《北管小曲》抄本，彰化梨春園藏本。

呂錘寬：《傳統音樂輯錄・北管卷・細曲集成》，臺北市：國立
　　傳統藝術中心籌備處，民國88年1月初版。

張希舜、濮文起、高可、宋軍：《寶卷初集》，山西太原：山西
　　人民出版社，1994年10月第1版。

（二）、史料、雜記

張廷玉等：《明史》，《二十五史》，臺北：藝文印書館，民國71
　　年據清乾隆武英殿刊本影印，。

王利器：《元明清三代禁毀小說戲曲史料》，臺北：河洛圖書出
　　版社，民國69年1月臺景印初版。

陸游：《老學庵筆記》，臺北：木鐸出版社，民國71年5月出版。

周密：《武林舊事》，收《東京夢華錄外四種》，臺北：大立出版
　　社，民國69年10月出版。

吳自牧：《夢粱錄》，收《東京夢華錄外四種》，臺北：大立出版
　　社，民國69年10月出版。

王應麟：《困學紀聞・評詩》，臺北：臺灣商物印書館，民國54
　　年5月出版。

黃佐：《廣東通志》，香港：大東圖書公司，1997年9月第1版。

田藝蘅：《留青日札》，上海：上海古籍出版社，1992年11月第1
　　版。

沈德符：《萬曆野獲編》，臺北：新興書局，民國72年10月出版。

顧起元：《客座贅語》，《百部叢書集成》第100部，《金陵叢刻》
　　第1函，臺北：藝文印書館，民國58出版。

陳宏緒：《寒夜錄》，《筆記小說大觀》，第6輯，臺北：新興書局，
　　民國64年出版。

納蘭常安：《宦遊筆記》，臺北：廣文書局，民國60年8月初版。

錢學綸：《語新》，《筆記小說大觀》，39編，臺北：新興書局，
　　民國74年出版。

趙翼：《陔餘叢考》，臺北市：世界書局，民國67年4月4版。

吳仲雲：《養古齋叢錄》，《筆記小說大觀》，第43輯，臺北：新
　　興書局，民國75年9月出版。

二石生：《十洲春語》，《筆記小說大觀》，第5輯，第10冊，臺北：
　　新興書局，民國69年1月出版。

玉魷生：《海陬冶遊附錄》，《歷代筆記小說集成・清代筆記小
　　說》，第12冊，河北：河北教育出版社，1996年8月第1版。

范祖述：《杭俗遺風》，《小方壺齋輿地叢鈔》，第6帙，臺北：廣
　　文書局，民國51年4月出版。

李開先：《詞謔》，《中國古典戲曲論著集成》，北京：中國戲劇
　　出版社，1982年11月第1版。

王世貞：《曲藻》，《中國古典戲曲論著集成》（四），北京：中國
　　戲劇出版社，1982年11月第四次印刷。

王驥德：《曲律》，《中國古典戲曲論著集成》（四），北京：中國
　　戲劇出版社，1982年11月第四次印刷。

毛奇齡：《西河詞話》，《詞話叢編》，臺北：新文豐出版社，民
　　國77年2月臺1版。

錢仲聯：《清詩紀事・順治朝卷》，江蘇：江蘇古籍出版社，1987
　　年12月第1版。

朱彝尊：《靜志居詩話》，《明詩綜》，臺北：世界書局，民國59
　　年8月再版。

劉廷璣：《在園曲志》，《新曲苑》，臺北：臺灣中華書局，民國
　　59年8月臺1版。

李聲振：《百戲竹枝詞》，《清代北京竹枝詞十三種》，北京：北
　　京古籍出版社，1982年1月出版。

袁啟旭：《燕九竹枝詞》，《清代北京竹枝詞十三種》，北京：北
　　京古籍出版社，1982年1月出版。

楊米人：《都門竹枝詞》，《清代北京竹枝詞十三種》，北京：北
　　京古籍出版社，1982年1月出版。

費執御：《夢香詞》，收杜召棠：《杜注揚州竹枝詞》，嘉義：建
　　國書店，民國45年5月出版。

安樂山樵：《燕蘭小譜》，《清代燕都梨園史料》，北京：中國戲
　　劇出版社，1988年12月北京第1版。

蕊珠舊史：《夢華瑣簿》，《清代燕都梨園史料》，北京：中國戲
　　劇出版社，1988年12月北京第1版。

蕊珠舊史：《長安看花記》，《清代燕都梨園史料》，北京：中國
　　戲劇出版社，1988年12月北京第1版。

小鐵笛道人：《日下看花記》，《清代燕都梨園史料》，北京：中
　　國戲劇出版社，1988年12月北京第1版。

眾香主人：《眾香國》，《清代燕都梨園史料》，北京：中國戲劇
　　出版社，1988年12月北京第1版。

小遊仙客：《菊部群英》，《清代燕都梨園史料》，北京：中國戲
　　劇出版社，1988年12月北京第1版。

無名氏：《鞠臺集秀錄》，《清代燕都梨園史料》，北京：中國戲
　　劇出版社，1988年12月北京第1版。

無名氏：《新刊鞠臺集秀錄》，《清代燕都梨園史料》，北京：中
　　國戲劇出版社，1988年12月北京第1版。

羅癭公：《菊部叢譚》，《清代燕都梨園史料》，北京：中國戲劇
　　出版社，1988年12月北京第1版。

李斗：《揚州畫舫錄》，臺北：世界書局，民國68年10月再版。

簡中生：《吳門畫舫續錄》，卷下，臺北：清流出版社，民國65
　　年10月出版。

無名氏：《戲簿》，《五十年來北平戲劇史料·前編》，臺北：廣
　　文書局，民國66年12月初版。

周明泰：《五十年來北平戲劇史料·後編》，臺北：廣文書局，
　　民國66年12月初版。

任中敏：《曲諧》，《散曲叢刊》，臺北：臺灣中華書局，民國73
　　年6月臺3版。

（三）、其他

許慎：《說文解字》，臺北：藝文印書館，民國68年6月5版。

嚴可均：《全上古三代秦漢三國六朝文》，京都：中文出版社，
　　1981年6月3版。

袁宏道：《袁中郎文鈔·敘小修詩》，《袁中郎全集》，臺北：世

界書局，民國67年2月再版。

嗤嗤道人：《警寤鐘》，《古本小說叢刊》第11輯，北京：中華書局，1990年8月第1版。

邗上蒙人：《風月夢》，北京：北京大學出版社，1990年2月第1版。

曾樸：《孽海花》，《中國近代小說全集》，第1輯《晚清小說全集》，第21冊，臺北：博遠出版有限公司，民國76年10月再版。

二、曲譜資料

John Barrow：“*Travels in China*”（中國旅行記），London：T. Cadell and W. Davies，1804。

Van Aalst, J. A：“*Chinese music*”（中國音樂），New York：Paragon Book Reprint Corp.，1964。

周祥鈺、鄒金生編輯，徐興華、王文祿分纂：《九宮大成南北詞宮譜》，《善本戲曲叢刊・第六輯》，臺北：臺灣學生書局，民國76年11月據乾隆內府本影印。

葉堂：《納書楹曲譜》，《善本戲曲叢刊・第六輯》，臺北：臺灣學生書局，民國76年11月據乾隆57至59年納書盈原刊本影印。

貯香主人：《小慧集》，清道光17年（1837）刊本。

河副作十郎：《清樂曲牌雅譜》，明治10年（光緒3年，1877）11月大阪刊本。收於波多野太郎：〈月琴音樂史略暨家藏曲譜提要附景印《清朝俗歌譯》《月琴詞譜》《清樂曲牌雅譜》〉，《橫濱市立大學紀要・人文科學7・中國文學7》，1976年10月。

大島克:《月琴詞譜》,萬延庚申(咸豐10年,1860)10月伊勢刊本,收於波多野太郎:〈月琴音樂史略暨家藏曲譜提要附景印《清朝俗歌譯》《月琴詞譜》《清樂曲牌雅譜》〉,《橫濱市立大學紀要・人文科學7・中國文學7》,1976年10月。

無名氏:《清代雜曲集》,清末抄本,筆者藏。扉葉未題書名,此名為暫擬。原書無頁碼,本書註中頁碼為筆者依書中頁序編擬。

無名氏:《雜劇》,清抄本,史語所傅斯年圖書館藏號:4-6-3 700 34。

無名氏:《諸調工尺譜》,上海:天寶書局,民國5年出版,據滌古齋板景印,史語所傅斯年圖書館藏號:A Pi76-926。

怡情軒主江天一:《小調工尺譜》,上海:世界書局,民國10年3月初版A Tc19-236。

知音室主:《時調曲譜大全》,上海,宏文圖書館,民國17年7月出版。

無名氏:《工尺大全》,上海:慶記書局,出版年月不詳,應為民初刊本,史語所傅斯年圖書館藏號:A Pi75-921。

無名氏:《工尺五種》,上海:蔣春記,出版年月不詳,應為民初刊本,史語所傅斯年圖書館藏號:A pi75-920。

孫玄齡、劉東升:《中國古代歌曲》,北京:人民音樂出版社,1990年3月北京第1版。

宋詞、武俊達編文,陳大琦等記譜:《揚劇曲調介紹》,南京:江蘇人民出版社,1956年8月第1版。

姜元祿、燕竹:《江南絲竹》(二),北京:人民音樂出版社,1989年8月北京第1版。

柳正明:《中國傳統民歌４００首》,南寧市:廣西人民音樂出

版社，1989年6月第1版。

文化部文學藝術研究院音樂研究所：《中國民歌》，第3卷，上海：
　　上海音樂出版社，1982年9月第1版。

文化部文學藝術研究院音樂研究所：《中國民歌》，第4卷，上海：
　　上海文藝出版社，1985年7月第1版。

周傳榮：《中國民歌全集》，臺北市：黎明文化事業，民國67年
　　11月初版。

行政院新聞局：《中華民族歌謠選集》，臺北，中國出版公司，
　　民國 71年6月再版。

華東文化部藝術事業管理處：《蘇北民間歌曲集》，上海：新音
　　樂出版社，1953年9月初版。

江蘇省音樂工作組：《江蘇南部民間戲曲說唱音樂集》，北京：
　　音樂出版社，1955年3月第1版。

于秀芳：《山西民歌》，太原市：山西人民出版社，1991年9月第
　　1版。

彌渡花燈劇團、彌渡縣文化館、雲南省花燈劇團合編：《雲南花
　　燈音樂‧彌渡部分》，昆明市：雲南人民出版社，1983年11
　　月第1版。

賴碧霞：《台灣客家民謠薪傳》，臺北：樂韻出版社，民國82年8
　　月初版。

羅德裁等編：《廣東漢樂三百首》，香港：香港上海書局，1986
　　年11月初版。

蘇州市文聯、文化局：《蘇劇音樂選》，蘇州：蘇州市文聯、文
　　化局，1980年6月油印本。

蘇州市戲曲研究室編：《蘇州彈詞曲調彙編》，蘇州：1963年5
　　月第1次印刷。

蘇州市文聯：《蘇州民間音樂選集》，下冊，蘇州：油印本，日
　　期不詳。

上海音樂出版社編：《中國漁歌選》，上海：上海音樂出版社，
　　1989年8月第1版。

許敬德、許國華、裴凱爾、丁勇斌等整理：《說唱常用曲調集》，
　　上海：上海文藝出版社，1979年7月第1版。

黃國強：《民間說唱藝術選集》，南昌市：江西教育出版社，1989
　　年3月第1版。

人民音樂出版社編輯部：《輕音樂集》（二），北京：人民音樂出
　　版社，1982年11月北京第1版。

《中國民間文學集成》全國編輯委員會：《中國歌謠集成・西藏
　　卷》，北京：中國ＩＳＢＮ中心出版，1995年8月北京第1版。

《中國民間歌曲集成・黑龍江卷》編輯委員會：《中國民間歌曲
　　集成・黑龍江卷》，北京：中國ＩＳＢＮ中心出版，1997年
　　12月北京第1版。

《中國民間歌曲集成・遼寧卷》編集委員會：《中國民間歌曲
　　集成・遼寧卷》，北京：中國ＩＳＢＮ中心出版，1995年12
　　月北京第1版。

《中國民間歌曲集成・吉林卷》編輯委員會：《中國民間歌曲集
　　成・吉林卷》，北京：中國ISBN中心，1997年9月北京第1版。

《中國民間歌曲集成・內蒙古卷》編輯委員會：《中國民間歌
　　曲集成・內蒙古卷》，北京：人民音樂出版社，1992年9月
　　北京第1版。

《中國民間歌曲集成・河北卷》編輯委員會：《中國民間歌曲集
　　成・河北卷》，北京：中國ＩＳＢＮ中心，1995年11月北京
　　第1版。

《中國民間歌曲集成‧北京卷》編輯委員會編：《中國民間歌曲集成‧北京卷》，北京：人民音樂出版社，1994年11月北京第1版。

《中國民間歌曲集成‧寧夏卷》編輯委員會：《中國民間歌曲集成‧寧夏卷》，北京：人民音樂出版社，1992年1月北京第1版。

《中國民間歌曲集成‧山西卷》編輯委員會：《中國民間歌曲集成‧山西卷》，北京：人民音樂出版社，1990年6月北京第1版。

《中國民間歌曲集成‧陝西卷》編輯委員會編：《中國民間歌曲集成‧陝西卷》，北京：中國ＩＳＢＮ中心，1994年8月北京第1版。

《中國民間歌曲集成‧甘肅卷》編輯委員會：《中國民間歌曲集成‧甘肅卷》，北京：人民音樂出版社，1994年7月北京第1版。

《中國民間歌曲集成‧貴州卷》編輯委員會編：《中國民間歌曲集成‧貴州卷》，北京，中國ＩＳＢＮ中心，1995年12月北京第1版。

《中國民間歌曲集成‧河南卷》編輯委員會：《中國民間歌曲集成‧河南卷》，北京：中國ＩＳＢＮ中心，1997年12月北京第1版。

《中國民間歌曲集成‧湖北卷》編輯委員會，《中國民間歌曲集成‧湖北卷》，北京：人民音樂出版社，1988年12月北京第1版。

《中國民間歌曲集成‧湖南卷》編輯委員會：《中國民間歌曲集成‧湖南卷》，北京：中國ＩＳＢＮ中心，1994年10月北京

第1版。

《中國民間歌曲集成・江西卷》編輯委員會編,《中國民間歌曲
　　集成・江西卷》,北京：人民音樂出版社,1996年3月北京
　　第1版。

《中國民間歌曲集成・四川卷》編輯委員會編,《中國民間歌曲
　　集成・四川卷》,北京：中國ＩＳＢＮ中心,1997年12月北
　　京第1版。

《中國民間歌曲集成・江蘇卷》編輯委員會：《中國民間歌曲集
　　成・江蘇卷》,北京：中國ＩＳＢＮ中心出版,1998年4月
　　北京第1版。

《中國民間歌曲集成・上海卷》編輯委員會：《中國民間歌曲集
　　成・上海卷》,北京：中國ＩＳＢＮ中心,1998年6月北京
　　第1版。

《中國民間歌曲集成・浙江卷》編輯委員會：《中國民間歌曲集
　　成・浙江卷》,北京：人民音樂出版社,1993年10月北京第
　　1版。

《中國民間歌曲集成・廣西卷》編輯委員會：《中國民間歌曲集
　　成・廣西卷》,北京：中國ＩＳＢＮ中心,1995年5月北京
　　第1版。

《中國民間歌曲集成・福建卷》編輯委員會：《中國民間歌曲集
　　成・福建卷》,北京：中國ＩＳＢＮ中心出版,1996年12月
　　北京第1版。

《中國曲藝志・河南卷》編輯委員會：《中國曲藝志・河南卷》,
　　北京：中國ＩＳＢＮ中心,1995年12月北京第1版。

《中國曲藝志・湖南卷》編輯委員會：《中國曲藝志・湖南卷》,
　　北京：新華出版社,1992年10月第1版。

《中國曲藝音樂集成·內蒙古卷》編輯委員會:《中國曲藝音樂集成·內蒙古卷》,北京:中國ＩＳＢＮ中心出版,1997年7月北京第1版。

《中國曲藝音樂集成·寧夏卷》編輯委員會:《中國曲藝音樂集成·寧夏卷》,北京:中國ＩＳＢＮ中心出版,1996年11月北京第1版。

《中國曲藝音樂集成·陝西卷》編輯委員會編:《中國曲藝音樂集成·陝西卷》,北京:中國ＩＳＢＮ中心,1995年11月北京第1版。

《中國曲藝音樂集成·河南卷》編輯委員會:《中國曲藝音樂集成·河南卷》,北京:中國ＩＳＢＮ中心,1996年10月北京第1版。

《中國曲藝音樂集成·湖北卷》編輯委員會:《中國曲藝音樂集成·湖北卷》,北京:新華出版社,1992年11月第1版。

《中國曲藝音樂集成·四川卷》編輯委員會:《中國曲藝音樂集成·四川卷》,北京,中國ＩＳＢＮ中心,1994年5月第1版。

《中國曲藝音樂集成·江蘇卷》編輯委員會:《中國曲藝音樂集成·江蘇卷》,北京:中國ＩＳＢＮ中心出版,1994年1月第1版。

《中國戲曲志·遼寧卷》編輯委員會:《中國戲曲志·遼寧卷》,北京,中國ＩＳＢＮ中心出版,1994年4月第1版。

《中國戲曲志·寧夏卷》編輯委員會:《中國戲曲志·寧夏卷》,北京:中國ＩＳＢＮ中心出版,1996年10月第1版。

《中國戲曲志·甘肅卷》編輯委員會:《中國戲曲志·甘肅卷》,北京:中國ＩＳＢＮ中心出版,1995年12月第1版。

《中國戲曲志·雲南卷》編輯委員會:《中國戲曲志·雲南卷》,

北京：中國ＩＳＢＮ中心出版，1994年11月第1版。

《中國戲曲志‧廣西卷》編輯委員會：《中國戲曲志‧廣西卷》，
　　北京：中國ＩＳＢＮ中心出版，1995年2月北京第1版。

《中國戲曲音樂集成‧黑龍江卷》編輯委員會：《中國戲曲音樂
　　集成‧黑龍江卷》，北京：中國ＩＳＢＮ中心出版，1994年
　　9月北京第1版。

《中國戲曲音樂集成‧新疆卷》編輯委員會：《中國戲曲音樂集
　　成‧新疆卷》（北京：中國ＩＳＢＮ中心出版，1996年12月
　　北京第1版）

《中國戲曲音樂集成‧山東卷》編輯委員會：《中國戲曲音樂集
　　成‧山東卷》，北京：中國ＩＳＢＮ中心出版，1996年6月
　　北京第1版。

《中國戲曲音樂集成‧北京卷》編輯委員會：《中國戲曲音樂集
　　成‧北京卷》，北京：北京出版社，1992年7月第1版。

《中國戲曲音樂集成‧河南卷》編輯委員會：《中國戲曲音樂集
　　成‧河南卷》，北京：中國ＩＳＢＮ中心出版，1993年7月
　　北京第1版。

《中國戲曲音樂集成‧安徽卷》編輯委員會：《中國戲曲音樂集
　　成‧安徽卷》，北京：中國ＩＳＢＮ中心出版，1994年5月
　　第1版。

《中國戲曲音樂集成‧江蘇卷》編輯委員會：《中國戲曲音樂集
　　成‧江蘇卷》，北京：中國ＩＳＢＮ中心出版，1992年10月
　　第1版。

《中國戲曲音樂集成‧廣東卷》編輯委員會：《中國戲曲音樂集
　　成‧廣東卷》，北京：中國ＩＳＢＮ中心出版，1996年11月
　　北京第1版。

《中國民族民間器樂曲集成・湖北卷》編輯委員會編：《中國民族民間器樂曲集成・湖北卷》，北京：中國ＩＳＢＮ中心，1994年6月第1版。

《中國民族民間器樂曲集成・浙江卷》編輯委員會：《中國民族民間器樂曲集成・浙江卷》，北京：中國ＩＳＢＮ中心出版，1994年10月北京第1版。

《中國民族民間舞蹈集成・河北卷》編輯部編：《中國民族民間舞蹈集成・河北卷》，北京：中國舞蹈出版社，1989年12月第1版。

《中國民族民間舞蹈集成・山西卷》編輯部：《中國民族民間舞蹈集成・山西卷》，北京：中國ＩＳＢＮ中心，1993年5月第1版。

《中國民族民間舞蹈集成・河南卷》編輯部編：《中國民族民間舞蹈集成・河南卷》，北京：中國ＩＳＢＮ中心，1993年10月第1版。

《中國民族民間舞蹈集成・江蘇卷》編輯部編：《中國民族民間舞蹈集成・江蘇卷》，北京：中國舞蹈出版社，1988年8月第1版。

《中國民族民間舞蹈集成・廣西卷》編輯部編：《中國民族民間舞蹈集成・廣西卷》，北京：中國ＩＳＢＮ中心，1992年10月第1版。

《中國民族民間舞蹈集成》編輯部編：《中國民族民間舞蹈集成・廣東卷》，北京：中國ＩＳＢＮ中心，1996年12月第1版。

華梅：《老歌大全》，臺北：文化圖書公司，民國78年11月增訂再版。

教育部文化局編：《合唱歌曲選集》，第2集，臺北：教育部文化

局，民國60年3月出版。

黃友棣：《黃友棣合唱新歌曲集》，臺北：樂韻出版社，民國79
　　年8月初版。

楊兆禎：《兒童歌曲精華》，臺北：文化圖書公司，民國59年12
　　月再版。

楊兆禎：《合唱歌曲精華》，臺北：文化圖書公司，民國62年6
　　月再版。

康謳：《國民學校音樂課本》，臺北：正中書局，民國44年1月臺
　　初版，民國46年11月臺5版。

張錦鴻、吳文貴編：《音樂課本》，臺北：臺灣書店，民國54年2
　　月出版。

李志傳、林福裕編：《國民學校音樂課本》，臺北：立達出版社，
　　民國54年2月初版。

陳金雀：《國民學校音樂課本》，臺北：新新文化出版社，日期
　　不詳，應在民國54年2月左右。

陳榮賜：《國民學校音樂課本》，臺北：良友書局，民國54年2
　　月出版。

羅慶蘭：《國民學校音樂課本》，新竹市：廣音堂書局，民國54
　　年2月出版。

康謳：《國民學校音樂課本》，臺北：翰墨林出版社，出版時間
　　不詳，應在民國54年左右。

柯子權：《國民學校適用音樂》（《最新音樂》），臺北：勝利出
　　版公司，民國54年8月版。

國立編譯館編：《國民小學音樂》，臺北：國立編譯館出版，民
　　國60年1月初版。

國立編譯館：《國民小學音樂課本》，臺北：國立編譯館，民國

81年8月修訂5版。

劉美蓮:《國民小學音樂》,第7冊(六上),臺中:臺聯圖書出版社,出版日期不詳,但由審定執照知應在民國81年8月。

劉美蓮:《音樂》,第7冊(六上),臺中:康和出版社,民國83年8月第3版。

李永剛:《國民中學音樂科教科書》,臺北:國立編譯館,民國75年8月試用本。

邱家麟:《學校器樂指導教材》,臺中:立誼出版社,民國88年7月3刷。

陳芳信:《節奏樂演奏集》(2),臺北:樂韻出版社,民國85年5月3版。

黃得瑞:《古箏專輯》,臺北:作者自印,民國70年9月6版。

徐燕雄:《古箏彈法》,第2集,臺北:學藝出版社,民國62年出版。

張弓:《古箏彈奏指南》,南京:江蘇文藝出版社,1989年8月第1版。

梁金賢:《箏韻曲集》,臺中:立誼出版社,民國77年1月出版。

韋宛伶:《最新實用古箏教本》,臺中:立誼出版社,民國75年11月出版。

董榕森:《南胡教本》,第1冊,臺北:樂韻出版社,1999年9月4版。

徐鉅才:《實用洞簫教本》,臺中:立誼出版社,民國87年3月出版。

江永生:《洞簫彙編》,臺北:生韻出版社,民國71年8月10日修訂7版。

王世襄:《現代尺八獨習—篠笛》,臺北:竹管工房,1998年1

月初版。

張文山：《樹葉笛吹奏法》，臺北：樂韻出版社，民國80年9月初
　　版。

馬水龍：《給兒童與青少年----中國民歌鋼琴小品集》，臺北：
　　亞洲作曲家聯盟中華民國總會，民國87年8月20日第15版。

李武男：《藝音豎琴名曲集》(1)，高雄：作者印行，民國84年3
　　月第3版。

李亦華：《口琴吹奏法》，臺南：大孚書局，民國74年5月再版。

三、近人論著

(一)、專書

周貽白：《中國戲曲發展史綱要》，上海：上海古籍出版社，1979
　　年10月第1版。

何為：《戲曲音樂研究》，北京：中國戲劇出版社，1985年12月
　　第1版。

葉德均：《戲曲小說叢攷》，臺北市：文史哲出版社，民國78年
　　出版。

蔣青：《中國戲曲音樂》，北京：人民音樂出版社，1995年5月北
　　京第1版。

胡世厚、鄭紹基主編：《中國古代戲曲家評傳》，鄭州市：中州
　　古籍出版社，1992年7月第1版。

夏蘆慶：《毗陵曲壇掇錄》，北京：中國戲劇出版社，1995年4
　　月第1版。

王安祈：《明代戲曲五論》，臺北：大安出版社，1990年5月第1
　　版。

李國俊：《繡襦記及其曲譜之研究》，臺北：中國文化大學中國文學研究所碩士論文，民國73年6月。

于質彬：《南北皮黃戲史述》，合肥市：黃山書社，1994年1月第1版。

呂亦非等合著：《河北梆子音樂概論》，北京：人民音樂出版社，1996年1月北京第1版。

楊錦海：《柳子戲簡史》，北京：中國戲劇出版社，1988年4月北京第1版。

胡沙：《評劇簡史》，北京：中國戲劇出版社，1982年9月第1版。

蔡定國：《彩調藝術研究》，廣西南寧市：廣西人民出版社，1988年12月第1版。

朱介生、徐音萍：《滬劇音樂簡述》，上海：上海音樂出版社，1988年5月第1版。

華東戲曲研究院：《華東戲曲劇種介紹》第2集，上海：新文藝出版社，1955年8月上海第1版。

張炫文：《歌仔調之美》，臺北，漢光文化事業，民國87年7月出版。

曾永義：《說俗文學》，臺北：聯經出版社，民國73年12月第2次印行。

曾永義：《詩歌與戲曲》，臺北：聯經出版社，民國77年4月出版。

鄭振鐸：《中國俗文學史》，臺北：臺灣商務印書館，民國70年11月臺6版。

李家瑞：《北平俗曲略》，臺北：文史哲出版社，民國63年2月再版。

李家瑞著，王秋桂編：《李家瑞先生通俗文學論文集》，臺北：臺灣學生書局，民國71年4月初版。

傅惜華:《北京傳統曲藝總錄》,北京:中華書局,1962年1月第
　　1版。

羅錦堂:《中國散曲史》,臺北:中國文化大學出版部,民國72
　　年8月新1版。

庄拂:《明清散曲作家匯考》,浙江:浙江古籍出版社,1992年7
　　月第1版。

張繼光:《霓裳續譜研究》,臺北:文津出版社,民國78年4月出
　　版。

張繼光:《明清小曲研究》,文化大學中國文學研究所博士論文,
　　民國82年6月。

倪鐘之:《中國曲藝史》,瀋陽市:春風文藝出版社,1991年3
　　月第1版。

東方音樂學會:《中國民族音樂大系·曲藝音樂卷》,上海:上
　　海音樂出版社,1989年9月第1版。

于林青:《曲藝音樂概論》,北京:人民音樂出版社,1993年7
　　月北京第1版。

關德棟:《曲藝論集》,上海:上海古籍出版社,1983年5月新1
　　版。

袁靜芳:《民族器樂》,北京:人民音樂出版社,1987年3月北京
　　第1版。

劉再生:《中國古代音樂史簡述》,北京:人民音樂出版社,1989
　　年12月北京第1版。

薛宗明:《中國音樂史·樂譜篇》,臺北:臺灣商務印書館,民
　　國70年9月初版。

趙廣暉:《現代中國音樂史綱》,臺北:民國75年5月初版。

江明惇:《漢族民歌概論》,上海:上海文藝出版社,1982年12

月第1版。

李映明：《中國民歌概論》，武昌，華中師範大學出版社，1992
　　年4月第1版。

秦詠誠、魏立主編：《中國民族音樂大觀》，瀋陽市：瀋陽出版
　　社，1989年12月第1版。

人民音樂出版社編輯部：《民族音樂論文集》，北京：人民音樂
　　出版社，1988年3月北京第1版。

李西安、軍馳：《中國民族曲式》，北京：人民音樂出版社，1985
　　年2月北京第2版。

劉春曙、王耀華：《福建民間音樂簡論》，上海：上海文藝出版
　　社，1986年6月第1版。

宋及正：《中國音階之調性與和聲》，臺北：頌揚出版社，民國
　　79年3月10日初版。

吳疊：《中國民歌的旋律結構與調式》，臺北：全音樂譜出版社，
　　民國77年9月初版。

黃國隆：《古今中外音樂潮流》，臺北：五洲出版社，民國59年2
　　月1日出版。

陶業兵：《中西音樂交流史稿》，北京：中國大百科全書出版社，
　　1994年5月第1版。

羅基敏、梅樂亙：《浦契尼的杜蘭朵》，臺北縣：縱橫文化，1998
　　年初版。

羅基敏：《文話/文化音樂》，臺北縣：高談文化，1999年初版。

黃友棣：《樂教流芳》，臺北：東大圖書公司，民國87年4月初版。

劉德義：《歌詞之創作及翻譯》，臺北：海豚出版事叢有限公司，
　　民國68年2月初版。

翟時雨：《漢語方言與方言調查》，重慶：西南師範大學出版社，

1986年6月第1版。

岑大利：《中國乞丐史》，臺北：文津出版社，民國81年10月初版。

吳庭美、夏玉潤：《鳳陽古今》，合肥市：黃山書社，1986年9月第1版。

王友三主編：《吳文化史叢》，南京：江蘇人民出版社，1996年5月第1版。

片岡巖：《臺灣風俗誌》，臺北：大立出版社，民國75年版。

中國藝術研究院音樂研究所《中國音樂詞典》編輯部：《中國音樂詞典》，北京：人民音樂出版社，1985年6月北京第1版。

《中國戲曲劇種大辭典》編輯委員會：《中國戲曲劇種大辭典》，上海：上海辭書出版社，1995年6月第1版。

李漢飛：《中國戲曲劇種手冊》，北京：中國戲劇出版社，1987年6月第1版。

上海藝術研究所、中國戲劇家協會上海分會：《中國戲曲曲藝詞典》，上海：上海辭書出版社，1981年9月第1版。

《中國大百科全書》出版社編輯部：《中國大百科全書·戲曲、曲藝》，北京：中國大百科全書出版社，1983年8月第1版。

(二)、單篇論文

饒宗頤：〈魏氏樂譜管窺〉，《詞樂叢刊》，香港：中華書局，1958年10月初版，頁149～170。

波多野太郎：〈月琴音樂史略暨家藏曲譜提要附景印《清朝俗歌譯》、《月琴詞譜》、《清樂曲牌雅譜》〉，《橫濱市立大學紀要》，人文科學7，中國文學7，橫濱，1976年10月。

錢仁康：〈〔媽媽娘你好糊塗〕和〔茉莉花〕在國外〉,《音樂論叢》第3冊，北京：人民音樂出版社，1980年1月，頁197～206。

易人：〈芳香四溢的〔茉莉花〕〉,《民族民間音樂研究》1983年第3期，總11期，頁65～73。

王爾敦：〈〔茉莉花〕等民歌西傳歐洲二百年考〉,《漢學研究》民國82年12月第11卷2期，頁185～200。

速泰春、姜雷：〈〔茉莉花〕,從南京唱響全世界〉,收於《周末》,南京，南京日報社，1997年8月22日，總第817期，第8版。

姚婕：〈曲藝音樂中〔疊斷橋〕的色彩變異〉,《中國音樂》季刊，中國文聯出版公司，1988年3月第1期（總29），頁20～21。

張繼光：〈清代小曲〔九連環〕曲牌考述〉,《文化大學中文學報》,創刊號，民國82年2月，頁303～322。

張繼光：〈明清小曲〔剪靛花〕考述〉,《民俗曲藝》,第86期，民國82年11月，頁71～96。

張繼光：〈明清小曲〔銀紐絲〕曲牌考述〉,《嘉義師院學報》,第8期，民國83年11月，頁251～272。

張繼光：〈明清小曲〔劈破玉〕曲牌探述〉,《嘉義師院學報》,第9期，民國84年11月，頁373～410。

張繼光：〈小曲〔跌落金錢〕曲牌探述〉,《嘉義師院學報》,第10期，民國85年11月，頁297～340。

張繼光：〈〔玉娥郎〕與〔粉紅蓮〕曲牌初探〉,《國立編譯館館刊》,第26卷第2期，民國86年12月，頁215～237。

張繼光：〈民歌〔紫竹調〕探源〉,《嘉義師院學報》,第11期，民國86年11月，頁221～240。

張繼光：〈民歌〔茉莉花〕源流初探〉,《中山人文學報》,第8

期，民國88年2月，頁47～69。

張繼光：〈民歌〔十八摸〕曲調源流初探〉，《復興劇藝學刊》，
　　第27期，民國88年4月，頁73～106。

張繼光：〈檔子班源流考述〉，《國立編譯館館刊》，第21卷第1
　　期，民國81年6月，頁237～253。

沈定盧：〈清光緒十年至十八年間上海曲壇概況及書場經營方
　　式〉，《戲劇藝術》，上海：上海戲劇學院，1991年第1期，
　　頁58～70。

楊匡民：〈民歌旋律地方色彩的形成及色彩區的劃分〉，《中國音
　　樂學》（季刊），1987年第1期，頁105～117。

杜業雄：〈漢族民歌音樂方言區及其劃分〉，《中國音樂》（季
　　刊），中國文聯出版公司，1993年1月第1期（總49期），頁
　　10～12。

方天游：〈鳳陽花鼓發生的社會背景〉，《明史研究論叢》，第1
　　輯，臺北：大立出版社，民國71年6月初版，頁67～81。

※除以上書目外，所引有聲資料及報刊通訊出處請逕
　見內文及附註。